沸腾新十年

移动互联网丛林里的勇敢穿越者

林军 胡喆 著

电子工业出版社
Publishing House of Electronics Industry
北京·BEIJING

未经许可，不得以任何方式复制或抄袭本书之部分或全部内容。
版权所有，侵权必究。

图书在版编目（CIP）数据

沸腾新十年：移动互联网丛林里的勇敢穿越者. 下 / 林军，胡喆著. —北京：电子工业出版社，2021.9
ISBN 978-7-121-41754-2

Ⅰ.①沸… Ⅱ.①林…②胡… Ⅲ.①网络公司－企业管理－经济史－中国 Ⅳ.①F279.244.4

中国版本图书馆CIP数据核字（2021）第159428号

责任编辑：张春雨　　　　　　特约编辑：田学清
印　　刷：天津千鹤文化传播有限公司
装　　订：天津千鹤文化传播有限公司
出版发行：电子工业出版社
　　　　　北京市海淀区万寿路173信箱　　　邮编：100036
开　　本：880×1230　　1/32　　印张：15.625　　字数：450千字
版　　次：2021年9月第1版
印　　次：2022年1月第3次印刷
定　　价：89.00元

凡所购买电子工业出版社图书有缺损问题，请向购买书店调换。若书店售缺，请与本社发行部联系，联系及邮购电话：（010）88254888，88258888。

质量投诉请发邮件至zlts@phei.com.cn，盗版侵权举报请发邮件至dbqq@phei.com.cn。

本书咨询联系方式：（010）51260888-819，faq@phei.com.cn。

推荐序一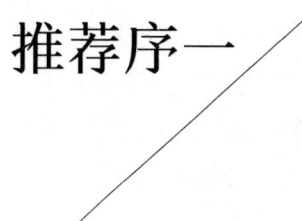

互联网从1969年的ARPANET（阿帕网）开始，到现在走过了半个多世纪，其发展历程可以分为几个阶段。

第一阶段即前20年，互联网以其无连接分组网技术成为美国国防部的实验网和美国国家科学基金会的网络，支撑了学术科研应用，主要业务是以电子邮件的形式进行的数据传输。我国在这一阶段仅仅是旁观者。

第二阶段即第二个20年，20世纪90年代初，WWW（万维网）出现，将互联网推向商业应用。首先出现门户网站，然后出现电商平台、搜索引擎和社交网络。在这一阶段，互联网以面向消费的应用为主，广告成为主要商业模式，这是互联网普及最快的阶段。我国在1994年全功能接入互联网，这一阶段对中国互联网来说是从学习到思考并寻求发展的时期。新浪、阿里、百度、腾讯等，从效仿雅虎、亚马逊、谷歌、脸书等模式开始。但世纪之交的网络泡沫给刚起步的中国互联网带来了一次大浪淘沙，引发年轻的中国互联网企业开始思考。2003年的"非典"是互联网成为我国大众平台的转折点，2008年的金融危机推动了宽带基础设施的建设。在这一阶段，中国互联网在磨难中成长，我国迅速发展为网络大国。

第三阶段可从2010年算起，到现在已经走过10余年，随着全球

4G 商用及 5G 技术的到来，移动互联网成为这一阶段的新动能。云计算、大数据、物联网、区块链、人工智能等技术的兴起，赋予这一阶段智能化特征。这一阶段的互联网到目前仍然以面向消费的应用为主，但与前一阶段不同的是，这一阶段涌现出了更多具有中国特色的新业态和新模式，并开始渗透到政务与产业应用中。对于中国互联网而言，这是我国网络治理逐渐完善的阶段，也是从跟随到创新发展的阶段。移动支付、共享出行、社交电商、智能搜索、短视频等创意，超越了国外同行，在我国得到广泛应用并走出国门。中国互联网及相关服务业迅速发展，2019 年规模以上企业营业收入超过 1.2 万亿元，我国企业在 2020 年全球上市互联网企业市值排行榜前 10 名中占据一半席位。

2020 年突如其来的新型冠状病毒肺炎疫情，使人们对网上生活和网上工作从被动接受到主动适应，互联网应用逆势增长，极大地推动了云网协同，为互联网企业进入智慧城市与产业服务提供了广阔的空间。不过工业互联网虽然前景广阔，但对互联网企业来说，现在仍难以得心应手。客户个性化、应用碎片化、标准多样化、超宽带低时延、高安全可靠性、长回报周期等，抬高了企业进入的门槛，企业在消费互联网阶段熟悉的"补贴聚人气""圈地挣流量"的商业模式无法复制。工业互联网是互联网的下半场，呼唤技术创新与机制创新，互联网企业需要与所服务的行业合作，才能打开局面。2020 年更为严峻的是中国互联网业务的海外发展遭遇不公正的打压，国际环境发生变化。国内互联网行业的个别不规范行为，损害了企业发展赖以生存的环境，一些新技术的滥用侵犯了用户的权益。这些现象虽然不是主流，但如果任其发展，行业将偏离健康轨道。互联网需要坚持经济效益与社会效益统一，依法治网是为了获得更好的发展，中国互联网需要变革，以适应国际环境的变化和国内新发展格局的要求。总之，2020 年是中国互联网认真思考的一年，也是中国互联网持续发展的关键点和再出发的新起点。

从2021年开始的新10年，究竟是第三阶段的持续还是新阶段的开始？目前看还有不确定性。但2021年是我国"十四五"开局之年，"十四五"也是我国准确把握新发展阶段、深入贯彻新发展理念、加快构建新发展格局、推动高质量发展的关键时期。发展工业互联网，加大5G网络和千兆光网的建设力度，丰富应用场景，将为互联网发展开拓更大的市场。"十四五"期间，我国将进一步加快数字化发展，打造数字经济新优势，协同推进数字产业化和产业数字化的转型，加快数字社会的建设步伐，提高数字政府的建设水平，营造良好的数字生态，建设数字中国，这也是互联网企业应勇于承担的使命。

如何面对未来的发展机遇与挑战？互联网界有一句名言：我们不预测未来，我们创造未来！温故而知新将有助于创造未来。本书是作者在2009年出版的《沸腾十五年：中国互联网1995~2009》的姐妹篇。本书以编年史的方式记录了10余年来对中国互联网产业发展有影响的"网人"和"网事"，回顾了中国互联网与社会同步发展的脚印，共同勾勒出中国互联网发展的全景图。本书的写作风格是将往事以故事的形式展现，一个故事带出另一个故事，充满鲜活的案例、生动的写照、心路历程、产业传奇似曾相识，引发共鸣，引人入胜，可读性强。从中我们可以看到，成功的背后有艰难的抉择、机会的把握、创新的坚守、跌倒的重来和人心的凝聚。失败的教训则更为深刻——方向的迷茫、市场的误判、文化的分歧、行为的失范和团队的不和。本书见微知著、以事寓理，读者可从中感悟出行业发展的哲理。中国互联网的发展看似一帆风顺，实则是在纠错中进行的，行业创新与监管探索相伴而行。得益于"积极利用、科学发展、依法管理、确保安全"的方针，中国互联网总体上发展得健康、有序。

凡是过往，皆为序章，总结过去是为了笃定前行。互联网是一项属于奋斗者的事业，总是后浪推前浪，青出于蓝而胜于蓝，希望本书能鞭策互联网先行者永不停步，激励产业后来者更好地把握趋势，赢得未来。对行业管理者来说，深入了解行业可以更好地把握大势，精准监管与服务。本书的出版正值《习近平关于网络强国论述摘编》出版和全国组织学习之际，本书的案例可帮助读者对习近平网络强国战略思想的学习和理解。在习近平网络强国战略思想的指引下，中国互联网之路会越走越好，过去的 10 年波澜壮阔，未来的 10 年将更激情澎湃。

是为序。

中国工程院院士、中国互联网协会理事长
邬贺铨

推荐序二

沸腾年代的创业者群像

25年前夏季的一天,一通长途电话穿越大半个中国,从哈尔滨打到我在重庆的办公室。电话那边是素昧平生的一位年轻人。他告诉我,自己是哈尔滨工业大学计算机专业将于翌年毕业的学生,也是《电脑报》的读者,希望毕业后加入《电脑报》编辑团队。

我立即在电话里表示欢迎。当时,《电脑报》刚创立四年,影响已经很大,但一直处于缺人的状态。团队成员主要来自重庆重点高校,如果多一些外地名校毕业生加入,对提升团队的思想活跃度,无疑会产生很大帮助。

1997年年初,还在读大四的这位年轻人,成为《电脑报》编辑部的一员。这年年底,《电脑报》开设了网络版,这位年轻人又成为这块新园地的负责人。

眼前中国互联网的繁荣景象,彼时尚不存在——新浪、搜狐、网易"三大门户"初创;而后来名震中国的"互联网三巨头"——百度、阿里巴巴、腾讯(BAT),还酝酿于创业者的头脑之中。

中国互联网那时正起于"青蘋之末"。

12年后，这位年轻人写下第一部中国互联网史《沸腾十五年》。由于影响广泛，他被冠上"中国资深互联网观察家"的头衔。他笔下记录的中国网事，已经可以用"沸腾"来简单概括。

今天，中国互联网史的续编《沸腾新十年》来到了读者面前。不难猜想，新书作者之一林军，就是25年前在松花江畔打出电话的那位年轻人。新书分上、下两册，分别名为《沸腾新十年（上）移动互联网丛林里的勇敢穿越者》《沸腾新十年（下）移动互联网丛林里的勇敢穿越者》，为方便我们以《沸腾新十年》代之，并热情推荐读者上、下两册连续阅读。

《沸腾新十年》的另一位作者胡喆，也曾是林军和我的同事。2001年春天，即将于华中师范大学中文专业毕业的他，在校园里无意看到成果展中有上届校友在《电脑报》的身影。"电脑迷"胡喆当即决定，追随这位校友。

到编辑部的第一天，胡喆在一间简陋的办公室里见到不修边幅、看不出年龄的林军。他不会想到，他们未来会共同撰写《沸腾新十年》。

这位兄长兼同事的历史情结，后来给胡喆留下极深的印象。在北京，他看见林军对那些豪华新酒店毫无兴趣，专挑魏公村早已老旧的燕山大饭店，理由只是，这里发生过、隐藏着无数中关村的传奇故事。林军对这些故事如数家珍。

两位年轻人是幸运的。作为记者，他们见证了沸腾年代里的中国互联网发展历程；作为创业者，在波澜壮阔的互联网创业大潮中，他们是弄潮儿。

林军曾任IT第一中文网站天极网的总编辑，创办了科技媒体——雷锋网。胡喆曾参与UC浏览器和百度早期的工作。在中国互联网界，他们都是"年轻的老革命"。

他们一直在时代潮流之中，本身就是潮流的一部分。

因为有这样的经历，所以在采访和写作中，对《沸腾新十年》书中同时代的创业者（有的与作者年龄相仿，有的更年轻），他们感同身受、同振共鸣。笔触所至，也就更细致、更真实，深刻摹写出了时代精神与创业者的群体形象。

《沸腾十五年》与《沸腾新十年》，作为中国互联网史的重要著作，是中国科技史的一部分。而投身科技史写作这项艰苦工作，既与两位作者的学问修养与兴趣爱好相关，也与《电脑报》的传统有关。

科技史是科技事业与科技产业发展的重要记录。以史为鉴，以史明志，这在社会科学和自然科学的研究与应用领域中，同样都是共识与经典之言。

科技史钩沉浩如烟海的史料，梳理科技发展的脉络与源流，分析科技事件发生的背景与逻辑，描述与评价科技人物在历史长河中的作用与影响。

一部优秀的科技史著作，常常能启示后来人，激励人们投入甚至**献身科技**。

由于认识到科技史的重要作用，因此《电脑报》当年的编辑部研究科技史的氛围浓厚。那时，对美国前沿科技发展历史与最新动态的研究、追踪，是大家的重要工作之一。激励过雷军一代年轻创业者的《硅谷之火》等个人计算机发展史著作，同样成为林军、胡喆等反复阅读与研习的重要资料。编辑们对计算机和互联网发展中的史料细节甚至熟悉到这样的程度：当一个人对硅谷某一小地名的英文拼写发生错误时，另一个人会立刻发现并纠正。因为，大家都知道那里发生过的大事。

有这种理念与氛围,《电脑报》创办初期就在国内独家开设了"电脑史话"版面。当时,国内对计算机发展史的研究与写作有些滞后。为数不多的文献与著作也很少涉及计算机普及大潮中读者最关心的个人计算机发展史。针对当时的情况,《电脑报》决定主要记叙计算机发展的当代史,聚焦个人计算机发展史。"电脑史话"刊出了《PC机十年》《PC机的第二个十年》《软件辉煌》《电脑病毒面面观》《WPS之谜》等连载文章。这些文章主要由《电脑报》的编辑撰写,大家用了很多笔名。这些文章生动介绍了读者最感兴趣的个人计算机发展史,不但让比尔·盖茨这样的国外创业者广为人知,也让当时很少得到深度报道的中国年轻创业者(如求伯君等人)的形象,在中国读者中鲜活起来。

从1995年开始,《电脑报》又开设了"电脑时空"栏目,主要由我和IDG中国负责人熊晓鸽先生,每月一次在国内外某个地方面谈或通过越洋电话连线,实时报道全球计算机发展中的热点事件和焦点人物。这些报道特别强调现场感,感染力十足。"电脑时空"涉及的话题非常广泛,互联网发展的最新动态越来越在这些话题中占据重要地位。

今天发生的一切,终将成为历史。《电脑报》的编辑们有这样的共识,因此他们认真记录当代史。

"电脑史话"和"电脑时空"中的文章新颖鲜活,与时代同脉搏,因而非常受欢迎。其影响之大,甚至出乎编辑们的预料。多年之后,已经成为互联网行业领军人物的许多老读者,仍然能回忆起曾经读过的文章,回忆起所受到的启发与激励。

科技史写作与报道带来的这种作用与影响,无疑也使林军、胡喆受到鼓舞,感受到一种责任,吸引他们投身于对科技史的研究与写作中。林军回忆，他正是因为看了《PC机十年》和《PC机的第二个十年》等连载文章而决意来《电脑报》的。当时，他在哈尔滨工业大学的学生中有一定的名气，是学校团干部、党员。而哈尔滨工业大学计算机系直追清华大学，当时在全国计算机专业中排名第二，毕业生的选择很多，他完全可以选择留校。但林军最后选择《电脑报》，很大程度上是因为"电脑史话"和"电脑时空"那些文章对他的吸引。他从小喜欢历史，大学读了计算机专业，又有校园刊物主编的经历，综合这些，他认为《电脑报》是自己最好的选择。在这里，身处个人计算机与互联网发展的潮流之巅，浸淫于科技史学习与研究的氛围与传统之中，对他科技史写作的路径形成起到了重要作用。后来，他主动提出去《电脑报》北京新闻中心，也是希望利用北京的史料资源，进一步构筑实现自己科技史写作人生愿景的基础。

于是，有了《沸腾十五年》与《沸腾新十年》的问世。

科技史的写作，可以沿着科技、事件、人物等维度组织和展开史料。无论是侧重某个维度，还是多维度并重，只要作者忠诚于历史，忠诚于读者，都可能创作出优秀的作品。

作为《沸腾十五年》的续编，《沸腾新十年》承袭了前者的历史记叙方法：记录当代史，不过多着墨于中国互联网的技术发展线索，专注于描写产业发展中的重要事件与人物；以编年史的形式，铺陈开十年间(实际上是2007—2020年的14年)中国互联网发展的壮丽画卷，创业者的群像在这一长卷中鲜明生动，熠熠生辉。

如果说《沸腾新十年》比《沸腾十五年》有什么进步，那就是视野更加开阔，所观察和记录的受到互联网深刻影响的行业，由四大类扩展为十大类。这也是中国互联网巨大进步的直接反映。在互联网已经水银泻地般渗透进我们的生活和工作的今天，历史记录者力求全景式展现这一影响。

而两本书一脉相承的,是对历史事件和人物细致且逼真的描写。在写作中,两位作者念念不忘的一个术语,是"颗粒度"。文字作品的"颗粒度",如同影像作品中的分辨率,是作品质量的重要标准。但分辨率可以通过设备和技术手段来提升,而"颗粒度"只能靠作者自己辛勤的工作,在采访与记录中一点一滴努力追寻细节,多方求证核实事实,精心固化成文字。在科技史写作中,对"颗粒度"的追求,不是容易的事,但他们主动挑战了自我。

《沸腾新十年》的作者用这样的写作态度,为读者展现出中国互联网创业者真实的群像,这些创业者一个个在书中栩栩如生,让人仿佛能感受到他们的呼吸,触及他们的脉搏,共同体验他们命运起伏中的失败与成功。

前面谈到,两位作者是中国互联网界的老兵,他们本身就是潮流的一部分。这不但使他们能与创业者感同身受,还能让他们在认知上有独到之处。

《沸腾新十年》的作者与其所记录的创业者们在同一舞台上,背景天幕是中国的崛起,是中国经济的迅猛发展,是中国互联网不可逆转地成为世界重要力量。

在这样的时代背景下,本书里的中国互联网创业者们,创造了历史奇迹。

2008年,中国网民达2.98亿人,首次超过美国跃居世界第一;仅仅一年,到2009年年底,中国网民达3.84亿人,超过美国和日本的总和,其中手机网民达2.33亿人,占60.7%;到2020年年底,中国网民增长至9.89亿人,占全球的五分之一,其中手机网民达9.86亿人,占99.7%。

剧增的网民数量、巨大的市场规模，为创业者提供了无比丰厚、前所未有的创业沃土。他们的创业激情得以点燃，他们的无穷创意得以实现，《沸腾新十年》则记录下了他们的精彩人生与故事。

在《沸腾新十年》记录的历史阶段中，中国互联网在学习全球先进经验和商业模式的基础上，也悄悄开启了自己的创新历程。中国互联网的创业者们已经不再只是学习外国的商业模式，而是根据自己对新技术的追踪与理解，根据自己对国内外市场需求的分析，创新出自己独到的互联网商业模式，创建了无数新业态互联网公司。

中国互联网的创业者们不但迅速开拓了国内一个个新市场，还勇敢且坚韧地一步一步走向广阔的全球疆域。在《沸腾新十年》的这一阶段，中国的电子商务、中国的共享服务、中国的快递物流、中国的网络游戏、中国的网络文学、中国的社交工具、中国的短视频平台……无数中国的互联网应用与服务，越来越广泛地进入世界市场。新闻报道中也开始出现"XX 的 XX"，前面的"XX"，是外国国家的名字，后面的"XX"，是中国的一项有人气的互联网应用。学习中国的互联网商业模式，已经在全球悄然开始。

当某个大国一口气封禁中国的几十种 App 时，当互联网发源地、当今的互联网强国竟然要动用国家行政力量来应对中国互联网公司的市场行为时，其潜台词是，中国互联网的创新力量已经成长壮大，中国正在由互联网大国走向互联网强国。

《沸腾新十年》有幸记录下这样的历史，中国互联网的创业者们已经创下惊世伟业。

而我们为这样沧海桑田般的巨大变迁心潮难平，对艰苦卓绝奋斗的创业者们肃然起敬。

历史永不停息。

当读者读完《沸腾新十年》时，中国互联网史新的一页实际上已经徐徐翻开。本书读者和书中的创业者一起，正在迎接中国互联网风云激荡但又注定辉煌的明天。

笔者坚信，在本书读者中，一定会涌现出许多新的互联网创业者，他们会和前辈创业者一起，创造更加辉煌的未来。

《沸腾新十年》中记录过一位创业者——清华大学学子王江，他行动严谨，内心狂野。能体现其内心的，是他最喜欢的一句英文歌词。我也喜欢这句歌词，尤其是后半句——Seas would rise when I gave the word（当我一声令下，海洋应声而起）。

今天的中国互联网创业者们，可以有也应该有这样的抱负与气概。

陈宗周
《电脑报》创始人及前社长

目　录

2015年　互联网的下半场 / 001
　　引子 / 001
　　知识付费 / 003
　　　　"马桶盖效应"，吴晓波走出自媒体之路 / 003
　　　　天花板下，罗振宇酝酿"得到" / 008
　　　　读书会，把厚书读薄的一门生意 / 011
　　　　灵机一现，《奇葩说》问世 / 015
　　爱奇艺、优酷、腾讯大战长视频 / 018
　　　　《盗墓笔记》压垮爱奇艺服务器 / 018
　　　　优酷掉队 / 023
　　　　靠粉丝站住脚、靠自制剧赶超的腾讯视频 / 024
　　　　龚宇的"一鱼多吃" / 028
　　在线教育大战 / 030
　　　　小猿搜题成为猿辅导的喇叭口 / 030
　　　　在线教育本是"技术流" / 037
　　　　那些可贵的创新者 / 041
　　生鲜电商局中局 / 045
　　　　从乱局中开始 / 045
　　　　脚踏实地的百果园 / 048
　　　　京东在生鲜电商领域杀进杀出 / 051
　　　　阿里巴巴的生鲜电商矩阵 / 055

根正苗红的每日优鲜 / 058
　　　拼好货：拼多多的前体 / 062
　千播大战 / 066
　　　花椒直播，周鸿祎最初并不想走"网红"路线 / 066
　　　映客，宅男做出的现象级社交直播产品 / 071
　　　YY，陈洲走上前台担任CEO / 076
　　　陌陌在后 / 081
　　　"千播大战"的幕后英雄们 / 085

2016年　继往开来 / 089

　引子 / 089
　外卖的后续和在线票务的纷争 / 091
　　　百度外卖卖给了饿了么 / 091
　　　猫眼变局背后的电影票小赛道 / 093
　分答和"喜马拉雅"们 / 097
　　　知识付费为什么纷纷改作"知识服务" / 097
　　　移动语音，震动江湖 / 103
　　　被激活的音频市场 / 108
　直播2.0和短视频登上舞台 / 110
　　　带货直播 / 110
　　　谢国民纵横做棋局，谢振宇上天摘繁星 / 115
　　　快手入局，直播格局一振 / 120
　　　字节跳动入场，王者之相初露 / 122
　钉钉和CRM江湖 / 128
　　　钉钉"low"袭企业微信 / 128
　　　纷享销客和钉钉的战争 / 132
　大公司的互联网金融 / 136
　　　互联网金融的头部玩家们 / 136
　　　刘威和360金融 / 139
　蚂蚁金服和它的生态江湖 / 142
　　　彭蕾卸任，蚂蚁金服进入新时代 / 142
　　　蚂蚁信用押注大搜车的背后逻辑 / 145
　　　共享单车，是新"四大发明"吗 / 148

体育创业者群像 / 155
　　暴风给自己买了一颗"雷" / 155
　　乐视体育的风光瞬间 / 157
　　虎扑也相中了体育 IP / 158
　　咕咚的生态和 Keep 的"从软到硬" / 161

2017 年　增长黑客 / 164

引子 / 164
抖音崛起 / 165
　　岳云鹏推了抖音一把，火了 / 165
　　面对抖音，快手开始去"佛系" / 168
　　Musical.ly，抖音的巨大彩蛋 / 170
那些应用推荐引擎的社区玩家 / 175
　　最右和即刻，推荐引擎的先声 / 175
　　一枝独秀的小红书 / 177
　　字节跳动讨伐知乎，悟空问答红极一时 / 182
社交电商的水也深 / 186
　　拼多多的王者之路 / 186
　　吃足微信红利，拼多多越级成长 / 188
　　垂直电商的又一次"借尸还魂" / 191
趣头条的崛起与衰落 / 193
　　返利模式催生趣头条，但结局是悲催的 / 193
　　"躺赚"模式成为头部玩家标配 / 197
　　趣头条为何昙花一现 / 200
网络互助也发光 / 206
　　从水滴互助到水滴筹 / 206
　　水滴保和水滴的三级火箭 / 210
腾讯游戏的 2017 / 212
　　谁是王者 / 212
　　借助《王者荣耀》，虎牙重新追上斗鱼 / 218
　　网易《荒野行动》的抢先上线，让腾讯互娱如临大敌 / 221
　　视频直播平台彻底改变游戏行业规则 / 223

新零售风起云涌 / 226
  盒马鲜生向左，超级物种向右 / 226
  叮咚买菜低调诞生于一个退伍军人之手 / 233
  无人货架的风口与极速衰落 / 236

2018年　超级大年 / 244

引子 / 244

得社区者得天下 / 245
  社区团购的早期萌芽 / 245
  便利蜂向左，苏宁小店向右 / 250
  钱大妈和谊品生鲜 / 257

社区团购的巨头时代 / 258
  美团和滴滴"刀兵相见"的前因 / 258
  外行之战，滴滴外卖与美团打车 / 264
  摩拜向左，哈啰向右 / 268

58同城杀回二手车江湖 / 272
  二手车江湖的快进快出 / 272
  瓜子的"严选保卖"模式 / 275
  优信的日子很难熬 / 278

链家和房多多们的2018 / 282
  中国房产互联网江湖的尖峰时刻 / 282
  贝壳为什么能辉煌 / 287
  ACN和真房源 / 291
  贝壳捕蝉，58同城、易居联手阿里巴巴在后 / 294

二手交易的江湖 / 298
  二手经济的第三代模式出现了 / 298
  爱回收与京东有共同的基因 / 302
  奢侈品和书，也是二手的重要品类 / 305

教育赛道1对1 / 310
  VIPKID要放一颗真卫星 / 310
  1对1赛道的挑战者们 / 318
  VIPKID打败了自己 / 324

2019 年　风起新消费 / 328

引子 / 328

新消费众生相 / 329
- 锁定品类成就了元气森林 / 329
- 分众成了新经济的水晶球 / 334
- 新消费与旧渠道交融 / 335

完美日记和美妆国货潮 / 338

传统品牌的二次焕新 / 348

瑞幸咖啡成与败 / 354

喜茶和奈雪的茶 / 361
- 奶茶市场是如何崛起的 / 361
- 发行社交货币的新秀们 / 366
- 新消费后的大数据 / 372

泡泡玛特和毒 / 375
- 盲盒不盲 / 375
- 有"毒"的次元文化现象群 / 383

在线教育也是一种新消费 / 388
- 猿辅导的投资"珍珠港" / 388
- 大班双师,是毒药还是良药 / 394

2020 年　终结与开启 / 398

引子 / 398

在线办公风口放大 / 400
- 钉钉有备而来 / 400
- 企业微信决心走 B2B2C 之路 / 405
- 字节跳动把自用的飞书扔进市场 / 409

社区团购的风口与争论 / 413

那些借势破圈的新秀们 / 426

新消费浪潮的另一大趋势——C2M / 429

"新基建"与大国崛起 / 439

中国民营航天梦 / 448

谜一般的大疆和互联网企业的人才群聚效应 / 459
  汪滔和他的梦 / 459
  百度的人才史就是中国的互联网史 / 463
  AI崛起，能打的百度又回来了吗 / 467
  微软亚研，"独角兽"军校 / 472

2015 年
互联网的下半场

引子

在我们的记述中，2015 年是一个特别重要的年份，上卷的最后一章和下卷的开篇之章，我们写的都是这一年。

如果说上卷写 2015 年是写移动互联网上半场棋至中盘的整合并购，那下卷写 2015 年则是写互联网下半场着手落子的创新萌动。这看上去匪夷所思，但却是历史的常态。黎明和黑夜、寒冬和初春，其实也就在一线之间。

移动互联网的下半场与上半场相同的是，创新者在新技术的驱动下，契合新的用户需求，找到新的商业场景，利用新的社会资源，构建新的商业闭环，创建新的商业品牌，形成新的商业生态。这实际上也是一个周而复始的更新节奏。

下半场与上半场不同的是，产生了诸多的新需求。2015年正是这些需求集体迸发、蓬勃而出的一年。

在这些由新基建带来的新需求中，娱乐直播是最直接、最热闹的。在游戏直播赛道已经被验证后，基于4G网络和移动支付的普及，手机上以打赏为主要收入手段的娱乐直播在2015年成为一个新风口。

除了新基建带来的全民风口，还产生了由新的用户群体带来的新需求，最典型的是在线教育。2015年，大部分"80后"成为家长，这部分群体更容易接受便捷的在线教育服务。这年，以猿辅导、作业帮、有道为首的一批从搜题及工具向业务切入在线教育的创新公司进入公众视野，并贯穿整个5年创新周期。跟谁学、乂学教育等在线教育公司，也在这一年开始登上历史舞台。

IP（知识产权）服务和知识付费这个风口，则是新基建和新的用户群体双重叠加带来的新需求。吴晓波围绕IP做自媒体，罗振宇围绕IP做平台，樊登围绕IP做组织，马东围绕内容本身做IP，时代潮起，各类英雄纵横捭阖的背后，是移动支付的普及，以及足够多不满足于信息而追求知识的用户群体的涌现。IP服务和知识付费，也带动视频网站进入了一个新的竞争格局。

还有一种新需求是因为之前的服务得不到满足而形成的，在2015年的典型呈现就是生鲜电商。在阿里巴巴、京东先后上市和物流成为新基建后，对创新者来说，标准品电商服务市场的机会已经荡然无存，生鲜电商这个品类成为其持续创新的战场，电商产生了诸多新的形态——前置仓的出现和布设，以及拼好货等社交电商的崛起。

中国互联网的魅力在于，每当基础建设重新升级、新的用户群体重新出现、整个实体经济数字化纵情向前时，都会叠加出新的需求，产生新的创新者和新的商业可能。

周期轮回，周而复始。生命不息，创新不止。

知识付费

"马桶盖效应",吴晓波走出自媒体之路

2015年1月,蓝狮子和吴晓波频道把公司举行年会的地点选在了日本冲绳县,吴晓波前一天因为参加京东的年会错过了和团队一起出发的航班,第二天才马不停蹄地飞往日本与同事们会合。

在从日本回国的飞机上,吴晓波完成了吴晓波频道第二天的头条专栏文章《去日本买只马桶盖》,主要是这次年会同事抢购马桶盖、电饭煲的趣闻,并结合自己的感受进一步谈起了中日两国的制造业发展。唯一漏掉的信息是,在办理托运时,他自己的箱子里也装着6只马桶盖。

这是吴晓波频道至今传播较广的文章之一,除粉丝增长外,还产生了如下效应:吴晓波频道的运营同事一天收到数十个合作邀请,马桶盖厂商主动发来信息,称自家订单量涨了6倍;在春节后的两会上,在总理工作会议上,提了三次马桶盖;这一年的4月14日,吴晓波受邀参加了李克强总理主持召开的经济形势座谈会,缘由也是马桶盖;政协外事委员会的朋友给吴晓波打来电话抱怨:"开了一个多小时的会,外交问题没讨论,谈了一个多小时的马桶盖。"这些都是吴晓波在从日本返回的飞机上始料未及的。

两年后,吴晓波对这场"马桶盖效应"做了一次总结调查:2016年,京东商城的马桶盖销量同比增长120%,2017年同比增长80%;2015年的数据缺失,原因是"在那篇文章之前,马桶盖还没有被列为单独门类,而是归类于家居五金类产品,到第四级页面才能被搜到"。

就连吴晓波自己都没有意识到,从一个知名财经作者到顶级自媒体的转型,能取得如此惊艳的结果。这个时候,吴晓波的自媒体之旅才仅仅开始8个月。

推动吴晓波踏入自媒体这个洪流的,是一位叫罗振宇的胖子。

吴晓波和罗振宇都有着商人和文人的 AB 面。他们循着文人的调性设置人设，循着商人的本质设置收入模式，都很成功，却也都被骂"贩卖焦虑"。

我们不褒贬或点评，但知识付费这个话题，无法绕开这两个人。

吴晓波和罗振宇的第一次深入合作是在 2008 年。为了庆祝改革开放 30 周年，第一财经计划将吴晓波年初出版的新书《激荡三十年》拍摄成纪录片，由刚刚从央视出来的罗振宇任总策划，吴晓波为总撰稿人。

2012 年，吴晓波被罗振宇拉来写《腾讯传》，每天为搜集资料东奔西走时，却看到罗振宇拐过了另一道弯。2012 年 12 月 21 日，即将迎来 40 岁生日的罗振宇在优酷上线了自己每周更新的视频脱口秀《罗辑思维》，同时每天早晨 6 点半雷打不动地在《罗辑思维》公众号分享 60 秒语音，内容为社会生活的各类见闻。《罗辑思维》以简单、易传播的特点很快吸引了大量粉丝。

不久，吴晓波和罗振宇一起去深圳采访马化腾。尝到了自媒体的甜头，罗振宇开始不断撺掇吴晓波把握时机，投身自媒体。"'吴晓波'三个字可比蓝狮子值钱得多。"在罗振宇挑明这一点之前，吴晓波从没认真思考过这个问题。

吴晓波说："自媒体创业的风险比卖包子的风险还大，开一个饭店只要为周边约 5 万人服务就可以了。但是，做自媒体要面对全国的竞争，媒体人的创业矛头就在这个地方。"

此时为 FT 中文网写专栏的吴晓波可以明显感觉到，专栏的阅读量和回复量正在大幅度下滑，他对移动互联网大浪引起的旧阵地坍塌不可能避而不见。2014 年春天，他在杭州接待了 FT 中文网的总编辑张力奋。在柳莺宾馆前的草地上，吴晓波沉默了好久才跟这位复旦大学的师兄提出，已经下决心要停掉所有纸媒和网络专栏，将内容转移到即将上线的吴晓波频道上。

有意思的是，当吴晓波思之再三，将这个转身的决定告诉罗振宇时，一向积极鼓励的罗振宇却变得出奇保守。虽然此时《罗辑思维》公众号的粉丝量已经达到170万人，但罗振宇给出的更多却是告诫："小心一点，你作为财经作家已经很成功了，真搞垮的话，可就丢脸了。"

不管怎样，2014年5月4日，吴晓波在以自己名字命名的公众号上发出了第一篇专栏文章《骑在新世界的背上》。这位一直用"保持好奇心"把自己往前推的财经作家在文中说："新的世界露出了它锋利的牙齿，要么被它吞噬，要么骑到它的背上。"他的选择显然是后者。

身为财经作家的优势帮助吴晓波在自媒体上迅速聚集了大批粉丝，吴晓波频道上线1个月，粉丝量就达到20万人。一年后，这个数字涨了4倍。

吴晓波频道成立之后，吴晓波注册了一家新公司，名字"巴九灵"取自"890"的谐音。在对频道的用户调查中，"80后"占据6成以上。要"骑在新世界的背上"，自然要追逐新世界的主要人群。吴晓波是团队中的战略制定者，也是产品经理。他积极启用年轻人，频道的初创团队成员全部为"85后"和"90后"，但在战略把控上，他是绝对的"一把手"。

如前所述，吴晓波频道成立的初衷主要在于承担吴晓波个人内容的一次"搬迁"。它从最开始就没有要与传统媒体划清界限的"野心"，更没有把传统媒体的盈利方式视为必须摘除的病灶。投身自媒体，吴晓波自然纵情向前，但他在商业选择上却少有激进之举。直到今天，广告仍是吴晓波频道主要的盈利方式之一，但它同时不仅仅依赖广告。

广告之外，线下活动是吴晓波频道对外拓展业务的第一枪。

2015年4月25日，吴晓波在深圳组织了第一次两天一夜的"转型之战"千人大课，主要是对中小型企业转型问题的解答。课程设计了宏观经济解读、转型企业案例、BAT（百度、阿里巴巴、腾讯）资源、工业4.0四个内容板块。吴晓波是这场课程的最佳名片。

报名开启后，500人的目标在不到一周的时间内提前完成。在

1000张票售罄的两周后，吴晓波频道后台仍在不断收到各种报名留言。吕晓佳只能放话："现在再来只能是站票了。"说完没几分钟，后台显示又收到了一笔9000元的报名款项。吴晓波在这场"转型之战"中，率先完成了对用户付费意愿的验证。

也就是在这次转型之战中，吴晓波还收获了一个超级粉丝，就是十点读书的林少。

2010年，福建人林少在微博注册了一个名为"每日好书推荐"的ID，作为业余兴趣，做好书美文推荐，很快积累了几十万名粉丝，成为早期微博"大V"中的一员。2012年8月，微信上线公众号，4个月后，林少和很多微博红人一样，注册了同名微信公众号，不久后改名为十点读书。通过早期的微博引流及与其他公众号的互相推荐，十点读书很快成为早期粉丝量较高的公众号之一。

2015年3月，林少接到一个来自名为崔璀的人的电话。电话里的甜美女声主动介绍自己是狮享家新媒体基金[1]的投资人，来自吴晓波的团队，并问他是否考虑融资的事情。

想到找来的是吴晓波的团队——林少在大学时便是吴晓波的粉丝，他唯恐错失了良机。崔璀听出了吴晓波对林少的吸引力，于是丢下了一个选项——一个月后吴晓波在深圳有一场公开演讲。"你先去见一见吴老师吧。"她对林少说。

出于对吴晓波的初步认知与好奇，林少接受了这个提议，独自去

---

[1] 2015年，吴晓波、曹国熊与另一个朋友各出资1亿元人民币，成立了狮享家新媒体基金（后改名为头头是道基金）。吴晓波对基金管理没有经验，于是将更多的事务交给了经纬中国前合伙人曹国熊，并把自己的得力干将崔璀调来任COO。在曹国熊与崔璀的运作下，头头是道基金在一年多的时间里投资了一大批自媒体项目，除了十点读书，还有灵魂有香气的女子、小鹅通、张德芬空间等。有意思的是，崔璀后来自行创办了女性成长平台Momself，头头是道基金是当仁不让的天使投资人。之后的几年，基于自媒体Momself，崔璀又先后出版了《不焦虑的父母，更自由的孩子》《做自己人生的CEO：人人都需要的管理术》《深度影响》等书，成为众多女性成长过程中不可忽视的一位领路人。

了深圳。在上千人的会议厅里，听吴晓波在台上对经济形势侃侃而谈时，林少在心里拿定了主意：这支橄榄枝不能拒绝。

作为著名的财经作家，吴晓波同时也是投资达人。在2015年"转型之战"后，团队又推出了一系列财经垂直领域的小课程，其中的《投融资第一课》成为后来企投会的前身。与此同时，"新中产"在吴晓波频道不断被强调，并成为它牢牢锁定的目标用户群。

吴晓波对"新中产"的定义："80后"，接受过高等教育，主要在一线、新一线和二线城市，从事专业性或管理性工作，年净收入在10万~50万元，有着新审美、新消费、新连接的价值观。

这种清晰的界限划分帮助吴晓波频道圈住了最早的一批细分用户群，明确了各项课程的服务方向，也为吴晓波和吴晓波频道招来了不少骂声——与草根群体的对立，在很多人眼里是一种精英的傲慢。而互联网界向来认定"得草根者得天下"，拒绝草根，等于拒绝了互联网的最大用户群。

在对收入的把控上，相比模式，吴晓波更看重效率和收益。唯一的一道"防火墙"是他定下的风险控制界限——产品毛利率跌破35%，即为失败。

吴晓波说："任何一个稍有价值的微信订阅号，都应该具备电商属性。"吴晓波频道的电商实践是从他在千岛湖的几千棵杨梅树开始的。1999年，吴晓波曾以50万元的价格获得了千岛湖一座岛的50年使用权，岛上的杨梅树酿出的杨梅酒成为吴晓波频道电商实践的起点。团队找来专业的包装公司，配合频道线上宣传，于2015年6月上线了5000瓶吴酒，在33小时内售罄。吴酒的操盘手正是吴晓波多年的助理陆斌。

2015年年底，吴晓波基本确立了吴晓波频道的收入模型。他画了一个金字塔，明确用不同层级的服务黏连不同用户群：第一层是180元的线上付费音频，用较低定价的产品聚集流量；第二层是思想食堂，提供艺术、哲学、商业等线下人文知识课程；第三层是以新匠人、新国货为代表的中小型企业家转型课程；金字塔尖则是收费 8.98 万元的企投会会员。

以"美好的店"为主力的电商则为侧线，每个项目都配备了自己的销售、市场、产品、运营。"有自己的五脏六腑"，吴晓波频道很快就形成了年收入以亿元计的盘子。

天花板下，罗振宇酝酿"得到"

2015 年夏天，吴晓波揣着跨年演讲的主意到北京找罗振宇。两人约在一起吃铜盆鱼，处于孕期的脱不花也参加了那天的聚会。吴晓波说话不紧不慢，罗振宇依旧是大开大合、谈论上下五千年。吴晓波的想法是希望两边合作，以类似跨年演唱会的方式在年底一起办一场跨年演讲。这个建议得到了罗振宇和脱不花的双双认可，但一顿饭的时间并没讨论出具体的操作计划。饭后，罗振宇把几个人拉进一个群，继续商讨，仍然没有得出结论。比较突出的问题是，两边用户社群属性差异过大，演讲主题容易割裂，最好的安排只能是两边各自单干。

在活动宣传中，罗振宇的激进又一次凸显出来，他公开承诺"时间的朋友"跨年演讲将连续举行 20 年，并预售 99 张 20 年联票，单价为 40 000 元，300 张 18 年联票，单价为 36 000 元。和最初的"会员招募"如出一辙，总价近 1500 万元的联票很快被售空。营销手法也好，死磕自己也好，罗振宇仍然在不停"预支"自己。

2015 年的最后两天，"吴晓波年终秀"和"时间的朋友"先后上线。为了避开竞争，前者选在 12 月 30 日，后者选在 12 月 31 日。自此，"知识跨年"成为受年轻人欢迎的新方式。

虽然在 2015 年收了豹尾，但对罗振宇来说，这是不太让人满意的一年。2015 年，《罗辑思维》微信店铺的 60 种图书销售额突破了 1 亿元。但趋势很明显，电商收入并没有随着图书销量的增长而增长，很显然之前他对投资人讲述的知识电商，更多只是个故事。

《罗辑思维》早先最为用户所知的标签是"死磕",罗振宇经常挂在嘴边的一句话是"死磕自己,愉悦大家"。最早,在《罗辑思维》公众号后台,用户抛出最多的问题是"如何每天不多不少、精准地完成60秒语音"。在和图书策划人方希的闲聊中,罗振宇给出了答案:"鸡鸣即起,说若干遍,一直说到一个磕巴不打正好60秒。"

深谙传播之道的罗振宇善于制造易于传播的概念,并使之快速形成影响力。除了上文提到的"死磕","魅力人格体""U盘化""自由人的自由联合体"这些新词都很快在其社群中传播,为《罗辑思维》收获了中国自媒体中最早一批"死忠粉"。更重要的是,基于对罗振宇个人的认同,其粉丝的忠诚度也远高于原先对平台的忠诚度。以罗振宇和《罗辑思维》为连接点,社群经常在线下自发组织"罗友"聚会,对《罗辑思维》的信息也积极转发推荐。

像每一个"一夜而红"的人一样,和信任、追捧一起涌过来的,还有不间断的非议。罗振宇要接受献来的鲜花,也要承受扔过来的鸡蛋,因为在视频和语音中传达的简单粗暴的知识、概念及其组织的声势浩大的社群电商活动,"忽悠""骗子"这样的帽子开始不时盖到他的头上。"知识的二道贩子""贩卖焦虑""散装智慧",很多批评更多时候只是停留在对观念的指责上。《罗辑思维》宣布允许会员转让后,会员的价格在社群中一度被炒到6位数。罗振宇自身也对社群趋于"宗教性"的这种倾向产生了某种警醒。他认为,新媒体的本质是社群,而要找到可持续的新商业模式,并不能依赖社群本身。在这个辗转的节点,知识运营商出现了。

知识运营商的概念最早来源于宽带资本董事长田溯宁。田溯宁向罗振宇推荐了一本讲述《时代》周刊、《生活》创办者亨利·卢斯商业故事的图书——《出版人》。在城市人口占国家人口一半以上的发展节点上,亨利·卢斯为美国人创办了一份新闻周刊,以服务的心态把最有价值的信息和生活方式提供给了新兴中产阶级。

罗振宇把这本《出版人》推荐给了《罗辑思维》的所有员工,传达了自己的期望和寄托,并在2015年7月1日,推出了《罗辑思维》定制版的《出版人》。也是从这时开始,一个可以为用户获取知识、节省时间的产品设想,开始频繁成为公司会议的主题,之后,"得到"项目在公司内部正式立项启动,《罗辑思维》进入成立以来团队扩充最快的时期。

2015年11月18日,《罗辑思维》推出的得到App正式上线。不过,最开始上线的半年,并没有大的波澜,直到半年后"李翔商业内参"上线,创下知识付费领域的第一个纪录。

做过12年商业记者的李翔一路看着各路商人走在时代的风口浪尖,他在微博、朋友圈、办公室、饭桌上讨论各个领域引人注目的公司和管理者。当二十几岁时的他向柳传志、王石、史玉柱问起他们所面临的争议时,大概没有想过自己有一天也会成为媒体新闻中的热点。有昔日同行说"他被老罗忽悠上了船",也有人拿"1000万元"的收入说事儿,将他视为媒体人转型的范本,在各种场合津津乐道。

2016年5月26日,"李翔商业内参"在得到App正式上线,李翔带领的三人编辑团队每天整理出当天的10条热点商业信息,以5分钟音频的方式推送。上线当天,"李翔商业内参"订阅量便超过1万人次,曾经接受过李翔专访的马云是他的订阅用户之一。20天之后,这款产品营收超过了1000万元。

真成投资是得到App的C轮领投方。真成投资创始合伙人李剑威表示,自己最早注意到"李翔商业内参",也是缘于朋友圈里传播的"马云推荐"。他点进去试听之后,觉得有干货、省时间,便直接支付了199元。

在李剑威看来,得到和《时代周刊》在各自的时期都属于新的知识交付方式,满足了中产阶级快速获取有相对深度知识的需求。更重要的是,这种知识交付方式不再是说教,而是服务。

更重要的意义还在于,得到App和"李翔商业内参"的出现突破了《罗辑思维》以罗振宇为基本盘的局限,也改变了《罗辑思维》

对微信社群的强依赖。得到 App 作为帮助内容生产者进行知识付费转化的运营者，不再仰赖罗振宇的个人品牌输出。因为得到 App 的出现和知识服务的成功试验，"罗振宇'没了'，公司该如何继续运转"的忧虑得以化解。

从立项、开发到一朝爆红，得到 App 前期投入了将近一年的时间。对罗振宇而言，知识付费的念头并非灵机一动，而是有着长久的规划。在李翔之前，吴晓波曾是罗振宇物色的人选之一。在当当读书节的活动上，罗振宇滔滔不绝地和吴晓波讲了自己正在蓄力的这个"大招"，吴晓波直接问，"你认为能做到多少的量？"罗振宇几乎没有思考："20万元左右。"他接着说："我们一人一半，这个收入已经非常可观了。"在方向上达成共识之后，两个人又讨论如何定价，最后又回到了微信上——微信红包最大限额是 200 元，罗振宇说："就当给自己发个红包吧，定价 199 元。"

在"李翔商业内参"验证了模式的可行性之后，得到 App 在知识付费的这条道路上也越走越远。罗振宇对得到 App 的定位非常明确：得到 App 的目的不在于提供知识，而在于节省时间。罗振宇只是一个知识的引路人。

与《罗辑思维》的区别在于，得到 App 的媒体属性已经被完全弱化，代之以教育和出版的强功能。李剑威直接将其与职业教育、K12 并列。罗振宇严格纠正了"知识付费"的说法，将得到的功能定义为"知识服务"："和捏脚的、美甲的、餐馆端盘子的没有什么区别。"相比知识，更重服务；相比行为，更重效率。

读书会，把厚书读薄的一门生意

很多人知道樊登，或者说把樊登的咖位和罗振宇等同起来，是从樊登来《罗辑思维》代班做了一期视频节目后开始的。其实在那个阶段，罗振宇已经渐渐开始转型，"代班"现象越来越多。樊登发挥得很好,那一期节目讲的是《联盟:雇主与员工的新型关系》,这本书很能代表樊登读书会(2018年更名为樊登读书)的选书方向。据说,这次代班给樊登带来了700万元的收入,同时他还收获了两万名粉丝。

读书会这一模式的经典方法是,由"精英"把厚书"读薄",用生动的方式讲给受众。受众收听音频,可以大量地利用碎片化时间,给人一种"抓住了时间,也学习了"的心理认知。而其中的微妙平衡点在于"付费",只有付费了的人才不会轻易放弃买来的内容,也只有付费的人才愿意承认自己得到了收获。在所有的读书会类的公司里,樊登读书会是做得最好的一家。

樊登读书会的缘起在于,樊登本人就是有领导力的讲师,之前给很多大型的集团、企业做内训,他能够把一本书讲得有趣、有料、有干货。他为人风趣,又有人格魅力,这是他做读书会的先天优势。

樊登读书会以他本人作为核心IP,这一点跟《罗辑思维》类似。作为"教主",樊登用他的知识和口才培养了一批铁杆粉丝。官方记载,樊登读书会正式成立于2013年,由樊登、郭俊杰、田君琦、王永军共同发起,每周更新一本与家庭、事业、心灵有关的优质图书的精华解读,并通过线上线下的互动活动,打造一个围绕图书精华解读的学习型社区。

樊登很清楚地记得,自己第一次为听众讲的书是《高效演讲》。樊登的开场词是:"我是1999年德国国际大专辩论会的冠军,又做了十几年的主持人和职业讲师,在读完这本书之后,我才知道之前自己的演讲是多么鲁莽和无知。读完这本书后,我不怕任何的演讲了,因为我可以在短短3分钟内给自己构造好整个演讲的框架。"

这也很好地解释了《罗辑思维》和樊登读书会的不同风格——《罗辑思维》的风格是文史色彩浓厚,但其中又包裹着价值观;而樊登读书会少了一些文史色彩,尽量强调推荐读物的工具属性,针对的是有确实需求和现实焦虑的听众。如果说《罗辑思维》更侧重从大历史角度输出认知，樊登读书会就更侧重从方法论角度去讲读每一本书。从樊登所选择的书目来看，也大都是各大图书类网站排行榜上的畅销书，每一本都很实用，可以帮助听众解决生活中遇到的某一个具体问题，让听众在听读的过程中学会实用的技能，去度过眼下生活中遇到的诸多心理困境。

樊登读书会的口号是"每年一起读50本书"。有人计算过："一年的会费是365元，相当于你花钱雇了一个比自己更擅长读书的人帮你读书，每本书的成本大约7元钱。算下来还是挺划算的，不是吗？"

樊登读书会副总裁孙向利曾向媒体解释樊登读书会的选书原则。她表示，首选的是家庭类、事业类和心灵类的书籍，内容涵盖婚姻两性、亲子教育、财经知识、创业进阶等各方面。总而言之，"我们和心灵鸡汤的区别是，我们可以告诉你解决问题的方法，因为我们选书的原则更偏向于实用性，对你的生活更有帮助"。

樊登读书会能够成功，不仅在于给社会输出了好的精神产品，还把"听书"这种行为引入一种语境。它不断暗示听众，这是一种高效率的学习方式，是保持自己不落后的捷径。如果你在网上搜索就会发现，樊登读书会的会员们在社交网络上撰写并分享了大量加入读书会后的心得。其中常见的一个场景就是，上级（或公司）很推崇这种学习方式，送给员工大批读书会的会籍，然后一群同事比拼自己的听书进度，甚至PK学习效率和充电计划，作为积极人生的一种象征。这才是樊登读书会占据用户心智的最成功之处。

除了在心智营造上成功地创造了"听书＝学习＝进步"的心理定式，樊登读书会的商业运作也是极其成功的。

首先，樊登读书会确立了知识必须付费的原则，自2013年发起时就收费，每人每年365元。如今，会员数量已突破百万人，有人甚至已经续订到25年后。读书会在员工不满100人时，就已经获得了上亿元的稳定收入。

这个商业模式的核心就是加盟商机制，比较正式的说法是"读书会分会"。这样的组织有上千个，有以地域为单位来组织的，也有以企业为单位来组织的。

分会一旦成立，樊登团队就会鼓励它自发运营，摸索出当地应该怎么办活动。因为各地的情况不同，总部不会指导每一个分会怎么办活动，但会审核每次活动的主题。

但这并不意味着双方的合作是松散的。孙向利说："实际上，它们也是公司，我们也是公司，合作是两个经营主体之间的商业关系。我们会对它们进行类似所有分支机构的培训、管理、考核。我们有一个复杂的考核体系，除了对运营、服务、活动进行考核，还要对销售进行考核。分会的销量如何，与当地的经济发展水平是否相当，都是重要的考核指标。"

分会的主要职能是策划活动，这些活动有以某本书的内容，如演讲、沟通、经营为主题的，也有泛文化性质的诗酒茶会。总部非常鼓励分会举行活动，这是因为他们发现，类似的竞品出现的速度太快，消费者有时候会无从选择。而最好的选择方式是熟人的推荐和线下社交带来的口碑，所以樊登读书会从来不以重线下模式为苦，反而将其视为优势。

和一切以个人强IP支撑起来的机构一样，樊登读书会也经历了从靠个人努力到靠集体输出的过程。先是荐书会取代了樊登个人的选书，此后又有编辑团队来帮助实现内容转化。

樊登读书会对于听众的价值，在于把获取知识的过程变得更加容易"吸收和消化"，原因在于"如果一个从来没有读书习惯的人，让他去生啃一本书，他可能啃完了也不知道它讲的是什么。但樊老师不只是提供书籍内容，也不只是搬运知识，他能够把书背后的东西讲出来，把这本书的观点跟其他观点对比契合。因为他读了太多书，所以他能够有这样的积累和能力把书中的精华，包括作者的逻辑呈现出来"。

事实上，除了主打读书，樊登读书会还有完整的升级路径。在内容方面,樊登读书会举办了"我是讲书人"活动,设置了100万元奖金,目的是搜寻更多的内容输出者。此外,樊登读书会还成立了两个子公司,一个利用樊登的IP策划出版,另一个则针对大型机构进行定向培训,同时还试水卖书变现。

樊登的想法是,这一切最后都会成为一个一揽子的学习方案。到2018年年底,其会员已经超过1400万人。其最早的增长方式便是将种子用户转化为代理,建立覆盖全国的层级会员体系。

灵机一现,《奇葩说》问世

2015年,与吴晓波、罗振宇、樊登并称为内容创业的"四大天王"的马东,也在这一年选择单飞。2015年9月16日,马东正式离开爱奇艺,创办米未传媒,它的估值在当年网络综艺节目制作公司中排名第一。

与吴晓波围绕IP做自媒体、罗振宇围绕IP做平台、樊登围绕IP做组织不同的是,马东更多围绕内容本身做IP。马东强调,自己不要做一家制作公司:"米未在成立之初,我心里有一个原则就是不做制作公司。我们想做一个内容公司,我强调的就是这个IP必须是我自己的。原来在电视行业里有很多买国外模式的例子,其实我觉得这是个假市场。所以,我们一直在坚持自己研发IP,因为只有放在自己手里面,你今后所有的IP衍生和开发才有前提。"

马东选择内容创业,当然不是心血来潮。他认为:"以前的内容生产成本太高,所以试错空间并不大。后来我去了互联网企业,互联网企业的试错迭代,先开枪后瞄准,对于米未整个的内容生产来说,有一个非常好的提示作用:用最大的包容性,让整个团队不停地试。失败当然有成本,但是从这个成本里面有所得。"

马东这里提到的互联网企业,就是爱奇艺。

2012年年底,在一个咖啡馆里,龚宇邀请马东入职爱奇艺。他说:"咱们给你起个Title(职务)吧,你叫'首席内容官'。"

马东原是央视主持人、导演兼制片人，他的另一个身份是相声大师马季的儿子。马东回忆说："那是我第一次听到我所从事的行业，原来叫'内容'。"

对于已经在电视台工作了14年的马东来说，他认为自己投身网络影视，是"在追赶一辆向前奔跑的火车"。而他对在爱奇艺时的工作自评是"手已经能够扒在火车栏杆上，但脚还在马路牙子上狂奔"。

在马东任内，爱奇艺在内容方面发展很迅速——外购方面不惜重金，购买了《爸爸去哪儿》的版权；工作室建设也很有成就，如高晓松的转会；自制内容方面，视频网站中拥有最多具备专业视频制作背景的人才储备。此外，由马东操盘的爱奇艺自制节目，创造了很多奇迹，像《汉字英雄》《人生需要揭穿》《灵魂摆渡》《大魔术师》等都具有很高的热度，但其中最重磅、最现象级的是《奇葩说》——一档旨在华人圈内寻找"最会说话的人"的节目。

《奇葩说》的起因，其实就是马东和高晓松的一次酒局。马东说，高晓松这个人，关于所有的事情他都要和你争论。

高晓松说："咱俩这样的人应该做一个辩论节目。"马东说："对啊。"

喝完酒的第二天，马东见到自己的拍档，就是后来也成为米未创始合伙人的牟頔，说："咱们做一个辩论节目吧。"

这就是《奇葩说》最初的所谓"灵光一现"。

这个节目可以真正被称为"一个节目"是在两周之后。牟頔和她领导的整个导演团队，拿出了一个PPT，对马东说："你看这样行不行？"

这个PPT的样式是马东以前没见过的，颜色特别绚丽。以前马东见过的PPT都是试图把事写明白，而这个PPT就是一些画。马东一看，就很喜欢这个风格，还没看完就说："对，就这样开始吧。"

导演团队其实是内容生产者，他们是和内容创造者不同的一类人。所谓内容生产者是组织生产者；而内容创造者是内容的源头。

《奇葩说》的转机是马东碰到了好的内容创造者。

以马薇薇、黄执中为首的辩手出身的团队，在辩论圈里沉浮多年，经过了很好的训练。导演组碰到这些人的时候就发现，他们才是真正的内容创造者——任何一个"屁大点的事"，这些人都能津津有味地跟你谈两个小时，还没有结论。这是多么神奇的能力。

马东碰到的另外一些内容创造者，就是"肖骁、范湉湉这些妖精"。这些人不知道自己是内容创造者——"他们是天生的，不那样生活就会憋死"。

因此，当马东做《奇葩来了》《奇葩大会》这样的节目，把这些人通过海选聚集在一起的时候，观众发现，这些人组成了一个奇妙的组合——原来，可以用娱乐手段，以辩论的形式，做出一个好看的娱乐节目。

其中，"辩题设计"是核心环节。节目组会通过百度知道、知乎、新浪微问等问答平台寻踪觅迹，在民生、人文、情感、生活、商业、创业等领域，选取网友关注较多的问题，发动网友参与调查投票。

马东认为，互联网上投放的问题能否成为节目的辩题，取决于网友参与这个问题的积极程度。网友参与较多的题目，才能进入节目的选题单。

很难用一句话概括爱奇艺对马东意味着什么。从术的层面出发，除了前文提到的小步快跑、快速迭代，马东在爱奇艺的经历还让他具有了普通制作者不具备的互联网思维。如果后者是闭门造车，那马东就是通过互联网机制获取灵感。从道的层面出发，马东关于 IP 的理解和认知，同样很大程度上来自爱奇艺。

马东和爱奇艺的和平分手也堪称一段佳话。

2015 年 7 月 14 日，爱奇艺官方微博发布了《爱奇艺宣布马东将卸任首席内容官并专注视频内容创业》一文，里面强调：马东不要忘记"打过的赌要减的肉"。随后，马东转发该微博，并回复"YOLO"（YOLO，美语新词，是"You Only Live Once"的首字母缩略词，意为"你只能活一次",是坏孩子做坏事前的宣言)。

有人说,从互动中可以看出马东的此次离职应该是和平的,甚至可以说是愉快的。一个显性的事实是,马东创办的米未除了重磅推出《饭局的诱惑》等火爆节目,还延续了2014年马东在爱奇艺任职期间开创的《奇葩说》。

爱奇艺、优酷、腾讯大战长视频

《盗墓笔记》压垮爱奇艺服务器

2015年对爱奇艺和整个视频行业来说,同样是划时代的一年。由于更好地满足了年轻用户的需求,爱奇艺从2015年开始了逆流而上的成长之旅。

这一年,一部每集成本500万元的网剧《盗墓笔记》在爱奇艺开播,首日播放量超260万次,开通会员支付订单请求超过260万次,直接压垮了爱奇艺的服务器。网剧时代率先由爱奇艺开启。

2015年是长视频会员付费业务爆发的一年,但却绝非起点。

自从2015年夏天打响付费会员剧第一炮后,龚宇和爱奇艺在接下来只用了半年时间,就获得了过去5年时间才获得的新增会员数,但这也是多年经营的结果。

根据回忆,爱奇艺最早有付费会员的实践在2011年。爱奇艺大事记的记载显示,当年,爱奇艺已经推出会员专区。然而,尽管当年龚宇给会员业务设置的KPI(关键绩效指标)才几十万人,最后也只完成了不到20%。

2011年,爱奇艺的月度独立用户数已经达到了1.48亿人。上线短短10个月的爱奇艺,已经覆盖了超过50%的中国网络视频用户。在如此庞大的用户群体内,只有千分之几的人有付费意愿,反映了当年中国用户对互联网的理解,那就是一切都必须是免费的。

在第二年和第三年,爱奇艺同样没有完成任务。这其实也影响到了爱奇艺对未来发展的战略判断。因为当时全球视频网站的模式是由YouTube和Hulu两强主导的,但在会员规模还没有成型的时候,爱奇艺无论是对于谈"版权"还是"自制",都很难下定决心。

但龚宇的内心是更倾向于后者的。因此,龚宇做出了他在爱奇艺的第一个比较重要的决定——把更多的资源投入正版高清长视频。

这个决定里面有很多细致的考量。比如,太短的视频通常被认为是不利于广告投放的;又如,流量远不及YouTube的Hulu,在商业变现上更有想象空间。

此后,依靠对正版高清长视频源源不断的投入,爱奇艺在初创时站稳了脚跟。虽然经营惨淡,但在2015年上半年,爱奇艺的付费会员数也慢慢爬到了500万人。尽管这些收入远远无法对冲爱奇艺巨大的开销。

很多人认为,爱奇艺付费业务的起量是因为大量购置正版电影等内容,但这个结论过于简单,不准确。从某种意义上来说,爱奇艺的会员体系是整个公司的智慧结晶和核心竞争力,爱奇艺也是唯一一家建有"付费业务研究院"的企业,为此还请来了支付宝的前运营总监黄绍麟,让其担任会员业务负责人。

黄绍麟告诉本书作者,爱奇艺会员业务的起飞是外部环境、战略原则、团队能力和系统建设同时发力的结果。

黄绍麟认为,2015年之前,付费业务是很难起飞的。"那时候的环境是盗版横行,不利于视频付费业务的发展。随便在哪个资源网站就可以下载到种子,然后下载正片,一个晚上就下完了。消费者不接受付费模式,觉得有盗版,干吗要花钱?"

黄绍麟认为,爱奇艺的付费业务在千万级以前,基本上是正版电影的爱好者充当主力,"因为电影是好评估的,看一场电影的票要几十元，买一张盗版碟才5元。这样用户很容易算出来：买会员很划算。因为有度量的标准。"

本书作者认为，付费业务的真正起量，归根结底还是爱奇艺的内容有了极大的丰富，特别是自制内容的极大丰富。它们才是用户真正愿意付费的动力。

2014年3月，爱奇艺正式向公众发布网络大电影的定义，它是"超过60分钟，制作精良，具有正规电影的结构和容量，并按照国家有关政策法规，以互联网平台首发的电影"。

根据爱奇艺提供的数据，2014年，网络大电影总数已超过400部，超过了每年可进入电影院的电影数量，票房全年达到5000万元。到2015年年底，共计600多部电影上线爱奇艺平台。

这也引起了各平台的仿效。从2015年起，腾讯、乐视、优酷、搜狐开始在网络大电影上发力。数据显示，当年共有2442部大型网络大电影上映，其中1075部在视频平台上独播。

如果说网络大电影是一个抓手，那网剧则不仅吸睛，而且超级吸金。就在2015年，爱奇艺的里程碑作品——网剧《盗墓笔记》上线，不仅掀起了一场观剧热潮，挤爆了服务器，还直接刺激了付费用户数的爆炸性增长，也使爱奇艺的付费用户数量在当年年底首次达到数千万人。

一个笑谈是，精心准备已久的中国首部会员付费剧《盗墓笔记》上线后，爱奇艺却宕机了，最多时有超过70%的会员无法观看此剧。黄绍麟回忆说，尽管平台已经提前增加了3倍服务器资源，但还是没承受住网友们的热情。

此后，一系列高质量的网剧在几大视频平台应运而生，如《老九门》《鬼吹灯》《河神》《白夜追凶》等。到后来，《延禧攻略》和《破冰行动》成为现象级的热门剧。这也使爱奇艺、腾讯、优酷三家的付费会员越来越多。

但这给爱奇艺带来了巨大的压力。2015年的《虎妈猫爸》《芈月传》等版权大剧,单集价格接近 200 万元,之后单集破千万元的大剧,两只手都数不过来。再加上后入局的腾讯视频及老牌视频平台优酷,背后都有"奶牛"给其源源不断地补给,嗷嗷待哺的视频平台也需要独家版权内容来留住用户,版权价格自然水涨船高。

招股书显示,2015—2017 年,爱奇艺的净亏损额分别为 25.75 亿元、30.74 亿元和 37.37 亿元。

尽管如此,但黄绍麟认为,同样是亏损,爱奇艺的资金运用效率更高。他说得比较直接——爱奇艺大概能用 200 亿元达到的运营目标,腾讯视频至少需要 300 亿元,而优酷不知道需要多少亿元才能达到……笑谈中尽显三家公司的不同文化。

黄绍麟认为:"一是龚宇的方向感,他是搞过房地产(网站)的,我觉得他的方向感是在那里练出来的,做房地产对趋势的预判、对行业产业的变化预判必须准。他的核心团队的学习能力很强,虽然他们都是理工科出身,从来没有搞过影视产业,花了很长时间去学习这个产业,但我觉得他们的学习效率很高、学习方法很有用,很快就把这个产业研究清楚了。

"二是爱奇艺的文化简单,比阿里巴巴、百度的都简单,在这里不需要高超的办公室生存技巧。

"三是高管团队洞察事物的能力很强。我交一个提案,觉得自己想得很完备了,他(龚宇)三下两下就点出问题,搞得我想把本子抢回来撕了……这是一帮聪明人,又死磕。"

黄绍麟因此认为:"很多时候,大家觉得某个作品成功的一个重要原因是 IP 选得好。但为什么选得好,其实很难用一两个数字指标来说明这种'不明觉厉'的能力。"他将之归结为爱奇艺的体系能力:"人家私底下说,运气怎么这么好?偏偏《太阳的后裔》就被你们挑上了,还有《老九门》……其实,如果爱奇艺的组织体系、企业文化、人才储备没有达到那个份上,是抓不住这样的机遇的。我认为爱奇艺已经摸索出一条在互联网上做长视频的路子,然后固化成它现在内容生产的组织体系，去支持它做到这件事情。"

这解释了以下问题。

比如，为什么传统的影视大制作只能拉动千万级的会员，而较粗糙的网络大电影和网剧却能撬动亿级会员？这是因为网剧更能发挥精妙的收费心理设计。

比如，观众以前习惯了看免费的、电视台放的电视剧，但现在由于网剧或者是被买断独播的，或者是自有IP，网站就可以自主掌握节奏。黄绍麟说："我觉得最厉害的就是爱奇艺把电视剧的钱收上来了，这一点连美国人都没有做到。在美国，不付费的用户一集电视剧都看不到，但我们不是，我们一点点地播出。比如，第一周先播出两集，这两集谁都可以看，然后再播出两集收费的，到下周才免费；下周有两集免费的时候，再播出两集收费的……在这种情况下，只要剧好，观众根本抵抗不了诱惑，会被充分调动起来，这个独创可以说是世界性的"。

爱奇艺最大的突破和贡献是自制网络综艺节目（简称网综）。比如，《奇葩说》从第一季招商5000万元到第四季官宣的1.8亿元，爱奇艺把它打造成了中国最赚钱、最有影响力的网综鼻祖。这也极大地提升了爱奇艺在年轻人心中的品牌形象。在此基础上，它推出了中国第一档超级网综《中国有嘻哈》。在这个成功案例的基础上，新网综《热血街舞团》官宣招商客户10个，总额6.2亿元。

黄绍麟评价龚宇：看问题很全面，业务成体系，短板少。

简单总结一下，爱奇艺的会员体制大体如下：基础原版内容打底；网络大电影、网剧双抓手，拉起了会员的巨大增量；网综开发了内容价值之外的粉丝经济价值。爱奇艺总体无短板地覆盖了能从用户身上收到钱的所有途径，且屡屡创新。

优酷掉队

耐人寻味的是,在爱奇艺高歌猛进的 2015 年,优酷却悄然落后了。

很显然,这不是财力的问题。阿里巴巴历史上最大也最重要的一笔收购,是用 45 亿美元买下优酷——2015 年 10 月 16 日下午 5 点,阿里巴巴宣布,已向优酷土豆公司董事会发出非约束性要约,拟以每 ADS(美国存托凭证)26.60 美元的价格,现金收购阿里巴巴已持有股份外的该公司剩余的全部流通股,古永锵将继续担任优酷土豆主席及 CEO。

在我们看来,优酷的落后,或许很大程度在于对会员业务和 IP 等的理解不够透彻。

策略上运营至上,强调 UGC(用户生产内容)而非版权内容,强调广告收入而非会员增长。

这种认知直接影响了后期优酷与爱奇艺和腾讯的竞争。

宋玮在晚点公众号上曾讲过一个故事:被阿里巴巴收购后,优酷组织了一次高层内部会议,几十号高管连续 3 天被关在公司。每人要提出若干公司的发展重点,最后一起票选公司未来的重点发展方向。匪夷所思的是,在这次决定命运的会议上,"会员业务"轻易地被大家放弃了。

很多人认为,这是因为古永锵一直坚定地认为广告应该是主要收入,会员则涉及跳过广告,这会使广告商质疑优酷用户中最有支付能力的一批人,即愿意付费购买会员者,并没有观看广告。而这些人不看广告,则意味着优酷的广告价值大损。

这次投票导致优酷有好几千人去做广告业务。优酷会员突破 100 万人的时候,负责会员业务的整个团队只有 20 多个人。

在内容稀缺的年代,优酷靠效率和技术优势攀上了行业第一的位置,YouTube 的模式也影响了大部分的优酷高管。很多人认为,优酷就应该保证效率和运营,对版权和自制剧方面的大手笔投入则缺乏信心。

一位优酷资深员工对宋玮回忆,他最早谈下了网剧《最好的我们》,还推荐了刘昊然当主演,紧接着又谈了《鬼吹灯》系列,想以100万元一本书的价格买下网络改编权。等一切谈妥上报公司采购部门后,预算却迟迟通不过。最后,这两部剧分别成就了爱奇艺与腾讯视频。后来,这位员工又跟王家卫谈,计划以500万元一集的成本开发《一代宗师》网剧,但古永锵认为价格过高。

靠粉丝站住脚、靠自制剧赶超的腾讯视频

如《沸腾新十年(上)》所言,腾讯视频曾经险些被卖掉,幸好最终被孙忠怀等多人请命而得以保存。不过,这个差点夭折的平台在2015年后逐步加速,最终抢占鳌头。

这很大程度缘于爱奇艺虽然战斗力很强,但并没有太多强援。而腾讯视频作为腾讯文娱的"桥头堡",有着诸多帮手。同时,腾讯视频围绕年轻人提供文娱内容,有着自己完整的生态链和健全的内部竞争机制。这是腾讯视频后来者居上的关键。

网络大电影、网剧除给会员业务带来强大增量以外,还带来了一个令人意想不到的收获——粉丝权益。这成了很多年轻人购买会员的理由。而围绕粉丝权益推动年轻人购买会员就是腾讯视频带的头,率先在自制节目《创造101》上推动此事。

自制节目前所未有地拉动了粉丝购买会员的热情,这里面除了衍生品,最重要的是会员特权。很多偶像是在网上PK人气的,普通观众可以投1票,买会员可以让你投10票,这就跟粉丝文化深度绑定了。最火的时候,很多粉丝疯狂地买一堆会员,自己买不够,还叫亲朋好友一起买会员来投票。这像极了10多年前给《超级女声》选手投票的情形。

粉丝权益让腾讯视频站住脚,而自制剧让腾讯实现了赶超。

2015年是自制剧的大年。这一年,网络自制剧的生产量由2014

年的205部增加到379部，增幅为85%，可谓网络自制剧井喷年。

自制剧对中国影视生态产生了深刻影响。根据第三方报道，2015年播出电视剧的66.5%——总计262部、10 013集，同时通过视频网站传播。有8家大型视频网站的在播剧超过千部。

从数量上来说，2015年，腾讯视频凭借《名侦探狄仁杰》《暗黑者2》《花儿多多之前世今生》《我是你的喋喋phone》《我为宫狂2》《超级大英雄》《逆光之恋》等一大批精品网剧，取得了突出的播放成绩。

而从出品质量来说，从自制剧的类型、内容、制作、明星阵容等方面来看，腾讯视频都体现了一个"精"字，这与其宽裕的预算不无关系。

一个特别突出的点是腾讯舍得请成熟的团队来制造网剧，与慈文传媒、于正工作室、万合天宜等业界合作伙伴联手制作出的《暗黑者2》《我为宫狂2》《名侦探狄仁杰》等自制剧，以精良的制作赢得了良好口碑。此后，李少红、侯鸿亮、滕华涛、高林豹这些老一辈的传统电视剧导演都加入了腾讯拍网剧的大军，知名作家严歌苓也担纲了其作品《妈阁是座城》的编剧。

形态创新也是腾讯视频腾飞的原因之一。孙忠怀坦言，相比只有播出权，自制IP的投资回报率更高。2015年，腾讯视频的高口碑品质剧《暗黑者2》首次推出会员提前看结局、独享番外篇等福利，引爆网剧观看热潮。

经历2015年后，孙忠怀总结说，腾讯视频的成功在于坚持三个核心战略。其中，"自制"被列为三核之一，与版权和用户体验构成了腾讯视频的三驾马车。

除了在自制剧上舍得投入，腾讯视频在与对手的竞争中，还有一个潜在的优势，那就是腾讯有全世界顶尖的文娱事业群，以及整个腾讯文娱在IP这个单点上的超前认知和不计成本的投入。

2015年后，IP是文娱事业的主要驱动力。2015年，从超级季播网剧《盗墓笔记》到《老九门》，再到此后的热播剧《三生三世十里桃花》《择天记》等，IP大剧层出不穷，网文IP在影视剧开发产业链中起到越来越重要的作用。据第三方统计，在TOP 50的电视剧和网络剧中，分别有62%和76%为网文IP改编。

2015年1月26日，腾讯文学和盛大文学宣布，双方联合成立新公司阅文集团，对原本属于腾讯文学和盛大文学旗下的起点中文网、创世中文网等众多网文品牌，进行统一管理和运营。

原腾讯文学CEO吴文辉和原盛大文学CEO梁晓东将出任阅文集团的联席CEO，但很快，梁晓东淡出，吴文辉成为阅文集团最大的话事人。

吴文辉出色地扮演了王者归来的角色。不过从阅文集团上市后吴文辉离开看来，他在IP打造和商业化上或许并无太大兴趣。对IP打造和商业化相对重视的，是与吴文辉理念不同的侯小强。

侯小强在接受本书作者采访时曾表示，他在盛大文学任职期间提出了一个叫作"三个一百"的计划，即买一百个版权、签一百位作家、招募一百位经纪人（为每位作家招募一位经纪人）。盛大文学在每个作家身上投资100万元，共占60%的股份。当时，盛大文学有自己的编剧公司，侯小强希望用这种相对工业化的运作模式，帮助盛大文学赢得更多的筹码。

当时IP远未达到之后几年的热度。早前盛大文学卖出的第一个小说IP，也就是后来被陈凯歌拍摄的《搜索》，价格只有30万元，这在当时已经属于非常令人欣喜的变现成绩。到2013年，IP变现已经能为盛大文学带来比较可观的收入。但侯小强这个"三个一百"计划提出没多久，就碰上盛大文学的团队动荡，最终不了了之。

2015年之后，在创办了火星小说和中汇影视后，侯小强把这件事用更可行的方式执行了下去。侯小强选择IP有两个主要标准。第一，要有很多人踏踏实实地喜欢。比如，图书本身有非常好的销量，就是一个好IP最直接的证明。如何衡量这个"喜欢"，也有一个标准，就是看读者评论。评论里如果讨论人物的居多，如特别喜欢谁、讨厌谁，就更符合一个好 IP 的特征。侯小强认为，IP 的本质就是人设，观众喜欢某个 IP，主要倾心的就是其中的人设。第二，必须是一个好故事。侯小强对好故事的判断标准就是能不能一口气看完。花 6 个月断断续续看完的故事和花 3 个晚上看完的故事，一定是完全不一样的。如果是后者，就证明这个故事足够流畅，可以果断出手购买。侯小强认为，好 IP 必须具备工业化的特点，遵循经典的叙事模型。读者必须进入自己熟悉的叙事模型，才能够一口气看完。而一个受欢迎的故事，读起来必定是流畅的。比如，《百年孤独》就不能算作好 IP，因为文学性太强、结构太迂回，反倒不符合好 IP 的属性。因此，选 IP 不能选没有文学性的东西，但也不能选文学性大于市场性的东西。

正如本书前传《沸腾十五年》里描述的，在资深媒体人、《大众网络报》创始总编辑廖丹的提议下，陈大年推动盛大文学收购起点中文网，正式进入网络文学领域。对应的起点中文网创始人吴文辉及团队在收购后并未退出，而是变身为职业经理人，并且依旧保持着对起点中文网的绝对经营权。2008 年，在陈天桥的邀请下，时任新浪网副总编的侯小强空降盛大，成为盛大文学 CEO，吴文辉则任盛大文学总裁。这是两个可能产生矛盾的职位。

行业知名观察者谢璞在公众号一篇名为《起点风云：无处安置的日志》的文章里透露，起点中文网管理层与盛大文学高层不无矛盾。在很多发展战略上，起点中文网甚至用抗命的方式强行运作，这在整个盛大文学体系中都是不多见的。

除了文化的冲突，可能还有直接利益上的冲突。比如，之前颁布的奖金发放方案难以落实；再如，起点中文网的贡献是其他子公司的数倍，但无论是管理层还是基层员工，对收入可能存在心理落差。

在盛大文学 2012 年上市搁浅后，矛盾进一步激化。2013 年 3 月 1 日盛大文学作者大会上，侯小强听到起点中文网团队正在拉拢作者与编辑并准备集体辞职的传言。随后几天，侯小强真的收到一些核心员工的辞职信。

侯小强接到起点中文网团队的辞职申请后,选择立刻公开宣布此事并批准。3月11日陈天桥宣布支持侯的处置方案。陈天桥事后曾经谈起,他认为吴文辉团队有功无过,但侯小强的成绩"有目共睹",支持侯小强在组织层面上是理智的。

之后,吴文辉带着团队在腾讯的支持下创办了创世文学,吃了哑巴亏的盛大文学对当年从起点中文网离职加盟创世文学的诸多员工提起诉讼。双方势如水火。

但世间万事变幻莫测,2013年后陈天桥逐步隐退江湖,盛大文学也开始变卖资产。盛大文学在2015年1月兜兜转转回到吴文辉手里,合并了盛大文学的创世文学一跃成为网文市场的老大,2018年成功在香港上市,市值最高曾达百亿美元。不过吴文辉并没有满足之前资本对其成为娱乐产业IP超级源头的期待,这才有2020年吴文辉最终挥手告别的结局。

龚宇的"一鱼多吃"

2015年,龚宇正式提出包含多元娱乐服务的"苹果树"商业模型,并逐步构建起包含广告、会员、经纪、打赏、出版、发行、授权、游戏、电商九种货币化方式的"一鱼多吃"商业模式。该商业模型成为中国视频行业的标准。

控制IP源头,等于爱奇艺为自己筑起了一道坚不可摧的防线。而且,虽然无法超越腾讯视频,但爱奇艺还是尽可能地形成自己的生态。

拥有数亿名用户后,爱奇艺力图形成多出口,在纯网络综艺、网络剧、网络大电影、动漫、影漫游互动、媒介融合等IP开发领域进行联动,并发布了全新品牌——爱奇艺文学,试图打通IP全产业链。自此,以海量用户为基础、以开放合作为宗旨、以创新技术为手段、以IP产业全链协动为触角的中国首个开放娱乐生态呈现全貌。

接下来要考虑的是如何滋养生态。

据娱乐资本论报道，2016年5月5日，爱奇艺首次公布了网剧付费分账模式，为中国网剧内容制作方提供了一个公平、公正的发行渠道和更多元化的收入变现方式。

第一部付费分账网剧《超能快递侠》于2016年6月上线。2016年11月，《妖出长安》以不到500万元的投入成本，获得超2000万元的分账收入，投资回报率超400%。

2017年12月29日，爱奇艺发布付费分账网剧数据，共74部网剧采用付费分账模式上线，产量同比2016年（30部）增长近2.5倍，预计2018年以付费分账模式上线的网剧有望突破100部。可以想见，付费分账模式大有可为，实实在在地让合作者拿到了钱，让他们有了持续的动力。

为了让总量有限的IP效益最大化，龚宇提出"一鱼多吃"理论："这个行业只是单一收入增长得很高，没用。你必须样样都做好才行。广告、收费、衍生品等，只要是这个行业主流的业务，你都必须做起来。任何一个好莱坞公司的收入构成一定是多样的，而不是靠单一收入。这就需要我们建造一个生态系统。所谓生态系统，就是众多资源聚合在一起，因为业务单一的公司一定会被拥有健康生态系统的公司打败。"

简言之，就是"一鱼多吃"，将一个优质IP进行各种维度的开发，如相关游戏的开发、衍生商品的售卖，以及线下活动的开展等。据报道，仅以热门电视剧《花千骨》为例，爱奇艺花了1亿多元购买了这部剧的版权，通过会员和广告，获得了超过3亿元的收入，合作开发的同名网游流水更是超过了9亿元。而推动《花千骨》影视剧和游戏联动的，正是原91的商务合伙人、天象互动的何云鹏。何云鹏后来也把自己的公司卖给了爱奇艺。

这样的IP衍生开发，显然有更大的利润空间。

作为应对，阿里巴巴成立阿里大文娱集团，下含优酷、阿里影业和阿里文学，试图以组合拳的方式与对手周旋。

其中，阿里文学已不再是单一的网文阅读平台，而是形成了以阅读平台和IP联动平台为基础的综合性基础设施体系。

阿里文学总编辑周运描述了这个设想——在这个基础设施体系中，作者可以在网络文学创作的同时，拓展影视、游戏、动漫、漫画、舞台剧等衍生服务，而阿里文学则借助这个体系源源不断地产生顶级IP，实现"从头开始、立体化培育"和"深度联动"。

听起来很美好、很有差异化，但在阅文集团巨大的存量面前，阿里文学始终没有摆脱被动局面，更何况优酷如前所述不温不火，阿里影业也无大的起色。另外，阿里大文娱体系其实不止一条与文娱相关的业务线。虾米音乐和天天动听组合成的阿里星球，是围绕在线音乐的一条业务线；高德、UC等也各自开枝散叶；再加上收购叮当、云风等网易游戏元老创办的简悦游戏后的升级版阿里游戏，阿里大文娱的业务有五六项之多。由于采取轮值管理的方式，每位老大只有两年任期，很多不能实现各业务间的协同。

而爱奇艺所倡导的生态建设，也没有真正落地，仍然以一支部队与腾讯大文娱的整个集团军作战。

在线教育大战

小猿搜题成为猿辅导的喇叭口

2015年10月22日，临近下班时间，包括猿题库、小猿搜题和面向职业考试的粉笔在内的所有猿辅导的员工，都收到了创始人李勇的一封邮件：

亲爱的同事们，10月23日，小猿搜题团队将举办"More than more"内部酒会，邀请公司全体员工参加，还可以携带你的伴侣和亲友。

信里还颇为贴心地补充了一句:"我们建议,所有同事把自己打扮起来,让大家认识一个与工作中不同的你。"

很多老员工感到颇为震撼,因为猿辅导虽然有个传统,就是某个产品达到一个里程碑的业务数据时就会开 party,但这次的 party 带着一股美式、开放、冲动般的热情,让人觉得有什么不同的事情要发生。

猿辅导 CEO 李勇在 party 上揭开了答案。他对员工们说:"我们拥有猿题库这样的深度学习产品,又有了小猿搜题这样的大流量战略级产品,粉笔商业化尝试的增速也超过预期,我相信我们是中国在线教育公司里最有价值的那一个。"

员工们被这种打鸡血式的讲话鼓舞得激动不已,因为理性、克制、不轻易乐观,才是李勇以往的符号。

这一年是中国在线教育历史上很关键的一年。很多分析文章都把 2013 年看作在线教育的元年,但其实,2015 年的风起云涌才称得上激烈。

2015 年,新东方、好未来这些传统教育公司纷纷在"互联网+教育"上发力,老选手希望跑进新赛道。

YY 的李学凌和俞敏洪没有谈拢,于是 YY 疯狂进攻,再加上大环境的鼓噪,新东方匆忙迎战。但双方没有分出胜负,俞敏洪提出要继续苦练"内功"。

好未来正在逐步加速,频频有大动作。在传统教育机构中,好未来在"互联网+教育"上做得最好。好未来一直非常重视在线教育,奥数网、高考网、中考网、原先的 E 度教育现在的家长帮、学而思网校等就是很好的例子。好未来尝到了甜头,一直在做大布局。

尚德是一家非常传统的职业培训公司,创始人欧蓬看准时机,用大毅力和大勇气强力推动企业转型,提前抢占了有利位置。

但是,不管这些公司如何搅动风云,真正引起市场震撼的,是猿辅导的现象级产品——小猿搜题。

顾名思义,小猿搜题就是一个搜索题目答案的工具。它允许学生用拍照的方式拍下题目,然后手机端自动 OCR(光学字符识别),再返给学生答案。

答案可能是题目的标准解法,也可能是一段视频,里面是老师解说题目的过程,因为对一些数学题,特别是要添加辅助线的几何题来说,直接给答案,学生可能看不懂过程……而除了这两种方式,小猿搜题还在酝酿更为直接的方式——真人老师用直播而不是录播的方式来答题。

为什么说小猿搜题是搅动风云的年度现象级产品?是因为它的定位。从业务定位来说,免费、无门槛的小猿搜题成了一个超级流量入口,它的流量可以向下导流到猿题库进行用户留存转化,最终由教育产品猿辅导实现变现;从产品功能定位的角度来说,它改变了学生获取知识的路径,赋予了学生主动学习的能力,但也引发了颇大的争议。

小猿搜题的出现是猿辅导不断进阶的产物。

最早的猿题库主要为学生提供大量的习题,供学生课外练习。

知名媒体人魏武挥和猿辅导联合创始人帅科曾经有一次对话。帅科认为,猿题库的鲜明特征是用互联网完成教育,而不是信息匹配的O2O(线上到线下)模式。

因为帅科认为,教育这一行,要的是效果,而不是便利性。而且,既然市场极其难啃,啃下来就有了"护城河"。

在深挖"护城河"的过程中,猿题库首先要保障资金的充沛,否则难以解决中国各地 K12 教育标准不一的问题。

接下来是教育效果评估体系。因为中小学生没人看着而能主动学习的比例很小。而猿题库可以提供评估报告,甚至可以提供回放功能。家长即使不在孩子身边,依然可以通过手机收到孩子学习的评估报告,还可以看回放,看看自己的孩子学习状态如何。

这就是利用互联网技术来完成监督功能。

猿题库同样试图用互联网技术来完成教学规模扩大的目标。每一个学生完成测试题,猿题库都能生成评估报告,并根据评估报告提供个性化的题库，供老师选用。

猿题库最后一个功能就是为老师提供题库。在2015年，猿题库推出了老师版，被认为是猿辅导进攻公立教育市场的一个标志。

老师版推出的原因是，很多老师发现猿题库是一个很好的给学生出题的工具，但产品中没有为老师这个角色预设环节，所以老师希望能够有一个入口可以检查和评估学生的学习效果。因此，猿题库推出了老师版。

在猿辅导内部人士看来，题库的核心功能有二，一是流量入口，二是可以帮助猿辅导积累学生的学习反馈数据。

然而，小猿搜题的出现彻底解决了流量入口的问题。搜题可能是学生在遇到学习困难的时候的下意识举动，其效果相当于教育版的百度搜索，极大地放大了入口效应，相当于在猿题库的入口处又叠加了一个奇大无比的喇叭口，形成了"小猿搜题—猿题库—猿辅导"的三级漏斗。

2015年7月31日的晚上，帅科出现在湖南卫视的演播室，他对着摄像机一遍遍地练习一段话：

我是小猿搜题的联合创始人帅科，学生时代我们经常会遇到难题，却不好意思问同学和老师，现在，只要拿起手机拍下题目，就可立即显示答案和解题思路，希望小猿搜题能够帮助大家好好学习，天天向上！

帅科在说这段话的同时，手中的手机也同步演示着拍照搜题的过程。当导演说OK之后，趴在轨道摄像机上负责摄像的两名工作人员立马跳下来，跑到帅科的跟前，问道："哥们儿，高科技啊，太厉害了，哪里可以下载？我弄一个回家给儿子用。"

其实录制的这段VCR（录像）并不是帅科所在意的，他在意的是这一期《天天向上》节目中设置的一个特别环节：主持人汪涵和其他天天兄弟的成员及嘉宾同台答题，并现场用小猿搜题实时检查是否答对。

《天天向上》是中国现象级的娱乐节目之一，长期以来深受年轻人的喜爱，每到周五晚上基本上霸占了年轻人的电视屏幕。这期涉及小猿搜题的答题环节是节目的第二部分，在这个部分，节目组还邀请了欧阳娜娜和被网友称作"央视最帅实习主播"的李泽鹏。

在节目录制之前，帅科向欧阳娜娜介绍了小猿搜题。站在旁边的欧阳娜娜母亲惊叹，这个产品用来辅导孩子学习非常棒，要是中国台湾也有就好了。

在正式录制现场的观众席上还坐着包括唐巧在内的其他几位小猿搜题的同事。

唐巧是小猿搜题的产品项目负责人，曾获得国际大学生程序设计竞赛（ICPC）亚洲区金牌，在国内 iOS 技术开发圈有着非常大的影响力。他在猿题库创办的时候就加入了团队，成为前五名员工之一。

在《天天向上》演播厅的观众席上，坐在唐巧旁边的是邓澍军。2014 年下半年，猿辅导悄然启动了小猿搜题项目，唐巧被任命为产品项目负责人，同时进入项目组的还有这位名叫邓澍军的博士。

邓澍军是猿辅导公司的机器学习专家，这个被唐巧尊称为"大牛"的人，真正将机器学习技术首次运用到拍照搜题的产品中，使小猿搜题的技术研发在很短的时间内达到国内的顶尖水平。

小猿搜题由此构建了包括 CNN（卷积神经网络）、RNN（递归神经网络）在内的近 10 种模型，能对一道试题进行信息识别、切分、自然语言处理等，然后利用搜索技术在近 8000 万道试题中寻找并呈现对应的结果。

"整个过程其实只用 0.3 秒，"邓澍军说，"目前用户在小猿搜题已经完成了 30 亿次搜索，这些数据是我们用于机器学习研究的宝贵财富，它会让小猿搜题的识别准确性越来越高。现在，小猿搜题甚至已经能够识别很多手写的公式或题目，这是我们独有的技术"。

观众席上还有小猿搜题的运营负责人张娟和公司品牌推广负责人黄敏慧。整场节目从晚上 9 点半开始，一直录制到凌晨。在第二个答题环节录制结束时,帅科和在场同事的心里已非常清楚,这将意味着什么。

2015年8月21日晚上8点湖南卫视播出这期《天天向上》后,小猿搜题一度攀升至App Store免费榜第19名,这几乎是教育类App的最高排名了。

从正式发布到超过5000万名用户使用,小猿搜题只用了不到1年的时间。要知道,中国的中学生总数才7200万人左右。

2015年6月中旬,帅科在微信朋友圈发布了一张"小猿搜题上线180天,用户日搜索量稳居第一"的宣传图片,首次披露了小猿搜题当时的日搜索量。按照图片上的数据,小猿搜题当时的日搜索量已经远远超过其他产品,这距离小猿搜题正式推出仅半年时间。

在小猿搜题刚刚上线的那段时间,有一天帅科在亚马逊买了10本《定位》,分给市场运营的同事,几天后还为此专门召开了读书分享会。后来大家才知道,这原来是李勇推荐的书。帅科对本书作者坦言,在小猿搜题这个产品的运营推广方面,有很多《定位》思维的影子。

按照帅科的说法,由于属于市场的后来者,最初推出小猿搜题的时候,他们基本上采取的是防守策略,目标是在拍照搜题领域占据一席之地。

"但是一波运营推广做下来,我们感觉当时的其他同类产品并没有想象中优秀,所以我们转而决定采取进攻策略。当时我们很有信心攻克拍照搜题这个品类,所以开始调整目标。"帅科说。

在产品上,小猿搜题也继续按照自己的逻辑出牌。2015年10月10日,小猿搜题正式对外宣布推出名师视频解析服务。

学生在使用小猿搜题拍照搜题后,不仅可以像往常一样立即查看该题的答案和解题思路,还可以播放老师的讲解视频,按解题步骤跟随老师学习,进一步提升对题目和知识的理解程度。这仍然是完全免费的服务。而在这个时间段,其他几家拍照搜题的公司正在推广老师答疑服务。

"具体到一道题目的讲解,点播与直播比显然有着效率优势,因为点播可以找到最优秀的老师,甚至找到最适合讲解的优秀老师来讲解这道题目,只需要老师几分钟的时间,便可以让几万名甚至更多的学生受益。而绝大多数学生通过讲解,就已经能够搞懂这道题目了。"小猿搜题的运营负责人张娟说,"这种模式更经济,可以支持我们提供最好的内容给用户。"

此前的搜题都只提供文字讲解,而中小学很多理科的题目,需要推演过程甚至添加辅助线等动作才能讲解得更加清晰,视频形式刚好能满足这一点。

当然,录制海量题目讲解视频并不是一件容易的事情,需要将题目分发至最适合的老师,录制完成后还需要审查。张娟给自己定了一个目标:到2015年12月31日,至少能为每天使用小猿搜题的一半用户的搜索结果提供视频解析服务。

当这个曾经定位于拍照答疑软件的小猿搜题,开始在题目搜索结果中提供名师视频解析服务,并宣布所有视频免费的时候,有人意识到,这可能是中国版的"可汗学院"。

英文媒体AllChinaTech在采访小猿搜题员工后刊发了《小猿搜题:独具中国特色的"可汗学院"》的报道。报道称,小猿搜题很像美国的可汗学院,同样提供3~5分钟的短视频,老师口头讲解但不露面,逐步深入解析。其中所说的中国特色是指中国学生喜欢以题目为线索完成学习过程(所以小猿搜题的定位命中了在线教育的靶点)。

据小猿搜题的员工透露,推出这项免费服务的2个月内,有近千名老师录制了视频,最多的一名老师录制了2458个视频,点播者超35万名,视频播放量超过100万次。

行业有人评价说,这不仅是在线教育行业的一次产品突袭,即便是在移动互联网行业,也是一次非常经典的突袭。

当然,伴随着小猿搜题的爆火,一些质疑声也随即响起。其中最突出的一个问题是,很多人认为这导致学生拿起手机就直接搜答案,也就是我们俗称的抄作业。

帅科告诉本书作者,这件事情要辩证地看,任何工具都有被滥用的可能,主要看家长怎么引导。他以自己的女儿为例,往往在他和女儿对一道题目如何解出现分歧的时候,两人才用小猿搜题找答案。

当然,帅科也承认,并不是在所有孩子使用手机的过程中都有家长积极参与的,因此小猿搜题也做了一些被动式的限制。比如,所有的题目都只能一道一道地拍,而且一天拍的总次数是有上限的,超过这个次数,就不能再搜了。从这个角度来说,小猿搜题的设定对抄作业的行为先天就不友好。

帅科也认为,行业里并不是每个企业都能把握好这个尺度。他向本书作者不具名地指出,有些搜题应用没有自我约束,"比如暑假作业,你直接拍作业本封面,它就把完整答案全给你。我们不干这种事情,小猿搜题一定是一道一道地拍"。

在线教育本是"技术流"

说到这里,必须强调,小猿搜题并不是拍照搜题的发明者。在该产品上线之前,市场上已经有多款拍照搜题软件。

比猿辅导更早推出搜题业务的是作业帮。2014 年,作业帮于百度内部孵化,2015 年分拆后开始独立运营。

作业帮团队的背景也具有浓厚的百度系色彩。创始人侯建彬从北京大学毕业后,2004 年加入百度,2012 年—2015 年任百度知识搜索体系负责人,负责百度知道、百度百科等知识体系的全线业务。

2014 年年初,侯建彬将一个来自 QQ 群的创意落地为作业帮项目。该项目于 2015 年 9 月正式分拆出来,作为公司独立运营,而作业帮联合创始人兼 CTO 胡长涓,曾任百度知识搜索体系的研发副总监。天眼查显示,百度为作业帮第一大股东,占股比例达 46.2%。

2014 年 1 月 15 日,作业帮 App Android 版正式发布。

2014年年初,百度控股的在线旅游网站去哪儿在美上市后不久,去哪儿CEO庄辰超在百度内部做了一次分享。在这次分享会上,庄辰超聊起创业的缘起。他提到自己和创始团队在创立去哪儿之前调研了很多行业,如果现在问他们当初创办去哪儿时对旅游这件事有什么经验,得到的答案可能只有"我们几个都坐过飞机"。

侯建彬说,他听完这句话,起身就离场了,"因为解决了我挺大一个困惑——创业要勇于接受未知。听到这里就足够了"。

2014年11月27日,侯建彬给百度董事长、CEO李彦宏写下一封决心分拆的邮件。7个月后的2015年6月,他带着40多个人和一个简单的工具产品——作业帮App,走出百度。

据作业帮联合创始人陈恭明回忆,作业帮团队在上线初期曾讨论过,到底怎么样增长日活(日活跃用户数量)。

陈恭明回忆说:"在作业帮内部讨论时发现,作业帮用户的核心需求是问作业,最早的确以问答切入,后来转到拍题。拍题功能上线一周之后,我们做了用户摸底。当时市场上已经有搜题类产品,但用户反馈问题特别多,第一个问题是搜不到结果,第二个问题是搜到的结果不相关,另外还有拍照失败等技术性问题。这次讨论的结论是,不好的反馈有24.81%是跟拍题相关的,如果能把这个功能做好,留存就能够提升。所以,作业帮决心全力做拍题业务。"

虽然落子较晚(相对于老牌教育企业),但作业帮有着自己独特的优势,那就是一开始就把重点放在手机App上。而后面随之汹涌而来的App科技潮和即将到来的5G技术普及,证明了作业帮决策的正确性。拍照搜题、作业帮口算、作业帮直播课等多项学习工具的自主研发和上线,也基本是从手机平台的能力推演开来的。

侯建彬认为,作业帮追求极致。在当初做题库的时候,他们发现有大量的题目是很可能永远不会被搜到的低频题,但还是坚持将这些题纳入题库,以避免用户搜不到题,体验不佳。

作业帮和猿辅导是一对"冤家"。在作业帮看来,自己更有技术底蕴，在手机搜题方面做得更极致，数据表明自己的 App 一直是在线教育行业绝对的 No.1。但猿辅导的另外一位创始人李鑫则认为，作业帮更多的是依赖百度流量，而猿辅导则是依靠用户口碑增量。

拍题市场还有一个重要玩家，学霸君。

很多年前，学霸君的创始人张凯磊初到北京，跟学大教育创始人兼 CEO 金鑫、学而思（后改名为"好未来"）董事长兼 CEO 张邦鑫等人吃过一顿饭。饭桌上，张凯磊意气风发。来北京前，张凯磊在南开大学读书，课余时间在天津做家教，讲课很受家长欢迎，从 1 对 1 讲到 1 对多。在大一暑假，张凯磊在礼堂里给一群高三学生讲数学和物理，对着台下四五百双眼睛，他有种做名师的感觉。

后来，张开磊休学到北京创办了问吧教育。但是，1 对 1 教育培训竞争激烈，21 岁的张凯磊有时感到力不从心。之后不久，问吧教育被安博教育收购，张凯磊回校完成未竟的学业。2012 年，张凯磊重新出发，创办了学霸君。那一年，紧随着互联网的脚步，教育的红利也从线下转移到线上，张凯磊不禁感慨"水大鱼大"。

按照张凯磊的说法，与猿辅导、作业帮不同的是，搜题虽然是学霸君首创的，但只是学霸君的切入点之一。从 2015 年起，学霸君便在搜题外开启自研系统之路，是国内智能化教育领域较早采用自主研发系统的企业之一。自研系统包括学霸君 1 对 1 的上课系统，以及内部教育过程中使用的系统。也就是说，从加入学霸君 1 对 1 开始，学生与老师使用的所有系统全部由学霸君自主研发。比如，上课提供音频、视频服务的系统，以及老师与学生实时互动的监控系统等。

张凯磊不止一次对本书作者表示："今天教育的核心矛盾，是人民日益增长的对教育的需求，和学校生产力之间的矛盾。到目前为止，没有任何一家公司可以从公立学校里将老师批量流转出来，这是政策及社会现状所不允许的。然而，目前对老师的需求又真实存在，所以根本解决办法便是公司自己组建这支队伍。"所以，学霸君 1 对 1 也早就已经开始组建属于自己的教研老师团队。通过学霸君 1 对 1

的教学体系，老师与系统配合完美，能保证教学质量，这是其又一大竞争优势。但学霸君没有形成真正的闭环，又没有作业帮的流量优势，因此它在整个搜题大战中左右受攻，最终逐步掉队。搜题大战也从猿辅导、作业帮、学霸君"三国杀"，演变成猿辅导和作业帮的"楚晋争霸"。

搜题本质上是以互联网为工具使用户形成稳定习惯的。从工具维度杀入在线教育的，还有有道。2007年，受丁磊的邀请，在美国加州大学伯克利分校拿到博士学位的周枫回国创办有道。有道搜索是丁磊搜索梦的产物，公司最开始设立在五道口，离周枫的母校清华大学很近，有道最开始也云集了足够多的清华师兄弟[1]，群星荟萃，人才济济。可时运不济，此时中文搜索战场其实大局已定，有道搜索在中文搜索市场苦战多年，并没有赢得足够的市场份额。但网易向来注重产品，周枫等人又足够勤奋努力，在有道搜索的基础上衍生出有道词典、有道精品课、有道翻译官、有道云笔记等产品。这些产品大都与在线教育有关，于是有道2015年酝酿、2016年推出了"同道计划"。这也宣布有道成为在线教育的新玩家，同道计划包含有道考神四六级、有道考研、有道高中牛师团、有道逻辑英语等名师IP，其中一大特点是把有道的NMT（神经机器翻译）等AI（人工智能）技术逐步应用于在线教育业务。手写OCR、英文作文批改与判分等技术也陆续上线。

---

1 有道除了周枫，还有与周枫同为清华计算机系96级的胡琛、郑毅、金磊，周枫的大学师弟、创办老虎证券的巫天华，美团金融CTO包塔，以及目前还在网易有道的吴迎晖等。周枫的妻子庄莉也参与了有道的早期建设。当时同属清华96届的王小川也邀请清华师兄弟加入搜狗做搜索。当时在搜狗与王小川同级的有郭奇，师弟有茹立云、林凡、杨洪涛等人。由于搜狗重点联系了清华计算机系的辅导员，所以在抢人上占得先机。有道则请出庄莉给清华计算机系做客座讲师，通过曲线救国来拦截好学生。

那些可贵的创新者

正如多知网创始人李好宇所指出的，搜题大战才是真正意义上基于移动端的在线教育的开始。有别于新东方、好未来等老牌教育机构的在线化转型，搜题大战利用新的平台、开发新的功能并形成新的流量。这无疑是对在线教育机构发展的革命式贡献。

但搜题大战能容纳的玩家数量有限，猿辅导、学霸君和作业帮基本抢占了搜题市场的头部位置。2015年，在搜题之外，在线教育的其他创新者围绕着学生和老师怎样更好地匹配资源，做了有效的尝试。

比如，口袋老师通过学生提问、老师抢答的方式，推动了学生思维逻辑能力的提升。更重要的是，学生可对适合自己的老师开通"包月"服务。也可以说，"包月"服务是口袋老师的一大特色，它强调长期收费，盈利较大。但从另一个角度看，"包月"服务相对门槛较高，新用户很难在刚开始就交上百元的高额费用去尝试，拉新和留存都存在问题。

提供老师在线答疑服务的阿凡题则采用了当时很流行的共享经济模式，用老师在线答疑的方式帮助学生解答难题。学生在拍照解题过程中遇到看了答案解析仍然不会的题时，可在线呼叫老师进行辅导。

2015年春节后，提供作业批改服务的在线教育平台一起作业网，获得了1亿美元的D轮融资，其核心优势就是能将老师和学生互动中产生的所有教育资源集合起来，以数据形式进行分析，从而为学生提供更为精准的教学服务。

一起作业网的投资人、真格基金的创始合伙人王强认为，未来借助智能化的大数据运算技术，实现学习内容的定向"靶标式"推送，将成为可能。只针对个人，而不针对多人，一直以来教育所追求的"因材施教"将会完全实现，并将彻底改变传统的学习模式。

一起作业网和现有在线教育平台所不同的是，它做的不是取代的工作，而是协助的工作，它强调学生、家长、老师三者互动。在线教育的用户留存率一直是个大问题，其症结在于学习管理和任务分配。由于在线教育不受物理距离的局限，很难用通知、当面询问等形式让学生"强制学习"，而一起作业网依托的是学生、家长、老师之间的互动。其CEO刘畅认为，要想做一款教育产品，只有将学生、家长、老师这三者的行为串起来，才能让用户稳定。特别是当学生和家长对学习有不同的需求时，只有将学生、家长、老师整合到一个平台上，才能使三者的交流更加透明化。

还有人想着用AI解决教育资源的难题，而且这些人都来自上海的公司。其中，有一个叫王翌的年轻人。他和林晖、胡哲人一起创办流利说，在2015年拿到挚信资本的2000万美元投资，挚信资本也因为这轮的重仓及持续跟投，与IDG并列成为其外部第一大股东。

代表挚信资本担任流利说董事的张津剑，是本书作者心目中教育领域的资深投资人之一。2015年，张津剑一口气投资了好几个互联网教育项目，包括上文提到的学霸君，以及朴新教育和流利说。朴新教育2018年早些时候在纽约交易所上市，创始人是新东方前副总裁沙云龙。流利说是张津剑在2018年的第二个IPO（首次公开募股）项目，但也是张津剑当时认为不确定性最强的一个项目。张津剑对本书作者坦言，当时下决心投资，主要是看中了流利说这个团队，以及尽职调查时看到他们对AI老师课程产品（懂你英语）和教研内容的巨大投入，以及追求极致的劲头。本书作者非常认同张津剑的一个观点，那就是教育的本质问题是供给，新供给就意味着新机会，流利说所做的事情就是创造新供给。张津剑也是容联云通讯和凯叔讲故事等项目的投资人。凯叔讲故事在2017年B轮有70家美元基金考察过后没投，但张津剑投资后，其他基金又闻风而来，估值在3个月内涨了3倍，一下子成为明星项目。

与流利说争夺 AI 教育头牌的是乂学教育。主打自适应学习的乂学教育在种子轮融资时就已经拿到了包括俞敏洪在内的 3000 万元投资。

按照俞敏洪的说法，他给钱并不是因为看好，而是因为他的朋友乂学教育的 CEO 栗浩洋，当时需要教育领域的"大佬"背书。此后，俞敏洪在多个场合为乂学教育站台。

除了栗浩洋，乂学教育团队的另外两位创始人也很被资方看好。一位是有 18 年在线教育技术研究经验的王枫[1]，他曾经领导开发美国教育部国家项目的幼儿科学教材，并创建在线及 O2O 教育模式的学位与认证专业，是教研方面的专家；另一位是昂立教育拓展部原总经理周伟，曾经有过每年拓展 600 家加盟学校的战绩。

三人团队成立后，找到的领投方为青松基金，青松基金创始人刘晓松非常看好该团队。按照栗浩洋的讲述，最开始他们引进投资的目标金额是 2000 万元，对应 20% 股份。刘晓松给的反馈是"立刻给钱，立刻签协议，但是要打个折"。最后双方仅用了一个星期就完成了 1800 万元、占股 20% 的投资谈判。

在此之后不到一年时间里，乂学教育又拿到了包括 SIG（海纳亚洲）、正和岛投资、国科嘉和、景林资本和新东方教育集团的投资。乂学教育对外宣布，自己获得天使轮融资总额合计 1.2 亿元，与流利说的 2000 万美元在同一个量级。

姑且不论后来如何，流利说和乂学教育的天价融资不仅证明了自己的成功，也展现了当时资本市场对将技术应用于教育进而改善教育供给的坚定信心。

---

1 2016 年，王枫与栗浩洋因理念不合分手，栗浩洋请来了崔炜博士接替了王枫担任松鼠 AI 的首席科学家，王枫则自行创办了论答。当时青松基金负责在线教育投资的亓骥才推动了两人的和平分手，并在天使轮投资了王枫的论答。亓骥才也是掌门教育、哒哒英语的早期投资人，与经纬的牛立雄、北极光的林路及绿洲资本的张津剑并称为"在线教育投资人的 F4"。

2015 年，在线教育最大的明星公司是跟谁学。2015 年 3 月，跟谁学创始人陈向东高调宣布拿到了由高榕资本领投的一笔 A 轮融资——5000 万美元。那一天，陈向东站在国家会议中心的发布台上，大屏幕上闪烁着"50 000 000"这个数字，所有人都认为这是他离开新东方后的高光时刻。

跟谁学拥有在线教育的创业梦之队。创始人、CEO 陈向东此前是新东方执行总裁，最辉煌的战绩是 2003 年曾带着 30 万元启动资金在武汉开分校，分校第一年就盈利 1500 万元，占当年新东方盈利的三分之一，自此他成为新东方的二把手。

而 COO 张怀亭曾经是百度凤巢初创团队的成员，在互联网技术方面造诣极深。张怀亭带着百度凤巢系统奠基成员罗斌（现负责用户增长）、百度大数据总监李钢江（时任百家云 CEO）等构成了跟谁学创始团队的互联网技术基因。而跟谁学团队的另外一部分基因则是由包括陈向东、吕胜学、苏伟在内的新东方教学教研团队带来的。

因为之前在新东方未能大展拳脚，所以在跟谁学的早期，陈向东对下面的部门授权过多，以至于跟谁学的业务过于分散。当时业界普遍认为跟谁学是一个大而全的平台，始终没有一个能击中用户痛点的产品。

这种状态一直持续了很久，直到两年后 5000 万美元花费殆尽，陈向东自己拿出 1000 万美元再次冲到一线指挥作战，才用大班课使跟谁学重新站稳脚跟。之后，通过收购大量与地方教育有关的公众号，以及充分利用微信群的私域流量，跟谁学在 2019 年后盈利，并在 2020 年成为在线教育乃至中概股中最活跃的一个。

相比跟谁学的涅槃重生，2015 年曾经风光无限的沪江则没有这么好的运气。

2015 年 10 月，沪江宣布完成由皖新传媒、软银中国、磐石资本等机构参与的 10 亿元人民币 D 轮融资，创造了当时在线教育领域的融资纪录。竞争对手新东方在线背后站着腾讯这样的巨头，而沪江的投资方算不上主流基金，但 10 亿元的融资额已经足够让"在线教育独角兽"这样的名号频繁落在这家成立近 10 年的互联网公司身上。在融资发布会上，主持人蒋昌建更是发出了"沪江合并新东方"的调侃。在本书作者就创始人伏彩瑞是否真的有过合并新东方的雄心提问时，沪江的联合创始人之一徐华表示："阿诺（伏彩瑞）其实没说过这话，但是我相信，他心中是有这个期盼的。"2018 年，沪江屡次上市未果，之后陷入裁员及与股东对赌失败纠纷等负面新闻中，渐渐泯然众人。

一言以蔽之，在线教育在搜题大战及此起彼伏的热钱涌入后，自 2015 年开始成为超级风口。当然，支撑这个风口最重要的还是"80 后"家长这个新用户群体，以及这个群体背后的新消费习惯。

生鲜电商局中局

从乱局中开始

虽然同属移动互联网的创新周期，但上半场和下半场在用户需求上还是有显著不同的。上半场的用户需求其实更多沿袭自 PC（个人电脑）互联网，而下半场产生了更多的基于手机、移动互联网和个体个性化的新需求。知识付费和会员消费如此，在线教育如此，生鲜电商也是如此。

2015 年 11 月，刘强东的一次云南之行，搅乱了生鲜电商错综复杂的格局。

这次乱局的起因是，刘强东与褚橙创始人褚时健进行了一次会面，地点是在褚时健位于云南玉溪的家中。据悉，此次会面可能促成褚橙、京东、天天果园的三方合作。而几乎同时，褚橙在京东商城上线。

在经历了人生的辉煌与沉沦之后，76 岁的褚时健回到哀牢山，种起了橙子。他2002年获准保外就医，2012年是他种橙子的第10个年头。也就在这一年，生鲜电商本来生活网开始和褚橙合作，第一次把这种酸甜适度又有精神象征意味的水果带进了北京。

这原本是一次美好的相互成就，但刘强东的出面触动了生鲜电商各方势力的敏感神经。

2015年秋天，很多消费者陆续收到由本来生活网发出的第一批褚橙。和过去几年一样，从9月起，本来生活网的网站首页就开始预售当年的褚橙。

新平公司和实建果业是褚时健一手创建的公司，负责生产和销售褚橙。按实建果业的说法，当年供线上销售的3000吨褚橙，除了本来生活网的1500吨，其余的则由天猫、淘宝及实建果业官网售卖。

10月21日，一场盛大的发布会在褚橙庄园召开。而这次的合作方变成了本来生活网。

在给媒体的新闻稿中，本来生活网特意指出，褚橙和天猫没有独家合作，本来生活网也将与褚橙展开更深入的合作，包括在其旗下O2O平台本来便利上售卖褚橙。

另据报道，在发布会前几天，本来生活网还在与褚橙沟通发布会的场地问题。从这场略显急促的发布会足以看出本来生活网对褚橙的重视和对竞争平台的警惕。

按业内人士的说法，2015年将线上销售的一半交给"小小"的本来生活网，从而让淘宝、天猫和褚橙官方只能平分另外的1500吨，是褚橙对第一个网络合作方的诚意。但这一年之后，这种格局可能就再也难以维持了。

事实上，经过前期试水，2015年，生鲜电商已经从起步的高速发展期迈入格局整合初期。除了阿里巴巴、京东、顺丰等巨头的纷纷涌入，媒体和资本也把生鲜电商誉为"最后一个蓝海市场"，最多时全国有4000多家生鲜电商。在这个发展过程中，逐步形成以阿里巴巴为霸主京东紧随其后的平台电商为第一梯队，以几大垂直电商为第二梯队，以众多中小型电商为第三梯队的格局。

本来生活网的创始人喻华峰曾先后就职于《南方周末》《南方都市报》《新京报》，后进入网易担任销售副总裁，2012年创立本来生活网，打入生鲜电商行业。他搜罗了10多位来自国内外大型互联网企业、传媒集团、国际零售连锁机构的中高层管理人员，组成了核心团队。

喻华峰对互联网改造传统产业非常笃定，他创业的初衷也在于看上了互联网的消费升级趋势。因此，他认为，将互联网与高品质城市生活的新供给结合起来，竞争力会更大。同时，他瞄准生鲜行业，也和媒体人的敏感有关。因为食品安全是社会高度关注的问题，有需求就应该有供给，所以喻华峰一开始就想做一个走精品化路线、小而美的产品。

但他可能没有想到，精品化、严选化、超级买手风格这些概念固然很好，但生鲜电商可能是最难做的电商。除了资金、物流、损耗、产品的标准化等客观问题，还要遭遇很多大巨头、小巨头的夹击。

多年后，喻华峰接受《21CBR》专访时谈道："过去7年，我们对生鲜品类的认识逐步深入。最早做B2C业务是想做一个网上的Whole Foods（全食超市），希望大家想到优质食品，就想到本来生活网，想到本来生活网，就想到优质食品，这是我们的初衷。但是，早期的认识有一些误区，我们对生鲜品类独特性的认识不是很充分。它不像3C产品，也不是服饰，对时效、流量、成本的要求，与其他品类并不一致。"

喻华峰认为，既然卖的是"生鲜"，那对应的第一特征就是"时效"，离开了时效则"生鲜"便不成为"生鲜"了。他也由此发现，本来生活网最开始的B2C模式存在供应链太长、太慢的问题，他甚至发现"当时连天猫、京东的时效都达不到生鲜市场的要求"。

2015年，看到巨头们对生鲜电商的兴趣越来越浓厚，本来生活网匆忙推出了"本来便利店"的计划。其设计初衷很好，即以社区便利店为最后的前置仓，以便利店辐射的小区为服务范围。后来这一模式也被爱鲜蜂模仿。

但很快就出了问题。一位观察者这样写道:"我们楼下的小超市里堆满了各种各样的生鲜,打着各个平台的 Logo。但这些生鲜并没有得到店主的重视,它们散乱地放在过道里,大批应该冷藏的鸭子、卤货,就搁置在常温的货架边,地上的橙子已经发霉在流水。我第一次发现生鲜电商的食物那么不靠谱。"

喻华峰后来反思,生鲜的 SKU(最小存货单元)对管理、储藏的要求很高,但便利店没有这个能力,也没有这个意识。同时,平台的要求是便利店负责保存及配送,但是对便利店老板的补贴又很低,卖的生鲜他抽不到成,只是帮着做服务,因此积极性不高、服务不到位。

本来生活网因此转型为社区店模式,店是直营的,兼具售卖和前置仓两种功能,负责周围 30 分钟内能到达区域的配送。这种模式显然更有优势,也成了后来大家争相仿效的一种模式。在这种巨头围攻的情况下,本来生活网一直倔强地"活着",这本来就是一种成功。

脚踏实地的百果园

在本来生活网意识到社区店,即前置仓可能是最好的模式之前,有一家本来就踏踏实实做社区店的传统果业连锁店——百果园也开始崛起了。

百果园的故事可谓说来话长。它的创始人叫余惠勇,1968 年生于江西省,毕业于江西农业大学园艺系,此后来到深圳创业。1997 年创立百果园,2002 年开了中国第一家水果专营连锁店。

百果园的社区门店大多在社区内,只是小小一间,看着并不起眼。但它背后是集果品生产、贸易、零售为一体的水果全产业链企业,它也是水果专营连锁业态的开创者。百果园在业内率先推出"不好吃,三无退货"的承诺,即不好吃可无小票、无实物、无理由退货,创下了行业服务标准的新高度。

从某种意义上讲，百果园在水果行业内的地位相当于京东，走的是高规格、高标准、高服务水平的路线。各位看官看到这里可能明白了，如果说本来生活网、爱鲜蜂等企业煞费苦心地布设社区店以形成前置仓，那百果园天然就有大量的前置仓，只需要反向走向线上，就是现成的O2O模式。

百果园后来的全国门店数高达4000家，分布在80多个城市。而且，百果园的供应链能力极强，虽然水果种类不是特别多，但很新鲜、很好看，给进店的人带来视觉上的冲击。而且它的商品陈列及橱窗展示都经过多年线下生意的磨洗。

余惠勇是生鲜电商中"供应链派"的代表。他认为生鲜电商最关键的一环就是供应链，供应链决定效率、质量、品控。他管理下的百果园有一个特点，就是一个城市里的几十家或上百家百果园，能保证商品规格、包装、品质基本一致。这一方面是因为百果园有成熟的专门供应链渠道及分包部门，另一方面是因为其对品质的坚持。

业内一致有一个说法是，如果你今天在百果园的某家店吃到一种水果特别好吃，那至少在一段时间里，在一个区域范围内，你都可以无限复购到品质相同的水果。这种能力其实非常可怕，因为当时即使是最厉害的生鲜电商平台，也很少能把专供渠道的供货量做到50%以上。去新发地之类的大型批发市场拿货再分销，是行业里公开的秘密。这就使百果园的水果品质稳定程度远远超过其他各家，包括以精品著称的本来生活网。

2015年，余惠勇已经敏感地意识到生鲜电商将冲击传统的果业，于是在2015年果断启动百果园的A轮融资，最终拿到4亿元人民币的投资。其中，天图资本领投3.5亿元，广发信德等机构跟投。

百果园融资后，立刻开始了强势的扩张。2015年门店总数突破1000家，2016年和2017年分别新增600家和1000家，第四年达到4000家。

百果园和生鲜电商巨头的区别有二。第一，建立了源头供应链。百果园在全国有近百个合作基地，面积近5万亩，通过提供技术和肥料，令种植、采摘、销售各个链条可控。正如余惠勇所言，"做连锁最难的就是打造一套快速反应的良性运营体系，一旦体系完成，快速扩张就有了基础。"第二，百果园的门店先天具备做O2O的基础——重模式、高效率。

但是，走到线上必然面临大量的具体问题。所以，百果园最开始是与京东、小米等旗下的O2O平台试水合作，但这种尝试是充满试探性的。

余惠勇在2015年接受《天下网商》采访时直言，百果园从2008年就开始探索电商运营模式，但到2015年还没有在线上找到一种可持续的盈利模式。所以，他仍然认为百果园的未来在于线下扩张，线上布局主要采用为平台化电商提供供应链服务的模式，即B2B模式。

对于为什么拥有极好的前置仓条件，仍然对做电商充满犹豫，余惠勇给《南方都市报》记者算过细账：百果园2008年时是通过PC端做电商，但规模很小，看不到赚钱的机会。后来通过扫写字楼的方式精准定位消费群，不过他们发现虽然覆盖率很高，但是水果经过包装之后送到写字楼的客户手中，成本依然很高，难以盈利。余惠勇透露，从接单到配送，成本高达40元/单，即使按照25%的毛利率来计算，也需要160元/单的价格才能回本，但这超出了普通消费者购买水果的常态金额。

迟迟打不开局面的余惠勇倒也不着急，手握供应链是百果园的底气。不过，自建电商迟迟推动不了，让他最终选择引入专业的合作伙伴——百果园除对同行（果多美）进行并购整合，也瞄准了生鲜O2O企业一米鲜。

2016年12月11日，一米鲜正式被百果园并购。此次合并以股权置换方式完成。一米鲜创始人也是前友盟的运营合伙人焦岳担任百果园集团副总经理，负责百果园电商业务，此前的一米鲜将彻底融入百果园。

一米鲜曾在2015年年初获得红杉资本数百万美元的A轮融资，2015年获得昆仑万维的1500万美元Pre-B轮融资，2016年1月获得东方富海领投的B轮融资，以上老股东也成为百果园的新股东。

这是一笔1+1＞2的并购。焦岳向本书作者表示，双方结合后，线上业务实现了200%的销售增速、80%的复购率，日单量超过3万单，日销售水果达2000吨；在产品方面，线上复制了百果园的线下服务高标准——不好吃App内瞬间退款、59分钟及时送、差额找零等，并建立了一套庞大的会员体系。

当然，这一年的玩家远远不止以上两个，还有同样走社区便利店模式的爱鲜蜂。它以"众包微物流配送"为核心模式，基于移动终端定位的O2O App，实现"新鲜美食，闪电送达"。在用户定位上，爱鲜蜂的主要用户定位为年轻白领人群。至于爱鲜蜂在生鲜路线上的便利店教训和之后便利蜂的推陈出新，以及整个便利店赛道的风云，容后再叙。

京东在生鲜电商领域杀进杀出

在生鲜电商领域，京东是绕不开的玩家。

2015年是京东在电商方面扩张的"两极分化之年"。一方面，通过投资途牛旅行等公司，京东将原本不太容易电子商务化的旅游、购房、购车接到线上（但结局相当惨淡）；另一方面，京东通过到家服务接入与日常生活相关的品类（结果平平）。

腾讯把电商业务打包注入京东后，命运多舛的易迅网的几位元老开始了独立创业。其中，妙生活是为消费者提供即时送达便利生鲜美食服务的O2O电商平台，由前易迅网联合创始人林敏、邹志俊和陈勇创办，公司位于上海。

妙生活社区店近40家，自建物流覆盖上海外环。不到300个SKU，以水果、零食为主，提供2公里1小时极速达配送服务，差不多1天1万单，客单价超过50元，月营收过千万元，毛利润率为25%~35%（与门店位置有关），损耗低于5%，达到了行业内的先进水平。为此，2015年10月10日，它获得了钟鼎创投的500万美元。

据说，妙生活在2016年12月实现了公司整体盈亏平衡，但是这很可能是纸面数据，后来邹志俊复盘妙生活的失败，认为还是存在成本问题。他指出，虽然妙生活在上海经营了4年多的时间，而且创立的店仓一体模式在全国领先，但直接成本就已经占据总价的30%~40%，而生鲜批发的毛利润率只有10%~20%。高额的成本让这样的企业在短期内很难盈利。

在2015年，被认为是垂直生鲜电商类中渗透率最高的天天果园，宣布获得7000万美元C轮融资。天天果园CEO王伟透露，这轮融资由京东领投，此前A轮、B轮的投资方SIG、ClearVue等机构跟投，这也是当时中国生鲜电商领域最大的一笔融资。因此，天天果园和京东的合作是"战略性的、全天候的"，天天果园也一度长期在京东App首页重要位置盘踞。但或许是没有能够理顺局部与全体、分支与主干的关系，天天果园的策略很快从扩张变成了收缩。

同样在2015年，京东与永辉超市开始讨论包括资本在内的诸多合作。但据自媒体朱思码记所载，京东在讨论生鲜做不做、谁来做，自己做还是交给永辉的问题上，同样耗费了大量宝贵时间，因此开局至少比天猫晚了两三年。最终，京东选择投资永辉超市以支持京东到家O2O，同时自建生鲜冷链团队，并在全国各地的配送站大规模配发商用冰柜，完成"最后一公里"的铺设。

回头来看，京东当时的这个决定有些仓促。在生鲜业务上，受制于硬件基础设施，特别是冷链仓储物流，京东的商业模型一直没能完全落地。在这方面还有前车之鉴，如1号店曾经以大货的形式做过一阵子生鲜冻品的B2C模式，因为基础设施不到位而放弃；顺丰因为冷链物流体系导致了整体物流效率下降,被迫拆分。

一句话,彼时在生鲜电商上,京东没有一个明确的打法和思路,在战略混沌期左右摇摆。

在还叫作"拍到家"的时候,京东到家就在用配送员从超市取货、替用户跑腿的模式试点O2O服务,这样的模式在满足用户需求的同时,成本也相对不太高。随后,京东到家逐步接入第三方服务,以集中化的方式进一步降低成本。但令人没有想到的是,原本是替代方案的京东到家,居然成了生鲜电商的主渠道。然而,相对生鲜电商对渠道的高标准来说,京东到家的仓配和物流实在难称专业。

事实上,京东一直坚持正品和自建物流,因此无论是从用户收入、学历,还是从客单价,甚至是从用户黏性来讲,京东都是领先的。而优质的、对平台信任的用户,正是大部分生鲜电商所缺少的资源。

正因为拥有庞大的优质客户群体,并判定消费升级全面来临,经历3年的探索后,京东决定使出"洪荒之力"来做生鲜业务,对外打出了"遍寻天下鲜"的高调旗帜。刘强东亲自把王笑松和唐诣深从京东赖以起家的3C事业部调到新成立的生鲜事业部,并将生鲜事业部从消费品事业部独立出来,使之成为京东第六大事业部,可见刘强东的目标绝不只是"玩票"。

然而,在实际落地的时候,京东的打法却有些松散。最突出的标志是,京东优质的物流并未成为京东生鲜的主配送渠道,这让人相当费解。

一种说法是,京东在物流上的投资太高,直到今天也还没有完全回本。在这种情况上,要按京东的标准再建一套全程冷链、端到端的生鲜电商专供渠道,刘强东实在是难以下定决心。

其实京东一开始确实准备高举高打。王笑松接受媒体访问时说,相对而言,在生鲜产品中,禽类、肉类产品基于工业化养殖,标准化并不困难;困难的是水果和蔬菜,个体种植模式和天气变化成为这两大品类标准化的主要问题。他透露,京东对水果、蔬菜的标准已经制定完成，下一步的任务是怎么推广落地。2016年京东会试水这些标准，2017年才可能大规模推广。"虽然让这些水果和蔬菜从非标品变成标品很难，但这是我们未来的突破口。"他表示，京东希望通过不断投入来解决生鲜的标准化难题。

但事实上，这些标准一直没有完全、彻底地得到贯彻。

由于在底层模式上的选择困难，京东只能在部分城市实现了部分商品的直营直送，比例相当之低。而主流方式上，则一部分走第三方合作路线，另一部分退而求其次选择京东到家模式。

前面我们已经分析过，便利店模式之于生鲜电商的诱惑，在于不用重建前置仓，但缺陷是品控管理难以到位。京东到家中虽然有一些大中型超市参与了生鲜的分发配送，起点较便利店高，但仍不能改变货源分散、标准化低、服务水平参差不齐的问题。这使京东生鲜一直没有建立起一个高品质、统一的用户心智印象。

布局散乱还可以调整，但关键性人才的流失，才是京东在生鲜电商上步步被动的原因，这就不得不说从京东出走的侯毅。

侯毅的大学专业是计算机软件开发，后来在上海做可的便利店，积攒了将近20年的实体消费零售经验，加入京东时已经是一员老将。他于2009年前往北京任京东物流总监时，正值刘强东希望借鉴亚马逊在FBA（亚马逊物流服务）方面取得的巨大成果，将其复制在京东身上的筹备期。

侯毅投身到规划京东赖以成名的全套物流仓配体系中，主导和参与京东快速配送发展的整个过程，深刻认识到京东快速送达的威力。此后，盒马鲜生力推30分钟送达，也是在走京东曾经走过的路。

根据《天下网商》的报道，转岗到京东O2O部门的侯毅是京东生活服务业务京东到家前身的创始人，还曾负责过京东寄予厚望的"亚洲一号"工程。

为什么侯毅没有留在京东孵化盒马鲜生？曾任苏宁云商品牌战略总监的张陈勇推测——侯毅在操盘京东到家时曾主导过和唐久便利的

合作，其实走的是最轻化的便利店前置仓模式。后来，侯毅发现这样的轻模式难以解决库存和体验问题，于是提出类似盒马鲜生这样重模式的解决方案，但未获支持。

为此，2015年年初，"北漂"多年的侯毅离开京东，回到上海老家，和同是上海人的阿里巴巴集团CEO张勇约在虹桥附近的一家咖啡馆聊天。张勇想探索一种线上线下一体化的新零售模式，而侯毅想做重模式的生鲜超市，从线下开始做，再通过数据打通线下与线上。据报道，张勇当时只听侯毅聊了5分钟，就很感兴趣。

后来，侯毅力推的盒马鲜生不仅成为天猫的撒手锏，侯毅也时有对过往的微词，可见对当初确有不甘。

阿里巴巴的生鲜电商矩阵

对生鲜电商，阿里巴巴显示出宏大的格局和完整的规划。

相对京东的布局，天猫的体系性更强，被认为是"天猫生鲜系"的企业多达10多家，包括天猫生鲜超市、喵鲜生、易果生鲜、淘乡甜、苏鲜生、盒马鲜生、大润发、欧尚、飞牛网、甫田网、飞牛急速达、大润发优鲜。

消费者其实也一度为天猫生鲜的多入口而迷惑，但天猫自己有相对清晰的划分——天猫生鲜超市定位为大众日常生鲜食材市场，价格适中，以小包装为主，注重购物的便捷性和高效性；喵鲜生主打生鲜爆款，定位于中高端市场，突出品质，以进口生鲜为主；淘乡甜主打国内原产地直供优质农产品，为国内众多中小农户服务。这3个板块涵盖了生鲜电商市场的主流需求，也享受着这个市场最大的流量。

其中，特别值得一提的是易果生鲜，这家企业在接受阿里巴巴投资后承接了天猫生鲜超市的运营，同时其旗下的安鲜达增强了阿里巴巴在生鲜物流上的实力。

作为阿里巴巴的生态级盟友，易果生鲜也提出了自己在新零售领域的主张，即推动线上线下一体化，为行业提供多样化、智能化的解决方案，对平台持开放性的态度，支持把更多合作者引进来。

但这些主张并未完全落到实处，所谓的开放其实是向天猫体系内的生鲜电商开放。易果生鲜后期的主要做法是，淡化易果生鲜自营平台和App的存在感，为天猫生鲜让出大路。退身半步，虽然让出前端的市场机会，但消融了彼此间的竞争意味。

易果生鲜配合的背后，是天猫的投资。根据投资界网站的资讯，易果生鲜接受过天猫3次以上的投资，其中D轮高达3亿美元。

这被理解为，易果生鲜将类似高德，降低营收单元的作用，主要承担内部职能部门的角色。这个角色的重点就是建立安鲜达——当时国内投资最大、最先进的冷链。

资料显示，生鲜电商兴起后，国内冷链物流行业每年保持20%左右的高增长，而且形态从传统B2B的冷链物流服务大规模转向B2C。不过，国内冷链的技术水平并不高。数据显示，国内果蔬冷链损耗率高达25%，而发达国家的果蔬损耗率在5%左右，美国部分生鲜电商甚至能将果蔬损耗率控制在1%。

冷链物流问题是生鲜电商的重大瓶颈，特别是目前基于冷链的快物流，可谓生鲜电商的"生死线"。

易果生鲜也毫不犹豫。当年决定重注投入安鲜达物流的时候，业内曾有很多不同的声音，认为自建成本如此之高的渠道是"烧钱"找死。

易果生鲜不惜数亿美元打造的生鲜物流体系，其实很像京东的模式，由城市大仓和前置小仓组成，覆盖范围很广，它的价值在于强悍的物流运输能力和为生鲜行业定制的冷链体系，其在部分城市已经具备1小时送达的能力。

易果生鲜的金光磊说，生鲜电商是一个非常辛苦的行业，其特点和其他行业不太一样。生鲜产品非常难"伺候"而且耗损率极高，需要匹配形态各异的终端销售方式，且管理维度非常之多。而易果安鲜达和通用物流的区别在于，它就是为生鲜而设计的，就是专门"伺候"

生鲜的。比如，它有很多个温区，支持各种形态的存储，有的水果要混放催熟，有的水果则不能催熟……一言以蔽之，专业到了极致，自然就形成了竞争力。

和安鲜达匹配的，是更上游的云象供应链。

黑龙江有个地方的鱼特别好，但渔民赚不到钱，因为每次一旦开始打捞，所有的鱼必须在一周内卖完，卖不完的都会坏掉。所以，采购者可以任意压价，以至于渔民甚至要赔本卖鱼。

金光磊认为，这在某种程度上就是中国农业的写照：大、散、乱。生产者和销售商之间严重脱节，没有一个好的调节机制，生产者的劳动被低价卖出，缺乏支撑产业升级的资金和动力。

而云象供应链则是易果生鲜对农业的反哺。它会通过各种形式来组织和协调生产，保证生产者得到足够的市场信息，更容易获得各种生产资料和资金，以有组织和标准化的形态进行生产。

易果生鲜的创始人张晔有个非常形象的说法：在发达国家，农产品等于生鲜商品，因为农产品已经标准化；但在中国，农产品不等于生鲜商品，因为远远没有实现标准化。

"生产+供应链+物流"，以及相对后端的管理模块，形成了生鲜云的主体。

可以说，天猫的设计可圈可点。天猫生鲜超市和喵鲜生是前端销售，易果生鲜的生鲜云负责"生产+供应链+物流"，生鲜云的供应链还可以复用，向其他阿里系的生鲜电商供货。

因此，易果生鲜供应的范畴不仅包括天猫、苏宁两大电商平台的生鲜板块，还包括易果生鲜自有的2B端的直通各种餐饮分销渠道的产品链路，如易果生鲜第二大股东联华超市，以及由天猫把控的大润发和大量的阿里系生鲜出口。

易果生鲜对天猫是很"痴心"的，仅仅为了应对某年的"双11"，易果生鲜就将冷链仓库储存面积由原来的12个基地10万平方米直接扩至24个基地28万平方米，配送队伍在几个月内急速扩至万余人。

这意味着"生鲜云"的庞大计划加速实施后,这列负载着诸多模块的列车一旦启动,就无法停下。

但是,易果生鲜和天猫并没有走到终局。一种说法是盒马鲜生的迅速崛起让易果生鲜失宠,但更接近事实的原因是,每日优鲜在2015年的迅速崛起,让易果生鲜的这种模式进入死局。

根正苗红的每日优鲜

2014年11月,每日优鲜成立,其由徐正和曾斌创立,两人分任CEO和COO,当年12月正式运营。在联合创办每日优鲜之前,两人都曾在联想集团供职十余年,并出任联想佳沃集团高管。

徐正是杨元庆的师弟,他15岁考入中科大少年班,4年拿了数学、工商管理两个学位证书,28岁就成为联想集团最年轻的事业部总经理,直接向杨元庆汇报,他的团队每年为集团贡献300亿元的销售收入。

后来,徐正进入柳传志的视野。2012年,联想成立佳沃集团,宣布进军现代农业时,担子就落在了徐正肩上。他去了青岛蓝莓基地,开始了为期两年的"果农"生活。在这段时间里,他无时无刻不在想怎么将现代农业和消费型电商结合起来,最后得出了一个结论——"抓两头",即重点在产业的上游和C端布局,而且是先做上游再做下游,先有产品、模式,再有市场。

徐正当时看了很多生鲜电商的模式,由此发现,生鲜电商的破局,取决于"最后一公里"问题的解决。

这不是人云亦云之论,而是基于徐正的"果农"实践。他发现,生鲜产品流通讲究"显性价值",换句话说,就是颜值、卖相很重要。因为人们对生鲜产品的判断,往往是依据大小、颜色、外表等浅显层面。

然而,传统生鲜的供应链最重要的是解决"最后一公里"问题。因为城市与城市之间的干线物流是有成熟模式的,也是有冷链覆盖的,但从城市到大大小小的卖场,再到消费者手中的最后一段,是生鲜产品价值损失最大的阶段。

他在佳沃集团为提升蓝莓保鲜期做了很多努力，结果发现，蓝莓保鲜期如果多8天，终端利润就会极大增加，而保鲜期的增加并不完全依靠技术手段，还可以凭借打通流通渠道"省出来"。

为此，徐正带着"中国并不缺少好的农产品，却缺少好的终端流通渠道"的思考，决定下海创业。

"我们的产品是从一张白纸开始的，后来是用户教我们怎么在上面画画。"徐正表示："就拿每日优鲜的Logo来说，前前后后改了70多版，对不同年龄段的女性人群反复测试，终于找到了最适合的洋红色。"

他还说，每日优鲜的"优"是指产品要好，"鲜"是指速度要快，将"好"和"快"两件事做到极致，就成功了。每日优鲜瞄准的用户是成长中的中产阶级，他们有购买力，却买不到好的生鲜产品，而每日优鲜正好能为他们提供"全而精"的产品。

徐正开始创业时非常小心。他先用微信试错，花一个下午找了10个妈妈和10个没有结婚的女性朋友拉了个群，对大家说："我开了一个小服务号，从卖点水果开始，请大家多多支持。"

虽然是个小服务号，但SKU高达500款，而且会员还有"5折优惠+返现5%"。很快，一传十，十传百，1个月后，客户规模扩张到1000人。此后，徐正又启动了"人传人"模式——"老用户介绍两个新客户，就能获得88元储值卡"。于是，用户数就跟滚雪球一样，两个月就突破了10 000人。

这个模式验证了优质SKU对消费人群是有着强大的吸引力的，于是从2015年后，徐正踌躇满志地向全国30多个城市发起冲击。

没想到，外包的物流一点都不给力，原来承诺客户24小时送达，结果有的客户一个星期都没有收到。有的客户拿到手时，水果已经烂光了。

有个段子说，徐正那时候整天守在售后部门，有个外地客户点名要他登门道歉，于是他只好去郑州当面道歉了3个多小时。

为这件事，徐正写了一封长达5000字的道歉信，叫《对不起，我爱你》。

道完歉，徐正马上推出"2小时极速送达"。

对于任何生鲜电商来说，建立冷链物流都是核心问题。前面说了，有依托现成便利店、商超的"超轻"到家模式，有把社区店和前置仓合二为一的"前店后仓"模式，有打造全程冷链物流的安鲜达模式……而每日优鲜的出现，带来了"新"前置仓模式。

为什么说是"新"前置仓模式，因为此前由社区店承担前置仓的方式虽然看上去更多能、实用，但限于规模，存储能力有限、储存手段单一化；而每日优鲜的前置仓不但全部自建物流，而且并不承担售卖功能，所有的面积都用来储存和冷冻生鲜。这样的仓库，效能和规模都远超"前店后仓"模式。

如果更深入地解读每日优鲜的模式，可以说其是"城市分选中心+前置仓"的二级分布式仓储体系。首先，在华北、华东、华南等地区建立城市分选中心，即大仓，并根据订单密度在商圈和社区建立前置仓，覆盖周边半径3公里内的地区，采取"冷源+时间冷链"的配送方式，保证产品品质和2小时的交付速度。

在那个AI还不发达的时代，精通数学的徐正做了一套供应链的数学模型，根据订单密度、天气、节假日等因素，计算出不同的补货系数，快速地从大仓调货到相应的前置仓。因此，每日优鲜很快就实现了在全国10个核心城市全品类生鲜2小时内送到家的承诺，大部分订单做到了在1小时内送达，生鲜整体损耗不到1%，达到前面说过的世界一流水平，远低于我国生鲜行业20%~30%的损耗。

与此同时，每日优鲜强调最大化的集约型运输（即城市间流动的是大宗商品，而不是一个个的小件），这样就可以直接使用冷藏货车运输，不用像很多传统生鲜电商那样，使用泡沫箱、冰袋和冷媒、包材。这不但在规模效应中进一步分摊了履约成本，也给用户带来了更好的体验——毕竟在夏季，其他平台的很多用户收到已经化成水的冰袋和变质、变色的商品的概率不算很低，而每日优鲜相当于从冰箱里拿出来直接送到3公里内的用户手中，产品品质更有保证，且成本可控。

坚持做单独前置仓而不是仓店合一模式的原因是，徐正发现，选店比选仓的标准高太多。店铺要考虑人流、商流、服务、美陈（美术陈列）等诸多因素，而且店铺租金颇高；相反，前置仓只要交通便利、水电设施齐备就行。换句话说，在中国，很难有一个零售商可以短时间内在100个城市里开1万家店，但可以做到有1万个前置仓。

徐正还请来了资深市场人许晓辉担任合伙人兼CMO，许晓辉开启了每日优鲜在北京、上海的大规模线下投放和用户端社交化的会员运营。"社交+会员+内容"这种组合的手法，帮助每日优鲜能很好地招揽客户并提升复购率。

另外，每日优鲜的不同之处在于，当大部分生鲜电商主要还是卖水果，附带卖一点其他食品时，它就开始了全品类尝试。2015年上半年推出水果、海鲜，下半年开始做肉类、蔬菜。

这也是徐正的一种观点。因为有位前辈"大咖"说，生鲜电商如果只是卖水果，每单的价格很难上去，除非客户专买特别贵的进口水果，因为人们在水果上的消费心智认知不是一次要买几百元的水果。但是，生鲜SKU一旦做全，每日优鲜就发现，单一消费水果的客户其实很少，平均算一下，每张订单的SKU都将近10种，既有"菜篮子"，也有"果篮子"，还有肉类和海鲜等。这样，每张订单的客单价就提升到了百元左右，至少能做到基本回收成本。

因此，成立两年多，每日优鲜凭借"全品类精选+前置仓"的创新模式，已经筑起了自己的"护城河"。2016年，每日优鲜营收年增长近500%，复购率高达80%。易观智库2016年11月发布的电商App排行榜显示，在生鲜电商细分领域，每日优鲜月活（月活跃用户人数）稳居行业第一，数量接近第二名和第三名的总和。

但是，每日优鲜也有问题和隐患。

第一个问题就是前置仓的效率问题。前置仓的成本低于店面成本，但租在大型社区密集地附近的成本远高于郊外大型仓库的成本。所以，有人说："前置仓看似降低了成本，但其实也增加了成本，全看怎么运营。"

第二个问题是前置仓并不是越多越好。对用户来说，前置仓多一些当然体验就好一些，因为送货速度会快一些。但是，城市消费人群的分布并不是结构化的，类似北京回龙观这样的超大社区，当然是建仓的好地方，但有些地方建了仓，营收却不足以覆盖成本。这种不断调整选址的反复优化，是很消耗成本的。

第三个问题是融资的速度赶不上"烧钱"的速度。因此，每日优鲜脑洞大开地提出"加盟仓"。换言之，每日优鲜宣布招募微仓合伙人，宣称"不需要大量资金，站点设备由公司提供，合伙人主要承担人力成本和管理成本"。

事实证明，这有点像便利店模式，因为合伙人的收益和每日优鲜的收入正相关性不强，所以很多仓库的管理水平也较低，被媒体频频爆出仓管混乱，如水果变色才下架、蔬菜送达前可能已经在常温状态下放了一周等。主流媒体，如《人民日报》也曾多次披露这类问题，可见全品类、密布仓和没有跟上来的管理，已经成了发展的瓶颈。

尽管如此，每日优鲜仍是除天猫和京东两大巨头外第一个全部"自建物流＋仓储"，并上马全品类 SKU 的"第三巨头"。为了支持大规模的全面铺开的打法，在融资道路上，每日优鲜的速度也不慢，其融资能力在生鲜电商界乃至电商界都是非常强大的。众多一线基金，如高盛中国、腾讯、老虎基金、联想都参与其中，公开的融资轮次高达两位数，累计融资金额也以 10 亿美元计。

拼好货：拼多多的前体

2015 年，生鲜电商还杀入了一位重要玩家，那就是黄峥和他的拼好货——一个基于社交网络做起来的电商公司，首先切入的品类是生鲜。

这不是黄峥第一次创业。2010年，他在段永平的投资下创建了3C电商欧酷网，希望能打败京东。但2年后，它与京东的差距越拉越大，黄峥不得不把公司卖给了自己的谷歌前同事郭去疾。

在创办拼好货之前，黄峥接连创办了电商代运营公司乐其和社交游戏公司寻梦，都有利润但利润都不大。黄峥还是想着，自己有没有机会再造一个京东。

在2015年年底接受"新经济100人"李志刚的采访时，黄峥一再比较他的拼好货与京东的不同。

黄峥不希望做标品，因为离京东越近"死"得越快："京东（和我们）是相反的，它是搜索，我们不是。京东追求货品移动成本最低、效率最高，在一定程度上拼好货不再追求货品移动的成本和效率，而是购物体验。我们创造了一个不一样的用户场景，就是线下已存在的享受购物。它做标品，我做非标品。它试图做一个品类的生意，我们试图做人的生意。我们之间最大的区别是，拼好货试图寻找京东缺失的东西。"

黄峥选择从生鲜切入，也考虑过京东会怎么做："京东也投资了天天果园，也做生鲜，我们每天都会遇到它。但是切入的维度不一样，京东冷冰冰地追求效率，我们则追求温情和乐趣。购物体验不一样，你不能既是硬汉又是温柔女人。"

京东以男性用户为主，拼好货的核心用户是中产阶级，80%用户是女性。以前的垂直电商按照商品品类，可分为生鲜、母婴、服装等。黄峥的观点是，垂直电商是围绕特定人群展开的，要围绕这群人来创造更美好的生活，优化这群人的购物场景和体验，优化这群人购买商品的性价比，满足这群人的生活和品位。

黄峥的认知是，国民生活开始富足起来，但品质生活的供给不足。尤其是，大量二三线城市的消费者已经知道什么是好的，智能手机的普及也改变了人们的时间分配和浏览方式，进一步激发了这些人的购买欲望。

在PC端，所有的信息聚合在一个中心点——搜索网站，谷歌和百度由此垄断流量，获得了高额的利润。但是在移动端，互联网的信息传播方式变了，社交网络里人与人的接触越来越容易，而通过搜索来寻找同质化的一群人是"不靠谱"的。如何利用人和人之间的关系进行传播，正是黄峥他们琢磨的问题。最终，他们想到了拼团的方式：拼好货告诉你有一款性价比高、好吃的水果，如果你凑满3个人或者5个人，就能以较低的价格买下它。

消费者想买到便宜的东西，就要帮拼好货做社会化营销。拼好货30%的成本优势缘于消费者做的营销帮助它们节省了成本。

有些人不知道自己想要什么，他们可能很有钱，但潜意识里依赖别人的推荐或者暗示，认为周围亲戚喜欢买的东西就是好东西。以前缺乏沟通场景，现在就构建沟通场景，不仅能吸引新用户，还能激发老用户的消费。

与每日优鲜一样，拼好货一开始也只是一个微信服务号，从水果市场买来一箱水果，分成3份，做3人团，用户要么一箱买走，要么不买，这样，就没那么浪费库存了。最初，由拼好货及兄弟关联公司乐其、寻梦的100多名员工和他们的亲朋们转发，接着又花了几万元找杭州本地的微信公众号发文章、导流量，算下来每个用户的成本是2元。有了种子用户后，就不再在微信公众号上投放广告，而是基于这些用户做裂变。

拼好货发展神速。2015年3月28日拼好货封测，4月10日上线，5月1日达到5000单。"五一"小长假是转折点，过后日均订单达1万单。

2015年6月，拼好货做荔枝拼团，结果第一天就收到了20万单。当时拼好货只在嘉兴设仓，这个量远远超过了仓库承受能力。由于拼好货希望把量做上去，就没有叫停，只告诉用户会晚一点发货。

结果，他们花了一星期才将货发完，很多用户收到的荔枝是烂的，退款申请纷纷到来。微信服务号里的退款功能也没准备好，申请退款的用户多了，不知道哪个地方就卡住了，钱退不回去。拼好货赶紧发公告说："我们不是骗子，一定会退款。"

黄峥半夜给自己旗下乐其的CEO丁力打电话，请他全职负责拼好货的物流。为了批量发货，工程师现场开发软件。这家不到100人的公司，将整个嘉兴能用的临时工都用上了，还用好几辆大巴从上海拉人过来。当时刚好在端午节前，但仓库将粽子停发3天，全部发拼好货的水果。

经过这一波折，订单量跌落到每月2万单。

荔枝事件的关键问题是前端运营和后端仓配没有对接好。第一天20万单已经爆仓了，结果第二天又涌进来十几万单，第三天紧急叫停后实际履约40万单。而仓库的一天最大履约量是8万单，第三方配送的最大履约量是10万单，事实上每个环节的实际履约能力都更小。

丁力全面接手拼好货物流之后，花了将近1个月的时间让嘉兴的仓库正常运转，并在接下来两个月里开了10个仓库，多数仓库从确定选址到启用都控制在3周以内。8月底，拼好货拥有了6个区域中心。这一年年底，拼好货在全国20个城市设仓。

吃过这次亏后，拼多多当时的技术负责人、现在的CEO陈磊搞了套预测系统，使拼好货提前两天采购。用户下订单的时候，水果正在从产区到仓库的路上。运水果的汽车停在仓库前，这头卸货，那头就分拣包装，五六个小时后，水果就分拣配送出去，基本上第二天就能到。从理论上来说，拼好货希望的是水果永远在路上，无须入库。最开始拼好货的预测还不那么准，有时候会出现订单量超过采购量的情况，一超量就得下架，将已经收到的钱退掉。

生鲜电商有两大难题，一是上游产品规模化、标准化生产水平低，二是基础设施冷链，尤其是"最后一公里"配送能力偏弱。黄峥认为，现代流通渠道强调批量化、标准化售卖，流通在倒逼着产业链上游的生产标准化、集约化。在移动互联网时代，理论上存在空间的多对多匹配。同时，如果在流通环节减少时间，很多生鲜也就不需要冷链了，如苹果、橙子。

拼好货的做法是转向产地采购，联合创始人达达带着团队每天奔波在田间地头。这样做有很多结构性优势：第一，水果品质更好，自然熟，不需要提前1个月摘下来放在冷库里；第二，采购成本更低。

在选品上，本来生活网和百果园是做100分的水果。但拼好货不做100分的水果，因为整个市场上只有10%的水果是100分的，其价格是70分水果价格的两三倍。拼好货也不做50分的水果——水果店里10元3斤的橘子它不做，这种就是50分水果。拼好货做的是70分的水果，定70分的价格，形成性价比优势。

不过，黄峥没有把企业直接定位为一家生鲜电商。2015年9月，平台型的拼多多上线了，到这一年年底，日均单量就达到三四十万单，与拼好货接近。2016年开春，拼好货并入拼多多，成为拼多多的一个频道，拼多多也就此告别生鲜江湖，杀入了更广阔的电商平台。

很多人没有想到的是，生鲜电商乃至社交电商的下半场，将会以一种前所有为的形式展开。

千播大战

花椒直播，周鸿祎最初并不想走"网红"路线

现在该讲述2015年的超级风口娱乐直播的故事了。一如千团大战揭开了移动互联网上半场商战的大幕，"千播大战"成为移动互联网下半场的序曲。

对于"千播大战"，用螳螂捕蝉、黄雀在后来形容最为形象。花椒直播和17的红火，带红了映客，而映客的异军突起，激活了YY，

YY 复苏，却被陌陌抢走了最大的蛋糕。而在"千播大战"的硝烟散去后，声网和腾讯云这些"卖水者"成为长久的受益者。

对于花椒直播，周鸿祎最开始的设想并不是做一个娱乐直播平台，而是做一个手机社交平台。

2015 年 6 月 4 日，花椒直播正式上线，对外资料显示，"花椒直播是一个集齐超高颜值美女帅哥、热门'网红'、校花校草，有花边新闻、明星发布会、生活趣闻等内容的手机直播社交平台"。

花椒直播上线有其海外背景，2015 年 3 月，Twitter（推特）为了防御美国直播鼻祖企业 Meerkat，不但禁止其抓取 Twitter 上的用户关系和用户关注列表，还斥资近 1 亿美元收购了提供流媒体直播服务的 Periscope，这个产品具有强明星、强媒体属性，直播诸如凯特王妃生产、美国总统竞选等事件，以及一些国际性突发事件。Periscope 的媒体传播能力表现突出，甚至超过 Twitter 或 Instagram（照片墙，简称 Ins）。

"我们就是要做一款国内的 Periscope。"这是当时花椒直播联合创始人田艳表示的。

根据田艳对媒体的回忆，花椒直播上线初期，高精度效仿 Periscope。当时运营团队有 8~10 人，这些人员都有传统媒体工作经历，很多人有泛娱乐背景，每人拥有 200 人以上的深度联系人，包括记者、自媒体。他们给花椒直播提供了 600~700 名重要的种子用户资源，其他内容则让用户自己传播。这和当年陈彤拉起新浪微博第一波种子用户的动作一模一样，可以说是花椒直播的第一板斧。

花椒直播的第二板斧是明星路线。尽管花椒直播也承认太贵的明星请不起，但还是邀请了柳岩、王祖蓝、李维嘉、印小天、华晨宇、于正、泰国的李海娜等明星，还全程直播了宋仲基台湾粉丝见面会、2016 年 AKB48 总选举等活动。一时间，花椒直播成为明星与粉丝沟通的新渠道。

作为老板，周鸿祎亲自上阵。甚至可以这么说：周鸿祎就是花椒直播上最大的明星。

花椒直播上线第二天，周鸿祎在微博上转发了第一条花椒直播的内容。他称："有意思，我准备每天花5分钟在花椒直播上分享创业经验、产品心得，你会来看吗？"

此后半年里，他发布了50多条和花椒直播相关的微博、40多条朋友圈，还花样频出。

2015年7月16日，小米举行新品发布会，周鸿祎一直在花椒直播围观。在雷军讲解净水器产品时，他表示："我觉得雷总好辛苦，还得学习滤芯。"2015年8月25日，360奇酷手机发布前夜，周鸿祎的宝马730突然自燃了，他竟然用花椒现场直播了起来。期间王思聪还上线问了一句："老周，这么晚怎么还出娄子？"

周鸿祎不仅身体力行，还借助自己的媒体影响力给公众做科普："比如，《新京报》可以用直播做新闻，途牛网可以用直播做旅游，也可能美团有一天会拿直播来演示你预订的餐馆怎么做出一顿饭，甚至很多做金融理财产品的人，都可以用直播来促进他们的销售。"

但明星模式并不大适合直播，明星的成本高而粉丝留存率低，明星的粉丝可能为了看明星来注册，但明星走了，他们也不会留下来。所以，尽管每个直播平台都可以列举自己请过哪些明星，但没有哪个直播平台是真正依靠明星建立长期机制的。

花椒直播的第三板斧是尝试制造新的KOL（关键意见领袖）和新的"网红"。当时另一位联合创始人于丹参加一个重要活动时，给媒体列举了花椒直播的明星。

袁小征，当年《中国新歌声》的网络总决赛冠军。她毕业不到2年，没有显赫的家世，也没有遇到生命中的贵人，就是通过自己一点点的努力在花椒直播平台上唱歌，积累了30万名粉丝，获得了500万元打赏收入。

邵阳阳，山东汶上县的大学生村官。她通过花椒直播为村里的农产品拓展销路，而且还吸引了580万元投资来建设辣椒酱厂，解决了450位村民的就业问题。

德格玛雅,中国教育电视台主持人。她的自制节目《玛雅说》每周二、四、六晚9点与用户见面。她为用户直播朗读文章,与观众分享人生哲理,在不到两个小时的时间内就吸引了15万人围观。

....

歌唱比赛冠军、女村干部、二线频道主持人这种"凡人中的精英"路线可能是花椒直播的又一次努力。但是,这次尝试同样未获成功。

整个2015年,花椒直播都在不断地变换方向。频繁的折腾也让整个花椒直播的团队开始产生变化。这一年下半年,之前把自己的公司卖给360后成为花椒直播早期参与者和负责人的玉红转身离去。玉红是中国互联网第一代站长中的翘楚,也是网页游戏流量派的代表人物之一,他创办的趣游成功运营过《傲剑》等网页游戏。但玉红对社交没有太多的兴趣,他个人更多醉心于娱乐和影视。2016年3月30日,玉红以现金534万元的价格收购朗源科技50%的股份,每股收购价格为1.78元。交易完成后,公司的主营业务变为互联网直播。此后,玉红在此基础上孵化出火星等直播项目,但于直播领域终未有大成。数年后玉红再度爆红是因为区块链社群。

玉红离开后,胡震生接替了玉红的位置。胡震生的微拍是中国最早在手机上做娱乐直播的App,也正是他的到来,推动了花椒直播向秀场路线的转型。

这中间周鸿祎其实有很多挣扎。一开始他非常抗拒胡震生关于转型秀场的提议,提出让胡震生再做一个独立于花椒直播的秀场产品,而花椒直播原来的运营方式不变。

"老周放不下做媒体的架子,直白点说,不想做成在线秀场。"一位前员工说。而比这更重要的是,周鸿祎还放不下社交。对于360而言,主干业务的产品工具属性太重,到移动端后,急需一款具备强用户黏性的社交产品。

所以周鸿祎一直坚持,希望花椒直播能走UGC路线,为此不惜用重运营的模式,每天由大量的运营人员手动选择20 000个每日新增内容中"有意义"的内容推到前台。但这种方式效率太低，用户接受度也不高，最后花椒直播原来的媒体班底转投齐向东负责的新媒体业务"北京时间"，花椒直播开启秀场模式。2015年12月底，花椒直播彻底转型。

但胡震生在花椒直播的时间也不长。周鸿祎又招来了毕业于上海交通大学、在A8系工作多年的王玮做花椒直播的运营副总裁。

新官上任的王玮要求团队：第一，绝对不准出去和主播吃饭；第二，要推动推荐机制的制度化建设。对第二条，其实后来抖音、快手都做得很好，即根据算法或规则推荐，绝不掺杂个人因素。

王玮在任内最大的业绩是彻底沿着秀场路线，6个月把花椒直播的净收入从不到900万元，做到了7800万元，但他在一次滑雪摔伤后黯然离去。

在王玮看来，如果要盈利，就必须迎合"土豪"的心态，就必须有做秀场的心理准备。此前花椒直播给主播的礼物上限是1000元，王玮反其道而行之，上任初就推出了一个价值20 000元、被称为"世界城堡"的虚拟礼物。周鸿祎对此非常反对，认为用户消费不起。王玮据理力争，给周鸿祎分析：直播用户的付费率为1%～5%，这部分用户的特征是，他们根本不在乎价格，在乎的是满足感。王玮举例说，在线下的秀场里，如果有客户点了顶级的香槟，服务生会列队端着香槟进包房，"让卡座里的每个人都看到，这里点了香槟"。这种炫耀才是"土豪"想要的。

事实证明王玮所言非虚，"世界城堡"推出后，当晚"至少有2000个女主播跟自己的'土豪'粉丝说想要世界城堡。20 000元一个城堡，你知道我们一晚上可以卖多少吗？200多个！所以1个月就实现了6000万元的营收"。

王玮回忆，那段时间里周鸿祎十分在意花椒直播，经常和他讨论诸如这个按钮放在哪里、哪个礼物做得不够精细，等等。王玮认为这都是无关紧要的细节，直播能否成功，不在于这些细节，因为其用户是"土豪",不是白领。白领可能会因为QQ的细节做得不如MSN洋气而选择后者,但"土豪"追求的是一掷千金、快意红尘的快感。

王玮有一个"烟花理论"。他认为,推动"土豪"消费乃是秀场直播的根本要义。因为一个直播平台成功要具有两个因素:有一掷千金的"土豪",更有围观"土豪"的群众。这就好比除夕夜放烟花,对于"土豪"来说,纵然有漫天烟花可以看,但最有满足感的,肯定是自己买烟花、放烟花。而对于围观者来说,能看到"土豪"一掷千金和主播互动,本身也能满足娱乐围观的快感,甚至成为其第二天的话题。所以,放烟花也就是非理性炫耀式消费,恰恰是直播场景中的一双两好。

如果沿着王玮的路线继续探索,起点不低的花椒直播可能在秀场直播中大放异彩。但王玮同样任期很短,很快就离去了。

映客,宅男做出的现象级社交直播产品

花椒直播转型秀场直播,有团队创始人更替等内因[1],同时也有外因,那就是17及映客等一票娱乐直播公司的崛起。

奉佑生,一个不擅长交际的程序员,竟然做出了中国现象级的社交直播产品——映客。这一度是圈里一个有趣的话题。

但在奉佑生看来,这很正常,因为只有宅男才懂宅男,越宅的人越有可能做出好的社交产品。另外,他还有一个独特的理论:湖南人善于做社交,因为这里山多、路差、来往不便,所以人容易孤独,也就越发渴望社交。他举例说张小龙也是湖南人。

奉佑生踏踏实实干了两年公务员后,才去深圳闯荡,那还是2000

---

1 花椒直播于2018年6月与六间房按4:6的股份比例重组,周鸿祎担任新公司的董事长,六间房的创始人刘岩成为新公司的CEO。重组后六间房不再作为宋城演艺的并表子公司。之前刘岩一直被尊称为中国娱乐直播之父,但在移动娱乐直播来临前,他把六间房卖给了宋城演艺,六间房也由此在娱乐直播的赛道上渐行渐远。与花椒直播的重组是刘岩试图重返主流舞台的一次努力,也是360剥离资产聚焦主业的重要举措。

年。几经辗转，奉佑生在 2004 年加入深圳华动飞天，成为 A8 音乐网的第一位工程师；2005 年，整个音乐业务搬到北京，他在那里一做就是 10 年。

2014 年，奉佑生实在忍不下去了。他认为做音乐业务毫无希望，应该转向音频直播，因为直播可以承载的内容更丰富，还可以与用户交流，是带有社交属性的产品。于是，奉佑生带着五六个人，做了音频直播产品蜜 Live——一款针对留学生的音频直播产品。这款产品上线 1 个月，收入就几乎等于整个公司的付费音乐收入。

奉佑生发现，喜欢直播的人往往有一种强烈的沟通欲望。他回忆了蜜 Live 的一位用户——因为支付通道很不好用，这个用户加了他的微信，要把银行卡和密码告诉他，只为了能够尽快使用。奉佑生被这种热情惊到了。

蜜 Live 小试身手就收入惊人，但奉佑生的思路却跳跃了。他认为，随着 4G 网络的普及，视频传输的问题解决了，应该及早从音频跳到视频。但团队对此争议很大，也有人提折中意见，说不妨试着从音频往视频过渡。奉佑生则坚持独立做视频直播产品，理由很简单：做产品要纯粹，别有太多历史包袱。

奉佑生果断决定放弃以老东家做靠山，独立出来做映客。

刘晓松认为，奉佑生创办映客时的环境其实并不好。他说："映客在 2015 年创办的时候，碰到的困难可以说巨大无比。当时流量已经被腾讯等巨头瓜分得所剩无几了，新浪也有自己的视频、短视频产品，再去做直播其实难度很大。"

对于映客来说，它不但晚到，而且一开场就是冷局。初创产品发布 4 个月，一直没有打开局面，而当时映客的账面上只剩 500 万元，最多再撑 6 个月。奉佑生决定："降薪 +996"。虽然形势如此不妙，但却只有 1 名员工离职。2015 年 5 月底，映客在 App Store 上线。

在对产品的打磨上，做了 10 年运营的奉佑生提出实现"秒开"，也就是只用 1 秒就能打开视频。映客第一版的开发只用了 14 天，这个要求给团队造成了很大的压力，但是他们做到了。

奉佑生还做了一个重要决定，就是从手头仅有的500万元（来自A8音乐网的投资）中拿出200万元，购买了全网第一套基于移动端的视频美颜技术。这在当时的直播行业中绝无仅有，但奉佑生觉得这是用户的"刚需"。"2015年手机的CPU还很差，要想实现1秒24帧的美颜处理速度，让每一个人直播的时候看起来又美又帅、自信心爆棚，对技术的要求是很高的。"奉佑生说的时候很得意。

而当时YY对技术进步和直播门槛陡然下降两个变化准备不足，它的主播基本是基于PC端再加上一些专业设备进行直播的。

时任YY CEO的陈洲回忆，当时YY最大的教训是忽略了设备的进化。由于有依赖PC端强大功能的惯性，YY对移动端的挖掘其实是不够的。到了2015年，直播行业已经进化到用手机前置摄像头就可以开播，加上智能美颜就能确保良好的直播效果，但YY没在第一时间注意到这些变化。

而映客一上来就抓"手机＋智能美颜"。陈洲承认，这些设备不但降低了直播的门槛，更重要的是把都市时尚男女拉进了直播玩家的群体。他说："以前我们自己也承认，城乡接合部以下的市场是我们打不开的。可映客依靠'手机＋智能美颜'，直接把这个市场打开了。"

奉佑生不仅在技术产品上舍得投入，还是一位营销高手。他在第一天就把映客定位为"让年轻女性喜欢的时尚直播平台"，这个定位的实际用意是，女生多的地方，男生就有可能来。

早期尽管映客的下载量有所上升，但还没有打开局面，这和当时的推广策略有关。最初的做法是请"小鲜肉"，意在吸引女性用户，但后来发现"小鲜肉"的粉丝指向性太强，无法留存。这就形成了映客此后不走明星路线、改走全民路线的铁律。同时，对很多争着上直播平台的女明星，映客一律拒绝，觉得男生来这里不是为了看明星。

映客的早期推广受制于资金，只能用一些小技巧。奉佑生要求3个"90后"编辑想一条广告语，必须让用户愿意分享到朋友圈并且不删除，最后就有了"你丑你先睡，我美我直播"这样一条刷爆朋友圈的广告语。这条广告语比较符合"90后"的鄙视链。

映客还有一个吸引很多高颜值主播的方法："高薪日结"。据奉佑生亲口承认，这个灵感来源于他在东莞看到电线杆上面经常贴着的各种"高薪日结"的招聘广告。

奉佑生说："这很人性化，谁都希望工作完成后当天就能拿到工资。所以，映客主播下播就能提走收入，这是原始的、基于人性的点，产生了很好的口碑效应。"

但这些都是小打小闹。奉佑生清楚地知道，到2015年下半年的时候，要进行大规模推广，该融资了，该砸钱了。

而这个时候，17直播的火爆让映客一下子成为风投热捧的对象。

17直播是由中国台湾艺人黄立成、黄立行兄弟所创的"短视频+直播"产品，其最大的特点就是直播用户可以与平台分成，直播者每获得1000人观看就能获得1元钱分红。一时间，网络上都是关于如何提高分成的讨论。

2015年9月，王思聪在朋友的介绍下不到10分钟就投资了17直播，并在微博上置顶自己在17 App里的分成页面。17直播迅速成为网民和媒体热议的话题。

这一年正是王思聪在微博大火的年份，"中国首富之子""娱乐圈纪检委""国民老公"等众多标签，让他在互联网上拥有超高的影响力，他的站台为17直播带来了大量用户。就在当天晚上，17 App冲到了中国App Store免费榜第一名。

但也正因为王思聪的曝光，将17直播本身的问题推到了风口浪尖。17直播的奖励机制导致大量主播为了获取观众而不择手段，各种不雅画面也一直没有得到足够的审查处理。

在王思聪微博置顶17 App 3天后，17 App被强制下架。

对于17直播烧起的这股邪火，最大受益者是当时已经是国内娱乐直播老大的映客。朱啸虎、郑刚和周亚辉，几乎同时想投资映客。

朱啸虎有一天玩 17 App 一直玩到凌晨两点，然后在微信群里跟投资经理说："移动直播的所有团队都必须见一见。"最后，他们花了两个星期选定映客，11 月就把 A 轮 close（交易最终完成）了。

郑刚的经历比较曲折。他和映客创始人奉佑生第一次见面是在 A 轮 close 的前一晚，奉佑生提的条件是如果红杉资本不投，"明天早上把钱打过来，你就能进来"。红杉资本最后还真没投，于是郑刚就投资了。

周亚辉与映客的段子则是传得最广的。2015 年 12 月的某天晚上，周亚辉加了奉佑生的微信，聊了几句，面都没见上，就打了 2000 万元过去，还在自己的公众号上写了一篇文章，猛吹奉佑生。但事实上周亚辉抽身很早，2016 年 9 月的时候，昆仑万维就以 2.1 亿元抛售了映客 3% 的股权。

无论如何，奉佑生有钱了。有钱了就能做品类投放，也就是饱和攻击。当时业内疯传，腾讯有 3 个部门跟进直播，产品将在 2016 年春节上线。周亚辉分析，映客必须迅速把日活做到 100 万人以上才有发展的机会。奉佑生听了周亚辉的建议，以凶猛的打法占领渠道，形成品牌势能。当时映客账户里有 1 亿元，奉佑生拿出 8000 万元，快速启动了滴滴、院线和爱奇艺的广告投放，还拍了两组广告片投到湖南卫视。

但奉佑生刚刚把几千万元砸出去，软件就被 App Store 下线了。

这事早有先兆。17 App 被下架后，另一款直播应用"在直播"由于成为搜索"17"的结果中排位第一的软件，下载量激增，但 3 天后也因不健康内容而被 App Store 下架。

奉佑生知道自己也必然有此一劫，但不知道哪天"打雷"。2016 年 1 月 20 日，奉佑生的担忧成为现实——凌晨 4 点钟还没睡的他发现映客被下架了。他在股东微信群里发出一条消息："不知什么原因，映客被下架了。"

周亚辉问是不是找积分墙刷榜了，这也是外界所质疑的。但奉佑生否认是运营管理方面的问题。

映客做了一个新包顶上去，上线后很快又冲到了第一名。但上架一周后的晚上 11 点，还没入睡的奉佑生发现新包又被下架了。临近春节，这让整个公司陷入绝望。此时奉佑生明白，这不是技术问题。

映客被下架后，奉佑生还做过一个新软件，叫"映克"，但上线之后又撤了回来，他心里还是希望映客能重新上线。40 多天后，经过反复沟通，映客重新上线。但是，苹果公司究竟和映客沟通了没有、沟通了什么、到底为什么下线，这些问题有无数猜测，谜底至今无人知晓。

媚俗、金钱至上这些标签虽然让奉佑生觉得压抑，但是却无法摆脱，因为这和娱乐直播基于人性的特性有关。

YY，陈洲走上前台担任 CEO

除了在技术上投入，映客快速增长的另一招是全网买流量，这让映客 2015—2016 年的成长曲线非常"风骚"。在外界看来，是"气都不带喘一下，日活就直接冲到了 1000 万人，中间没有任何停顿，没有任何弯路，也没有任何减速，一鼓作气从 0 跑到了 1 万米"。

这给当时的娱乐直播王者 YY 带来了很大压力。

2015 年是 YY 的一个分水岭。上市之后，它经历了相当长一段时间的"佛系"发展，到 2015 年受到斗鱼、映客等夹攻后，YY 开始自省，随即进行了业务切分。其中,董荣杰自领一军,带着虎牙主打游戏直播；另一部分则由李婷领衔，进行创新业务孵化；而最重要的则是陈洲走上前台，接替李学凌担任 YY 的 CEO。

陈洲是 YY 音乐的创始人，也是中国娱乐直播的"一哥"。

数年前，欢聚时代的财务负责人曾让陈洲预测 7 年后中国直播产业的市场规模，陈洲说千亿元，对方给了他一个白眼，因为当时最赚钱的端游市场，大概也就几百亿元的规模。

"别人看到的是风口,我们却做了5年的鼓风机。"这是陈洲关于直播的一句流传甚广的话。

2015年的陈洲意气风发,因为这是"千播大战"的年份,直播火到难以形容。

当然,行业里也充满了泡沫。据说,某直播平台搞了一场声势浩大的活动,号称同时在线人数超过3000万人。欢聚时代COO看到数字后觉得奇怪,就找技术人员一起算了笔账,结论是把当时中国所有直播平台的带宽资源加起来,也承担不起那场活动的带宽消耗。

陈洲心里是有数的,尽管"千播大战"看起来很恐怖,但大部分玩家——无论是在业界的上游还是下游,根本不明白这个游戏的规则是什么,不知道在直播链条上如何扮演自己的角色,以及如何做出符合产业规律的内容和互动形态,而YY此前已经在这个领域探索了至少5年。

2011年,陈洲注意到,每天晚上有约7万人在YY上听别人唱歌。他当时就朦朦胧胧地觉得,要把这件事情做大。

但是具体怎么做大?陈洲的核心工作是先想清楚到底什么样的人可以成为在YY上进行才艺表演的主力。他跟踪了一年,发现主力是大学生和毕业不久的年轻人,而他们的留存时间并不久,往往一年就换一波,这很不利于培养粉丝。陈洲调研的结果就是,因为唱歌并不能带来收入,所以表演者都凭着兴趣在做,等到毕业找工作、娶妻生子这些现实性的需求出现的时候,这些人往往会果断退出。

陈洲明白了,要把在YY上表演变成一个人可以持续的职业,必须达到3个条件。

第一,能赚到钱,养活自己。

第二,要有发展的空间,不能第一个月挣2000元就一辈子挣2000元。

第三,要是被社会认可的正当职业。要不然即使赚了钱,但还是有人说你不务正业。

YY就从这三条入手，核心的做法是把所谓的兴趣社区转成一个职业社区，平台要帮主播赚钱。当时的预估是，第一流的主播1个月要赚5000元，第二流的主播1个月要赚2000元，第三流的主播要把上网费赚回来。

陈洲可能无法想象5年后的自己在回答媒体采访的时候，会说一番这样的话："在YY平台上确实是有一批人赚了钱，而且赚了很多钱，多到他们想都想不到。比如，有的主播一年收入一两千万元，主播创建的公会，有的一年营业额达上亿元。当然，直播很容易赚钱是一个误解，赚几百万元、几千万元的，的确不是几个而是一批，但绝对不是每个人都能轻轻松松地赚这么多钱。"

YY在娱乐直播上做了许多开先例的事情。比如，让主播上传照片，这个现在看来很基本的功能，当时却受到了很多主播的反对。当时有公会会长4次拒绝上传照片，他和陈洲说的话也很实在："那些歌唱得好、长得又好看的，早就成了明星，我们这些人之所以歌唱得这么好还在这里唱，就是因为不敢露脸。"

陈洲坚持要上传，因为他认为有了照片才有想象空间，否则就跟听收音机没有区别。1个月之后，所有的主播都上传了，因为那些没有上传照片的主播的听众都跑了。

从音频转向视频，又是一个难关。但陈洲认为，视频难度更大的说法其实并不准确。比如，在视频的传输中丢包，可能只是画面有轻微的瑕疵，但音频表现出来的就可能是声音的断续。前者会被自动忽略，后者就是明显的问题。

真正难的是关于娱乐直播的定位。当时同样在做娱乐直播的还有9158，以及有新浪背景的朗玛信息。但早期一些平台打太多擦边球给娱乐直播造成了不小的负面影响。

陈洲有一天在广州科韵路办公室的楼道里拦着CEO李学凌发问："学凌，你应该不想我们做太Low的事情吧？"李学凌给了肯定的答复。

因此，陈洲将YY的直播定位为"才艺表演+娱乐+社交"，其中才艺表演是主线。此后YY一直围绕唱歌、跳舞、"喊麦"、脱口秀等提升直播的表现手段和音视频质量，没有走弯路。

而堪称YY核心竞争力的就是其公会制度。公会制度可以说是YY社区形成的核心要素，也是YY对整个行业规则的启发和贡献。这个制度不是到了娱乐直播才有的，而是贯穿着YY的发展，从一开始就形成的，只是在陈洲的手里发展到了新高度。

这个制度的核心是，人才是直播平台的核心资产，公会相当于一个代平台孵化和培养艺人的机构，制度则在人才和公会间起着制衡的作用。而这个起制衡作用的核心制度主要依靠"平台+法务而非纯法务"的手段。

简单地说，艺人不但不能擅自跳槽离开自己的公会，还必须在大平台的选择上排他。在这个前提下，艺人会得到最好的培养和资源。

当时经常面临的一个问题是，艺人可能今天是A公会的，明天又被B公会找去。但是，如果艺人、公会和平台方签过所谓的三方合同之后，平台就主动承担了一个职责——一旦主播跟他的公会之间发生纠纷，YY作为一个平台，有解释合同的权利，即可以根据合同来判定这个主播到底是属于哪个公会的。假如这个艺人是A公会的，但现在跟着B公会，那么按照运营规则，平台就会直接把艺人封掉——封号、封杀。

这个解释权当时遭到了法务部门的反对。法务部门认为这个制度设计得有问题，因为如果艺人跟着其他公会，违背了合同，属于合同纠纷，这时候正确且合法的处理办法是去法院起诉，胜诉之后按照合同和判决来处理，从理论上来说平台是没有这么大的裁量权的。

但陈洲很坚决。他对法务部门说，民事纠纷的起诉时间太长，如果一个主播被起诉了，但在起诉6个月、调解6个月、判决6个月、执行再拖一两年的时间里，平台其实没法制约他，那就乱套了。而这个制度可以使平台根据合同就能决定封杀与否，虽然直接、粗暴，但很有效，因为艺人是得罪不起平台的。

这样一来，公会的权力得到了极大的保障，这也是"千播大战"时YY能崛起的核心原因。

陈洲认为，这个制度之所以能执行下去，主要还是因为平台真心对主播好，真心实意地帮主播赚钱。

这个制度可以避免艺人在公会间乱跳槽，但如何避免主播被别的平台甚至行业挖走呢？主要是靠高额的赔偿金。

"我们做YY直播这么多年，没有人跟我们抢大主播，主要是因为赔偿金很高，抢不起。主播跟YY签的合同：如果没赚钱，最低赔50万元；如果赚了钱，赔18个月的收益。YY上那些大主播（一年）挣一两千万元，赔偿金高达两三千万元。一方面要赔给YY，另一方面要赔给公会，因为主播也对公会违约了。赔给公会的钱跟赔给YY的钱是一样多的，加起来可能不少于5000万元。"陈洲说。

如果一个主播在YY上一年能赚2000万元，新平台要赔YY 2000万元×1.5，再加上赔给公会的钱，就是6000万元。并且这个主播去新平台之前，新平台要先支付不少于3年收入的签约费，这笔钱高达5000万元以上。也就是说，陈洲成功地把一个大主播的挖角成本升到了1亿元以上。而没有什么平台愿意为一个随时可能不再红的主播付出这么多，这样就保证了大主播是不敢轻易跳槽的。

从某种意义上说，保住了主播就是保住了YY的核心资产。YY的路线偏平民化，也就是轻易不用明星。这点和快手、映客是相似的，因为它们都认识到，明星的IP是属于明星自己的，明星的粉丝是跟着明星走而无法被平台截留的，所以明星对于平台来说，价值很低、成本很高。但从平台成长起来的草根主播则不同，他们即使很火，有很强的议价权，但基础的粉丝和社群环境是无法迁移的，所以草根主播是不愿意轻易离开平台的。

陌陌在后

真正出来吃掉娱乐直播这个市场最大份额的是陌陌。

陈洲分析说,自己一直认为,娱乐直播行业是一个挺小的行业,核心用户只是那么一小群人,所以YY一直没有采取买流量做投放的打法。这是基于这样的判断——真正有消费意愿的用户是很少的(相对于总体网民而言),以买流量的方式转化来的用户,既不稳固又不持久。

此后,直播行业迅猛崛起,唐岩加入直播大军之中。陈洲说:"陌陌这种有流量后花园的企业,你是没法和它打的,你打不过(它的核心流量来源)。"

然而,唐岩彼时并没有那么快乐——2014年上市后,陌陌的股价始终被低估。那段时间,深夜不眠的唐岩经常看《我是歌手》,琢磨着做个有格调的版本出来。

唐岩琢磨直播的时间大概是2015年。当时"千播大战"还没有眉目,但陌陌的股价一直很"压抑",2015年第二季度的月活大概为7800万人,最大的问题是盈利模式和流量价值不对称。虽然这时候陌陌已经上线了游戏业务,是一家赚钱的公司。

唐岩回忆,做游戏给了他一些启发。做陌陌游戏最开始当然是出于具体的营收考虑,因为社交业务并不赚钱。我们在《沸腾新十年(上)》的陌陌发家史中谈到,唐岩做陌陌的群组功能、类朋友圈功能乃至游戏,主要是为了辅助社交,给那些羞于展示自己的人多一些展示平台和社交场景。

但从商业模式的角度来看,陌陌的最大问题是,它有很好的核心业务,有很大的原生流量,可这些流量的价值没有最大化。唐岩因此觉得"陌陌上的人,很多碎片化的时间没有充分利用"。

游戏的路子让他开始反向思考,是不是可以用非社交业务来利用好这些流量,如果可以,直播就可以开展。因为直播业务也具有社交属性，符合陌陌"越多人用就越好用"的产品逻辑。即使不赚钱，再多一个互动形式，也可以避免"尬聊"，增强了交互的丰富性与有效性。所以，陌陌最开始切入直播的思路是探索式的，直到2016年4月，直播业务才正式大规模开始。

2015年9月，陌陌曾经上线了一个关于直播的小尝试，叫作陌陌现场。唐岩后来在一次直播里回忆说，这件事可以向前溯源到2014年下半年，当时陌陌内部决定尝试一些视频化、娱乐化的内容建设。但等唐岩找到业务负责人的时候，已经是2015年3月了。

唐岩觉得陌陌的社交场景类似一个酒吧，光泡吧其实是很无聊的，如果有具备一定表演水平的一些演出，人们是愿意观看的，而且也愿意付费。这就是陌陌现场的产品逻辑。

上线后，陌陌现场的数据不错，但也有问题。他说："运营了一段时间之后，发现了一个比较大的问题，就是这种商业模式没办法杠杆化。也就是说，同时有20万人看这场演出，和同时1000个人看这场演出，它的商业化结果是差不多的。如果让用户直接为演出付费，其实只有前面20名甚至10名愿意。"这些付费的基本是"土豪"，因为对普通人来说，"即使付费了，获得的体验和成就也没法增加"。

陌陌做了两份数据报告，分析看直播用户的原有的社交行为，如和陌生人说话的频次，跟已有的建立了社交关系的用户的消息条数，原来群组的活跃度，以及除去看直播时长之后使用陌陌的时长，发现活跃度都没有因为看直播而下降，反而略有一点提升。这个"略有一点提升"让陌陌直播没有被砍掉。

唐岩认为，真正的认知转折发生在2015年年底。此前陌陌的一切思路都围绕着社交，即使视频化也是"因为视频对（社交）真实性的补充是非常重要的"。

但直播市场的普遍火爆，以及陌陌做视频的先天优势，让唐岩开始认识到陌陌应该增加第二个关键属性，也就是泛娱乐。这相当于在陌陌的顶层设计里为直播业务找到了一个位置。对于唐岩这种不想清楚绝不盲动、想清楚也要反复确认的人来说，想法的清晰对此后陌陌迅速切入全民直播是至关重要的。

他第一次不再把陌陌称为"酒吧"，而是明确地说："我们希望把陌陌建成一个迪士尼乐园，里面有很多娱乐设施。你可以来认识陌生朋友，也可以来看和玩一些其他的东西，希望大家对这个社交平台的目的性不要那么强。"

中国的企业家可能确实有迪士尼情节，上一个希望做迪士尼乐园的是陈天桥，但没做成。这次唐岩又提及迪士尼，他基本做到了。

在2016年4月，有一些用户注意到，陌陌6.7版本上线了陌陌直播。而且，其重要性被提升到了战略级别，替代了原来底栏的"发现"按钮。

虽然实打实地说，早期的陌陌直播在交互设计和页面功能等方面，相对于花椒、映客和抱抱等一批直播类App并无明显优势，有些细节甚至还有不及，但是凭借陌陌巨大的流量优势和用户的娱乐心态，陌陌直播迅速起量。

当陌陌这种自带流量的大平台（尽管还不是超级平台）开始做直播，而直播又和陌陌的主航道社交有非常强的互补关系的时候，其动力和战斗资源都不是那些刚刚拿到天使轮融资、匆匆杀入直播圈的小平台可以比的。虽然后者可能有很多的微创新，但在大平台面前，这些小平台都不堪一击。毕竟，直播的两端勾起的是社交，而社交的满足感取决于用户的数量级，小平台在主播资源和用户积累方面的劣势是短期难以扭转的。

公平地说，陌陌的直播在某种程度上，是符合年轻一代表达需求的。

某科技媒体有一段文字是这样记录的："一个高中女生在教室里直播他们上课的状态。无限的碎碎念，间杂老师说话的声音……这个女生只是偶尔露一下全脸，并且表示，很少会有打赏和送花，毕竟她没有展示什么比较特别的才艺，自己的长相也一般，大部分进来的人看一下就又走了。她基本就当是和新朋友聊天，而在直播室经常发评论的人,她也会和对方在陌陌上单聊。"

这个场景非常生动地描绘出,陌陌的全民直播模式是其一大亮点。尽管对于"70后""80后"来说,这种模式用起来似乎有些莫名其妙而且不得要领,但是用户付费的情况证明,正是因为有大量的免费用户(如上面描述的这位高中女生),才筛出了一部分有付费需求的核心用户。如果通过数据来呈现,那么假如陌陌的用户是1亿人,直播付费的大概是500万人,但这500万人的付费意愿是基于陌陌的用户有1亿人这个前提的,即直播吸引了大量的用户。

因此,相对于其他娱乐直播平台所采用的"扶持'素人+直播'造星"策略,陌陌则坚持全"素人"模式。这样的特色是,扶持大量陌陌社交平台的用户做直播,既可以节约大主播的签约费用,又能更好地拉近主播与观众的距离,建立一种平易近人的直播社区文化。再加上陌陌作为一个社交软件,最不缺的就是美女和爱围观美女且有一定经济实力的男性用户,所以只要有内容产出,陌陌自然不缺付费用户。

对于陌生人社交来说,保持足够的新鲜感是最大的难题。一旦用户相互了解后想要进行更深一步的交流,就会转移到微信、QQ甚至是微博上。把用户留在陌陌,就是陌陌直播的主要任务。借助直播,陌陌不仅可以使用户聊天交友,还可以帮助陌陌用户消费更多时间,提高用户黏性,这种一举多得的行为是其他直播平台所不具备的。

即使到今天,陌陌直播页面上活跃的基本上是几百或数千粉丝的小主播,很少有其他平台上动辄数十万名乃至上百万名粉丝的"IP级主播"。这点和快手有点相似——相对少的人数,其实可以让主播与观众更频繁地互动,直播氛围也将更加融洽。

市场的反应是非常强烈的。陌陌2016年第四季度财报显示其营收为2.461亿美元,同比增长524%;净利润为9150万美元,与2015年同期的净利润1180万美元相比,增长了675%。

虽然唐岩说相比这些,自己更看重另外一组数字:月活达到8810万人,平台关系达成量同比增长48%,用户平均使用时长增长了10%。

"陌陌+直播"真的不只是多了一个直播功能,它极大地释放了陌陌的社交能量。我们可以用一个1年多以后的数据来印证这句话——2018年第一季度,陌陌直播服务一个季度的营收就达到23.6亿元人民币,占公司总营收的85%。截至2018年3月31日,陌陌增值服务的付费人数为510万人,其中直播服务的付费人数达到440万人。

可以说,陌陌是直播领域内真正做到了"一花开后百花杀"。

"千播大战"的幕后英雄们

2015年,"千播大战"迅速蔓延的一个条件是声网、即构公司这样的第三方技术服务商的入局。对于中小型直播平台来说,它们不必再花费巨额资金,成立专门的技术团队,只需要少量的技术人员就可以搭建直播平台了。

看似简单的直播功能,往往需要经过几道流程:从对主播方的声音、图像采集开始,然后进行美颜、降噪等预处理,接下来编码,再经过CDN(内容分发网络)等形式的传输,到达服务器端,处理后解码,接收方就可以看到音视频内容了。

对于大公司来说,可以自己组建团队做技术研发;但对于创业公司来说,租服务器、花费人力去搞研发的成本比较高,所以直播的瓶颈很多是技术问题。

因此,第三方技术服务商和相应的PaaS(平台即服务)模式兴起。它们和云计算能力迅速结合,解决了整个直播行业的基础设施问题。这直接点燃了"千播大战"的战火,因为技术门槛已经接近于零。

YY原CTO赵斌于2014年1月创立的声网就是典型的第三方技术服务商。

从高中毕业就开始做程序员的赵斌回忆说:"我在YY工作的经验告诉我,玩家们真的没有时间听你向他们解释——这是网络问题而不是软件的问题。我别无选择,只能专注于改进软件和运用先进的算法。后来,我们就开始尝试通过优化改善公共互联网来提高音视频通话质量的新技术。"

在声网最开始创立的过程中,有17人来自YY。比如,陶思明,他是YY语音的后台负责人,设计的语音架构沿用多年;视频直播专家李伟,设计了YY的视频P2P架构。声网同时在上海和硅谷成立了技术及运营团队,还吸收了不少来自谷歌和苹果的工程师。

声网不是做一个独立的产品,而是建设开放的语音生态,也就是把语音技术打包成SDK(软件开发工具包),为全球开发者提供高质量的实时音视频和连麦互动直播服务。

"看到声网的招聘,想到能够在任何一款App中实现微信或FaceTime那样的实时音视频通话,就觉得这个前景很令人激动。"一位应聘声网的员工在知乎上这样说。

在全球,互联网服务都是由不同ISP(互联网服务提供商)提供的,其中有做全球化服务的,也有做局域化服务的。比如,中国移动是中国最大的ISP,而铁通、长城宽带是比较小的ISP,这种多样化的服务商给整个互联网传输带来了视频通话时卡顿或者网络拥挤等问题。

当时,基于标准互联网服务提供实时音视频服务主要面临3个问题:丢包、延时、可用带宽低。这也导致了很多技术实力不佳的公司开发的语音业务出现语音模糊、时断时续等状况,而声网则在传输层进行了优化。

对于很多App来说,语音并不是核心业务,如果都靠自己解决,无疑会面临非常多的问题。而声网针对这些问题在全球部署了一张SD-RTN实时虚拟通信网,极大地优化了全球范围内的实时传输。

这张网在全球约有100个分发中心。在这些分发中心之间,声网拥有自己的传输路径,可以避开底层问题和数据包的丢失。这样一来,用户就能享受来自世界各地的高品质的实时通话,而这以前是只有微软、苹果、腾讯这样的大厂才能开发的功能。

为了方便用户的使用,声网开发了针对移动端和web端的SDK。自2015年声网高清实时通话云服务正式上线以来,已逐步实现全平台支持。

对于很多技术薄弱的中国直播平台来说,即使配备了语音技术团队,也很难控制"最后一公里"的问题——一旦用户使用公共场合的Wi-Fi,如星巴克的Wi-Fi,那么数据包丢失的概率可能会非常高,并且网络非常不稳定,这样用户就会不断地掉线。但声网建立了一整套算法来帮助用户实现顺畅通话,如在网络状况很糟糕的情况下,即时切换为低带宽、低码率的方案来传输,让另一端仍然能听清楚。

以往提供这类技术的服务商不是没有,但它们往往聚焦于高端商务市场,面向企业级的高端会议需求。这类服务的前提是有很好的网络支持,甚至需要拥有专网。

而事实上,声网的优势在于技术普惠,即其一开始的目标就是解决尽可能多的用户在使用公共网络时的传输问题,特别适合我们这个人口众多、网络状态千差万别的大国。在海外,声网也考虑到了中国移动互联网企业出海创业的需求。赵斌举例说,在某些极端情况下,声网的技术甚至可以保证印度 2G 网络状态下的通话质量。

赵斌披露,声网在最早设计业务模型时,便提出保障开发者最小使用量的免费使用,即每月 10 000 分钟以下实施免费,这为很多个人开发者提供了便利。

音频解决方案其实只是一个起点,整个行业的发展变化,尤其是苹果 Safari 浏览器全面支持 WebRTC(网页即时通信),也给行业带来了新的推动力。

比声网晚一年进入实时云服务的即构完美地赶上了直播的风口,在 2016 年年初即获得数百万美元的天使轮融资。创始人林友尧曾任职 QQ 部门总经理。他认为,2013 年之后,音视频行业应该侧重做服务,因为未来音视频会应用到各行各业,并且之后会趋于托管。林友尧强调,即构最大的特点在于坚持从底层研发。

即构花了大力气做适配,因为很多大直播平台侧重 iOS 系统,这为后期兼容安卓系统制造了复杂性。但即构坚持从底层研发,所以可通用、可标准化的部分就比较多,相对来说,兼容安卓系统就会比较简单。

比如，在前处理这一步，除了美颜，在连麦的时候会产生延迟、回声，影响用户体验。即构把音频的回声消除功能也覆盖到了。值得一提的是，即构的该项技术是基于 RTMP（实时消息传输协议）的，林友尧认为他们对回声的处理效果已经超过了谷歌的解决方案。

然而，随着直播的发展，音视频逐渐成为基本服务，来自直播平台的需求创新也提出了极大的挑战。除了直播风口，社交和游戏开始出现新玩法，不断涌现出像陌陌、狼人杀、贪吃蛇等大量依赖音视频进行社交的平台和 App，使音视频的使用时长和使用量都有明显的增长。

"千播大战"迅速蔓延的另一个条件是 2015 年整个国内云计算市场的突飞猛进，特别是阿里巴巴和腾讯两大巨头的下场，使"上云"从 2015 年起成为国民行为。

有意思的是，在 2015 年到来之前，阿里巴巴和腾讯这两家公司的云业务都经历过一次换帅。阿里云的总裁从王坚换成了胡晓明，腾讯云的总裁从陈磊换成了邱跃鹏。

接替王坚的胡晓明是销售干部，接替陈磊的邱跃鹏则是腾讯自己的子弟兵——2002 年加入腾讯的邱跃鹏一直在腾讯的运维一线打拼。这两个人的接班，让阿里云和腾讯云的业务很快从务虚阶段进入实战阶段。

胡晓明定了很高的销售目标，然后给予一线销售人员很大的权限，使业务倒逼产品和技术。同时，他围绕着当时市场竞争的领衔者 UCloud 展开围鼬计划（鼬与 U 同音，围鼬指围攻 UCloud），加上阿里巴巴上市后势能得到巨大的提升，对阿里云有了带动，以及阿里云在机场路牌等商务人士聚集地狂打广告，这一系列的组合拳让阿里云的业绩在 2015 年后迅速起飞。

邱跃鹏则抓住直播这个风口，与腾讯的内容部门联合做组合销售。直播本身对内容的依赖较大，如此双管齐下，腾讯云也很快在直播及游戏等领域切到了自己希望得到的蛋糕。

2016 年
继往开来

引子

每次新的创新浪潮兴起的时候，都会有一次对之前旧的创新浪潮的确认。一如 2010 年，移动互联网创新萌动后的第二年，在这一年里发生的诸多大事，都是互联网江湖中的诸多浪花，如 3Q 大战及团购等。当然，2010 年也发生了云 OS（操作系统）诞生、小米筹备做手机等诸多面向未来的事情。简而言之，每个创新周期里都有继往开来的一年。

2016 年就是移动互联网下半场继往开来的一年。

2016 年春节之后，外卖市场大局将定，整个外卖市场从三国争霸演变成楚晋相争。百度外卖就此掉队，而美团、饿了么分别占据了五成和三成的市场份额。期间虽有偶然性事件，但也符合各自的实力和用心程度。美团在2016年这一年把猫眼打包给了王长田,腾讯老将郑志昊接任成为新猫眼的CEO。

互联网金融既有继往,又有开来。彭蕾卸任蚂蚁金服CEO,交棒给新一代的管理团队,蚂蚁金服也在一场社交风暴中重新回归金融科技的本位。这一年,其他互联网巨头集体踏入互联网金融赛道。2016年陆金所B轮融资达12.16亿元,这是仅次于蚂蚁金服融资的第二大金额,陆金所整体估值也达到了185亿美元。

京东金融和度小满也杀入了市场。前者走超市路线,提供丰富的产品;后者走严选模式,提供少而精的SKU。但最凶猛的是360金融。

分答成为知识付费的继往开来,并使音频付费市场开始勃兴,从单纯的课程变成了万物可播,小说、话剧、讲坛都成了热门内容。喜马拉雅、荔枝等开始成为公众公司。

钉钉成为这一年最有潜力的产品,在彻底摆脱了来往的阴影后,钉钉沿着职场超级协同工具的方向发展,并开始建立生态,和各类协同办公模块结合,成为上至复星集团下至小微企业都可以定制开发的产品。这为其最终成为整个阿里云业务的落地场景打下了基础。

因为2016年里约热内卢奥运会,体育创业也掀起了波澜。2016年前后,程杭开始在虎扑上重点孵化IP,先后打造出了路人王、识货、毒(得物)等头部IP。他认为,整个体育传媒行业最核心的竞争力就是强势IP,没有则都是空谈,他说:"NBA(美国职业篮球联赛)不让我们上天,我们就往土里扎。"

2016年值得关注的还有共享单车,在这个大发展与大混乱交织的一年,从新移动"四大发明"到人人声讨的"押金池"问题,这个很有希望的业务也伴随着一路曲折踉跄前进。

外卖的后续和在线票务的纷争

百度外卖卖给了饿了么

每年春节期间，一二线城市的流动人口纷纷返乡，外卖需求会大幅度降低，提供外卖的餐馆数量也呈现出大规模减少的特点，行业整体订单水平降至最低点。

这个时候，外卖平台普遍面临一个选择。在订单量如此之低的情况下，如果要在春节期间留住骑手，就要给他们双倍甚至三倍的高额工资，看起来成本太高，不太划算；而且，订单量反正也不多，不留下他们就算有损失，看起来问题也不大。

这个时候，百度外卖的 CEO 巩振兵做出了一个看上去顺理成章但事后证明欠妥的决定：骑手全都放假，而且公司帮他们买票回家。

于是 2016 年春节期间，百度外卖里不受影响的只有肯德基和麦当劳，因为这两家有自己的配送系统。另外，仅存的一些百度外卖上还能配送的餐馆，也因为运力低下，配送速度非常慢。

开年后，让骑手放假回家的恶果出现了。这些蓝领人员具有很强的流动性，很多人回家过年之后就不再回到原来的工作岗位，而是选择其他外卖平台或者其他工作，而重新招人需要时间。这导致百度外卖很长一段时间里没有足够的骑手，连续数月增长停滞甚至略有下滑。在美团外卖和饿了么的左右夹攻下，它从此退出竞争序列。

美团外卖王慧文和巩振兵的决策正好相反。美团外卖在春节期间留下了一部分骑手，保证了这段时间的配送速度和服务质量。骑手要靠订单量算钱，有些骑手订单量不够，美团外卖还掏钱补齐了工资。春节过后，美团外卖立刻加大对骑手的招聘，凡是入职的骑手都有一部分奖金，如果能推荐骑手入职，推荐者还能得到奖金。所以，美团外卖在农历正月十五之前就恢复了运力，订单量节节攀升。

饿了么在这个春节也没有闲着，张旭豪抓紧完成了新一轮融资。

张旭豪向他的 B 轮投资人、当时经纬中国的丛真[1]寻求建议。丛真通过张勇，给张旭豪介绍了阿里巴巴的蔡崇信。和饿了么的需求相对应，阿里巴巴能够提供"弹药"。在本地生活领域中，口碑外卖与饿了么在体量上相距甚远，而且缺乏线下根基，无法满足阿里巴巴楔入市场的需求。孤立无援的饿了么与寻求标的的阿里巴巴都是对方的不二之选，因此双方一拍即合。

2016 年 4 月，在蔡崇信的主持下，阿里巴巴和蚂蚁金服共同向张旭豪提供了 12.5 亿美元的资金，并且将口碑外卖交予饿了么以提供运营支撑，口碑外卖在淘宝和支付宝上的流量也全都划归饿了么。

另外，美团外卖借助百度在 O2O 投入 200 亿元的故事，在 2016 年 1 月拿到了 33 亿美元的融资，由腾讯领投。这些钱也将有一部分投入到外卖市场份额的激烈争夺中。阿里巴巴和腾讯的入局，让外卖这个小战场彻底演变成 AT（阿里巴巴和腾讯）意志延伸的地方。张旭豪和王慧文这两个外卖场上的天才，真正走到了决战阶段，而百度外卖这个行业老三就显得更为尴尬。

2016 年开春，百度元老任旭阳回归，帮助李彦宏审查百度的战略规划，他向李彦宏提出的建议就是放弃 O2O。对应地，任旭阳认为糯

---

[1] 丛真 2001 年加入盛大，与曾担任盛大在线 CFO 的张勇是同事。他和任旭阳是 2004 年中欧商学院的同学，天善资本也是任旭阳和丛真共同创立的。饿了么的 A 轮投资人是朱啸虎，共 100 万美元，占股 33%。丛真是饿了么的 B 轮投资人。当时经纬中国在同时考察饿了么和美餐。真格基金和王啸是美餐的天使投资人，它模仿 GrubHub 给餐厅带流量，抽成 10%～20%；饿了么采取的是卖 SaaS 的方式，听上去无论是背景还是模式，饿了么都不占优。丛真问张旭豪，为何不采取抽成的方式？张旭豪回答："第一，移动支付还没有起来，你说给餐厅带 100 单，餐厅老板说只有 60 单，相差的 40 单怎么算？每个月对单要对死。等移动支付起来再说。第二，抽成的方式不容易形成口碑，如果带的量小，餐厅老板不会给你传播；如果带的量大，餐厅老板会觉得分出去太多钱，很不值，也不会传播。这个时候是红利期，量会很大，应该采取卖 SaaS 的方式跑马圈地。"丛以为然，随即说服了张颖弃美餐而投饿了么，并毛遂自荐当了饿了么的董事。通过饿了么这个案子，丛真帮经纬中国赚了 3 亿美元，获得了 30 倍的回报，很长时间都是经纬中国内部的头牌。

米可以保留，但要全面转型为广告平台，以盈利为目的。百度外卖在市场上无法与阿里巴巴支持的饿了么和腾讯支持的美团外卖匹敌，出售才为上策。

任旭阳亲自出马为百度外卖寻找买家。2016年5月，他找到了王兴和王慧文。百度坚持按照2016年上半年完成的B轮融资定价，为百度外卖要价24亿美元，美团外卖不同意，交易告吹。

恰逢快递巨头顺丰想进入同城配送市场，对百度外卖颇感兴趣。2016年7月，顺丰与百度外卖合作，开始承担百度外卖的部分订单配送工作。2017年2月，顺丰在深交所上市后，曾经给出2亿美元入股的提议，以及和百度集团的"一揽子协议"，但双方没有达成一致。业务层面上的原因是，顺丰认为百度外卖的配送方式与顺丰寻求的同城配送不匹配，因此不愿多出价。

最终，百度外卖作价8亿美元卖给了饿了么，其中3亿美元以流量入口资源支付，剩余5亿美元，以3亿美元现金加2亿美元等值股票的形式支付。

猫眼变局背后的电影票小赛道

在《沸腾新十年（上）》的"2015年"一章里，我们提到了猫眼曾经有望和爱奇艺合并，但最后美团和百度没谈成。但是这表示，猫眼并不是"非卖品"。2016年年初，猫眼的变局就出现了。

互联网电影票赛道的故事像是一场小"三国杀"。其中的3个主要玩家猫眼、微影、淘票票，在这场博弈中都无法完全掌控自己的命运。

猫眼之所以能成为赢家，郑志昊被王兴选中出任CEO无疑是其中的关键环节。

作为中国互联网界的老兵，郑志昊在决战中纵横捭阖、釜底抽薪，从而让猫眼与微影在腾讯面前的地位发生逆转，最后完成了吞并。

这不是一场三家混战，而是AT争霸下的局部战争，是美团兼并战之外的一个支线战场。谁能够抓住巨头的资源,谁就能掌握主动权。

郑志昊作为大众点评的总裁,进入美团系的时候,猫眼已经形势危急。

一方面,当时猫眼每在市场上投一两亿元,BAT 每家就投两三亿元,大家争先恐后打 9.9 元的价格战,猫眼电影已经"烧"了很多钱;另一方面,因为之前发展得太顺,猫眼团队扩张到了 700 多人,摊子一下子铺得太大,成本非常惊人。

2016 年春节,王兴在北京昆泰酒店见了众多电影行业的领军人物,试图为猫眼物色一位能扛得住危局的 CEO。

在郑志昊之前,猫眼的上一任也是第一任 CEO 是沈丽。

沈丽于 2014 年加入美团,成为美团的 7 个 SVP(高级副总裁)之一,她之前曾经担任百度 LBS(基于位置服务)负责人,属于百度 O2O 的核心高管。

不过,沈丽出任猫眼 CEO 才刚刚 1 个月,网上就在盛传她的离职。2015 年年底,沈丽离开猫眼。

2016 年年初,王兴一方面先让徐梧顶替沈丽,同时将猫眼从 700 多人裁到 400 多人,以压缩开支;另一方面也在寻找新的人选。

站在郑志昊的角度来看,徐梧的短期复出,无疑帮他后来执掌猫眼甩掉了不少包袱。

本书作者拜访徐梧的时候,他还清晰地记得裁员时的场景。他一个一个去跟曾经的下属、同事谈话,把公司的危机情况说给每一个人听,争取他们的理解。这件事,徐梧做了将近半年时间。

徐梧告诉本书作者:"猫眼电影从开始到兴盛很不容易,在兴盛的过程中它膨胀了。膨胀过后就只能修整,自我刮骨疗伤。这件事真的非常艰难,如果不是出于对猫眼的感情,没有人愿意去做这件事。"

在郑志昊出任猫眼 CEO 之前,猫眼电影的全网购票份额已经从高峰期的 70% 下降到了 26.73%,王兴也不再把"每三张票就有一张出自猫眼"这句话挂在嘴上,猫眼成了美团的巨大负担。

后来郑志昊分析："当时美团最耗钱的有两个业务，一个是外卖，另一个就是电影。美团外卖是核心战略，一定要留在家里养。猫眼不是纯电商，跟核心战略关系不大，只好把它放出去养。"

郑志昊当时正担任大众点评平台事业群副总裁，在此之前，他先后担任过腾讯副总裁、大众点评总裁，做过QQ空间、QQ农场、腾讯开放平台、广点通等多个成功产品，本身就是中国互联网行业的一流人物。

王兴找到郑志昊的时候，先是请他兼任猫眼CEO。但是，后来随着公司的独立、资方的进入，郑志昊在掌管平台事业群的同时兼任猫眼的CEO就不太实际了。

2016年4月11日，猫眼分拆成为一家独立公司，光线传媒入股猫眼成为大股东，郑志昊担任CEO。

郑志昊担任CEO这件事也得到了光线传媒老板王长田的支持。那天正是星期五，雾霾让北京的天空有些阴沉，郑志昊前往光线传媒，第一次见到了光线传媒的两位老板王长田和李晓萍。

这次见面效果非常好，郑志昊和光线的两位"大佬"在战略问题上谈得十分投机。

郑志昊告诉本书作者："我以前从来没见过电影人，连中国电影都很少看，这真的是机缘巧合。那个时候，我下定决心要带猫眼走一条不同的道路。"

郑志昊刚刚接手猫眼的时候，他在腾讯的老同事刘炽平说了他一通，问他何必接手这个烂摊子。另一位腾讯的老同事也告诉他："Peter，你知道从来没有职业经理人干得过创始人。"

2016年年初，郑志昊接任猫眼的时候，面临着缺钱但不缺劲敌的窘境。

郑志昊对本书作者说道："我当时有3个竞争对手，糯米拿到了五六亿元，林宁拿到了27亿元，淘票票有17亿元人民币的同时，阿里影业账面还躺着140亿元。只有我的账上1分钱没有，分拆的时候财务还审计出亏损4个亿，我真的是穷啊。"

当时甚至有媒体报道称，"这是BAT围剿猫眼的最后一战"。

"微影合并猫眼"，在一段时间里不仅得到了腾讯投资部林海峰的支持，也使急需现金的王兴有些动摇。一时之间，所有人都在劝郑志昊将猫眼并给林宁，这给了郑志昊很大的压力。

就在此时，林宁走错了一步棋。

2016年，微影先后保底发行了《致青春2》《盗墓笔记》《火锅英雄》《铁道飞虎》4部影片，除了《火锅英雄》凭借过硬的剧情质量逆袭大火，其他3部效益都不是很好，尤其是《铁道飞虎》，最终只有7亿元票房，与保底的10亿元相差甚远。

林宁这步棋不仅给公司带来巨额亏损，而且让微影失去了腾讯投资部的信任。

郑志昊抓住了这个机会，他要反过来合并微影。

2017年年初，郑志昊和刘炽平在建立猫眼和腾讯新的战略联盟关系上达成了共识，腾讯的天平开始从微影向猫眼倾斜。

2017年5月，在北京新天地的一个茶馆里，郑志昊和王长田约见了腾讯的几位负责人。傍晚6点钟，他们才坐下来开始谈判。这家茶馆的老板是王长田的好友，所以不会催促打烊。他们一直谈到了凌晨两点才结束。

值得注意的是，这场关乎微影命运的谈判，谈判桌上并没有出现林宁。

3个月后，猫眼合并微影，成立"猫眼微影"新公司，王长田出任董事长，郑志昊出任CEO。

林宁虽然出任副董事长，但事实上已经不再管理具体事务，而是开始了自己娱跃文化的创业。两年之后，《长安十二时辰》火爆中国，它就是林宁的娱跃文化出品的。

郑志昊的猫眼完成了林宁没有完成的计划。现在的猫眼打通了影视产业上下游，既是最大的票务平台，又是中国最大的电影发行公司

（排在后面的分别是万达、光线、华谊、博纳）。

郑志昊告诉本书作者，他接手猫眼的时候，营收来源百分之百是卖电影票，而现在，电影票、体育比赛票、话剧票等所有票务收入加起来只占营收的59%，其他分别是宣发、电商和广告收入，而且这3个板块都在快速增长。

在微信支付界面的九宫格中，猫眼的微信入口已经从"电影"变成了"电影演出赛事"。

本书作者认为，林宁的经验不可以说不丰富，决心和能力不可以说不够，但是在这场战争中仍然失势，主要是因为他背离了阿里巴巴腾讯大博弈的主线。如果能持续胜利开辟出自己的新战场还好，否则只要有一场失败，就会被巨头抛弃。

分答和"喜马拉雅"们

知识付费为什么纷纷改作"知识服务"

对于内容创业来说，2016年同样是继往开来的一年。这一年也产生了一个新的超级"大V"——papi酱。

2016年也是知识付费平台登上历史舞台的一年。除了前文提到的得到，这一年堪称现象级的知识付费平台是姬十三创办的分答，以及分答引发的语音App的狂欢。

2016年，对于网名为"姬十三"的果壳网创始人嵇晓华来说，是一个漫长的春天。在这一年里，他不仅喜提2016年达沃斯"全球青年领袖"的称号，还推出了红极一时的知识付费产品——分答。

"知识付费"是姬十三在分答上线发布会上提出的一个重要概念，这个词现已成为百度百科的一个词条。而此后如《罗辑思维》创始人罗振宇全力打造的得到App，喜马拉雅FM创办的"知识付费节"，知乎上线的知乎Live等，都被认为属于知识付费的范畴。

知识付费的大背景是移动互联网已经进入下半场，基础级应用市场已经非常发达，新的社交媒介和传播环境高度成熟，人们消费更高级的虚拟产品的欲望和动力已经具备。因此，分答上线，被认为是知识付费在中国迎来春天的标志。

非常幽默的是，两年后姬十三宣布分答转型之时，他表示不愿意再使用"知识付费"这个提法。他说："知识付费这个词充满了戏剧性和矛盾冲突。"

而这个领域最火的内容平台，《罗辑思维》和得到的联合创始人兼CEO脱不花，也向媒体强调："得到App所在行业是'知识服务'，不是'知识付费'。"

知识和付费联系在一起，就违和吗？为什么它们连在一起就有人不愿意提及？这个问题，或许真的很难寻找答案。

姬十三出生在浙江舟山，为复旦大学神经生物系博士。姬十三从2004年开始向媒体投稿。他以幽默见长，擅长将枯燥的科学知识用好玩的故事讲出来。这个优势最终促使他创办科学松鼠会和果壳网，获得挚信资本等知名VC机构投资，成功打造了国内最具影响力的科普品牌。

2015年，他带领果壳团队成功孵化知识付费公司在行，这是姬十三创立分答的最后一个台阶。所以，要谈分答，必须先讲讲在行。

2015年6月，姬十三用一篇《在行，用共享经济造一所"社会大学"》宣告了在行的诞生。尽管文中充满"O2O""共享经济"等当时时髦的字眼，但还是很实在地说出了做在行的初衷。他说："两年前，我跑去清华学生宿舍住了两天，和化工系男生卧谈、上课。这是中国特别优秀的一帮学生。问题来了，大多数学生不确定离开学校后干什么，去外企、创业，还是考公务员……这群青年的困惑不在于怎么学，而是不确定学什么，学了以后能干什么。"

姬十三在文中写道："在行的初心开始于此。互联网带来了信息爆炸，面对复杂的个性化问题，初学者犹如站在东京涩谷路口，不知该把时间投向何处。在行试着促成一次次见面交谈：不管是求学谋职还是创业创新、旅行装修，任何颗粒度的问题，都有人为你出谋划策，给予私人定制的建议。这是对传统'人情求助式交谈'的重新改造，互利互惠，彼此成全。"

其实，当时以 C2C（个人与个人）方式提供知识分享的创业公司已有不少，但或许是为了讲一个和 O2O 相关的故事，姬十三刻意强调在行的线下属性。另外，为了解决谁有付费欲望的问题，在行选择了从职业职场切入，而不是兴趣技能。对果壳网原有团队来说，从兴趣技能切入更简单，是一种路径依赖。但姬十三认为，前者更有刚需，更有商业价值，果壳团队必须打破惯性，搞定不擅长的事。

如果内容是非标准化的，那么服务流程就必须标准化。在行所提供的"行家帮助手册"中，行家的资质、审核及成为行家的行为规范，都有一套完整的流程，甚至对由谁为咖啡买单的问题，都做了规定。而标准可以对每一次咨询服务做品控。

由于果壳网的良好声誉，姬十三为在行准备的种子行家用户质量很高，有毕然（百度高级研究员、资深数据分析师）、孙志超（创新工场投资人）及陈福云（新浪微博运营总监）等。

在行上行家的价格由行家自定，一般是 200~500 元 / 小时。除此之外，在行还与北京 16 家雕刻时光咖啡馆和 3 家单向空间合作，为约见的双方提供预约留座。

几乎和在行同时，行业里出现了一批以经验为切入点的轻教育产品，如榜样（名校学子为师弟师妹答疑解惑）、八点后（职场菜鸟和小白向职业前辈咨询），另外还有从巴菲特午餐角度切入的 C2C 咨询时间拍卖。

其实，在行在某种程度上可以说是"真需求，伪方案"。的确，有很多人愿意为了职场问题支付数百元的费用，这不过是一顿饭钱而已。

但对于供给端来说,则是一个比较难做大的生意。互联网的出现是为了提高效率,而这种模式,即专家线下1对1的见面,是一件效率极其低下的事情。一名专家即使天天在线下约见,1个月能约多少个人呢?如果一个专家的资质真的到了BAT资深总监这个程度,他又有多少时间可以拿出来进行这种谈话呢?

而且,在行还有一个非常大的弊端就是,入驻的领域内精英达人里,大部分所在地区为北上广深,地域限制极大……所以,在行是个好话题,但不是个好生意。

从某种程度上来说,分答正好是在行的另一面——同样是专家问答,但走极轻模式,交流场景限于线上,60秒语音回答和偷听收益问答者平分等创新模式,让这款产品上线不到1个月就迅速走红。

另一个被认为催生了分答的产品,是知乎的值乎。它上线于2016年的愚人节,基于H5开发,开辟了知识付费的先河。

值乎具有怎样的功能呢?用户可以通过知乎在微信朋友圈分享自己的打码信息,别人想看就必须付费。看完之后如果满意,付费的钱就归作者所有;如果不满意,钱就归知乎官方。

这是一个很典型的基于熟人关系的打赏工具,主要利用的还是微信关系链,跟知乎社区不怎么沾边,其付费依靠的是用户的好奇心。举个例子,周源自己在值乎上发布内容"创业团队经常吐槽开会甚至厌恶开会,但其实很多人根本不懂怎么开会。推荐下面这本书给创业公司CEO,必读(5元刮开看答案)"。

值乎也"网红"了一把,但它生来有短板。一是信息买卖的载体是文字,难以承载一次付费交流所需的信息量;二是以"大V"发布为主导,而不是以提问用户为主导。

分答似乎是充分吸收了值乎的教训而产生的。

2016年5月15日,内测两天的分答正式上线。60秒语音、付费收听的崭新产品形态,令分答成为2016年上半年互联网热门产品之一。

分答冷启动的成功,堪称引爆流行的经典案例。拥有百万名或千万名粉丝的 KOL 将自己的语音回答分享在微博，导致每天以百万计的用户涌进分答。早期分答的流量中，七八成来自社交平台。因为读音相同，甚至可口可乐旗下的那款"芬达"汽水的搜索量也随之飙增。

一位分答的典型用户回忆："其实 60 秒能学到什么啊？但是可以和那些名人、'大咖'交流，有更直接的感受，60 秒也很好玩啊。"

这个用户的回答似乎反映了一个问题，即用户更多是出于好玩和体验而使用的，而不是看中分答真正能够提供什么知识。

的确，分答的发展历史充满着娱乐色彩和娱乐精神。

5 月 15 日，分答上线；10 天后的 24 日，分答天使投资人罗振宇登陆分答；26 日，分答团队发起召唤王思聪的活动，一天内 5000 人偷听召唤；6 月 8 日，王思聪登陆分答；6 月底，分答 App 安卓版上线，公众号在行改名为分答。

也就是在 6 月 8 日，姬十三宣布在行、分答拆分融资 2500 万美元，估值超过 1 亿美元。新股东除了红杉资本，腾讯也在列。

第一轮打击很快来临。因为拿了腾讯的钱，分答在微信外的社交平台被限流，只要在新浪微博上发有关分答的链接或关键字，一律被减少展示。有人分析说，这是老牌社交网站对新的社交形态的阻击。

不过更大的打击是，不久后的 8 月 10 日，分答内容突然全部下线。

彼时，分答官方口径一直是正在技术调整。一周后，姬十三发了一条朋友圈，除了一张黑天鹅的图片，别无他话。

"你根本想不到，也没有经验。"一年多之后，再谈起这条朋友圈，姬十三回忆道，"分答上线以来，最大的错误是没有及早重视内容安全。"

内容安全是一个意味深长的词，涉政、敏感、色情、谣言，无一不涉及内容安全。

尽管分答还是在第 48 天回归了——这本是一个奇迹，但分答的好运气似乎已经在上线时用光了。一方面，其势能不再；另一方面，对手也积极跟进。姬十三告诉本书作者,他们在2016年下半年就意识到,问答没有办法成为一项全网络、全平台、全品类的服务,所以分答团队也对产品做了更多"非问答"的功能改进,问答占整个产品内容的比例越来越少。

从2016年起,知识付费行业出现了越来越多的新面孔,面向文艺受众的豆瓣时间、面向新白领的新世相也都加入了进来。其中,动作最大的当数知乎。2016年6月,知乎上线知乎Live。这是一个基于知乎社群的实时问答互动平台,主要方式就是主讲人申请发起大群,观众付费进场,双方通过图片、语音、文字进行实时互动。这就像是一场有时限的"大V"主持的微信群聊。

"整个知识产业在'去媒介化',看长视频、短视频、音频,至于在哪个平台就不重要了。"红杉资本合伙人郑庆生先后投资了分答和得到,他对整个行业颇为乐观,"这个行业的商业模式正在被创造出来。"

而在这个时点,分答悄然转型。简单来说,分答认识到早期的"大V"助阵模式是不可复制和持续的。"大V"的时间很贵,不可能全部留给分答,而没有忠诚度的"大V"又是分答所不需要的。在这种情况下,姬十三似乎借鉴了直播平台的路子——走素人路线,从头打造专家库。

姬十三说:"我们在一个行家的天使轮、A轮把他签下,将来能够在B轮和C轮跟他分享利益,就好比一只好的基金。你跟它共同成长,它红了,即便不让你领投,至少你有跟投的机会。如果跟投的机会都没有,那你实在是做得太差了。"

在从在行到分答的摸索过程中,姬十三提出了3个观点。

1. 知识付费将变成内容平台的基础功能,所有的有一定流量的内容平台都会推出内容付费业务;竞争将迫使专门的内容付费公司做得更深入。

2. "知识经济"的终极形态是新教育和新学习公司。所有知识付费公司将变成虚拟的分布式大学，进而成立虚拟的，甚至线下实体的大学。
3. "知识＋交易"会激活创新。在知识交易领域，更期待能出现支付宝那样革命性的创新。

移动语音，震动江湖

语音问答社区分答在短时间内迅速爆火，聚拢了一批知识分子和娱乐红人，在用户活跃性和社会影响力上一时风头无两，也让整个移动语音 App 的江湖发生震动。

2015 年下半年到 2016 年上半年，正是整个移动语音 App 领域处于行业最低谷的时候。

2015 年秋，蜻蜓 FM 董事长张强和合伙人在北京见到了考拉 FM CEO 俞清木。三人在雍贵中心吃了一顿饭，席间谈起当前的行业形势，张强提起传统电台的过往，坐在对面的俞清木摇了摇头："这个时代已经过去了。"传统电台已成过去式，移动音频市场依然前景不明。领域内此时已经挤了几十家公司，版权费用水涨船高，VC 行业正在议论资本寒冬，各家都在试探着新的变现场景，如电商、车载、智能硬件，结果却并不理想。

虽然不比视频网站的"烧钱"血拼，但在版权、IP 的争抢和维护上，各家也有过不少擦枪走火的时刻。2015 年夏天，荔枝 FM 和多听 FM 同时被 App Store 下架，之后，赖奕龙指责喜马拉雅 FM 侵犯其独家版权，多听 FM 更在官方微信点名指责喜马拉雅 FM 发布的随车听"抄袭"了自家的车听宝。

同一时间，NewRadio 创始人杨樾则在微博上斥责多听 FM 侵犯其版权，并不忘"艾特"其投资人周鸿祎。多听 FM 创始人赵思铭的回复非常令人玩味："多听 FM 是免费为网友提供音频分享和收听的平台，绝大部分主播和播客也乐意看到多听 FM 帮助传播节目，提升自身影响力。如您不愿意节目在多听 FM 播出，请及时告诉我们。NR 旗下所有节目，我们将在平台永不上架。谢谢！"

在传统广播时代，版权尚未引起如此大的摩擦，原因在于内容分发渠道单一，类似电台的打榜宣传，反而可以为内容方提供广告位，为其提高影响力，促进分发。简单地说，内容是泛滥的，广告位是稀缺的。而在移动音频时期，分发渠道多样，内容及版权成为影响平台生存的重要变量。所谓平台"帮助传播节目，提升自身影响力"这种居高临下的思维，显然已经过时了。

而这之后的几个月里，喜马拉雅 FM 和荔枝 FM 又分别被 App Store 下架 3 次。在被下架的原因中，"对手恶意刷榜"和"侵犯版权"的指责也在各家之间纠缠不清。

媒体观察者、上海交通大学媒体与设计学院讲师魏武挥在接受经济之声采访时表示："用常识来推断，没有一个应用软件开发者会说自己的应用软件是因侵犯了别人的版权被下架的，一般都会说是恶意刷榜。其实在整个网络音频领域，版权是挺乱的，因为文字版权很容易识别，但音频版权得全部听完才知道有没有侵权。做版权诉讼也较难，所以盗版现象普遍存在。"

2015 年 11 月，喜马拉雅 FM 实名举报蜻蜓 FM"使用广告刷量代码""数据造假"，几乎同时，喜马拉雅 FM 又被指出"资金链断裂"，逼得余建军亲自在媒体面前登录公司账户，展示资金现额。

同行间频繁生起争端暴露的本质问题是，移动音频经过两年的野蛮增长后，内容趋于同质化，版权成本不断提高，资本将信将疑，各家仍然没有找到合适的商业模式。

为了压缩成本，考拉 FM 撤掉了负责自制内容、成本占比 9% 的音娱中心，从自制节目转向寻找更多合作节目，宣布将主业务转向车联网。

在电商、粉丝经济的尝试都被证明走不通之后，荔枝 FM 还遇到了融资问题。2016 年上半年，赖奕龙见了 20 多个投资人，但融资一直无果；2016年6月，他见到经纬中国创始合伙人张颖——此前的3轮融资中，经纬中国一直是荔枝FM的坚定支持者。但这次，张颖也未能给出投资允诺，只给了一句话：自强则万强。

分答和知乎共同推出的知识付费服务，可以看作音频从业者收到的意外礼物。先收到这个礼物的是喜马拉雅FM。无论今天关于知识付费存在过大泡沫的争议结论如何，这一站都像是移动音频行业的一道分水岭。2016年6月6日，喜马拉雅FM上线精品付费专区，与马东联合推出的《好好说话》上线第一天，销售额就突破了500万元，10天突破了1000万元。

不管是选择创业方向还是确定公司战略，频繁找方向试错是余建军一直持续的风格。看看喜马拉雅FM推出过的产品就知道了：随车听、儿童故事机、听书宝、智能音箱。而这一次在知识付费上，喜马拉雅FM打出了创业以来最响的一枪。

喜马拉雅与马东的合作是一次机缘巧合的互相成就。根据本书作者得到的消息，《好好说话》原本是马东与罗振宇共同策划的，打算在得到App推出的课程。但两家中途产生分歧，未能成行。此时，正在筹备付费内容的余建军经投资人介绍与马东搭上了线，并凭此为喜马拉雅FM打响了知名度。

在《好好说话》之后，喜马拉雅FM又陆续推出了多个热门课程，鼓点密集。到2016年年底，付费收入几乎占据了喜马拉雅FM总收入的半数，超过流量、广告、社群、硬件的收入总和。

蜻蜓FM内容副总裁郭亮对2016年行业的喧嚣和震荡体会颇深。郭亮曾在中央人民广播电台做过20多年的时政报道，2016年1月加入蜻蜓FM后，她收到的第一项任务与在传统媒体的工作内容相似——为平台寻找和培养头部KOL。郭亮当着几位高管的面，在会议室的玻璃板上写了满满一墙的名字，几个人讨论着这些人名，一个个地筛选，试图找出与蜻蜓FM最匹配的人选。

但没多久,短视频博主papi酱[1]爆红,郭亮的工作任务就变成了为平台打造爆款内容。再之后,从模仿美国广播剧、自制广播剧再到投入内容付费,在2016年年底的述职报告中,她这一年的KPI被修改了6次。

方向的频繁变动并非蜻蜓FM一家的遭遇。在寻觅到可验证的商业模式之前,各家都无法避免繁杂的摸索和试探。

高晓松是各家平台争抢的音频脱口秀领域的头部IP,也是蜻蜓FM属意已久的"大咖"主播。2016年年初,郭亮与高晓松的经纪人初步接洽时,《晓松奇谈》的版权还在爱奇艺,等到她真正见到高晓松,已经过去近1年时间。郭亮准备了5版针对性的内容方案,并得到了高晓松的认可。与爱奇艺的版权合作到期后,高晓松便很快与蜻蜓FM确定签约。

郭亮强调,在对高晓松这种头部IP的争夺上,钱已经不是第一要素,更重要的是两方的价值观认同和对品位调性的认可。不过,这种版权顺利承接的另一个背景,阿里巴巴作为蜻蜓FM的股东在其中起到了不可替代的作用——卸任阿里音乐董事长的高晓松仍是阿里娱乐战略委员会主席。

一个有趣的插曲是,相比后来使用的名字《矮大紧指北》,高晓松本应该是更"带流量"的明智选择。但蜻蜓FM与高晓松谈到做付费内容的方向时,高晓松有些犹豫,"不忍心"向用户收费。最后两

---

1 papi酱原名姜逸磊,按照当时流行的说法,这个"集美貌与才华于一身的女子"是"2016年第一网红"。1987年出生的姜逸磊当时正在中央戏剧学院读研,她之前就在网上发布搞笑无声短视频。2016年2月她开始走红,一条《男性生存法则第一弹》使她的微博被转发超两万次,粉丝数突破200万人,1个月后这个数字又增加了一倍。2016年3月,罗振宇和徐小平以1.2亿元的估值联手投资papi酱1200万元。在此之后,papi酱放开手脚持续做增长,当年微博粉丝数增长到2000万人左右,资本也开始重新审视"网红"的价值。papi酱的成功在很长时间内被归功于多平台分发的策略,她从一开始就在全平台进行运营。同时,papi酱也成功孵化出玲爷等多个新IP,这让其坐稳短视频头部MCN(多频道网络)的椅子。

方互相"妥协",约定以"矮大紧"之名,替高晓松收钱。

郭亮把音频的内容需求划分为两类:"杀掉"时间和赋能时间。娱乐性内容属于前者,知识性内容属于后者。蜻蜓FM希望在两者之间完成叠加——既可放松,又能从中学到东西。基于音频行业20多年的从业经验,她认为音频并不适合强学习型内容,只适合辅助强学习,于是将其定位为"泛文化"和"浅学习"。其所对应人群的付费意识未必比所谓的知识付费对应的人群更强,但可覆盖的人群会更加广泛。"人其实特别需要陪伴,需要跨时空找到同好。陪伴也好,帮你找到同好也好,音频都是一个很强、很有力的工具。"郭亮更愿意从用户的潜在诉求看待音频的价值。如今,蜻蜓FM主推的高晓松、梁宏达、蒋勋等头部IP,都是她曾在那块玻璃板上写下的名字。

蜻蜓FM做内容付费也延续了从一开始就设定的PGC(专业生产内容)路线。这是因为音频不像图文、视频,可以快进预览内容,其选择性较差,需要交付更高品质的内容来降低用户的选择成本,并以此留住用户。

但PGC也对优质版权提出了更高要求。除了头部内容,从长远来看,如何持续培养腰部内容并由此形成高效的内容生产机制,才是平台竞争力的体现。

靠知识付费不断抬升的营收数据带来的不只是诱惑。在《好好说话》的海报占领大城市的地铁站时,对荔枝FM来说,最明显的变化是,平台的头部内容在迅速流失,"大咖"们在被对手签走。不久后,罗振宇宣布《罗辑思维》周播视频停更,音频日后只在自己的知识服务平台得到App更新,引得赖奕龙在朋友圈感慨:"做PGC的下场很凄凉。"

对知识付费,荔枝FM浅尝辄止。赖奕龙发现,平台付出极大成本买来的头部内容,对用户留存的贡献并不明显。各家对IP、版权的争抢,基本是视频网站版权战争的翻版,都需要有充足的资金打底。以当时荔枝FM的储备,难以长久。

而且，荔枝FM一直以UGC为主，用户绝大多数是"90后"女性，更多偏好娱乐内容，属性与知识付费并不匹配。

在荔枝FM的发展过程中，赖奕龙有过两次假期返工的经历。2013年5月1日，荔枝FM在微信推出"魔法球"点播服务——用户按到"魔法球"上的一个关键字，便会收到一个相关的音频节目单。当天团队正准备下班休假，晚上服务器却被挤爆了，技术人员不得不马上返回公司调整。第二次经历则是在直播上线之后——2016年的国庆节，荔枝FM上线了直播服务，于是团队没能休成假——服务器又被挤爆了。

赖奕龙一直强调，荔枝FM选择做直播并非要赶风口。因为很多主播反映录播沟通不及时，直播可以及时聊天，加强互动，进而提高用户付费的意愿。基于这种诉求，荔枝FM才在知识付费的热潮中蹚出了直播的道路。

直播功能上线3个月，荔枝FM收入就超过了1000万元，一年后直播的月收入过亿，荔枝FM也成为行业中为数不多实现规模化盈利的企业。

高频直播的一个优势是，虽然荔枝FM在用户总量上与喜马拉雅FM有一定差距，但用户活跃性较高。2017年9月，荔枝FM的直播模式从只能单对单语音升级到支持多对多语音，并建立了大型聊天室，支持万人连线。2017年，其用户从1亿名增加到1.5亿名。

基于UGC这一成本较低的路径，荔枝FM避开了音频领域的版权战争。2016年，上线的直播业务为其贡献了可观的收入，并实现了连续3年的高增长。2020年1月17日，荔枝FM率先在纳斯达克上市，成为中国音频第一股。

被激活的音频市场

在行业的带动下，像懒人听书这类听书应用也上线了付费课程，以培养主播、发力直播业务,从垂直平台逐步向综合性音频平台过渡。在 2017 年猎豹大数据发布的《2017 年度音频类排行榜》中,懒人听书以 0.4027% 的周活跃渗透率排名第二,仅在周活跃渗透率为 1.1508% 的喜马拉雅 FM 之下。懒人听书也自称是"行业内第一家盈利的音频互联网平台"。

关于要不要跟上知识付费的热潮,俞清木的目标已经非常明确——只看车载。对于曾经热钱翻涌的知识付费及站在局外的考拉 FM,俞清木没有任何惋惜:"如果 80% 的车主听的是培训、教育、付费的内容,那我肯定要朝这个方向走,但是 80% 的车主听的不是这些。"

知识付费的确激活了音频市场,也进一步拉开了几家企业的差距。根据易观智库的数据,2015 年 12 月,喜马拉雅 FM 的用户渗透率为 24.7%,蜻蜓 FM 和荔枝 FM 的用户渗透率分别为 15.6% 和 5.5%;而在 2016 年第三季度的数据中,喜马拉雅 FM 的用户渗透率增长到了 57.6%,蜻蜓 FM、荔枝 FM 的用户渗透率则分别为 32.8% 和 11.8%,在尾部徘徊的小电台被悄无声息地挤出战场。多听 FM 在 2015 年之后便再无融资消息,有消息称公司在 2017 年 8 月已经停止运营;App Store 里也已经找不到优听 Radio 了。

在蜻蜓 FM 最终确定付费的方向后,张强仍然不认可将知识付费划入教育的象限:"知识付费跟教育是没法比的,教育是系统性地学东西,知识付费就是让你知道一下。但如果音频想渗透到更大的人群,就要增加娱乐性,娱乐化要做得越来越强,因为娱乐化的东西才是普世的东西。"蜻蜓 FM 推出付费内容的时间比喜马拉雅 FM 晚了一年,比起知识付费,它更愿意将其称为内容付费。

张强认为,音频内容付费模式成立主要有两点支撑:第一,音频用户相对来说还没有那么下沉,付费与音频的用户属性更加匹配;第二,用户对付费内容需求的本质是为了提高效率。

2016 年 12 月 3 日,喜马拉雅 FM 推出"123 知识狂欢节",一天创造了 5088 万元的销售额,"做知识类的淘宝、天猫"成为其主要目标。但到了 2018 年,喜马拉雅 FM 的"123 知识狂欢节"改成了"123 狂欢节"。余建军也不再频繁提起知识付费,转而用内容付费这个更广义的概念来概括喜马拉雅未来的营收方式。

直播 2.0 和短视频登上舞台

带货直播

2016 年同样是直播继往开来的一年。这一年,阿里巴巴和腾讯两大玩家都已杀进直播这个大赛道,而字节跳动和快手这些短视频玩家们在直播的带动下,开始有了各自不同的路径。

关于直播,2016 年阿里系平台做了一件当时不被人看好,但之后却影响深远的事情——启动了直播带货。

在淘宝直播带货之前,蘑菇街率先进入直播带货这个领域,不过蘑菇街虽然起了个大早,但却赶了个晚集。原因只有一点,蘑菇街做直播更多的是平均用力,没有形成头部主播的示范效应。

前淘宝直播运营负责人赵圆圆曾经提过一个数据:2019 年 4 月淘宝直播日活为 900 万人,其中薇娅的为 300 多万人,李佳琦的为 200 多万人,剩下的不到 400 万人由 6 万多名主播共同分享。

快手也面临着类似的状况。尽管官方一直试图"去家族化",但六大家族把持快手直播带货是不争的事实。

淘宝直播的第一个头部主播叫张大奕。

相比成名于卖货平台的李佳琦、薇娅等人,张大奕在带货之前就已经以模特身份获得了很高的知名度。从 2009 年起,她凭借甜美的形象,多次为美宝莲、格力高、可口可乐等品牌拍摄广告,并作为模特登上《瑞丽》《米娜》《昕薇》等时尚杂志。

2014年5月，27岁的张大奕在一次服装拍摄中被冯敏看中，并被其扶上合伙人的位置。当时34岁的冯敏已经久历商海沉浮，不仅有自己的服装厂，还开了3年淘宝店。当时他的淘宝店"莉贝琳"虽然有些名声，但却没有客户凝聚力，于是扶持"网红"成了他的选择。

在开设"吾欢喜的衣橱"淘宝店后，二人又在当年成立了如涵控股，冯敏作为创始人出任董事长，并且拿到了软银赛富的A轮融资，不久又获得了包括君联资本在内的1200万元B轮融资。

事实上，张大奕在2014年就已经开始尝试通过短视频带货，她的一条卖围巾的视频让商品刚开售就卖完了，引起了业界的注意。

2016年，淘宝在蘑菇街开通直播功能后，尽管当时并不被人看好，但张大奕再次以4小时2000万元的销售额创造了直播销售奇迹。

在纪录片《网红》中，她说"2016年绝对是张大奕的时代"。

2016年，阿里巴巴以3亿元入股如涵控股，直接助推其估值暴涨15倍，达到31.3亿元，使其成为中国"网红"电商第一股。

但在近年直播带货真正大热之时，张大奕反而没了声量。核心原因是张大奕做的并不是真正的直播带货。

首先，张大奕的流量主要来自微博，并不是凭借低价、好货等原因吸引来的淘宝原生流量，淘宝店只是其变现平台。

其次，如涵控股的发展路线是扶持更多"网红"，利用"网红"打造淘宝店，走一条先有"网红"再有品牌的道路，这也是冯敏扶持张大奕的模式。但市场已经证明，持续打造"网红"并不是一条可持续发展的道路。

最后，张大奕之前的直播并不像薇娅、李佳琦等人那样持续进行，甚至可以说是像做活动一样偶尔为之，她本人表达过直播累、转化率低这样的观点，可见如涵控股并未将直播带货作为重点。

对于张大奕的作用，赵圆圆认为，张大奕在2016年对直播带货起到了很好的扫盲示范作用，让很多人觉得直播带货有搞头。

2016年,真正"all in"(全部押上)直播,将直播带货做成体系的还是薇娅。

按照赵圆圆的说法:"当时淘宝直播最大的问题就是没有一个基础的运营模式,先干什么,后干什么,是卖垂直类商品还是卖全类目商品,没有统一的指导。小主播上来就卖大品牌,根本卖不掉。"

但是,薇娅却做成了,她为淘宝直播带来了一次小爆发。

相比其他主播靠抽成赚钱,薇娅本身就是老板娘。她自己在广州有工厂,工厂的主要控制人分别是其丈夫董海锋及弟弟黄韬,所以无论是在低价货源、选品决策方面还是在仓储方面,薇娅都有一言而决的权力。

薇娅出身安徽经商之家,19岁那年就和当时的男朋友董海峰在北京开店,赚到了第一桶金。之后他们在西安开了7家门店,最好的时候单日交易额就超过40万元。其对供应链的熟悉程度,以及其销售技巧与议价谈判的能力,都远远超出常人。

更重要的是,薇娅有"all in"的决心,就像其在2011年决定做电商之后就关掉所有门店奔赴广州一样,敢于投入。

2016年5月,淘宝直播上线。直播小二给正在做天猫女装的薇娅夫妇打去了邀约电话,并且告诉他们可以把淘宝直播作为小店的流量入口。这对他们有很大的吸引力。

但是,薇娅重投直播之后,并没有把直播当成小店的附属,反而一切以直播为中心。

薇娅第一场直播带的货都是自己店铺中的产品,但从第二场开始,她就已经在收集产品需求。直播间里的观众们对她用的化妆品、吃的蛋糕——暴露在镜头里的一切——都非常感兴趣,于是她都一一满足,不断增加品类,直到把自己做成了淘宝直播平台上唯一的全品类销售主播。

在视频《薇娅的女人》里,有粉丝这样形容自己信任薇娅的原因:"薇娅也是当妈妈的人,年纪也跟我差不多。怎么说呢,就是觉得我们有点像吧。"

淘宝直播平台的第一任负责人古默也曾指出，从一开始，薇娅就把粉丝们当成了闺蜜，建立的是信任关系，而不全是买卖关系。

比起以打赏为主要收入的年轻的主播们，已经步入中年的薇娅更得宝妈们的信任，熟悉流量的人应该知道这背后的巨大价值。

薇娅本人也在刻意营造这种氛围。在一次早期与某美妆品牌的合作过程中，对方要求把广告语口播5次以上，并且要念"本次直播由XX冠名"，薇娅拒绝了这个要求，最终换用一种口语的表达方式来播报广告。

薇娅的流量是一点一点攒起来的，如果说有什么机遇，那就是2017年2月淘宝直播与天猫直播合并。

在此之前，淘系直播主要分为天猫直播和淘宝直播两条路。天猫直播重品牌，只有3年以上的天猫旗舰店商家可以没有任何门槛地开通直播，其他商家开通直播非常困难。天猫直播主打的是品牌促销路线，用户在观看直播的过程中会收到优惠力度较大的券，但如果不及时用掉就会过期，售卖的商品客单价也较高；而淘宝直播主打的则是导购路线，只要是淘宝达人，都可以申请开通直播，主要是为了给用户介绍产品、解答问题，售卖的商品也都较为便宜。

天猫直播和淘宝直播合并后，两块业务完全打通。淘系直播变得更强调内容生产者的运营能力，官方不会再像以前一样简单地把流量导向内容生产者，只有好内容才能获得较大的流量。

换一种视角来看，就是"强者恒强"。淘系流量倾斜头部主播的趋势已成，薇娅在关键时刻脱颖而出，很好地抓住了这次机遇。后来古默从淘宝跳槽，成为薇娅的专属经纪人。

之后，原奥美资深创意总监赵圆圆接棒古默加入阿里巴巴，在淘宝心选短暂任职后，迅速轮岗负责淘宝直播运营，开始大力对外PR（公关）淘宝直播，也在寻找新的"薇娅"。这个时候，他遇上了李佳琦。

1992年出生的李佳琦是南昌大学舞蹈专业的学生，他从大三开始在欧莱雅柜台实习，担任彩妆师，用了3年时间成为当地的专业导购。

据说，他的销售提成比大部分女员工都要高。

2016年年初，拿到阿里系资本湖畔山南天使投资的美ONE，响应淘宝直播，提出了"BA网红化"战略，即将专柜导购（Beauty Adviser）打造成带货"网红"。

在热钱的加持下，美ONE开始与欧莱雅合作，选拔了包括李佳琦在内的200多名BA进行培训。3个月后，其他人都退出回到线下做导购，只有李佳琦选择继续留下做直播。

这里面的原因除了李佳琦足够优秀，更主要的是对于其他人来说，线下导购有一份稳定收入，而直播则是不被看好的新兴事物。

在只剩李佳琦一个IP的情况下，美ONE自然把所有资源都给了他，李佳琦因此获得了超出普通主播的更多扶持。尽管如此，在李佳琦开播之后很长一段时间内还是观众寥寥，他也萌生了退意。

为了挽留李佳琦，美ONE老板为他争取了3天流量推荐。现在的官方说法是，淘宝当时最赚钱的都是女性主播，如薇娅、张大奕等，为了平衡生态，淘宝有意扶持男性主播，于是给了李佳琦3天的流量推荐。

李佳琦在这3天里每天直播6个小时，从晚7点到凌晨1点，拼尽了全力，观看人数迅速从2000人涨到5000人，自此一飞冲天。后来这个直播日程也被延续了下来。

在美ONE做好供应链和流量倾斜的同时，李佳琦的勤奋自然也是有目共睹的。他曾一年直播389场，最多一次在6个小时内试了380支口红。按照他自己的说法就是，淘宝主播有6万多人，平均一天直播达1万多场，如果他休息了，他的粉丝就会被其他主播吸引走，就再也不来看他了。

就在此时，淘宝直播运营负责人赵圆圆被美ONE老板请到了公司，这给了李佳琦爆红的机会。

当时，淘宝正在运营一个"超级IP"计划，简单来说，凡从淘宝外给直播间导流的"网红"，淘宝都会给他更多流量加权。李佳琦成了这个计划最大的受益者。

赵圆圆看到了李佳琦身上的明星特质，于是建议他将定位变成"全域网红"，可以去抖音圈粉，向直播间导流。

现在很多人评价李佳琦时用"爆红"两个字，实际上这只是李佳琦"破圈"的一个表现。

李佳琦的扶摇直上也使其在淘宝与薇娅形成了"双龙戏水"的局面。根据某第三方数据监测机构调查，李佳琦淘宝内80%的粉丝也是薇娅的粉丝。

从数据来看也是如此。淘宝直播的日活为900万人，也就是说，只要主播的粉丝超过500万人，就必然会互相侵蚀，所以主播之间的矛盾不可避免。

谢国民纵横做棋局，谢振宇上天摘繁星

如果说2016年淘宝直播的启动让阿里系平台在新的流量洪流里开始有了自己的码头，那么2016年腾讯音乐直播的大获成功则彻底改写了整个在线音乐市场的走势。

在线音乐市场的第一个高光年份是2005年。这一年杨臣刚登上春晚，成为首位登上春晚的网络歌手。这一年，中国移动推出彩铃业务，此前由传统唱片公司把持音乐宣发的体系开始向移动运营商等倾斜，A8、华友等一众公司也看到了借助数字音乐发行成就自己商业闭环的希望。

2015年，QQ音乐上线，当时QQ音乐的总经理朱达欣以类App Store的方式参与数字音乐发行的手笔，在今天看来堪称"天外飞仙"。

2015年，百度MP3搜索成为百度与谷歌决战中文音乐市场的一个重要战场。百度很快收购了郑南岭的千千静听，"百度MP3搜索+千千静听"的组合与谷歌巨鲸的PK，成为一时风流。

2015年，百度七剑客之一的雷鸣从斯坦福大学归来，创办了酷我音乐。而在这一年之前，在 MP3 搜索战场落败的谢振宇在周鸿祎的支持下推出酷狗音乐。

除了 2016 年，2013 年是整个在线音乐江湖又一个重要的年份。2013 年成为在线音乐的转折年是因为百度这个在线音乐霸主的退让。

在这个市场上，百度的产品格局有些散乱——百度 MP3、千千静听、百度音乐盒长时间并行。2012 年，百度 MP3 的整体流量从 2005 年的占比三分之一下降到 4%。

究其原因，第一，百度对互联网移动化反应过慢，千千静听只在 2013 年更名为百度音乐 PC 端，看不到移动端的动静；第二，版权政策风起，这与百度的商业模式是相悖的。

版权带来的游戏规则改变及乘风而上的产品群雄并起，也给了阿里巴巴、网易等诸多后来者机会。

2013 年，网易云音乐上线。这款由顶级产品经理王诗沐打造、承载着丁磊"音乐梦"的音乐产品诞生时，在线音乐的市场份额已基本被瓜分完毕。网易云音乐并不被看好，却因找到了"音乐社区"的差异化路径，几乎重新定义了移动时代的音乐产品。

歌单聚拢音乐人，乐评发现同好，日推找回多年前怦然心动的歌曲，用户感叹"算法比我妈还懂我"，更有"黑胶播放界面速度调试"等故事广为流传。在知乎"网易云音乐到底好在哪里"的问题下，3800 多个回答从不同角度展示着用户对网易云音乐的喜爱。2015 年 7 月，其用户数已经超过 1 亿人。

而由王智罡、黄晓杰等程序员模仿千千静听在 2008 年写出来的天天动听，一开始就瞄准了塞班手机系统。后又因锁屏歌词、无损解码等新功能，在 Android 版和 iPhone 版多有斩获，用户量大增，到 2013 年 6 月用户已经突破 2 亿人，基本占当时手机网民的一半，并获得阿里巴巴青睐而被收购。阿里巴巴在这一年还收购了由阿里巴巴老将王皓和思践共同创办的虾米音乐。虾米音乐因其高质量的精选集和站内全面细致的音乐风格，在文艺青年心中占有独特的位置。虽然

2013年的用户数仅2000万人，但仍旧获得了资本的青睐。

如前所述，2013年阿里巴巴出于流量恐惧，接连"买买买"，收购天天动听和虾米音乐只是阿里巴巴2013年连环并购中的两笔。这两笔交易分别只用了8000万元人民币和4000万美元的代价。

阿里音乐还请来了腾讯旧将刘春宁，并给予刘春宁极大的自由空间，刘春宁直接向当时阿里巴巴CEO陆兆禧汇报。

刘春宁的招数简单粗暴，一是围绕移动化拼命拉新，二是在版权上重金投入。

当时天天动听的直接对手是酷狗音乐。为了抢流量，阿里巴巴直接从酷狗音乐挖来了渠道运营高手。一个例子是，酷狗音乐常年占据360桌面和手机助手推荐第一名，这个位置每天能为它带来15万人次的流量。但很快，天天动听成为第一。

杀伐果断的战术收获了好成绩。天天动听一直下滑的数据重新被提升起来，实现了日均新增25万名用户、最高新增50万名的成绩；虾米音乐推出了移动端，日活将近800万人。

根据财新旗下媒体晚点的报道，2015年的一天，虾米音乐的创始人之一朱鹏率领阿里音乐事业部的版权团队，在台北成功签下了与滚石唱片的版权合约，随后他们决定多留1个月。此前阿里巴巴已经趁腾讯与华研国际的版权合约到期前，用重金提前争取到了未来合作，他们要再发动一场突袭，下一个目标是周杰伦的杰威尔音乐。这时候腾讯音乐似乎才反应过来，他们急忙找到周杰伦，给出了更高的价格。这件事被认为是腾讯和阿里巴巴在音乐市场上打硬仗的导火索。

一个突然事件打断了天天动听和虾米音乐的复苏。2015年6月22日，刘春宁因为在腾讯任职期间涉及贪腐被捕。阿里巴巴立刻做出反应——2015年7月15日，也就是刘春宁被捕后不到1个月，阿里巴巴宣布成立阿里音乐集团，著名音乐人高晓松加盟阿里音乐，出任董事长；与此同时，高晓松的老朋友宋柯出任阿里音乐CEO。2016年4月，阿里音乐推出首个音乐交易平台阿里星球，几乎包括音乐商业中从上游到下游的所有环节，也扩充了天天动听和虾米音乐的版权库。但阿里星球一没有持续的流量入口，二无法形成商业闭环，到了2016年下半年，阿里星球下的天天动听、虾米音乐相继推送了"将于10月1日停止在线服务"的通知，用户只能播放以前下载到本地的歌曲，这也意味着阿里星球的主体业务基本没有抵抗就放弃挣扎了。

腾讯音乐和阿里音乐的鹬蚌相争，使谢国民和他的海洋音乐渔翁得利。

谢国民，北京大学毕业，律师出身，新浪 VIE（可变利益实体）架构在美上市时，他的法律背景起到了重要作用。之后谢国民在新浪一路高升，2012 年 5 月他从新浪离职创办海洋音乐时，已经是新浪的副总裁和新浪音乐的总经理。

趁着唱片公司缺钱降低版权费的契机，在音乐圈内人脉极广的谢国民以极低代价签下多家唱片公司独家代理，闷声囤积版权，再转手对盗版数字音乐平台施加法律压力。在完成这些"一本万利"买卖的同时，谢国民成为独家版权模式的"始作俑者"，而海洋音乐这家名不见经传的音乐公司，也担当起了中国音乐市场上独有的"版权中间商"角色。

据统计，2011—2013 年，海洋音乐和近百家唱片公司达成版权合作，其中独家版权有 20 多家，覆盖环球、索尼、华纳、百代等巨头，曲库数接近 2000 万首，数量之大，已逼近腾讯音乐上市时的版权曲库数。

谢国民不满足做版权中间商的角色，他想进一步谋求资本变现。于是，在一位郭姓商人的支持下，谢国民开始了对其他在线音乐公司的"买买买"之旅。他的第一个目标是雷鸣创办的酷我音乐。如前所述，雷鸣系技术大牛，也拿到了北极光创投、启明创投等的投资，但对版权一事并无认知，也缺乏相关人脉，当时正被版权纠纷搞得心神不宁。作为百度元老的他在财富上早已自由，于是他很快就与谢国民走到了一起。

谢国民拿下酷我音乐后，第二个目标是酷狗音乐。比起酷我音乐的雷鸣，酷狗音乐的谢振宇显然没那么容易被说动。

在谢国民之前，刘晓松曾经推动了旗下的多米音乐和酷狗音乐合并，由谢振宇操盘。刘晓松对音乐情有独钟，在SP（服务提供商）时代，A8音乐就是做数字音乐发行的；移动互联网起来后他又推出与天天动听齐名的音乐应用多米音乐。2010年，多米音乐推出业内首个Android版和iPhone版音乐客户端，很快抢占蓝海市场，迎来两年的高速发展期。

酷狗音乐和多米音乐的并购案曾无限接近成功，但最后一刻因酷狗音乐CEO谢振宇反悔而流产。在此之前，3721时代的周鸿祎也曾提出要与谢振宇之前创办的搜刮音乐合并，但被其拒绝。因此，怎么说服外表温和但内心倔强的谢振宇，成为谢国民面对的一道难题。

谢国民采取"曲径通幽"的方式，他去敲酷狗音乐的股东360的门——周鸿祎本是谢振宇的天使投资人，360也是酷狗音乐的重要流量上游，360此时已经是美国纽交所的上市公司，不得不面对版权问题，加上360与百度的搜索战争告一段落，对酷狗音乐等客户端的战略需求也开始变弱。受同期快播事件的影响，360开始觉得酷狗音乐握在手里，不如给谢国民。因此，360和周鸿祎还是有很大意愿推动海洋音乐与酷狗音乐的合并的。

与此同时，QQ音乐在2014年1月与酷狗音乐的版权官司也堪称神助攻。内忧外患下，2014年4月，刚合并完酷我音乐的海洋音乐又与酷狗音乐完成换股合并，并整合彩虹音乐和源泉音乐，摇身一变，成为中国数字音乐巨头之一。

随后，海洋音乐又拿到腾讯的投资，借壳海外公司中国音乐集团（CMC），屡屡传出赴美上市的消息，但由于没有足够体量的收入而一再搁浅。最终于2016年7月，海洋音乐不得不与QQ音乐合并成腾讯音乐。

随着腾讯音乐的成立，雷鸣和谢国民先后淡出，但谢振宇却出人意料地成为联席 CTO，这被认为是腾讯音乐在两年后上市的关键。这一年，繁星直播也更名为酷狗直播，这正是谢振宇主抓的项目。最多的时候，酷狗直播带来的打赏收入占腾讯音乐收入的七成，腾讯音乐也就此走出了一条与众不同的发展道路。

也就是在 2016 年，不甘寂寞的百度音乐在"航母计划"中被分拆出去，与太合麦田、海蝶、秀动网、合音量等组建为新的太合音乐集团（TMG）。2016 年，百度音乐连续招揽原网易云音乐总监王磊、原豆瓣音乐总经理刘瑾等人加盟，2016 年年底，QQ 音乐与百度音乐达成转授合作，一度让人们认为百度音乐将迎来"中兴"。但很快证明，这只是一个美好的愿望而已。2018 年 6 月，百度音乐进行品牌升级，改名为"千千音乐"，同时启用全新的 Logo 和域名。千千静听收归百度旗下 12 年，产品功能基本停止更新，这个曾经被称为"PC 时代最好的播放器"早已无人问津。多年以后重新上路，"千千"还是从前的"千千"，数字音乐行业却已经不复从前模样。

说到底，百度音乐既没有王诗沐，又没有谢振宇。

快手入局，直播格局一振

2016 年春节，快手开始做直播。时任快手后端负责人的李伟博告诉本书作者，这一年宿华从周鸿祎身边人处得知，360 正在进行直播方面的尝试，于是也赶紧将直播提上了日程。2016 年 2 月，李伟博和 CEO 宿华、CTO 陈定佳、王天舟等同事在公司通宵定下了直播的基础架构方案。

2016 年 4 月，快手开始针对少数人群上线直播，本来就在快手拥有大量粉丝的 YY 主播们纷纷到快手"兼职"。此时的 YY 正陷于"千播大战"中，并没有出手阻止。当 YY 反应过来的时候已经到了 2017 年 3 月，它立刻严禁主播外出"兼职"，但已经留不住人了。快手平台不签约、不设公会，没有其他抽成，有数据显示，当时主播在快手的变现效率约为YY的3倍。

在快手做直播的过程中，音视频团队负责人于冰无疑起到了至关重要的作用。

谈起旧事时，于冰用极其平淡的口吻告诉本书作者："其实还好。"停顿了半晌，他又补充了一句，快手的音视频团队是"世界级的"。

早在2008年，刚刚加入谷歌的宿华就和于冰在视频技术上有过深入合作。2016年，快手开始自研直播技术后，宿华便力邀当时在美国知名视频网站Hulu任工程总监的于冰加入。

那时候，快手在音视频方面的力量还很薄弱。整个团队只有3个人，视频压缩的质量和分辨率都非常低，直播也是完全用第三方方案。

于冰加入之后，一边加紧搭建团队，一边做技术升级。

于冰受宿华邀请加入快手的同时，他还接到了一个大学学弟的创业邀请。于冰加入快手后，这个学弟协助他搭建了最初的音视频团队。后来这个学弟创业失利，接受了字节跳动的收购，成为抖音音视频技术方面的重要人物。

于冰告诉本书作者，音视频技术圈子相比其他互联网技术圈子要小得多，哪一家能抢先得到更多人才，哪一家就能走在前面。

为什么说这个团队是"世界级"的呢？

除了招募到了全球范围内的顶尖人才，于冰还带领团队构建了直播、短视频的移动端到服务端的基础技术平台，在压缩、传输、图像及音视频处理等基础算法上达到了业内领先水平。这个团队还有一个特点，就是用数据驱动的方式做视频，自建了实时流媒体大数据监控系统。这很可能是当时国内唯一一套完整的实时流媒体大数据监控系统，领先业界至少一年。

在技术提升的支持下，直播的玩法也有了改变。快手直播团队创造性地开发了主播PK的玩法，立刻受到了主播和用户的热烈欢迎。

简单来说，PK就是两个主播在固定时间内同屏竞赛，双方可以比赛玩游戏或者做动作，双方的粉丝数量和打赏也同屏展示，谁得到的礼物多，谁就能获胜。这种玩法在现在已经相当流行，但其背后确实有着非常大的技术难度。

PK 的厉害之处在于，一方面降低了主播的直播难度，之前对着镜头没事干的状态得到了改善；另一方面，观众们会更积极关注主播，为了自己喜欢的主播能赢，他们会付出更多的打赏。快手官方对 PK 的评价是，它带来了收入和直播时长的大幅增长。

不同于当时热门的 YY、花椒等一众直播平台，快手走了一条极其克制的运营路线，不但没有做任何活动来运营，也没有在"网红"、明星身上投放资源，即使入驻快手的主播获得数千万名粉丝，快手官方团队也从来没有和他们接触过。[1]

宿华和程一笑给出的观点是，他们希望尽量少打扰用户，平台要有公正性。

但是，因为用户过于下沉，主播群体良莠不齐，快手不得不在直播运营中将更多精力投入到检查内容是否合规上。

快手上线当年，网上就不断曝出有骗子利用快手直播实施伪慈善诈骗，如以救助贫困老人为名，获取捐款打赏，或者打擦边球发布涉黄涉暴力内容，引起社会大众对快手直播平台的质疑。以至于当时打开快手，首页推送展示的内容就是谴责恶性炒作行为的声明。

这种轻运营状态一直持续到数年后快手成为直播领域的"霸主"。直播带货兴起后，快手才开始陆续以"源头好货"等运营活动来强力助推商业化。

字节跳动入场，王者之相初露

2016 年年初，字节跳动高管团队又一次就"该怎么做短视频"这

---

[1] 在接受本书作者的采访时，红杉资本曹曦坦言，他从 A 轮就想投资快手，但一直没有敲定。他发现，河南省的用户数每天都在前三，这与河南省的人口排名吻合，说明快手的用户不是运营出来的，而是靠算法驱动和社区氛围产生的。

一主题召开会议。

这不是张一鸣和字节跳动高管团队第一次召开该主题的讨论会。

2015年年初，字节跳动的高管团队在冲绳的居酒屋里开了一次年会，会议主题就是短视频到底怎么做。在过去整整一年（2014年）里，快手用户数实现了爆发式增长，日活超过1000万人。字节跳动的高管团队判断，如果想要追上快手实在太难了，当时定下的结论是要做，但是没有"强烈"地要求"去做"。

也就是在2015年，张一鸣注意到今日头条App上的短视频内容阅读占比超过了图文，达到了60%以上。张一鸣是推荐引擎的信徒，认为只要是推荐引擎能做的事，都应该在要做的范围内，字节跳动的产品想象力更大，所以短视频也同样可以被改造。

2015年9月，字节跳动的第一个视频产品应运而生，因从今日头条分离而命名为头条视频，当时的头条视频负责人，就是本书上卷提到的曾在百度任职的宋健。

宋健在百度时在海外做过视频产品，他从YouTube得到灵感，提出了"信息流+短视频"的想法，并且做了产品DuTube，但没有得到百度上层重视。与张一鸣接触后，双方不谋而合，之后他便受邀成为头条视频的创始人。

时间回到2016年年初，张一鸣再次提出字节跳动的短视频策略这个议题。

字节跳动高管团队当时受映客直播的影响，正在计划做直播。讨论之后，大家觉得短视频也很重要，结果字节跳动就出现了第二款产品——"短视频+直播"的火山小视频，这也是字节跳动第一个对标快手的产品。

火山小视频从2016年3月启动后的很长一段时间内都是字节跳动内部的C位，无论是投入人员、资金还是资源，都是独一份的。即使后来出现了抖音，火山小视频得到的支持仍然远远多于后者。

根据互联网圈内流传的一份火山拉新列表，火山小视频从快手挖主播,最"便宜"的报价也有 150 万元,而某知名主播报价更是高达 2000 万元,20 余个主播的报价总额接近 1 亿元。

当时,火山小视频的运营也是竭尽全力贴着快手打。快手是"下沉天王",火山小视频也使劲往城市以外发展,即使开发布会,也选在村子里开。在四川泸州的三块石村大院里,火山小视频产品负责人孙致宣布了"火苗计划",在直播的基础上开通了短视频打赏计划和达人培训计划。

火山小视频后来又拿出 10 亿元补贴内容创作者,一时间被业界视为快手的第一挑战者。字节跳动内部也流传着要把火山小视频和抖音合并的说法。

2016 年年中,在有了西瓜视频、火山小视频之后,张一鸣仍不满足——他还需要一种更纯粹的短视频产品形式。这时候,他的投资方 SIG 董事总经理徐炳东告诉他,SIG 在美国投资了一个叫 Musical.ly 的音乐短视频 App,它在北美"霸榜"有一段时间了,建议张一鸣可以去看一下。

北美的互联网世界向来被谷歌、Facebook(脸书)等本土巨头统治,早已是一片红海,Musical.ly 这个由阳陆育和朱骏领导的中国团队创造的产品,竟然能在这种地方硬生生杀出一块地盘,其产品战斗力可想而知。

闻到一丝血腥味的张一鸣认真研究了其产品逻辑后,觉得国内做这款产品也一样可以,值得实验一把,抖音因此立项。

立项归立项,这并不意味着抖音会得到重度投入。字节跳动向来有 App 工厂之称,有一种夸张的说法:连字节跳动内部的人都不知道公司到底做了多少个 App。张一鸣向来杀伐决断,从不恋战,做一个 App 和废弃一个 App 同样稀松平常。

刚开始,字节跳动内部只把抖音当作一次尝试,并没有太看好这个项目。

在陈林的坚持下,张楠被指定担任这个项目的负责人。

如前所述，字节跳动在 2014 年动过收购快手的主意，与此同时，张一鸣和陈林正在准备收购一家叫图吧的公司。图吧的创始人和 CEO 就是后来做出抖音的张楠。在和张楠谈完后回公司的路上，陈林告诉张一鸣，快手已经拿到了 1000 万美元的投资，如果要收购快手，至少要几千万美元，当时的字节跳动实在负担不起。

商量之后，张一鸣和陈林决定不收购快手，改为收购张楠的图吧，张楠加入后负责内涵段子这个项目。但火山小视频起来后，张一鸣为了做火山小视频，把内涵段子的精锐骨干全部转了过去，张楠一时陷入无人可用的境地。

当时跟着张楠从火山小视频团队出来做抖音的只有两个产品经理，一个是蒋灵安，另一个是张勃，他们找了一些应届生加入。整个团队说好听点就是非常年轻、非常有激情、非常有战斗力，说难听点就是没有太多经验，也没有什么资源。

内容运营佳靓是刚刚转正的实习生；用户运营李简是播音主持专业的大三学生、弹唱主播；即使是被临时抽调过来帮忙的设计师纪明，也只有 24 岁，设计抖音是他职业生涯中第一次做总体设计。

除了张楠，稍微算有点经验的，是从百度贴吧过来的任利锋——后来西瓜视频的负责人。1987 年出生的他身材微胖，留一撮山羊胡，头发微卷，大家都叫他卷卷。

不受重用的老大带着激情满满的杂牌军做一件大事，这可以说是一个经典的团队励志电影模型，《少林足球》《缝纫机乐队》《欢乐好声音》都有这样的剧情。读者看到这里，可以自行给这支队伍脑补一段电影配乐。

不过现实是既没有热泪盈眶的开工演讲，又没有流血流泪的煽情环节，张楠跟王晓蔚、张祎等人沟通之后，默默地把工位搬到了办公楼二楼，项目就这样静悄悄地启动了。

在中航广场矮楼的二层，张楠带着这支临时拼凑起来的年轻团队，日夜赶工。

除了深度学习 Musical.ly，众人还下载了当时全球已经存在的 100 多个短视频 App 进行盘点，希望能取其精华去其糟粕。但是，这些 App 的设计实在繁杂，不论是时长还是画风都很杂乱。而且关键问题是，这样拍脑袋做出的判断真的有效吗？

不过有一点是明确的，目标受众是年轻人，尤其是一二线城市的"95 后"。与其拍脑袋空想，不如让他们自己回答。

众人最后真的把公司附近中学的学生请到了办公室，一起讨论到底什么样的产品才会被喜欢。

引入用户打磨产品，这一动作在抖音的成长过程中一再上演，后来甚至出现为了让某些海外用户满意，产品专门调试个把月的情况。

如果说张小龙一代靠的是天才的产品能力，那么张楠一代靠的就是年轻的用户基础。王晓蔚经常挂在嘴边的话就是"相信你的用户"。那些走在路上打打闹闹、面庞稚嫩的人，可能既没有地位又没有资源，他们的奇行怪癖在特定年代被说成是"脑残"，他们的观点总是被责怪、被轻视，但他们却决定着未来。

经过反复比较分析，终于确定了 4 个要点：全屏高清、美颜滤镜、音效、个性化分类。

全屏高清这一点最终确定下来并不容易。对于那些刚刚接触抖音的人来说，一打开产品就竖屏全屏高清播放，视觉体验上会带来一种被侵犯感，会有些不适，而且从后台来看，也会消耗更多的 CDN 资源。

全屏高清这个建议来自短视频"大 V"薛老湿，1990 年生的他当时正在加拿大读书。按照腾讯新闻《潜望》记者张珺的报道，薛老湿提了很多要求，如音画同步等。

当时小咖秀其实也找过薛老湿，薛老湿也给小咖秀提了全屏的意见，但小咖秀已经有了一定的规模，任何轻微的动作都对平台影响巨大，于是没有接招。而抖音对薛老湿不仅言听计从，甚至帮其立起人设。薛老湿毕业回国后，抖音在北京场的作者派对上给其立了一块"中国音乐短视频教父"的牌子；薛老湿也为抖音笼络了很多技术流的短视频内容生产者，组建了抖音 TSG 战队，这让抖音一开始就有了一个不错的起点和势能。

宋健告诉本书作者，抖音的竖屏全屏对于社区打造来说非常关键，它让产品内容没有办法被迁移到其他平台。横屏拍的是事物，竖屏拍的是人；拍事物做的是信息，而拍人做的才是社区。

确定产品模型后，技术团队的 10 位工程师封闭开发一周，抖音的 1.0 版本终于诞生。

2016 年 9 月，A.me（抖音前身）终于上线，Logo 略显呆萌——桃红色音符躺在深黑色底板上方。发版前，大家在办公室里拍了一张合照，每个人脸上都带着难以抑制的笑容，这确实是一支洋溢着青春气息的团队。

运营负责流量，除了从内部导流，其他社区也是抖音"薅羊毛"的地方。微博、马蜂窝、Keep，只要是能想到的地方，他们都去挖掘。当然，他们用力最多的地方是快手。

虽然从快手导流，但在创作者来源上，抖音一开始还是和快手有区分的。抖音早期的一个观点是，用户可以低龄，但创作者不必低龄。抖音给创作者打的标签一开始就有上百个。

早期的抖音，视频内容缺乏，用户投稿积极性不高。运营人员在测试用户群中喊一声"大家最近怎么不发视频"，投稿率就能涨 10%。

这其实不是什么好事，更让人揪心的是抖音的运营人员发现，抖音的视频内容大多是对口型学歌曲，很少有其他内容。用户看几天还行，很快就会厌烦，这让张楠忧心忡忡。这和小咖秀的情况很像，而此时的小咖秀正处于瓶颈期。抖音会不会成为下一个小咖秀？

事实证明，张楠多虑了，秒拍和小咖秀[1]没有今日头条的算法加持，无法做到千人千面，其火爆事实上都是靠着微博这棵大树，依赖强运

---

[1] 秒拍和小咖秀在 2016 年见顶的原因有很多，重要的是韩坤那时的重心放在直播上。他当时推出的一下直播声势很大，甚至影响了当时投资机构对快手的判断。

营和玩法创意带起来的，无法形成正向循环。

抖音的运营团队本身就非常年轻，这让他们与创作者能更好地打成一片。抖音这个时候没有什么钱，靠的是卷卷带着运营团队一个一个去和创作者沟通，打感情牌。在用户运营端，他们同样非常看重同龄人的建议，经常和高校的学生们一起讨论调动用户积极性的运营方式，其中最经典的就是挑战类活动。

挑战类活动的创意来自用户"刘西籽"的建议。抖音运营做的第一个挑战类活动是"搓澡舞"，由音乐运营邀请达人"夏沐"做出创意动作，然后发起挑战，向全网推广。这种活动跟对口型很相似，即使在今天，抖音上还有类似活动。

还有"精舞门"挑战，视频配音说"听说跳《精舞门》，罗志祥就会来评论"，视频内容就是用户各自模仿罗志祥《精舞门》的动作。总之就是一个挑战类活动热度下去了，就开始张罗下一个挑战类活动。

对2016年的抖音运营团队来说，小咖秀的前车之鉴一直悬在心头。红极一时的小咖秀就是死在了内容严重同质化上，在日活增长到1500万人左右的时候陷入瓶颈。韩坤为了实现内容泛化，想到的办法是让秒拍和小咖秀的内容合并，但是非但没有救活小咖秀，反而让其日活迅速下跌，合并后的日活还没有一个产品的日活多。

就这样，在无比憧憬和十分焦虑中，抖音起步了。

钉钉和 CRM 江湖

钉钉"low"袭企业微信

2016年上半年，正值腾讯为了阻击今日头条在大半个中国的街头为天天快报猛打广告之际，离腾讯大厦最近的深大地铁站却忽然被钉钉蓝绿相间的巨幅海报占领。海报上,"工作时用×信,总是被琐事八卦分神,所以你一直在加班"的文案硕大而醒目。

言之大忌,不揭人短。钉钉的海报让坐在腾讯大厦办公室里的马化腾非常不爽。但作为江湖上数一数二的"大佬",总不能随便为点小事发飙,他暂且忍了。

可钉钉没有就此收敛。一个多月后,它又在《深圳晚报》《南方都市报》和《晶报》3家深圳报纸的头版刊登了一整版广告。其文案"李女士,惊悉您在某群被骗85万元公款,我们想说,在我们这里,无论是'蒋总'、董事长,还是同事们,都是真的,您不会上当受骗",讽刺意味较上次有过之而无不及。

这下马化腾坐不住了。他立刻给马云打电话,表达了心中的不忿。得知事情原委,马云也觉得"这事儿不体面",转身就在工作群里点名批评,"钉钉那个广告实在太'low'了……我已经正式向马化腾和腾讯道歉"。

如前所言,当时的CEO陆兆禧集阿里巴巴上下之力对标微信做来往,声势浩大,迫切心情昭然若揭,但匆忙上线的来往却没有做好承接这么多资源的准备。据来往团队成员回忆,当时团队的核心成员都是临时抽调过去的,很多人上午还在原部门开会,下午就去来往报到了,连工作都来不及交接。

举集团之力,来往也短暂风光过一阵子,上线后第二个月用户数就达到了数百万人。但由于功能和微信过于相似,缺少差异化,无法留存用户,来往并没有对后者真正造成威胁。而且因为团队规模迅速扩张到200多人,还产生了不少管理问题。

2014年春节过后,用户数已经过千万人的来往,数据开始一路下滑。阿里巴巴西溪园区3号楼4层南面的办公区弥漫着失落无助的气息,其中有一个眉头紧锁的年轻人叫陈航,他是来往团队的负责人。

陈航的运气不佳在阿里巴巴是出了名的。1999年,他加入阿里巴巴实习,两年后赴日本工作,因此错过了阿里巴巴上市的造富神话。

后来，他重新回到阿里巴巴负责淘宝搜索，没做出啥成果。负责的来往眼看也奄奄一息了。

就连他的花名——无招，也带着几分无奈和苦涩的意味。据说陈航入职阿里巴巴的时候正赶上《阿凡达》上映。他觉得"阿凡达"这个名字不错，但被HR给否了，因为只有高管才能用3个字的花名。而其他心仪的名字都被人捷足先登了，他只好一口气列了10多个备选，哪个没人用，就用哪个。

在阿里巴巴这样的大公司，一次接一次的失败意味着机会越来越少。但陈航并没有两手一摊，等待命运来裁决。

2014年4月，眼看来往已经没有翻身的希望，陈航决定背水一战。他提出转换思路做企业即时通信工具——工作圈。关于工作圈应该作为来往的一个功能选项，还是拆分成独立App的问题，团队内部产生了分歧。否定拆分的一方认为，只有针对个人用户需求的产品，才有可能成为拥有上亿名用户的爆款应用，而一个企业级App有多大的市场需求潜力，答案并不明晰。

争吵持续了一个多月，最后以2014年5月26日陈航带着么么茶、天鹏、依岱、悠悠和元英搬进湖畔花园而告终。

在湖畔花园闭关的日子是陈航一生中最难熬的一段时光。没钱没资源——钱要靠时任阿里巴巴CEO陆兆禧的"总裁特别经费"，人要从来往团队拉过来，大部分人还身兼数职。陈航带着团队没日没夜地思考产品，每次累得不行了，就一头扎进湖畔花园的游泳池里。

搬进湖畔花园时，陈航虽然确定了企业即时通信的大方向，但具体该开发哪些功能，他心里也没有底。因此，他们把市面上几乎所有App都研究了一遍，每个App有哪些优缺点，逐一记录。据说，消息的已读/未读功能就是那时候发现的。

研究了产品还不够。为了不重蹈来往的覆辙，陈航决定亲自去企业调研需求。在那个阶段，他们前后拜访了上百家企业。最初拜访的主要是阿里巴巴的老朋友——电商企业。这些企业都说自己是集中办公，有什么事吼一声就行，平时用微信也挺好的，并不需要一个专门的企业即时通信工具。

这个结果让陈航很受挫。一天下午，垂头丧气的他带着团队在杭州文三路百脑汇电脑城楼下吃臭豆腐时，同事依岱忽然想起楼上有个大学同学叫史楠，是卖电脑的，便试探性地给他打了个电话，问他有没有企业管理方面的痛点，没想到对方反馈很积极。挂掉电话后，陈航立刻带着团队杀到楼上拜访。

交谈中，史楠给陈航提出了两点建议：第一，工作和生活信息太繁杂，沟通工具总是在QQ、微信、邮件、电话和短信中切换，希望有一个统一的工作平台；第二，阿里巴巴能不能将内部的高效企业管理系统简化后，免费提供给中国中小型企业用，提高中小型企业的管理水平。

陈航听完眼前一亮，这是他调研了几百家企业后，得到的最有价值的建议。交谈几次过后，他提出让史楠和自己一起共创。史楠第一次听说"共创"这个词，有些不明就里。他问陈航，那你打算给我钱还是股票？

陈航想了想回答："没有钱也没有股票。但你上次的想法挺好的，我们想为中国的企业做这样的产品，你按照你的需求和想法尽管讲，我们有阿里巴巴顶级的工程师和设计师，产品做出来后让你用到爽为止。"

这句话打动了史楠，他决定加入。很快，陈航就带着团队入驻了史楠的公司——康帕斯，和销售、财务、行政、人事、渠道、技术、物流等部门聊了个遍，了解他们的痛点和需求。史楠原本预计这次共创1个月左右就能结束，没想到一合作就是8个月，以至于有的康帕斯员工开始抗议，认为共创影响了本职工作，最后还要史楠出面说服。

因为在共创中的重大创新和巨大贡献，后来史楠还拿到了阿里巴巴6000万元的Pre-A轮投资，双方成立了合资公司鑫蜂维。

2014年9月，陈航的新产品推出了第一个内测版本。考虑过"一丁""火聊"等名字后,陈航最后给它起名叫"钉钉",取"板上钉钉、言之凿凿"的意思。他把钉钉拿去给杭州的一些企业老板试用,搜集需求和反馈,史楠也在其中。让史楠没想到的是,由于刚开始团队缺乏开发资源,产品功能非常糟糕,这个内测版本的bug(漏洞)多到使站在对面的两个人都不能互发消息。

来不及失望和沮丧,陈航立马召集团队修改完善,当天就修改了100多个bug,消息功能也正常了。

有一次正值凌晨两点多,史楠在用钉钉时发现了一个bug,就将截图发到与钉钉的共创群。钉钉的一名员工立即回复"问题收到,马上修改"。等史楠第二天醒来后,才看到那名钉钉员工凌晨4点多在群里说:"bug已经修复,你用用看。"这让他佩服不已。

2015年1月16日,钉钉1.0版本发布会在北京举行,地点选在了中关村3W咖啡馆。钉钉团队50多个人全部到场,但却没有一个高管。事实上,直到这时候,阿里巴巴内部都没有多少人知道钉钉。发布会结束的当天晚上,大家盯着后台新注册用户的数据变化,难掩激动之情,很多人喝得酩酊大醉。

但钉钉真正的转折点发生在4个月后。2015年5月,马云忽然来看望钉钉团队,原因是他在参观复星集团时听对方说,阿里巴巴有一款产品帮复星集团解决了不少管理问题,这款产品叫作钉钉。得到马云的关注和支持后,钉钉当月就成立了事业部,前途一下子变得豁然开朗。

只是,这时候的钉钉还不足以引起"社交之王"腾讯的重视,市场上也有很多强于它的对手,它还需要为自己打一场"正名之战"。

纷享销客和钉钉的战争

2014年5月,陈航带团队搬进湖畔花园时,钉钉日后的强劲对手之一纷享销客,正因为产品转型而陷入危机。

2014年春节前后，纷享销客创始人罗旭忽然提出公司要做产品转型。因为当时市场上已经有很多移动OA（办公自动化）产品，而CRM（客户关系管理）产品，由于逻辑过于复杂，当时只有"销售易"相对知名。罗旭认为，公司要做出业绩，就必须啃下这块硬骨头。

这让A轮投资方IDG资本合伙人牛奎光有些犯难："我们本来要投一个中国的Yammer，现在你又说自己想做中国的Salesforce。"

当时纷享销客的账面资金只够发两个月的工资，中间正好还赶上了春节。在资金压力如此巨大的情况下，为了更方便招揽IT人才，罗旭依然狠心将公司的办公地点从北京南城搬到了昂贵的中关村。

整个2014年上半年，罗旭一直在为融资奔波。他带着产品转型的想法，跟北极光先后聊了两次，两次都被拒。直到第三次见到了北极光创始人邓锋，才终于敲定了B轮融资。

拿到钱后，纷享销客很顺利地完成了转型，新推出的CRM产品取得了不错的销售收入。而且时隔5个月后，它又拿到了由DCM领投，北极光、IDG跟投的C轮融资5000万美元。

但生性不安分的罗旭很快又有了新想法。只专注于CRM这一项产品，在中国互联网市场充其量也只能做成中等规模的公司，而纷享销客有着更大的野心——做企业级服务的入口。

罗旭第一次知道钉钉，是在2015年元旦后。彼时他到杭州出差，在湖畔花园见到了陈航，看到了钉钉1.0版。对于钉钉，罗旭当时的印象是："他们做得很浅，是轻量级的'移动办公平台+通信平台'，侧重通信功能。"

会面中，钉钉团队向罗旭抛出了橄榄枝，提出"钉钉负责做通信、做平台，纷享销客加入做ISV（独立软件开发商）"，并希望纷享销客砍掉IM（即时通信）与OA功能。罗旭一方面觉得自家产品更加领先，另一方面不想成为钉钉的附属品，就果断拒绝了。

事实上，这并不是纷享销客第一次被"招安"。2014年5月，微信尝试推出企业号，以开放平台的姿态对外招募第三方软件产品提供

2016年 继往开来

商成为其 ISV，纷享销客是第一批受邀加入产品内测的公司。

而在此之前，纷享销客还曾受邀参与腾讯企业 QQ 项目，前后筹备大半年，结果腾讯方突然将产品"说关掉就关掉了"。

同样的剧情在与微信企业号的合作中再度上演。兴许是嗅到了纷享销客巨大的野心，双方合作不到 1 个月，微信就在毫无征兆的情况下，关掉了向前者开放的所有产品接口，结束了这次合作。

颇有意思的是，2015 年 3 月，纷享销客上线 4.0 版本，直接将其即时通信功能命名为"企业微信"。这多少也有些叫板微信的意味。

说回纷享销客和钉钉的战争。钉钉让纷享销客团队第一次真正感受到危机是在 2015 年 6 月后。当时钉钉团队已经从 1 年前的 6 个人扩充到了 130 多人，并对外推出了 2.0 版本，从最早的企业即时通信工具升级为移动协同平台。钉钉向媒体透露，仅短短 5 个月，其服务的企业用户数已经突破 30 万家，覆盖 100 多个行业和全国 300 多个城市。

但更让纷享销客团队恐慌的是后来发生的事情。2015 年 7 月 20 日，国内最大的 OA 办公系统软件服务商深圳市蓝凌软件股份有限公司宣布与钉钉进行战略合作，共同开发"日报"和"考勤"功能。一个星期后，移动销售管理软件领域的另一个重磅玩家红圈营销，也宣布与钉钉达成了战略合作。紧接着，这年 8 月底，钉钉宣布推出开放平台战略。钉钉已经玩起了生态，而纷享销客还在孤军奋战。

2015 年 9 月开始，为了进一步招揽用户，阿里巴巴为钉钉阔气地掷出 5 亿元人民币，展开国内企业级产品最大力度的市场推广攻势，还请投资人和明星站台。钉钉的品牌广告开始在商务人群集中出现的各个线下场景——机场、高铁、写字楼电梯间——频频出现。加上一直实行免费政策，钉钉一时间势不可当。

为了抵御其猛烈攻势，2015 年 9 月，罗旭结束在美国的度假回国后，第一件事就是召集纷享销客团队在武汉开了产品改版拆分的大会。2015 年 10 月，纷享销客决定正式拆分为 AB 版，即免费版和收费版，OA 和 IM 功能免费，CRM 功能继续收费。

与此同时，纷享销客也开启了规模浩大的广告战，在 2015 年国庆和 2016 年春节两个黄金档，耗费上亿元铺天盖地地打了两轮广告。

2016 年 3 月，纷享销客改成"纷享逍客"，进一步明确了做企业级服务入口的野心。然而，这场声势浩大的战争仅持续了几个月便偃旗息鼓。2016 年 5 月，耗费大量资金后，因新加入的客户活跃度突然衰减、营收停止增长，纷享逍客不得不宣布停止免费。2016 年 7 月，纷享逍客正式停止与钉钉的对抗，将名字重新改回"纷享销客"。2016 年 7 月底，纷享销客大规模裁员，仅 7 月 29 日一天，裁员就超过了 1000 人，包括 800 多名销售和近 200 名研发人员。两个月后的 9 月 4 日，擅长长跑的罗旭偏偏又在参加田径赛时心脏停搏 2.5 分钟。至此，纷享销客这家公司逐渐销声匿迹。等到它和罗旭再次进入公众视野，是在 18 个月以后金蝶集团召开的"千人渠道合作伙伴大会"上，金蝶集团董事局主席徐少春正式宣布金蝶战略投资纷享销客，投资金额为 3 亿元人民币。

操盘金蝶下注纷享销客的金蝶投资部总经理文然给出的投资理由是 SaaS 的高速发展。《中国公有云服务市场半年度跟踪报告》显示，2017 年上半年，中国公有云软件即服务市场规模达到 5.4 亿美元，同比增长 34.5%，中国 SaaS 市场正处于高速发展的初级阶段，其发展速度是传统套装软件的 10 倍。

金蝶必须有可攻可守的布局。在某种程度上，在钉钉宣布用户过亿之后，金蝶、用友等再不落子，未来的企业级服务市场第一梯队或许就真没自己什么事了。金蝶董事长徐少春说："我是一个很有危机感的人，不是说敌人打到眼皮底下，我才做出改变，要未雨绸缪，因为当我知道危机到来时，就已经来不及了。"让这一赛道的众多竞争者真正担心的"另一只靴子"其实是企业微信。在它们看来，腾讯云服务、企业邮箱、腾讯企点只能算是餐前小菜，将要发布的企业微信才是真正的"饿狼"，或将对企业级 SaaS 市场产生地震效应。2016 年，这件事真的变成了事实，但企业微信的动作似乎相当迟缓，虽然有"当企业微信延伸到外部的时候,会产生更大价值。后续新的变化将基于理念——让每位企业员工都成为服务的窗口。人就是服务,而且是认证的"这样的外宣,但腾讯给企业微信的人员配备不足、战略定位模糊,这使其在当时的市场上存在感很低。

大公司的互联网金融

互联网金融的头部玩家们

2016年,陆金所为了继续谋求上市,终于开始慢慢切割P2P业务。

陆金所由平安集团创新官计葵生所创,他将平安集团原来在线下售卖的金融产品放到了互联网平台上,向用户提供开放式金融服务,是国内最早一批做P2P生意的公司之一。

事实上,在2015年第三季度,陆金所的P2P业务交易量首次超越了美国最大的P2P公司Lending Club,成为全球第一大P2P平台,国内一度将陆金所视作P2P的标杆。

2016年,P2P产业开始陆续出现"暴雷"事件,国家监管政策逐渐收紧。为了能让IPO更加顺利,陆金所开始向所谓的"三所一惠"转型,即陆金所、重金所、前交所、平安普惠,其中原有的P2P业务完全被剥离至旗下子公司陆金服。

按照计葵生自己的说法,陆金所的商业模式演进可以分为4个阶段,前两个阶段都跟P2P有关。2015年开始,第三阶段的陆金所已经转向了综合财务管理平台。当时有人认为陆金所很快就会卷土重来。

但是,从之后数年的发展来看,陆金所确实渐渐退出了P2P业务。

2016年,百度金融扛起了金融科技的大旗,想要凭借AI风控、云计算、大数据等平台科技优势弯道超车。

相比于其他巨头的金融布局，百度是毫无疑问的追赶者，直到2015年年底，百度才成立了金融服务事业群，将金融提升到了战略高度。

高级副总裁朱光出任百度金融负责人。在此之前，朱光主要从事公关方面的工作，被称作"百度公关大总管"，据说《百度论语》和《壹百度》这两本百度新人手册都是朱光编撰的，李彦宏极为满意。

2016年，P2P已经渐渐露出败象，社会舆论对互联网金融不再抱有好感，一位擅长公关的负责人确实能更好地维护百度金融的形象。

朱光在2016百度世界大会上提出，百度金融不会走一般互联网金融公司比拼用户黏性的老路，而是要利用百度在AI和大数据方面的技术优势，走B端与C端并重的道路，做真正的科技金融。

朱光之所以这么说，是因为他确实看到了一条差异化道路——教育分期。所谓B端与C端并重，主要就是通过教育培训机构向学员提供分期贷款。

这一年，百度原有的销售结构也发挥了重要作用。百度金融沿用流量推广代理制度，在全国范围内大规模招聘代理商，在短短的半年内，迅速拿下全国600多家教育机构，覆盖了95%以上的省区市。

因为有百度本家的资金加持，百度金融在教育分期贷款上大杀四方。它一方面简化放款流程，将资料填写与审批时长压缩到1分钟左右；另一方面降低放款门槛，将原来行业内70%的通过率提升到90%，利率也降到行业最低。这一举措直接将原来的教育分期贷款领先公司打压得毫无还手之力。

在2016年的百度年会上，教育分期部门被授予了公司级大奖。

如果单看2016年，百度金融可以说实现了开门红。但是，放款容易收款难，因为发展过于急促，再加上赶上了接下来两年的教育"暴雷"潮，众多教育公司骗取学员分期款后倒闭或者跑路，百度金融被拖进了"跑路门"。

经过漫长的修复期，百度金融拆分出来变身为"度小满"，再度崛起。这已经是几年之后的事了。

2016年,京东金融的主题是"独立"。这年1月,京东金融独立融资66.5亿元,估值达到466.5亿元,京东金融的CEO为跟随刘强东近10年的陈生强。

在过去3年里,京东金融依靠京东本家多年积累的交易数据、物流数据、仓储数据,形成了一套完整的风控变现体系,拥有了支付、众筹、保险、证券、消费金融、财富管理、供应链金融7个业务板块。

2016年11月,京东批准京东金融重组。但是,京东金融独立后的雄心显然不止于此,陈生强曾经说过:"以前我们是用技术帮自己做金融业务,未来我们是用技术帮金融机构做业务。"

在独立运营期间,京东金融在技术发展上可谓不遗余力,大数据、机器学习、区块链都成了其发力方向,它已经做好了从技术输入到输出的储备。

京东金融在获得B轮高达130亿元的融资后,陈生强更是语出惊人:"京东金融以后不会做金融。"不久之后,京东金融改名为"京东数科"。按照其转型思路,京东金融赖以成名的京东白条、京小贷,都将由其他金融机构去做,而京东数科则提供技术解决方案,帮助这些机构进行资产运营管理。

陈生强也曾表示,京东数科未来将会由从C端获利完全转向从B端获利。

微信在金融上的一个大动作是成立了微众银行。这个银行由腾讯及百业源、立业集团等知名民营企业发起设立,总部位于深圳,其中腾讯占股30%。

微众银行有一个很好的概念,它被认为是国内首家互联网银行。

微众银行自诞生起便以"补充者"的姿态,致力于为传统银行难以覆盖的小微企业和个人长尾客群服务。微众银行推出的小额信贷产品"微粒贷",无疑是最瞩目的产品。

"补充"是针对下沉市场而言的,微粒贷的客户绝非中产和白领,而是蓝领、服务业人员、特殊客群等。它无担保、无抵押,可贷额度在 500 元到 30 万元之间，授信额度平均审批时间低至 2.4 秒，最快 1 分钟内可现金到账，贷款日利率在 0.02% 到 0.05% 之间，整个过程可以 100% 线上完成。

腾讯给微众银行找来的一众高管，都是地道的金融圈人士——董事长顾敏曾任中国平安集团执行董事兼副总经理；行长曹彤曾任中国进出口银行副行长、中信银行副行长；副行长黄黎明是平安集团陆金所前副总经理；副行长秦辉是中国银行业监督管理委员会深圳监管局政策法规处前处长；副行长梁瑶兰是招商银行、平安银行信用卡中心前总经理，分管信用卡业务；副行长王世俊是平安银行原风险官，分管风控业务。

所以，行业内也有微众银行"掏空了平安甚至半个深圳金融界"的说法。

刘威和 360 金融

本书作者认为，互联网巨头做金融大体都有 3 个阶段：集团孵化、独立运营、分拆上市。从阿里巴巴、百度到 360、京东，都是如此，只是大家在不同的阶段有不同的选择。金融业务已经成了巨头必做的"现金牛"。

但谁也没有想到的是，其中动作最快的是 360 金融，从创立到最终上市，它只用了 3 年时间。这很大程度上是因为 360 金融的创始人刘威。

刘威其实是中国互联网圈的老人，之前曾经担任复星集团投资总监、盛大资本投资总监，以及平安创新投资基金总经理。也就是在平安任职期间，恰逢 360 要回归 A 股，刘威力推平安重度参与未果。这个时候，刘威的老相识 360 前副总裁刘峻打算退休，于是推荐刘威进入 360 负责战略投资。当时 360 正在寻找新的业务增长点，刘威因为有之前在平安的工作经验，便提出了做 360 金融的构想。

在刘威看来，没有一家大型互联网公司可以拒绝金融，因为金融是互联网的超级货币化手段，它和广告业务、电商同等重要。

这一点很快就得到包括周鸿祎在内的360高层的认同，刘威成为360金融的负责人。

当时的360牌面很差，既无法提供足够的资金支持，又无法提供低价流量，唯一一点优势就是360是老牌互联网企业。刘威后来能用3年时间将360金融从无到有做到上市，就是将这一点品牌优势发挥到了极致。

按照刘威对本书作者的描述，他做360金融的过程主要可以分为3步。

第一步，整合资源，集聚生产资料。

刘威孤身加入360，最缺乏的就是人才。他先拉入的是吴海生，之后又将正打算创业做互联网金融的徐军拉入，并且定下了要做"360的微众银行"的目标。

与此同时，因为360本家资金支持不足，刘威又出去单独成立了一支基金供应开支。成立初期的360金融并没有个人放贷资格，为了扩张存款用户，刘威去银行卖了部分资产。

刘威当时处于360的框架体系中，团队招人困难，他便索性收购了一家拥有麦肯锡金融咨询经历的公司。

收购这家公司时，刘威并没有使用为数不多的现金，而是采用换股的方式。这里有个细节，收购的时候该公司刚刚完成融资，所以账上有1亿元现金，而360金融的账上只有6000万元。

对方之所以答应收购，主要是因为刘威告诉他们，做金融品牌很重要——他可以凭借360的品牌从用户手里直接融钱。

刘威告诉本书作者："别人用12个点才能从用户手里拿到的钱，我们用4个点就可以拿到。"此外，创业公司想要拿到与金融相关的牌照非常困难，而360金融有强大的品牌背书，就比较容易。

刘威后来果然说到做到，在很短的时间内通过投资等方式拿到了消费金融牌照，并且在 3 年时间内融资近 40 亿元。360 金融账上的钱一度比 360 本家的还多。

第二步，整合团队，打造战斗力。

刚刚成立的公司牵扯着各方利益，团队构成极为复杂。为了让团队融为一体，刘威采取了铁血治军的态度。用他的原话说就是："融合就必须流血，你好我好他也好，团队是融合不了的，规则必须要像钢刀一样，谁碰谁死。"

当时徐军担任 CEO，某次他批评了 HR 总监。该总监年纪很轻，曾在渣打银行工作，不愿接受批评，反而对徐军说，自己是董事长刘威的人。

刘威知道后立刻将该总监叫到办公室。虽然这是他花了很大工夫挖到的人，但他仍然让其立刻辞职。他非常清楚，自己必须抢占时间优势，谁影响公司效率，谁就必须被开除。

为了推进 360 金融在 360 内部的审批流程，刘威照样大砍大冲，丝毫不怕得罪人。

当时因为 360 金融管理的资金量过于庞大，360 高层对刘威产生了质疑。有人在工作群中说，自己已经跟周鸿祎商量过了，以后所有的人事权都必须归他。

刘威立刻在工作群里回复："所有公司的创新业务，如果人事权不归业务主管，而是归了公司人事部，一定活不长。"

360 创始成员之一的姚珏早期是刘威最坚定的支持者，后期因为担心金融无法管控，便极力阻止刘威融资。刘威为了保证现金流不出问题，得罪了包括姚珏在内的几乎所有公司元老。直到几年后 360 金融上市，刘威退出，两个人才和好。

第三步，对外扩张，做大做强。

刘威认为互联网金融的本质就是低价收入资金，高价放出，其中有 3 个数据非常重要，即坏账率、营销成本和风控通过率。

基于这 3 个数据，在 2016 年，360 金融开始打造自己的供应链。

经过 6～7 个月的测算，终于建立起了一套行之有效的流量放贷转化模型。

当时 360 本身的流量并不便宜，360 金融只能从外部购买流量。这时候，到底买多少流量就成了问题。

刘威做了一个判断，未来几年的流量价格必然大涨，现在应该有多少就捞多少，必须把所有"子弹"一起打掉。

2016 年年底，360 金融开始推广产品，平均每个月从今日头条购买流量的成本就高达 5000 万元，甚至引起今日头条方面的震动，张一鸣都来找刘威沟通。在此期间，每月有几十万新用户涌入 360 金融。

刘威打了一个比方："你可以想象一下，你每个月卖出去几十万张信用卡是什么概念。"

在 360 金融疯狂扩张的时候，腾讯、小米、京东等各家巨头还没有反应过来。它们都在依靠自家的流量逐步试探，以至于 360 金融在市场上的对手都是各种 P2P 创业公司。在这种情况下，360 的品牌影响力再次发挥作用，刘威用更低的获客成本，实现了更高的转化率。

360 金融 2016 年上线，2017 年就做到了 100 亿元的交易额，2018 年做到了 500 亿元；在上市前的短短 3 年内放款总额接近 1000 亿元，基本上与微众银行处于同一水平。

蚂蚁金服和它的生态江湖

彭蕾卸任，蚂蚁金服进入新时代

2016 年，国庆长假结束第一天的一大早，阿里巴巴的员工就收到了来自马云的群发邮件：10 月 16 日起，蚂蚁金服董事长兼 CEO 彭蕾将卸任 CEO，由井贤栋接任。

10月16日蚂蚁金服召开年会，在年会上进行新老交棒是阿里巴巴的惯例，颇有几分仪式感。3年前阿里巴巴第一次高层交棒——马云将阿里巴巴CEO一职交给陆兆禧，也是在阿里巴巴的年会上。以彭蕾对蚂蚁金服的贡献，将这两次人事调整类比似乎格外贴切。

2010年，彭蕾接掌支付宝。此时，支付宝上线已经快7年，发展仍未及预期。在这年年初的支付宝年会上，马云连续播放了好几段用户批评支付宝的客服电话录音，痛斥支付宝的用户体验"烂，太烂，烂到极点"。时任支付宝总裁邵晓锋洒泪当场。

临危受命，彭蕾很快带领支付宝获得了重生。为了做好支付宝的用户体验，彭蕾经常出没于贴吧，搜集用户反馈，并在内部会上讨论。就这样，支付宝先上线了生活缴费服务，而后又和天弘基金合作推出余额宝，取得了突破性的进展。

2014年，阿里小微金融服务集团更名为蚂蚁金服，旗下囊括支付宝、余额宝、招财宝、蚂蚁小贷等诸多业务。

花呗和借呗则是阿里巴巴尝试信贷业务的两款产品，经常被用户弄混。

花呗是消费信贷产品，支付宝曾经一次拿出15亿元红包补贴来提高花呗的渗透率，它的优先级大大高于借呗，场景广度也更大。

简单说，花呗是不能提现的，只能消费使用；借呗可以提现，用户可以申请的贷款额度为 $1000 \sim 300\,000$ 元。

从金融产品的角度来看，花呗是一款消费信贷产品，基本功能类似于信用卡，不同的人有不同的额度；而借呗是支付宝向用户提供的一种信用贷款。

和信用卡一样，花呗需要在下个月还款日之前还清，逾期将要支付利息；借呗的还款最长期限为12个月，贷款日利率是0.045%，随借随还。

2016年8月4日，蚂蚁花呗消费信贷资产支持证券项目在上海证券交易所挂牌，这也是上交所首单互联网消费金融ABS（资产证券化）。

也是在 2016 年，蚂蚁金服迎来高光时刻，获得了中投海外、中国人寿、中邮集团的 45 亿美元融资。这是当时互联网行业最大的单笔私募融资，蚂蚁金服的估值也达到了 600 亿美元。

毫不夸张地说，彭蕾对蚂蚁金服的作用不亚于马云对阿里巴巴的作用。马云曾在内部信中评价她，"用坚定的内心和杰出的领导力，用女性独有的温暖和洞察，让一个支付工具充满了爱、信任和责任感"。

2016 年下半年，随着蚂蚁金服的业务趋于稳定，彭蕾决定卸下 CEO 的担子，去探索更新的业务。没想到她这一走，蚂蚁金服便陷入了巨大的漩涡。

2016 年 11 月 26 日，支付宝"圈子"功能上线。其中，"校园日记""白领日记"两个圈子只允许受到邀请的女性发布图文信息，男性用户可以点赞、打赏，且芝麻信用分超过 750 分才能够评论。为了吸引更多打赏，一些女性用户不惜剑走偏锋，晒出大尺度照片。

打擦边球的"圈子"迅速获得了大量关注，但也为支付宝招致了严厉批评。为了平息舆论，当时已经退居幕后，正在美国出差的彭蕾不得不公开道歉，称"错了就是错了""这是我到支付宝 7 年以来，最难过的时刻"。

一波未平一波又起。半个多月后，"侨兴债事件"再度将蚂蚁金服推向风口浪尖。12 月 15 日，招财宝披露侨兴电信和侨兴电讯无法按时对其发行的私募债还款，也就是说，招财宝上的理财产品出现了违约的问题。虽然这起风波在僵持一周后，以浙商财险承担赔付责任而收尾，但支付宝依旧难逃"包装垃圾债"的罪名。

如果说支付宝此前的社交尝试只是为大家增加了一点谈资，无伤大雅，那么"圈子"事件则对品牌造成了莫大的伤害，支付宝甚至一度被网友戏称为"支付鸨"。而"侨兴债事件"更是雪上加霜，让支付宝的品牌形象跌落到了谷底。

"圈子"事件过后，蚂蚁金服痛定思痛。2017 年春节假期过后，蚂蚁金服召开集团层面的战略会，召集全球所有业务线负责人及核心管理层，确定了"不做社交"的核心战略。

"侨兴债事件"让蚂蚁金服认识到，技术和数据才是其真正的优势，金融业务本身并不是。为此，蚂蚁金服内部开过多次战略会，最后由马云定了调子——蚂蚁金服只做技术，不碰金融。

蚂蚁信用押注大搜车的背后逻辑

芝麻信用作为蚂蚁金服布局金融的重要基础设施，可以赋能各行各业，但它优先渗透的一定是财富集中的领域。蚂蚁花呗运营总监邵文澜在解释蚂蚁花呗为何在2016年重点发力医疗市场时，明确表示"医疗、住房、教育是当下消费者的三项重大开支"。刨除这三项，消费者日常生活中还有哪些重大开支呢？汽车必然是被提及较多的答案之一，历年汽车消费对GDP的拉动作用足以说明一切。这也正是蚂蚁金服投资大搜车的底层逻辑。

2016年11月15日晚，大搜车官宣获得蚂蚁金服领投的1亿美元C轮融资。1亿美元不是个小手笔，然而投资在半小时内就敲定了。

大搜车创始人兼CEO姚军红记得，那是杭州一个下雪的日子，蚂蚁金服副总裁纪纲和他第一次聊起投资意向。两人谈了两个多小时，前两小时是漫谈闲话，真正具有决定性作用的是后半个小时。就在这半小时里，他们敲定了蚂蚁金服的投资。

创立大搜车前，姚军红曾和神州租车创始人陆正耀一起打拼多年，先后做过UAA联合汽车俱乐部和神州租车，接触到了汽车产业链。2012年，39岁的姚军红从神州租车离职，一头扎进二手车行业，成立了大搜车。

大搜车最开始做的是寄售模式，即把二手车商和个人的车放在自己店里卖，如果交易成功，大搜车可以收3%的服务费。

姚军红把门店打造得非常高端大气，车辆也清理得十分干净整洁，大有颠覆行业的架势。但做了两年后，他发现这个模式行不通。一方面，二手车是卖方市场，门店能找到消费者，可找不到好货。没有好货，环境和服务再好，消费者也不会买账。另一方面，寄售模式非常挑战人性。经常有车商请负责车辆检测的工程师吃饭，为的是把不合格的车辆放在大搜车的平台上售卖。销售人员也是如此，车商会让他们在客户来时把自己的车下架，这样车商在私下完成交易后只需要付给销售人员1.5%的服务费。

意识到商业模式的缺陷后，姚军红立刻调转船头，开始摸索二手车门店SaaS系统。做SaaS系统是一件很慢、很苦的事情，2016年蚂蚁金服投资大搜车的时候，它已经连续两年没赚钱了。因此，这笔投资对大搜车有着极为重要的意义：一方面，大搜车积累多年的模式，有了金融工具的加持，终于可以挣钱了；另一方面，蚂蚁金服给大搜车带来了强有力的品牌背书，使之后它又先后完成两轮融资，重新回到了二手车一线玩家之列。

那么，蚂蚁金服为什么会选择大搜车呢？这必须从它的汽车金融野心说起。

根据罗兰贝格公司发布的《2016中国汽车金融报告》，2015年中国的汽车金融整体渗透率约为35%，较2014年大幅增长，但相比汽车金融成熟国家70%~80%的渗透率仍有很大差距，蕴含着巨大的发展潜力。

汽车金融广受资本关注，蚂蚁金服自然也垂涎不已。但新车金融市场几乎已经被4S店瓜分完毕，很难有机会切入。二手车金融市场则不同，这个市场还处于孕育期，玩家众多，但还没出现巨头，人人都有机会分一杯羹。

二手车金融市场拼的是资金、客户、风控。资金和风控是蚂蚁金服的强项，它唯一缺的是客户。在这一点上，大搜车恰好可以和它形成业务协同。另外，大搜车聚焦2B业务，这一点和阿里巴巴不谋而合。

蚂蚁金服副总裁纪纲曾在接受采访时表示，二手车交易周期长且频率低，如果对接个人用户，则营销成本较高，且用户忠诚度难以培养；

而对接二手车车商就不同了,他们的业务高频、需求强劲。

二手车电商扎根线下,因为线下量大。尽管阿里巴巴旗下有自己的闲鱼二手车平台,但没有从事二手车业务的专业"地推"人员,同时缺乏与中小车商的联系。而大搜车平台在垂直领域已经聚拢了很多大小车商,积累了流量,恰好能补足这块缺口。二者联手也就不足为奇了。

2016年11月,在宣布C轮融资消息的同时,大搜车还联手蚂蚁金服推出了新车金融产品——弹个车。

区别于传统全款和普通分期贷款的购车方案,弹个车推出了"一成首付,先用后买"的新式购车方案。根据用户的信用评级,弹个车的提车首付租金最低可为整车价格的10%,无须额外支付购置税及保险。用户可在租赁期满一年后再决定是否购车,如果中途对新车不满,可以直接选择更换其他车型。中途退还的汽车将按照二手车处理,由大搜车平台上的二手车商家接手。

凭借创新性的购车方案,弹个车在短短12个月内便落地了近4000家社区店,覆盖300多个城市、1800多个区县。

前面提到,新车金融市场早已是铁板一块,被4S店瓜分殆尽。大搜车和蚂蚁金服是怎么切入的呢?姚军红向本书作者透露,汽车厂商和4S店之间的关系非常牢固,做成这款产品的前提是不能跟4S店抢生意。所以,他们跑去跟汽车厂商谈判,提出了两点区隔策略。第一点是业务模式上的区隔,不卖整车,而是先卖一年的使用权,再选择性地卖所有权。第二点是物理上的区隔,在4S店周围一定范围内,不卖这个品牌的新车。

大搜车没有自己开店,而是把弹个车授权给了车商,有的车商一年就开出几百家店。车商开店的成本很低,几十平方米的小店就可以开业。小店负责线下运营,承担房租、装修、员工等成本;大搜车则为小店提供培训、车辆、仓储物流、金融方案与信用背书。凭借轻资产运营的模式,弹个车很快便形成了燎原之势。

共享单车,是新"四大发明"吗

2016年,堪称从星星之火成燎原之势的风口是共享单车。

2016年1月30日,ofo的戴威正准备回安徽过年,结果微信公众号后台收到一条留言,说某某基金想投资ofo,还留了电话号码。

戴威觉得没有投资人会在春节假期工作,认为是骗子,一天都没搭理。

不过等到了晚上,他抱着试一试的心理,还是回了一条信息:"感谢关注,有时间我去给您汇报。"没想到不到1分钟,对方就回了信息:"明早10点,国贸三期56层见。"这个人就是金沙江创投的朱啸虎。

第二天,戴威去国贸见了朱啸虎。他并不知道朱啸虎是谁,只觉得他语速很快,问题犀利,更重要的是他开口就要投1000万元。

戴威在跟合伙人在国贸的地下商场讨论时"百度"了一下,才知道原来朱啸虎投资了饿了么和滴滴,于是转身上楼就把字给签了。

滴滴是最早发现共享单车这个风口的。早在2015年11月,就有滴滴数据实验室的工作人员登门考察ofo,滴滴创始人程维还专门安排同事做了两周多的单车市场调研。滴滴对ofo感兴趣不是没有原因的,二者同属出行领域,滴滴无法解决"最后一公里"的问题,而ofo恰好可以。

而且共享单车的出现,意味着这个巨大的线下流量切口每天都要带走滴滴"最后一公里"的几千万流量,对滴滴的影响甚大。

朱啸虎投资ofo后又给戴威介绍了程维。程维的滴滴也很快成为ofo的重要股东,朱啸虎和程维真的是相互成就。

而对戴威来说,他的"朱啸虎"是维猎资本的肖常兴。

2014年11月,结束支教生活从青海回到北京大学攻读经济学硕士的戴威,出于对骑行的热爱,开始和朋友酝酿一份"自行车事业"。很快,ofo骑游诞生——一个深度定制化骑行旅游项目:骑车环游阿里山和青海。靠这个项目,戴威从北大师兄维猎资本的肖常兴手里拿到了100万元天使投资。

ofo骑游原本是个小众项目,但戴威拿到融资后却在几个旅游城市"烧钱"做起补贴,而且出手十分大方——注册新用户,别人送矿泉水,他送脉动。

靠着补贴,ofo积累了不少用户,但不到两个月,钱就花光了。没有新的投资人进来,公司账上只剩下400元钱,连工资都发不出来,项目就此夭折。

这是戴威人生中少有的几次失败中的一次。1991年出生在安徽宣城一个高干家庭的戴威,一直是"别人家的孩子":自小当班长,学习成绩稳居班里前三,就连踢球,踢的都是最重要的中场位置。进入北大后,他又从院组织部部长升任为校学生会主席,可谓一路顺风顺水。

习惯了成功的戴威,不甘心就此放弃。他反思项目的失败,得出结论:创业必须解决实实在在的问题,要击中真实痛点。已经丢了四五辆自行车的他灵光乍现,想到了做共享单车。

没钱没资源怎么办?他再次找到肖常兴,对他说,"我自筹了100万元,还差100万元,你能不能帮帮我?"肖常兴虽然不太看好这个项目,但还是给了他100万元。

与此同时,他和合伙人张巳丁、薛鼎熬夜写了一篇题为《这2000名北大人要干一票大的》的宣言,呼吁2000名北大师生贡献出自己的自行车。这2000人共同拥有自行车的免费使用权,而其他同学则需要付费使用。

2015年9月7日,ofo共享单车正式在北大校园上线,第一天就收获了200多个订单,1个月后日订单量成功突破3000单。

2015年10月,戴威第二次从肖常兴手里拿来的100万元也烧光了。他第三次找到肖常兴,故技重施:"我们筹到了250万元,还差250万元,你能不能借给我?"后者很爽快,又给了他250万元。不同的是,戴威这次的确自己筹到了另外的250万元。

与戴威从肖常兴手里拿到第一笔100万元差不多时间的一天晚上，胡玮炜在国贸附近的一间咖啡馆里见到了易车创始人李斌——她打算向后者引荐汽车设计师陈腾蛟。当时陈腾蛟正打算创业，做一款颜值高、智能助力的单车。

不过李斌对个人单车不感兴趣，他觉得不如做一个能手机扫码开锁，随处借、随处停的单车，为用户解决"最后一公里"的需求。名字他都想好了，就叫Mobike（摩拜单车）。

陈腾蛟对这个主意不置可否。于是李斌转向胡玮炜："要不你干得了？"

听到李斌这个主意，胡玮炜有种被击中的感觉，她觉得这件事太酷了，一定要做。但她希望陈腾蛟也能参与进来。

这一年胡玮炜32岁，已经步入社会多年，但突然操盘这么大一件事，她心里还是有些发怵，毕竟自己没有任何过人的履历。胡玮炜毕业于浙江大学城市学院，之后辗转多家媒体担任汽车记者。大半年前，她辞职创办了汽车新媒体"GeekCar"，但没激起多大的浪花。做共享单车，她需要一个强有力的帮手。

在胡玮炜的构想中，摩拜单车要能经得起风吹雨打，4年不用维修。陈腾蛟虽然答应加入，但他对这个项目的难度心知肚明，很快他就带着一支设计团队离开了。

近乎苛刻的条件不仅吓跑了陈腾蛟，也吓退了几乎所有的自行车生产商。没有哪家自行车生产商愿意给胡玮炜生产4年不用维修的自行车。胡玮炜一时间陷入了孤立无援的境地。

这时候，一个叫王超的男人出现了。王超是开云汽车的CEO，他和胡玮炜是在"GeekCar"的小院派对上认识的。他被后者大胆的想法所打动，决定施以援手，在工作之余帮忙设计摩拜单车。

2015年夏天，王超为胡玮炜带来了手工打磨拼合而成的单车模型。这款单车采用的实心轮胎，不用打气就能维持饱满状态，也不会被扎破。考虑到车轮到使用寿命之后需要更换，如果将来有几十万辆单车，工作会十分繁重，王超便借用了汽车轮胎的设计，让车胎套在一种坚固的轮毂上，轮毂中心拧上五枚螺丝就能扣到单车的一侧，就此造出了两只轮子全靠在车身右侧的单车。这便是第一款摩拜单车的原型。

设计有了，可问题依然没有完全解决。一方面，胡玮炜在前几代设计中已经用完了李斌给的 500 万元投资；另一方面，没有自行车生产商能够生产王超设计的这款单车。对第一个问题，胡玮炜想到的办法是以个人名义借高利贷。这虽然算不上好办法，但总算解了燃眉之急。而第二个问题着实让她有些束手无策。

这时，李斌及时出现了，他给胡玮炜带来了愉悦资本创始人刘二海。刘二海虽然对胡玮炜能不能"把这事弄起来"抱有疑虑，但出于对李斌的信任，同意投资数百万美元。他对李斌说："这项目要往前走，你还得多花点时间。"

不久，李斌又撮合了前 Uber（优步）高管王晓峰出任摩拜 CEO。王晓峰有近 20 年的高管经验，加入 Uber 前曾任职于宝洁、谷歌、腾讯等国际知名企业。

王晓峰加入摩拜后干的第一件大事就是自建工厂，解决单车的生产问题。他找到了无锡一处荒置的工业园区，跟人讨价还价，按月付租金，逐步买设备、建产线、招工人。

2016 年 4 月，摩拜单车几经波折后终于成功量产，并进入第一个城市——上海开展运营。未来共享单车领域的两大"独角兽"至此悉数登台。

李斌帮摩拜单车找钱、找人、找资源，朱啸虎也为 ofo 找了真格基金和滴滴的联合创始人王刚接棒。

朱啸虎还给戴威介绍了腾讯投资的合伙人夏尧，两人一度聊得非常愉快，腾讯投资部甚至已经安排了 ofo 的投委会。然而，关键时刻夏尧和戴威却在要不要入城的问题上产生了分歧。此时 ofo 的校园模式已经基本跑通且开始盈利，戴威认为延续之前的模式就很好。而夏尧坚持，入城才能有更大的发展空间。几番争论无果后，两人不欢而散。

不久，腾讯转身投资了摩拜。

不过，彼时戴威对此或许并不关心。因为在摩拜完成1亿美元C轮融资的前几天，ofo也宣布了C轮融资的消息，而且金额更高。更重要的是，融资时的火爆场面给了他足够的底气和信心：额度分配几乎在两三天内就决定了，凡是当时来不了北京的，都没分到额度。

在这轮融资中，元璟资本是第一个给出白纸黑字投资协议的机构，然而负责这个项目的合伙人刘毅然只不过去新加坡出了一趟差，滴滴就抢先拿下了ofo的董事会席位。

为了获得ofo董事会的一票否决权，程维承诺滴滴不但给钱，还会提供其他支持和资源。一方面条件丰厚，另一方面戴威感念程维曾经借给自己500万元，便欣然答应了。他万万没想到，这个"一票否决权"日后竟然给了ofo最致命的一击。

身为滴滴大股东，并向滴滴提供了宝贵的微信流量入口的腾讯，没有一起加码ofo，而是转身投资了摩拜单车，这多少有些出人意料。腾讯在投资摩拜单车这件事情上一直十分犹豫。早在一年前，李斌就向马化腾演示过摩拜单车，但马化腾担心摩拜单车投放出去后会被偷，没有出手投资。即使后来决定参投摩拜的C轮融资，腾讯也是在靠后阶段才入场的。而更晚的IDG、GGV（纪源资本）和北极光创投则根本没挤进来。

在僧多粥少的局面下，很多挤不进摩拜单车、ofo融资的资本只好转而扶持区域性的共享单车品牌。一时间，国内涌现出了诸如小鸣单车、小蓝单车、优拜单车这样的二三线共享单车品牌，颇有几分百花齐放的态势。由于每个共享单车品牌选用了不同的涂装颜色，业内一度调侃"颜色快不够用了"。

眼看资本哄抢不同颜色的共享单车，阿里巴巴自然也坐不住了。不过它最开始并没有投资初创公司，而是选择了扶持一个更强有力的帮手——永安行。

永安行是自行车行业里的一个老玩家，它在全国400多个城市投放了超过200万辆自行车，政府公共自行车项目背后几乎都有永安行的身影。不过和摩拜单车、ofo等不同，永安行最早投放的是有桩公共自行车，直到2016年11月，才正式进入无桩共享单车领域。

按照阿里巴巴的设想，永安行有成熟的产品经验和市场积累，只需要把有桩公共自行车换成无桩的共享单车，就能迅速完成市场覆盖，远比扶持一家初创公司要快得多。

不过它的如意算盘很快就落空了。2017年3月27日，永安行第二次递交IPO申请。招股书中，永安行宣布暂时停止对"共享单车"赛道的投入。原因很简单，对于希望在A股上市的公司来说，核心永远是盈利，"烧钱"是大忌。

计划落空后，为了不错失共享单车这个巨大的线下流量入口，阿里巴巴旗下蚂蚁金服迅速对ofo进行了战略投资。事实上这次投资早有端倪，融资消息公布的前1个月，ofo就宣布与芝麻信用达成战略合作，上海地区芝麻信用分650分以上的用户可通过信用授权免押金使用小黄车。

哈啰单车也出现在2016年，由连续创业者杨磊联合李开逐、韩美、江伟等人共同创立。阿里巴巴是哈啰单车的重要投资者。

和ofo等不一样，哈啰单车在一开始就探索免押金模式，也因此避开了一个大坑。据统计，哈啰单车免押金用户总数达到了数千万人，免押金总额高达29.8亿元，而其目标是辐射1.6亿名骑行用户，免押金总额超过300亿元。

哈啰单车的免押金模式，并不是一个轻松的决定。做出这种决定，意味着把数百亿元本可以轻松流入哈啰单车押金池的现金，留在了消费者的口袋里。

共享单车的押金池是一个非常敏感的话题。

即使是这个行业靠前的几家头部公司，也不止一次传出未经证实的"挪用押金"传言。现实中，某品牌共享单车用户排起长队退押金的照片在互联网上广泛传播。

所以，杨磊认为，押金就是消费者使用共享单车最大的痛点，也是在市场壁垒已经很高的情况下，哈啰单车最重要的赶超机会。

用目前很流行的定位理论来分析就不难发现，哈啰单车正是通过"免押金"把哈啰单车"最在乎消费者的体验"这个概念深深地植入消费者的心智，从而获得消费者的高度认可。

随着腾讯、阿里巴巴分别入局摩拜单车、ofo，共享单车市场基本确立了"两超多强"的竞争格局。

摩拜单车和ofo最初在产品设计思路上有很大不同，这跟两者的基因有关。

由于期望实现"前期高投入、后期免维护"的效果，摩拜单车一开始采用的是实心胎和轴传动，车身重量达25千克，不仅造价高昂，用户的骑行体验也有所欠缺。同时，因为一开始面向的就是开放的城市场景，摩拜还装有内置GPS功能的智能锁。这些特质带来的结果是，摩拜单车的丢失率和故障率较低，但也很难快速扩张。

诞生于校园的ofo单车的最初形态与普通自行车相近，成本较低，可方便快速、大规模投放。其初期骑行体验优于摩拜单车，但运营一段时间后车辆折旧很快，以至于很多城市的地铁站口摆满了ofo单车，却没有几辆是能用的。

同时，由于采用的是普通机械锁，用户在使用ofo单车的过程中有很多漏洞可钻，记住密码、免费蹭车已成为公开的秘密。而且，缺少GPS功能导致无法精准定位破损车辆，无法为运营团队提供支持，也无法积累用户骑行大数据。从长远来看，ofo的商业价值有所欠缺。

关于两种模式孰优孰劣，马化腾和朱啸虎在朋友圈有过一场著名的辩论。但事实证明，这样的争论毫无意义。因为随着热钱入局，2016年摩拜单车和ofo纷纷按下了加速键。摩拜单车为了快速扩张、抵御ofo的冲击，开始采用更加低成本的设计方案；ofo也研发智能锁补齐了短板，两者殊途同归。

产品同质化后，共享单车市场的竞争逐渐演变成了一场规模和运营的较量。所有共享单车品牌都在疯狂地投放单车，进行市场卡位。大量单车投放的背后，是熊熊燃烧的资本。

体育创业者群像

暴风给自己买了一颗"雷"

2016年是世界杯年，体育创业也在这一年掀起波澜。

这一年，暴风体育和暴风影业先后成立，冯鑫开始了以小博大的豪赌，他的目标是拿下市值10亿美元的MP&Silva（简称MPS）。这家公司从2004年创立便拿下了意甲（意大利甲级联赛）的全球媒体转播权，并跟英超（英格兰超级联赛）、法网（法国网球公开赛）等国际赛事有长期版权合作，在当时看来是非常优质的体育资产。

当时暴风本身没有足够的资金，于是冯鑫在2016年2月联合光大证券一起成立了上海浸鑫投资基金，向包括招商系在内的诸多LP（有限合伙人）募集接近50亿元，收购了MPS的多数股权（有说法是65%左右），成为MPS的最大股东。

各家之所以愿意出钱帮助暴风收购MPS，主要原因就是冯鑫答应了"兜底"条款。

当时约定，暴风在一年半内完全接盘MPS，上海浸鑫投资基金完全退出，各家出资方也拿钱退场。这样，预计各家会拿到15%左右的投资收益，而暴风则能得到MPS这项"优质"资产。

打一个不恰当的比方，这就好比冯鑫要收购MPS，以15%的利息向各家银行借钱，承诺一年半后还清本息。

然而，现实是到了约定时间，暴风无力偿还。作为这场"收购局"的组局者，冯鑫自然也要承担连带责任。

按理说不用太过担心，毕竟浸鑫投资基金还持有 MPS 的大多数股份，仍然还有偿还能力。然而就在此时，MPS"暴雷"了。

事实上，在冯鑫收购 MPS 之时，这就是一桩不被看好的收购案。

MPS 虽然拥有意甲、德甲（德国甲级联赛）、英超、法网等众多国际顶级赛事版权，但大多数版权却是 2018 年就到期的。如果暴风能够在收购后及时变现，那还能有一些盈利，但是暴风此前积累不足，并没有做到这一点。

另外，MPS 作为一家体育版权公司，本身最核心的资产是人脉。如果拥有体育圈核心人脉的高管离职，后面的人是没有能力继续获得各大国际赛事转播权的，其中核心人物就是 MPS 的创始人安德烈·拉德里扎尼和里卡多·席尔瓦。

冯鑫在收购 MPS 的时候既没有把两人签下，又没有跟两人签订竞业协议，这就导致两人在失去公司控制权后迅速套现离场，并且成立了新公司 Eleven Sports 与 MPS 竞争。事实上，两位创始人走后，MPS 已经成了空壳公司，中国人根本无法接触到当地体育圈的核心人脉。

次年 8 月，MPS 因欠意甲 4400 万美元版权费、德甲 1000 万美元版权费、法网 500 万英镑版权费被起诉，并且被英国法院判定破产清算。

那一刻，冯鑫用 50 亿元收购的公司化为飞灰，只剩下一身债务。

在 MPS 被起诉的时候，冯鑫在暴风集团订阅号上发文做了一次深度复盘。他在文中说："暴风走到今天这个地步，我不怪团队，不怪 A 股的环境，不怪任何一个债务人，也不怪任何一个帮我做业务的人，99.99% 还是要怪自己。"

冯鑫将所有的责任都揽到自己身上的同时，表示已经开始做切割，试图将暴风集团这个上市公司及暴风 TV 与他本人切割开来。然而，从后来的情况看，一切都已经来不及了。

从暴风上市到败落，冯鑫没有兑现过任何股份，即使是股权质押的钱也只有很少一部分用来贴补家用,其他的都用于公司发展。

在冯鑫出事前1个月,本书作者在中关村的创业博物馆见到过他。当时他本来应该是"暴16"发布会的主讲人,但是他上台后却只三言两语讲了几句便匆匆离去。他在发言中说"要把最简单纯粹的播放器还给大家",语气相当意味深长,仿佛在说"要把最简单纯粹的自己还给大家"。

乐视体育的风光瞬间

冯鑫和贾跃亭同是山西人。冯鑫之所以重仓体育,很大程度上是因为乐视体育的风光。

乐视体育一开始就是含着金汤匙诞生的。刚一成立,贾跃亭在其妻子、知名演员甘薇的助力下,邀来孙红雷、刘涛、周迅、王宝强等11位明星做乐视体育的股东。这一招贾跃亭在做乐视影业的过程中也曾用过,当时他就请到了包括张艺谋、郭敬明、黄晓明、陈坤等在内的一众导演和明星。

一方面靠强大的明星背书,另一方面靠乐视电视的成功及乐视网高估值的佐证,乐视体育很快就拿到了8亿元的A轮融资。万达集团、云锋基金、普思资本、天弘基金等众多国内顶尖财团都是其投资方。

2016年,乐视体育拿到了建银国际的投资意向书,海航、中泽文化、体奥动力等多家机构也开始争投乐视体育,前文提到的众多明星投资人也相继跟投,乐视体育最终拿到了80亿元的总投资额,公司估值也暴涨到了215亿元,乐视体育迎来高光时刻。

在庞大资本的加持下,乐视体育开启了豪夺版权之路,不仅以13.5亿元的价格拿下中超(中国超级联赛)版权,狂揽亚冠(亚洲联赛冠军杯)、英超、意甲、ATP网球等一线赛事版权,甚至连各种摩托车赛、自行车赛、骑牛赛等小众赛事版权也统统拿下了。

当时的乐视体育堪称毫无疑问的版权帝国,其高管甚至说过一句话:"不管你喜欢什么,在乐视体育的平台上,一定能找到想要的内容。"

在公司极速扩张的同时,员工人数不断膨胀。当时乐视体育从各大体育单位挖来大量人员,经常给出两倍以上的薪水,与此同时赞助了北京国安队,甚至出资将五棵松体育馆命名为乐视超级体育中心。

后来虎扑差点成了乐视体育的接盘侠。当时贾跃亭跟虎扑创始人程杭讨论过合并。贾跃亭告诉程杭,自己愿意把乐视所有的体育资源都拿出来和虎扑整合成一家公司,由程杭出任 CEO。

程杭本来也是愿意接受的。从本质上说,版权收购的生意仍然是低买高卖,腾讯之所以能出巨资购买 NBA 版权,是因为庞大的平台变现能力,乐视体育在这方面显然能力不足,但对虎扑来说,这些版权拿到后它能充分变现。

程杭心里盘算着,合并之后可能会是一家市值一两百亿元的大公司,这定是一番轰轰烈烈的大事业。

不过就在此时,乐视"暴雷"。2016 年 11 月 10 日,乐视成立 12 周年之际,贾跃亭发布内部信《乐视的海水与火焰:是被巨浪吞没还是把海洋煮沸?》,一定程度上承认了乐视的资金问题,并且号召全体员工"同路狂奔,梦想连海洋也能煮沸"。

这封信本来是要鼓舞员工,结果不但没能激励员工,反而让各家供应商开始挤兑乐视,贾跃亭就此远走他乡。

程杭赶紧放弃了合作,用他的话说就是"君子不立危墙之下"。

虎扑也相中了体育 IP

也是在 2016 年,虎扑走上了打造体育 IP 的道路。

虎扑创始人程杭告诉本书作者,他认为抖音、今日头条都不是社区,如果从字节系内部找的话,只有内涵段子才算是社区。

在他看来,社区不但应该是一个重复获客成本较低的流量平台,还应该是一个有共同兴趣的人群的集合，应该有自己的社区文化。

另外，程杭并不认为虎扑是"直男文化"。他给出的说法是"大学男生宿舍文化"，或者叫虎扑的"烧烤摊文化"，并且为本书作者做了一个极具画面感的描述："虎扑就像是一个烧烤摊，我们的工作就像是一个看烧烤摊的。有比赛的时候人就多一点，没比赛的时候人就少一点。不过大家闲着没事的时候，也会过来喝喝啤酒、吃吃烤串，有球聊球，没球聊女神，聊其他事情，大家就是喜欢聚在这里。"

爱篮球、爱烧烤、爱啤酒，没事还喜欢聚在一起聊天，从这段描述来看，虎扑真的是太符合"直男"人设了。

程杭本人就是十足的篮球爱好者，当初选择去芝加哥读书就是因为那里有非常好的球迷文化。

时间回到2004年，当时还在美国西北大学攻读机械博士的程杭发现国内看NBA资讯的地方太少，只有四大门户网站和央视五套会有一点篮球资讯，广大球迷的需求无法得到满足。

程杭便花了200元租服务器，做了一个名为hoopCHINA的篮球论坛。虎扑一词就是hoop（中文意为篮筐）的音译。不久之后，程杭在BBS论坛上结识了还在深圳读大三的杨冰，两个人开始了创业之路。

杨冰对本书作者回忆了那段经历。当时才18岁的他正是重度球迷，每天通过网络和程杭远程沟通，身边的人都不知道他在干什么，甚至还有人以为他在网恋。

这种状态一直持续了两年时间。两人一直到2006年才在线下正式见面，那时候虎扑已经有了每天100万人次的访问量。

虎扑的成名之战也是在2006年。当时中国第一位进入NBA的篮球运动员王治郅因事滞留美国，所有中国篮球迷的心都被牵动。就在此时，虎扑上的某用户独家跟进了王治郅的最新消息，甚至包括其回国的详细日期，准确程度超过了其他媒体。

当时很多人怀疑程杭在王治郅团队内部有眼线，但是很多年后程杭回应这件事时予以否认。他推测，当时那个用户很可能是王治郅的妻子，甚至就是王治郅本人。

虎扑在运营上很出色。程杭为了保证有新鲜、准确、持续的深度内容，便采用了众包翻译的方式。所谓众包翻译，简单来说就是虎扑上的版主和资深用户一起选出国外的新鲜资讯，然后由虎扑出面寻找网友翻译。

因为担心翻译人员出现强烈个人倾向——这在球迷圈中非常常见，程杭坚持将原文贴在翻译下方。众包翻译带来了一大批高质量讨论帖，虎扑的社区凝聚力渐渐形成。也就是在这一时期，虎扑有了自己的原住民——JRs。

JR这个词原本起源于被视作虎扑"师父"的猫扑。虎扑崛起后，大量篮球爱好者将这个猫扑的"梗"直接带到了虎扑。JR的含义也相当有"直男"气质，所谓"互怼的时候是'贱人'，抱团的时候是家人"，后缀s在英文中代表复数。

早期程杭的梦想是使虎扑成为搜狐、新浪、网易级别的门户网站。尽管有足够多的深度内容，但是因为太过垂直，它始终只是一个小而美的网站。

2008年的一件小事让程杭发生了转变。当时耐克签约著名NBA球员勒布朗·詹姆斯，希望在上海寻找一些打篮球的孩子帮忙做线下宣传，但是负责的营销公司竟然用了1个月时间都没找齐，只好让虎扑帮忙。

程杭在虎扑上只用了一天时间就完成了这个任务，这让他意识到了虎扑在体育这个小众圈层中的影响力。他将虎扑定义为一家利用互联网手段实现综合性体育营销的公司。

程杭对本书作者阐述了他对社区变现的理解。他认为，像虎扑这样的社区可以理解成一块土地，在上面可以建餐馆，建理发店，建卖鞋、卖衣服的商店，但是到底适合建什么，这是公司需要探索的。

2008年前后，虎扑先后对游戏、电商、穿搭等多个方向进行过探索，甚至还做过卖给学校、体育场、俱乐部的智能硬件，帮助学校建立智慧体育课堂。

2016年，虎扑向上市发起冲击，正式向A股递交了上市申请书，期间还曾试图借壳ST亚星上市，但是因为合作没有谈拢，最后借壳失败，并在2017年撤回了IPO申请。

程杭还参加了湖畔大学的第二期课程，在马云的熏陶下重塑了价值观和使命感。

程杭告诉本书作者，他和自己的企业家同学们在上课之前，以为讲的都是怎么把产品做好、怎么赚钱变现、怎么上市，但是在上课之后发现，讲的全是组织发展、人才梯队、组织建设。这些东西让程杭觉得汗颜，以至于他这位留美博士都自贬为"土鳖"："真正优秀的企业家骨子里有些共性的东西，我们这帮'土鳖'原来没有意识到，我们必须反思前几年我们都在做什么。"

虎扑做路人王也是被NBA逼出来的。尽管虎扑是中国最大的篮球社区，但是NBA对虎扑并不友善。直到现在，虎扑上也不能放NBA的正规Logo，否则就会收到对方的律师函，以至于虎扑上湖人队的Logo处放了一个难看的黄色Logo。

虎扑从2016年开始在全国举办以"篮球单挑"为核心的城市选拔赛，并且打出了"不做键盘侠，我行，我真上！"的口号。在各种短视频的加持下，比赛的影响力越来越大。现在很多中国年轻篮球爱好者的崇拜对象从原来的NBA球星，变成了一个个的单挑路人王。

与此同时，虎扑也加紧了电商布局，识货、毒等在之后几年成为受人瞩目的电商领域的"独角兽"。

咕咚的生态和Keep的"从软到硬"

2016年，咕咚创始人申波决心要打造运动生态系统。

这一年，咕咚也迎来了自己的高光时刻，完成了C轮融资，吸引分众方源体育基金、海纳亚洲、软银中国资本等机构投资了5000万美元。

在此之前，咕咚本来是一家主要做智能自行车、智能健康秤的硬件公司，后来转向平台，并在 2014 年完全放弃硬件，全面转向移动互联网，成为运动领域的"独角兽"。

到 2016 年，咕咚已经积累了 7000 万名用户，对于如何变现，申波看得很清楚。他认为，放弃硬件，就是把所有的敌人都变成朋友，咕咚未来将会凭借生态优势，帮各家运动硬件厂商一起卖货。

如果说从硬件到软件变现的是咕咚，那么从软件到硬件变现的则是 Keep。

2016 年 8 月 16 日，Keep 创始人王宁在公司办了一场庆祝会。在一年半的时间内，Keep 拥有了 5000 万名用户。之前实现这一成绩的都是微信、陌陌等泛社交 App，而 Keep 作为运动领域的垂直 App 竟然也做到了这点，确实是个奇迹。

Keep 和它的创始人一样年轻。"90 后"王宁大学刚刚毕业就开始创业，他受自己减肥经历的启发，选择了运动健身作为方向。

之前在猿题库实习的时候，王宁认识了时任猿题库产品经理彭唯，于是说服其成为自己的第一位合伙人，并且很快得到了泽厚资本许民 300 万元的天使投资。

这一时期，王宁关于体育健身的创业想法得到了很多投资人的认可。之前一年的相关数据显示，美国体育产业总产值占 GDP 的比重为 3%，而中国只占 0.6%。对于拥有如此庞大人口基数的国家来说，体育产业的发展潜力巨大，这在当时几乎是投资圈的共识。

王宁自身的减肥故事也打动了贝塔斯曼的投资人龙宇和汪天凡。在 Keep App 上线前，王宁就已经拿到了 A 轮 500 万美元投资。

Keep App 上线后，因为前期的"首席内测官"和"埋雷计划"运营极为顺利，在 100 天的时候用户数就突破了百万人，在 300 天的时候用户数突破了千万人，成为运动 App 中的头部产品。

Keep 的变现之路是从线上到线下。除了广告收入，Keep 的商业化方向一个是体育服务，另一个是智能硬件。不过从后来的结果来看，这两个方向的变现都不太顺利。

　　本书作者认为,中国互联网体育公司面临的最大难题仍然是变现。美国的ESPN(娱乐与体育电视网)之所以能够花费巨额资金购买赛事版权,其基础在于美国近9000万个付费家庭用户基本上覆盖了美国的绝大多数人口。而中国显然不同,即使乐视耗费巨资拿下所有版权,其获得的用户也仅为1220万人左右。不同的体育文化决定着不同的用户消费习惯,每一家互联网体育公司都必须认真对待这个问题。

2017年
增长黑客

引子

2017年是推荐引擎得到广泛应用的一年,是短视频应用开始成为主流应用的一年,也是增长黑客开始流行的一年。

2017年是新一代互联网公司再度破圈的一年。从这一年起,最右、即刻、抖音、知乎及小红书都成为热门综艺的常客,巧合的是,这些玩家同时也是推荐引擎的积极践行者。借助更广泛的媒介,利用更好的技术,挖掘更好的内容,形成更高的效率,拓展更宽的边界,成为新玩家们在新的创新周期里不约而同的选择。

2017年也是下沉市场开始被充分挖掘并成为用户增长主战场的一年,除了先行者快手,趣头条和水滴筹都在这一年大步向前。当然,这一年最闪耀的是拼多多,并由此产生了一个拥挤、热闹而又纷杂的社交电商新赛道。

2017年也是腾讯和阿里巴巴围绕用户增长继续自我进化的一年。腾讯围绕《王者荣耀》开始锁定游戏直播赛道，接连在2016年和2018年分别控股了斗鱼和虎牙，在抢占用户时长的同时影响用户的心智；阿里巴巴则以盒马鲜生为排头兵，形成与用户在线下更多的连接，以强化自己"线上线下、多快好省"的商业服务首选的用户认知。

2017年是创新公司在移动互联网下半场棋至中盘、流水争先的一年，也是未来的超级大公司开始登上舞台的一年。

抖音崛起

岳云鹏推了抖音一把，火了

2017年春节后，抖音的内容运营佳靓在其他视频网站看到大量打着抖音水印的视频，主要是"搓澡舞"挑战视频。团队觉得，抖音要火起来了。

2017年3月13日，知名相声艺人岳云鹏在微博上被抖音运营人员一再"艾特"。岳云鹏查看后发现一名ID为"岳云云"的模仿者学习自己的搞笑动作并发布了短视频，岳云鹏转发了这条抖音视频。之后该内容获得上千次转发、近十万次点赞，抖音的百度指数上升了2000点。作为微博粉丝数超过1000万名的"大V"，岳云鹏的这次转发也将抖音带到了大众视野中。

2017年4月，在"搓澡舞"之后，抖音运营人员又趁势策划了魔性歌曲挑战"我是一只猫"，一时之间全网都是"我是一只猫"的搞笑短视频。抖音进入用户爆发增长期。

2017年5月，抖音日活从年初的30万人达到百万人。也就是在这个时候，字节跳动加大了对抖音全方位的营销投放力度。

2017年7月，抖音以2500万元赞助《中国有嘻哈》，获得"本节目由抖音赞助播出"的口播、节目版面标识，以及插播广告的权限。与此同时，抖音推出了"中国有嘻哈battle赛"活动，并发布"抖音×中国有嘻哈"广告短片，将这档现象级综艺的影响力利用到了极致。

除了《中国有嘻哈》，抖音还赞助了《明星大侦探》《我们来了》《中餐厅》《快乐大本营》《大学生来了》《高能少年团》《我想和你唱》《天天向上》《明日之子》《开心俱乐部》等综艺节目。

不仅是赞助综艺节目，字节跳动还在线上线下全方位地投放广告。

2017年7月14日，"世界名画抖起来"和"找啊找啊找爱豆"等活动火爆朋友圈；7月20日，鹿晗新歌《零界点》在抖音发布；9月2日，抖音在北京举办"抖音iDOU之夜"；9月18日，抖音在各大院校举办"抖音校园新唱将"活动。

在源码资本曹毅的推动下，张一鸣邀请了自己在微软亚洲工程院的老领导、刚从金山软件CEO位置上退休的张宏江博士担任字节跳动的合伙人，并请来张宏江当年在微软亚洲研究院的同事、时任微软亚洲研究院副院长，也是世界知名的音视频搜索领域AI专家马维英加盟。马维英的团队早在2006年就开始了音视频搜索和推荐方面的研究，是全球最早在这个领域展开研究的团队。马维英团队的技术与字节跳动原有的推荐技术结合，极大地提升了抖音的技术实力。

与此同时，OPPO和vivo在2017年前后的快速崛起，也对抖音的流行助力良多。OPPO主打拍照，vivo主打音乐，两者的用户都与抖音用户高度重叠。在CTO杨震原的带领下，字节跳动的技术团队针对OPPO和vivo主推的大屏幕和音视频体验进行了诸多技术上的优化，正好赶上了OPPO和vivo在2017年夏天的起量。

"OV"是OPPO和vivo两家手机公司的简称。这是两家公司，但因为有共同的股东、几乎一样的利益分配机制和组织结构、一样的审美、一样的营销套路,所以经常被划分在一起。"OV"在功能机时代曾经风靡一时,但在整个中国智能手机从 2G 时代到 3G 时代切换的几年里表现平平,给了小米等互联网时代的手机公司成长的机会。在从 3G 时代到 4G 时代切换的时候,"OV"打了一个漂亮的翻身仗,成为下沉市场里最大的赢家。[1]

天时、地利、人和是需要共振的。抖音在 2017 年夏天的爆发是意料之外情理之中的。

关于抖音的快速成长,有一个段子。抖音日活破百万人的时候,总裁办公室给张祎、王晓蔚、李简、纪明、佳靓等年轻团队成员送来两瓶酒,以表彰他们的成绩。这群年轻人非常自信,表示要等日活破 500 万人再喝。然而,抖音日活破 500 万人的时候大家太忙,于是又改成了破 1000 万人再喝。这两瓶酒现在还留在抖音的办公室里,因为日活破 1000 万人之后,抖音一骑绝尘,任何数字在这个年轻团队看来,似乎都能实现。

虽然 2017 年夏天,抖音的日活才刚刚以千万人计,看起来似乎与当时日活已经近亿人的快手不在一个量级上,但要知道,抖音在 2017 年年初的日活起点是 30 万人,半年时间就增长了几十倍,抖音所表现出的高增长态势几乎是不可遏制的,这也让字节跳动看到了抖音的战斗力。

在此之前,字节系的短视频应用西瓜视频、火山小视频、抖音联

---

[1] "OV"崛起与中国移动在 4G 时代的深度绑定关系颇大,中国移动在 3G 时代受制于牌照,其实只是 2.5G,所以难以充分发力。但 4G 时代来临时,中国移动决定要打翻身仗。中国移动的撒手锏是挥舞巨额补贴与社会力量一起在三四线城市开专卖店,而"OV"当时已在三四线城市运营多年,也想在 4G 时代打翻身仗。加上产品本身定位就是面向三四线城市的青年,于是与中国移动一拍即合,在整个下沉市场,"OV"混得风生水起。相对来说,华为当时的重心是高端市场,小米因为 3G 时代与运营商合作得并不顺畅,因此对与中国移动合作并不积极。同时,小米本身在 2016 年前后受制于周光平团队,在供应链和产品等方面进展不顺,无暇下沉。

手围剿快手，各条线并行发展。在此之后，字节跳动开始"all in"抖音这一个产品，对其的投入激增，超过了火山小视频和西瓜视频的投入总和。抖音与快手的战争正式打响。

面对抖音，快手开始去"佛系"

在抖音忙着赶超快手之时，快手也没有闲着。快手在 2017 年 3 月获得由腾讯领投的 3.5 亿美元，到 2017 年 11 月，日活突破 1 亿人，总注册用户突破 7 亿人，仍然占据短视频领域的头把交椅。

这时候的快手已经有了强烈的危机感。一个比较明显的标志就是，这个从一开始就没有对结构做太大改动的"佛系"公司组建了内容运营团队，快手搜索栏的标签页中出现了"内容精选"。

快手内容运营的地位一直在逐步提升，他们通过组织活动和话题，选出相同主题的内容，组成搜索页内的话题标签。2018 年春节期间，快手甚至和《人民日报》联合主办了"拍拍你家乡那条路"视频征集活动，以影响和激活更多用户。

2018 年的春节可以被视为抖音与快手决战的开始。整个 2 月，双方在春节节目赞助、答题抽奖、热点营销等多个方面开战。抖音的活动运营无疑是非常优秀的，"C 哩 C 哩舞""海草舞""手势舞"的"洗脑"配乐，在整个春节期间似乎就没有停止过。

历史总是如此惊人的相似。同样是在 2018 年 2 月，继 2014 年微信支付"偷袭"支付宝之后，抖音再次上演了一场经典的"红包偷袭战"。

2018 年春节，字节跳动邀请了大量的明星在抖音上给观众发红包。当然，钱肯定是字节跳动出的。

如果你在那时候还不是抖音用户，应该会有这样的体验：你会在朋友圈、微信群或明星微博下面看到一段邀请码，写着"××明星正在发红包，快去抢"。于是你复制了邀请码，下载了抖音，然后就拿到了几块钱红包。你正要离开，这时候无意看到了自动播放的抖音视频。你犹豫了 1 秒，心想反正这个视频也很短，看一眼是怎么回事。注意，就是你犹豫的这 1 秒，结局已经注定。

抖音一直在蛰伏、在打磨产品，它没有像火山小视频那样花钱买头部作者，没有像美拍那样邀请明星创作，而是花了很长时间打磨自己的产品，形成了自己的精致调性。抖音的每个视频都很短，极尽可能地将情节浓缩在短短 15 秒之内，让用户的大脑迅速分泌多巴胺，然后切换到下一个视频继续如此。

这样的产品注定会被红包点燃。在短短的 7 天内，抖音日活从 3000 万人增长到 6200 万人，增长超过了之前的总和。

这场"战争"的结果是抖音彻底翻盘。抖音在公司内部"夺嫡"成功，成为字节跳动挑战快手的头号种子选手。在公司外部，它也对快手形成了极大压力。

移动互联网商业智能服务商 QuestMobile 发布的数据显示，在这次春节期间，拥有更多用户基础的快手月活增长仅为 1000 万人，而抖音的月活增长比它多了 2000 万人，快手的霸主地位开始动摇。春节后的 2 个月，抖音、快手的日活线开始接近。到了 4 月，抖音的日活已与快手处于同一级别，并在日均使用时长上超过快手。

这场赛道霸主的宝座争夺战事实上在这 3 个月里就已经打完了。此后抖音一路狂飙，至 2018 年年底，抖音日活为 2.5 亿人左右，而快手只有 1.6 亿人左右。

抖音在春节期间的成功让互联网巨头们看到了机会，腾讯微视、百度 Nani、阿里鹿刻、微博爱动小视频争相发力。2018 年 4 月，微信对抖音、快手、火山小视频、西瓜视频、微博、秒拍在内的一众短视频的链接做出限制，矛头直指字节系短视频应用。

2018 年 5 月 5 日，张一鸣在庆祝抖音成功的朋友圈里发文称："微信的借口封禁，微视的抄袭搬运，挡不住抖音的步伐。"马化腾看到朋友圈后回复张一鸣："可以理解为诽谤。"

张一鸣解释道："前者不合适讨论，后者一直在公证，我没想（打）

口水战，刚刚没忍住发了个牢骚，被我们PR批评了。材料我单独发你。"马化腾回怼："要公证你们的太多了。"

这场朋友圈内的公开互怼让业界人士一时非常诧异。大家不明白，向来以理性著称的张一鸣为何会主动引战。知名互联网分析人士潘乱给出分析："故意把暗战放在台面上，可以避免那些桌下的龌龊手段。"

微信限制抖音，无疑会在短期内影响抖音的发展，但微信也很可能是"杀敌一千，自损八百"。因为如果从纯产品的角度来看，抖音短视频在朋友圈内转发播放，是可以帮微信留住用户的。

人人网前产品总监袁兢也向本书作者表示，微信限制抖音，从某种意义上也成就了抖音。

如果某些用户养成了在朋友圈看抖音视频的习惯，那么抖音的用户量可能要下降三成，甚至陷入一种尴尬的境地，变成短视频版的美图秀秀。就像是在国外的一些地区，用户在App上生产和制作视频，却将成品发到Ins上分享。

微信对抖音的限制，让抖音App成了第一使用场景，如果想看更多好玩的视频，就只能来这里看。虽然在短时间内看起来不利于其扩张，但是从长远来看，更有利于抖音独立打造自己的平台。

Musical.ly，抖音的巨大彩蛋

在赶超快手并称王的同时，抖音还在2017年与Musical.ly发生了一段"先战后合"的故事，这让抖音在赢得国内市场后迅速发力全球市场。

2017年年初，张一鸣给Musical.ly的CEO阳陆育打了一个电话。他告诉阳陆育，字节跳动也在做类似的短视频产品，而且已经做了6个月。从某种意义上来说，张一鸣的这个电话既是示威，告诉自己尊重的对手自己将要发起进攻，又是示好，为后来的收购埋下了伏笔。

2016年，在共同投资方SIG的引荐下，张一鸣与Musical.ly接触后，一直与其创始人阳陆育和朱骏保持着良好的沟通。这种关系并不"塑料"，双方不仅在商业上有交流，在生活中也有来往。张一鸣告诉本书作者，当时阳陆育在公司玩平衡车摔断了手，在美国接受治疗。在此期间，张一鸣和他一直保持联系，而且从他那里听说雷军也摔了的消息，于是下令字节跳动的重要员工不许玩平衡车。有一次张一鸣在公司看到有个重要项目负责人玩平衡车摔倒，就没收了该车。

后来，张一鸣去上海出差时，某一天晚上还到Musical.ly公司找阳陆育聊天。两人一起分析Musical.ly和快手的优缺点，谈来谈去都觉得快手已经在国内领先太多，要做短视频，只能去争取海外市场的份额。

张一鸣和阳陆育的顺畅沟通有着很大意义。良好的关系确保了后来字节跳动收购Musical.ly时两人之间的沟通也非常顺利，遇到的问题多出自猎豹一方。

阳陆育为了融资找到猎豹，但融资方案第一次在猎豹内部没有通过。不过时任猎豹投资总经理韦海军很看好Muscial.ly，建议他去参加傅盛为"傅盛战队"而办的创业大赛。当时阳陆育已经有了成形的产品，去跟一堆大学生竞争让他多少觉得有些丢面子。

韦海军劝他看在钱的面子上参加一下，由于公司当时已经相当危急，他只好硬着头皮参加了，结果还被刷了下来。评委罗振宇安慰他："一般大赛刷下来的，最后都能成事。"

尽管参加了创业大赛，但猎豹对投资一事还是没有统一意见。韦海军为了让阳陆育安心，拍着胸脯说，如果猎豹不肯投资，他就拿私人的钱投资Musical.ly。

在韦海军的全力推动下，傅盛最后答应投资，但是给出了相对苛刻的条件——500万元折合Musical.ly 20%股份，猎豹还有一票否决权和外包业务优先权，甚至要求万一钱花完了，阳陆育个人要去猎豹打工还债。

阳陆育虽然知道这是个"巨坑",但是当时没有别的办法,只好接受了这笔投资。

这笔500万元的投资确实起到了一定作用,阳陆育靠着它维持产品运营和发工资,渡过了艰难时刻,可以说每一笔钱都花得小心翼翼。在500万元花得还剩200万元的时候,Musical.ly在美国一下子爆发了。

阳陆育对本书作者回忆了那段经历。Musical.ly进入下载排行榜前100名的时候,每天都有很多美国投资人表示想要投资;当Musical.ly进入下载排行榜前20名的时候,那些投资人已经开始逼着他必须立即签订协议。

2016年年底,Musical.ly开始变现。按照之前和猎豹的条款,Musical.ly前两年的广告变现必须外包给猎豹去做。

2016年的猎豹正处于内忧外患中,人事动荡非常严重,效率也极其低下,导致广告销售效果很差,这一年连500万美元营业额都没有做到。

变现未能达到预期带来的连锁反应是Musical.ly不敢继续大规模推广,整体增长开始放缓,公司面临着巨大的压力。

就在这时候,阳陆育接到了张一鸣的电话,抖音已经渐成规模。

阳陆育后来告诉本书作者说,抖音那时候大量借鉴了Musical.ly的产品模式,如果Musical.ly 2017年年初立刻在中国上线,或许还有机会,但是那时候他犹豫了。

当时主要受到三个因素的影响:一是此前几年也有很多国内公司学Musical.ly——无论是小咖秀还是微视,但这些公司一直没有成功;二是他认为中国人非常内敛,受文化影响,可能不是那么愿意拍摄视频;三是基于对快手的印象,他觉得在国内做短视频只能走"土味"这条路。

直到2017年5月抖音日活突破百万人,阳陆育才加快了Musical.ly的回归进程。2017年6月6日,Musical.ly改名为muse,在国内上线。

muse 推出后,阳陆育先找到《中国有嘻哈》节目组。但是,这时候他在湖南卫视工作的老同学希望他转去赞助他们的节目。阳陆育深知湖南卫视在年轻人和娱乐界的影响力,于是放弃了《中国有嘻哈》,转投湖南卫视的新节目《我想和你唱》。但他没想到《中国有嘻哈》后来会如此火爆,muse 错过的机会被抖音抓住了。

阳陆育告诉本书作者,张一鸣非常善于抓住机遇,抖音日活过百万人后,他们就开始大量砸钱,差不多买空了中国的媒体资源。muse 那时候处境尴尬,跑到电视台寻求合作时,对方告诉他们,都被抖音包场了。

在产品上,抖音除了借鉴 Musical.ly 的全屏高清,音乐和特效滤镜等有过之而无不及。抖音还原创了音频模板复用的功能,拍视频的原音可以被其他用户使用,这更符合我国的实际情况,成为抖音横扫大学校园的杀手级功能。

在产品力、营销力上都有优势,抖音逆袭 Musical.ly 只是时间问题。

还有一点使 Musical.ly 一直处于下风。在推荐引擎的应用上,字节跳动完全占优,这也是阳陆育和朱骏最终愿意签下"城下之盟"的关键所在。

Musical.ly 的海外市场增长放缓,国内市场又被抖音全面阻击,因此阳陆育很快收到了字节跳动的收购邀约。

2016 年年底,阳陆育还曾收到过 Facebook 的收购邀约。对方给 Musical.ly 开出了比字节跳动高一倍的报价,但是阳陆育并没有接受。这里面的原因,一是 Facebook 给的全部是现金,今日头条除了给钱还给股票;二是比起扎克伯格,阳陆育与张一鸣更加熟悉;三是当时的 Musical.ly 还有一战称王的可能。

字节跳动求购 Musical.ly 的同时,快手也在竞价。阳陆育对本书作者表示,两者出价差不多,他和朱骏都能接受。快手因为当时没有跑顺整个商业化闭环,账上现金不够,因此更倾向于先投资支持 Musical.ly 独立发展。对比字节跳动的"换股全资"并购,快手的提议给了团队更多自由发展的可能。快手的另一个"加分"项是它的"土味"和Musical.ly的新潮不冲突。但此时阳陆育和朱骏已经意识到自己在算法能力上的弱点会让Musical.ly错失时间窗口,而在字节跳动体系外,他们很难得到算法的支持。所以,出于对算法的渴望,阳陆育更倾向于接受字节跳动的邀约。

左右纠结的时候,猎豹的态度就显得很重要了,因为按照之前的条款,猎豹对Musical.ly有一票否决权。傅盛乘机给出了一个捆绑销售的提案:如果要买Musical.ly,字节跳动就要买猎豹的另外两个产品News Republic和Live.me。明眼人都能看出来,猎豹是趁着这个机会强行甩包袱。

但张一鸣志在必得,二话不说,硬是接了下来。一个小细节是张一鸣亲自跑到傅盛住处楼下的咖啡厅,等他开价。

2017年11月,阳陆育以接近10亿美元的价格将Musical.ly卖给字节跳动,自己和合伙人朱骏进入字节跳动工作。同时,字节跳动以5000万美元投资了猎豹的子公司Live.me,以8660万美元收购了猎豹的新闻聚合平台News Republic。

Musical.ly被收购之后,阳陆育去张一鸣办公室做了他半年的助理,这也是张一鸣特意安排的。据本书作者了解,张一鸣每次获得重要人才,都要把对方留在自己身边一段时间,以方便与对方交流沟通。

阳陆育告诉张一鸣,短视频产品的形式只有两种,一种是以Musical.ly为代表的降低生产门槛的产品,一种是以快手为代表的降低分发门槛的产品。如果抖音想要一统天下,就必须把这两种产品结合起来。张一鸣深以为然,收购Musical.ly后迅速将其改名为TikTok,疯狂砸钱买流量,同时将字节跳动的推荐引擎技术匹配给TikTok。TikTok后来的快速发展也验证了这两点是至关重要的,这才有了2020年兵临Facebook城下的壮举。

2019年,阳陆育的工作转为硬件方向,他的合伙人朱骏成为抖音海外版TikTok的产品负责人。

那些应用推荐引擎的社区玩家

最右和即刻,推荐引擎的先声

2017年,借助综艺赢得长足进步的不止抖音,还有最右和即刻。

由迅雷技术合伙人李金波和今日头条产品合伙人黄河共同创办的最右,在2017年2月赞助了一期《快乐大本营》。

在2017年2月19日的《快乐大本营》20周年专场节目中,最右拿到了《快乐大本营》20周年首席官的称号,何炅将"App界的快乐大本营"的名头冠以最右App,然后让节目嘉宾张若昀对最右App进行重点介绍,主持人谢娜也配合解释了如何用最右App和节目进行联动,并在游戏环节深度植入最右App的广告。

该期专场节目的全国收视率为1.99%,为该时段第一,"90后"观众超过8%。节目播放当天,最右App就获得了150万次的下载量,冲到了App Store下载榜单第6位,官方服务器被挤爆,百度指数猛涨10倍。

从这天开始,最右真正进入社会大众的视野。

"最右"这个名字来自微博评论,指最经典、最受好评的评论,最右也在很长时间里遵循"掏空微博青年精华讨论话题"的产品定位,并借助不俗的推荐引擎系统和成熟的运营思路狂吃下沉市场带来的用户红利。

和最右几乎同样定位的还有由Google+前工程师叶锡东和网易"另一面"编辑林航共同创办的即刻。眼看最右借《快乐大本营》风生水起,2017年9月,即刻也在《快乐大本营》做了广告植入。[1]《快乐大本营》单期口播植入广告的价格在500万元左右,即刻花大价钱宣传的产品功能点一共有4个:打包你感兴趣的内容,看搞笑视频和最新的段子,

---

[1] 之所以拖到9月,是因为最右在投放《快乐大本营》的时候,与其签订了暑期档的同类排他协议。即刻只好等到9月才能开始投放。

掌握热门表情包斗图不怕输,明星微博点赞提醒。

这次的广告植入给即刻带来了不错的流量,也促进了即刻之后的转型。在此之前,即刻是一个帮助用户节省时间的订阅提醒工具,主要受众人群是一线媒体人和互联网人,主要内容是通过定向爬虫工具抓取信息,整理后进行再分发,这也导致即刻在很长时间内只能在小众人群里保持好口碑并流行。

在《快乐大本营》上曝光之后,大量年轻用户涌入即刻App,即刻为了获得并留住更为庞大的年轻化下沉人群,不得不进行一系列妥协。在内容上从主推精选变成了主推搞笑视频、段子和表情包,在内容生产上也从依靠爬虫工具变成了依靠UGC。

随着订阅、生产和分发门槛大大降低,以及更多用户涌入,即刻也变得与今日头条越来越像。直到长达近1年的被下架,即刻的发展速度被迫放慢。有意思的是,在即刻App被下架之前,最右App和其直接竞品内涵段子也被禁,成了难兄难弟。

相比即刻,小红书则充分考虑了综艺投放可能带来的利弊。

小红书投放的重点是网综,其神来之笔是赞助了现象级网综《偶像练习生》。之所以投这个节目,是因为《偶像练习生》的观众与小红书未来可能的用户是有重合的。不过吸取了即刻的经验教训,小红书做了有效的区隔,根据来源及用户在社区的搜索行为,为那些因为《偶像练习生》而来的用户推送有针对性的投票打榜内容。比如,对在那段时间搜索"蔡徐坤"的用户,小红书就为其定制了区别于其他用户的交互界面,让其感觉到在小红书有许多"同好"。一方面,这让这些新用户有的放矢,形成有效留存;另一方面,也让其他用户不被这些狂热的粉丝打扰。

小红书和即刻还有一个最大的不同,就是小红书在这个时候已经将自己的推荐引擎系统搭建完毕,加上即刻的前车之鉴,所以能将汹涌的外部流量为己所用。而即刻一开始的整个产品逻辑都建立在推送的基础上,上《快乐大本营》时即刻尚在打磨推荐引擎。

2017年前后，在娱乐节目上投放最凶猛、最直接的，当数拼多多。

2017年，拼多多全年度广告投放耗资约为10亿元；2018年，全年广告投放耗资更是翻了不止两番。在2018年俄罗斯足球世界杯的一个月中，拼多多在央视五套的广告投放耗资达到4亿元。

投放综艺节目是拼多多在广告投放上的特色举措，因为综艺节目最能突破各个层级的用户，达到"破圈"的效果。在播出平台上，拼多多2017年和2018年一直集中在电视屏幕，与央视及四大一线卫视均有合作，其中赞助湖南卫视、东方卫视的节目分别为13档和9档。2018年年底，拼多多开始投放互联网平台的自制综艺，如爱奇艺的《小姐姐的花店》等。拼多多的投放以独家冠名、特约、首席合作这类一二级项目权益为主，2017—2019年，拼多多赞助的综艺节目有30多档。

2018年下半年，拼多多开始赞助大型晚会，包括湖南卫视、江苏卫视、东方卫视等省级卫视的跨年演唱会，以及央视春晚、元宵晚会等。

拼多多同样是推荐引擎应用成功的标杆公司之一。

一枝独秀的小红书

花开两朵，各表一枝，拼多多的故事容后再叙。我们再回过头来，讲述一下小红书在2017年前后的故事。

2017年是小红书高速发展的一年。

2017年6月6日，时隔两年，小红书再次登顶App Store免费下载榜总榜第一名，用户量突破5000万人，电商大促开卖两小时后，销售额就达到了1亿元。

此时的小红书虽然外观改变不大，slogan（口号）也还是"标记你的生活"，但内里已经脱胎换骨，从一个依靠编辑的海淘社区升级成了依靠推荐引擎算法的社区。

小红书的创始人毛文超和瞿芳都不是技术出身的专业人士。

武汉人毛文超毕业于上海交通大学，学的是机械电子，毕业之后先是在贝恩咨询实习，工作4年后前往美国斯坦福大学MBA深造。当时有个旁听生跟毛文超一起上课，中间有半年没来，再出现的时候就变成了嘉宾给毛文超他们上课，因为那个旁听生创办的公司估值已经达到了30亿美元。

在这种环境中耳濡目染，毛文超心中也燃起了创业的希望之火，恨不得立刻回国大干一番。

在美国，毛文超结识了从北京外国语大学毕业的瞿芳。据说两个人是在美国街边买东西的时候认识的，当时毛文超正在给家里打电话询问要买什么回去，瞿芳听出对方的湖北口音，便上去攀谈。正所谓"老乡见老乡，两眼泪汪汪"，这两个身在异国的武汉人很快熟络起来。

毛文超后来在宝洁的演讲中谈起创业经历。他说，当时两个人没有创业方向，但是自己爱旅游，瞿芳爱购物，两个人选择做小红书也是从兴趣出发的。

"哈佛的精英在斯坦福创业者面前土崩瓦解。"这句话的作者徐小平在投资圈是切切实实的"斯坦福控"，毛文超凭借着斯坦福的背景，顺利地拿到了徐小平几百万元的天使投资。这里有个细节，毛文超在宝洁演讲的开头就是"我从斯坦福回来……"，毛文超在很长时间里开会都讲英文，习惯每句话里都夹杂着英文单词，和老一辈回国创业的海归画风相当一致。

不但如此，两个人最开始做的产品"小红书出境购物攻略"，也非常像老一辈人的手笔。简单来说就是一个网站上有10个PDF，分别介绍去美国、日本、韩国等国家该买什么产品。虽然它有50万次的下载量，但是这个产品形态却被徐小平骂得狗血淋头。

徐小平给毛文超和瞿芳指定了创业方向，让他们必须把钱花在移动互联网上面。

得到指引的毛文超和瞿芳立刻转变了产品方向，并在2013年年底推出了小红书购物笔记App,内容仍然以境外旅游购物攻略为主。转变方向后,小红书立刻吸引了大量中产女性用户的注意,她们在上面分享真实的旅游经历和购物攻略,形成了良好的社区氛围,小红书也沉淀了第一批忠实用户。

小红书最开始是引导用户拍包和手表,因为这两个品类怎么拍都好看,容易引起围观。但包和表不是每个人都能拍的,所以小红书第二步是引导用户拍化妆品——化妆品人人都有,这就加大了分享的密度。再后面,扩展到一个又一个女性喜欢的品类。小红书鼓励用户分享的一个基本原则是拍标品,不推荐拍衣服——服装上身效果得看脸,不上身则又完全无法看出效果,而且拍服装常常会拍出在闲鱼二手交易的感觉。

小红书还有一个限制,那就是分享不能超过1000字。这样做的目的是降低分享门槛,增加UGC。

社区的发展也催生了更多的需求,越来越多的用户不满足于仅能看和分享。毛文超回忆那段经历时说,他每次打开社区,看到大家的回复都是3个字——"怎么买"。

到底要不要做跨境电商,成了毛文超和瞿芳必须面临的抉择。

经过几次尝试,毛文超和瞿芳还是决定:做! 2014年年底,小红书福利社正式上线,并且"all in"电商。在此期间,小红书上尽管已经形成了"种草"的社区氛围,但是在供应链和物流上远远不是电商巨头的对手。

用户在小红书上"种草",但是要买东西时还是会跳转到传统电商平台。而且由于小红书过于投入电商,大量的资源位变成了卖货展示,社区氛围下降,UGC也跟着减少。

2015年10月的第一个工作日,在上海新天地SOHO复兴广场的牛排店里,小红书的140名员工开了第一次全员大会。在毛文超一通激动的"自黑"演讲后,全员热烈欢迎新任技术负责人郄小虎。

从这一刻起,小红书开始了"升级泛化"之路。从某种意义上说,郄小虎加入小红书，就像是宿华加入快手。

正如前文所说，毛文超和瞿芳两人都不是技术出身的专业人士，在郄小虎加入之前，小红书在很长时间里都采用人工编辑推荐的形式。这也就注定小红书为了保持调性，只能将内容局限于美妆、个人护理方向。但事实上，小红书用户在社区不仅仅分享了美妆和个人护理，还分享了很多其他方向的消费信息，这些内容一直被埋藏在深处。

郄小虎1993年进入清华大学计算机系，毕业后在美国普林斯顿大学获得计算机博士学位，加入小红书之前已是谷歌的全球研发总监。

毛文超去请郄小虎的时候已做好要"三顾茅庐"的准备，却没想到两人仅谈了1小时就大功告成。郄小虎之前就已经研究了国内多家初创企业，他认为小红书是最有可能做大做强、做到中美两开花的互联网企业，而且他也知道自己加入小红书后该如何行动。

郄小虎加入小红书的时候，整个技术团队只有20多人，这远远低于他的预期。他一边着手搭建技术团队，一边对小红书进行技术升级，主要目的就是将人工编辑推荐变成机器算法分发。

郄小虎对小红书的推荐系统进行了3次升级。第一次是基于历史行为进行用户分组，然后通过标签判断用户感兴趣的内容，据此进行推荐；第二次是接入机器学习，通过用户的收藏、点赞、加购物车等行为进行用户画像，同时对平台内容进行分类，然后进行判定和对接；第三次是采用更高级的算法，预判用户可能感兴趣的内容进行推荐，并实现内容泛化。

郄小虎带来的推荐算法帮助小红书突破了圈层限制。2017年，小红书成功从中产女性的小众社区产品晋升成为普罗大众都在使用的社区产品，用户总数也从2400万人达到了5000万人。

2017—2018年，今日头条通过悟空问答阻击知乎的时候，小红书成功破圈，不但实现了业绩数据翻番，在资本市场上，其估值也在追赶微博。

在这个过程中，除了之前借力综艺，明星KOL（关键意见领袖）

也发挥了至关重要的作用。

第一个进入小红书的明星林允就很有代表性。林允因为出演了周星驰的电影一夜成名,但是在此之后被曝出多重"黑历史",成为"半黑不红"的公众人物。

从 2017 年 4 月开始,林允不断在小红书上更新自己的生活笔记。除了拍戏日常,更多的是她的美妆内容,她还经常直接在视频中展现化妆过程。尽管本人收入不菲,但是她"安利"的"爱用物"大多是连学生都用得起的平价单品,因此在小红书上赢得了用户的一众好评,也为自己树立了全新的正面形象。

在此之后,一众女星先后入驻小红书。她们在小红书上放下了高高在上的明星范,转身变成了爱美护肤的小女生,话语风格也很接地气,在小红书上面的带货能力堪比李佳琦。

与在微博上不同,小红书上的明星似乎变了张脸,一改平日的"高冷"范,纷纷呈现亲民、俏皮、调侃的风格,并且让大众感觉明星们用的东西好像并没有那么昂贵奢侈。

这毫无疑问是小红书的运营策略:明星入驻带来粉丝号召力,小红书则负责其在平台上的运营,双方合作变现,盈利按照明星和平台 6∶4 分成。

具体玩法就是,明星入驻后由小红书的运营小组负责文案和创意,明星则负责提供照片和短视频,最后发布的内容必须经过明星团队确认。

这种方式在降低明星入驻成本的同时,还为双方创造了可观的利益,这也是毛文超总是说明星都是自己选择入驻小红书的原因。在之后的两年时间里,小红书一直处于用户爆发式增长的状态,在巅峰时期,日活一度接近 1 亿人。

不过,小红书首席产品官邓超认为,他们并没有刻意采取明星策略。邓超的观点是用户喜欢向上看,但只向上看比自己高一点点的人,因为差得太远的够不着。所以,小红书虽然给明星认证,也会给明星更多的个人品牌露出，但不给明星加权。

小红书的快速成长引起了同行的关注。2017年之后，今日头条先后发布过值点和新草两款电商产品，其中新草就是对标小红书的产品，定位是"年轻人都在逛的种草社区"，不过这款产品一直没有起色，也没有形成良好的社区氛围。而之后新浪推出绿洲，知乎推出CHAO，气势都很足，但都未能成为第二个小红书。

字节跳动讨伐知乎，悟空问答红极一时

具有狼性的字节跳动在2017年不仅对小红书发起了冲击，还将知乎作为对手。

早期的知乎经常被人拿来与豆瓣相提并论。人们以为周源会走阿北的老路，享受到知乎功能便利的用户不免担心平台的生存问题，社群里也冒出了无数"知乎如何赚钱"的问题，似乎有很多人为知乎的发展操碎了心。

"看了第一张截图，觉得知乎创始人张亮对自己平台的作者有点傲慢。"这是2017年8月3日张一鸣在《知乎被今日头条挖角300多名大V，被诉质量每况愈下》一文下方的评论。向来以"不骂人"著称的张一鸣在网上有过两次著名的"怼人事件"，第一次是"怼"张亮，第二次就是前文提到的因为微信封禁抖音而怒"怼"马化腾。

张一鸣另一个更知名的标签是"理性"，因此他的"怼人"不是宣泄情绪，而是为了支援今日头条旗下的产品——悟空问答。

问答领域的市场争夺由来已久，无论是BAT这些互联网巨头，还是澎湃、界面等媒体都有尝试。前有2005年就已经推出的百度知道、2015年淘宝上线的问大家、澎湃推出的澎湃问吧；后有2017年腾讯上线的企鹅问答、京东推出的京答；期间还有收费类问答产品，如果壳的姬十三在2016年5月推出的分答、2016年年底微博推出的微博问答等。

即便已经有了这么多问答产品,知乎也没有受到影响。在业界人士的眼中,它们都不足以动摇知乎的"问答霸主"地位,直到字节跳动推出了悟空问答。

悟空问答对知乎的进攻同样是一场"大力出奇迹"的偷袭战。

在 2016 年年底悟空问答还叫"头条问答"的时候,张一鸣的策略是尽量模糊概念,避免引起知乎的警惕,以至于在某个算法竞赛中谈到头条问答时,他给出的描述是"今日头条最新推出的协同创作工具"。

悟空问答也是含着金汤匙出生的产品,从一开始就得到了巨额的现金补贴,内容好有优质奖,写得多有劳模奖,点赞多有人气奖。用户无论是有知识、有干货,还是擅长抖机灵、搏人气,只要在软件上回答问题,基本都能拿到钱。

到了 2017 年 6 月,头条问答已经积累了足够的内容,完成了冷启动,张一鸣不再隐藏自己的野心,让悟空问答成为独立产品,正式对知乎开战。

根据官方公布的数据,悟空问答当时已经有了 5000 万名注册用户,日均提问超过 1 万次,日均回答超过 10 万次,日均浏览量超过 1.5 亿次,并且吸引了文娱圈诸多知名人士入驻,如景甜、柳岩、罗永浩等。

与此同时,悟空问答开始了对知乎的"挖角战",大力签约知乎头部 KOL。

2017 年 8 月 29 日下午,一位名叫"恶魔奶爸 Sam"的知乎作者在朋友圈发文称:"今日头条今年一口气签约了 300 多个知乎'大 V',而且还是给钱的,他们的年收入比普通白领的还高。签完之后,这些'大 V'所有的内容不可以再发到知乎。优质的内容创作者被抢完,知乎的内容质量每况愈下。"

这段话的意思非常明显,今日头条正在通过金钱攻势获得内容,并且拦截优质内容进入知乎,这无疑是对知乎的"釜底抽薪"。

尽管悟空问答在当天下午就做出回复,指出签约答主很多,但是从未禁止他们发布内容到其他平台。但在此之前,文字截图已被知名媒体人罗振宇转发到了朋友圈中，并且配上了"江湖有事"的评论。

很快，有人把这张截图转发到了知乎"大V"群中，知乎联合创始人张亮看到后在群中回复："太好了，赶紧让他走，他以为中国就300个写作的人。"

这句话的截图迅速在互联网圈中传播，成为张一鸣批判张亮对待自己平台作者"傲慢"的口实。

本书作者后来去知乎拜访张亮时有一个感受，张亮一点也不傲慢。从某种程度上看，知乎早期带有一些理想主义色彩，除了与周源有关，还与张亮有关。

张亮喜欢电影，喜欢二次元，在创新工场工作时也看重此类项目。他基本是一个爱憎分明、讲究原则的文艺青年。这在张亮后来的回复中仍可得见，他并没有发布业界通行的官方道歉，而是抛开知乎高管的身份，以普通用户的身份回复："至少在过去一年时间里，我都很希望有两人赶紧离开知乎，一个是'恶魔奶爸Sam'，另一个是'霍老爷'。"在解释"恶魔奶爸Sam事件"的时候，他又将另一个人拉下了水。

事实上，这样的真性情也得到了很多知乎忠实用户的认可。很多认证答主跟着表示，希望头条赶紧挖走那批所谓的"大V"，这样社区可以更纯粹一点。

到了2017年末尾，今日头条加紧进攻，先是签约了2000名头部答主，之后在12月的生机大会上宣布来年将投入10亿元补贴用户。此外，为了推动悟空问答的独立发展，今日头条规定，在悟空问答App上答题，比在今日头条App上答题多奖励一半现金。

靠"挖大V"、金钱补贴和今日头条导流起家的悟空问答，是一个资源导向型的"空城"，有资源的时候就有人，没资源了人就走了。

重金补贴之下，悟空问答的答主们沉浸于各种答题拿钱的奖金游戏，最后甚至演化出了专门适应算法的"答题八股文"。

悟空问答对此是予以鼓励的，在产品右上角的显著位置，全都是围绕写作如何获得补贴的"涨粉秘籍"。文中详细介绍了"如何写出高阅读量回答""不会获得阅读量的行为有哪些"等。

这导致内容的高度同质化。一眼望去，连绵不断的"总—分—总"写作体例让用户完全没有参与欲望，更不要提形成社区氛围。

这种 App 工厂思维是字节跳动短视频模板化运营的延伸。但短视频模板可以降低作者的创作门槛，模板之外还有美女帅哥的表演；而文字却是"文似看山不喜平"的，文字既是载体又是唯一的内容，没有读者受得了千篇一律。

悟空问答最后只剩"做号党"在狂欢，没有留住真正的答主，阅读用户也渐渐流失。

2018 年还没过半，随着 KOL 的离去或者沉默，悟空问答的月活从 93 万人下降到了 68 万人，相比张一鸣"撕"张亮带起的高峰时期的 121 万人，几乎折损半壁江山。这年 7 月，悟空问答百人团队完成转岗，悟空问答也被并入了微头条。

在和悟空问答对战的这一年，知乎用户突破 2 亿名，营收增长 340%，通过算法实现了更好的内容分发，完成了从小众社区向全民社区的转型，但也背上了内容"水化"的名声。

2015 年夏天，加入知乎的 CTO 李大海告诉本书作者，搭建一个成熟的推荐引擎至少需要两年时间。虽然模型只是全局最优解，不可能保证所有人的体验都是最好的，但是确实可以让内容触达更多用户。

本书作者认为，这场问答之战，字节跳动的确小败一局，但知乎并没有得到真正的胜利。对知乎在问答之战中的表现,有人评价为"以静制动"，这不过是马后炮式的溢美之词。事实上，今日头条的挖角事件爆出后，周源非常在意，甚至把这件事当成生死之战。但知乎除了向外界发声，并没有想出办法真正解决知乎变现和"大 V"获利的问题。2019 年年初，兔撕鸡聚集 438 位知乎"大 V"逃离知乎投奔微博，再次证明了这一点。

社交电商的水也深

拼多多的王者之路

现在该讲述 2017 年"成长之王"拼多多的故事了。

打开拼多多首页，社交分享的活动五花八门，从签到领红包，到拆现金红包，再到助力享免单，都围绕着分享得优惠的逻辑。虽然老套，但是有效。

这种任务奖励的机制来源于游戏的设计理念，本质上就是"打 Boss（关卡怪物）、捡装备"的社交版。拼多多整个产品充满了游戏的元素，首页还常常留出游戏入口。

但是，捡到的装备直接变成实物商品，对用户的冲击比在虚拟世界得到奖励要大得多。用户在天天果园种果树，熟了的水果不仅能寄来还包邮，抢来的红包金额比买东西的支出还要多。拼多多创造了一种新的电商玩法。

拼多多的成立，最初不在黄峥的计划当中，它是寻梦游戏团队自己要做的事情。

和拼好货的中心化电商不同，游戏团队一开始就是要将这种拼单模式做成平台。黄峥觉得平台风险太大，而且市场竞争激烈，但也想看看效果，拼多多就这么做起来了。

拼好货团队用电商思维考虑怎么样优化供应链和物流环节，做到多快好省；拼多多团队则用游戏的思维去运营，强调如何筛选用户，引导他们拼团，如用户要在微信上喊人来砍价。

拼多多逐渐做大之后，黄峥发现自己没有精力同时运营两家公司。平台型公司的成长很快，2016 年年底，拼好货和拼多多同时做到 1 亿元 GMV（成交总额），但从投入产出比上来看，拼多多明显做得更好，于是黄峥决定将两家公司合并。

合并以 1∶1 换股的形式完成，不涉及现金交易，黄峥直接担任新公司的董事长和CEO。合并后，拼好货变成了拼多多的一个子频道。新公司走的是平台模式，未来主打拼多多品牌。另外，新公司也对人员进行了调整，将所有的运营和产品合并在了一起。

拼多多开启了社交电商时代。黄峥是第一个享受微信流量红利的创业者，也是第一个提出"社交电商"的人。SEE小电铺的创始人万旭成对本书作者说，2015年和2016年是微信的第一个电商红利期，而这个红利期几乎被拼多多独占了。

早期的拼多多非常依赖微信的群推送功能，每次推送都是一次订单高峰。拼多多的运营人员开辟了很多办法推动消费者利用微信拼团，有些人会在几百个群里发拼团链接。因为微信有规定禁止诱导分享，拼多多的拼团链接经常会被封。运营人员就和微信打游击战，下次推送换个法子来。

拼多多和拼好货刚合并的时候，黄峥去拜访红杉资本。红杉资本的郭山汕也是高榕资本、IDG后第二轮的投资人，郭山汕虽然已下注，但第一次看数据的时候都不敢相信，因为数据实在是太好了。当时，拼多多有1亿名的付费用户，15亿元的月GMV，日订单量涨到150万单。今日资本的创始合伙人徐新曾把拼多多的数据拿给刘强东看，刘强东觉得特别不靠谱，徐新就没有投。

如果说拼好货面对的是70分以上的顾客，提供的是70分以上的SKU，那么拼多多就是拼好货的下一个层级。拼好货与拼多多的供应商一度重合，同一园子的优质水果给拼好货，次一级的则留给拼多多，拼多多也靠销售水果快速冲量。

拼多多的运营策略如下。

1. 以拼好货积累下的农产品、水果生鲜等基础品类作为全年龄段用户的切入口，找到种子用户。
2. 通过推荐购物而非搜索购物的形式，配合微信拉新、社交裂变等手段，汇集订单需求。
3. 以几万单、几十万单的聚合需求为筹码，拿到面向商家的话语权,通过产地直发等方式推动供应链改造,迫使商家将商品售价降至类似于9.9元包邮的"抄底水平"。

目标人群与实际触达人群的高度重合为拼多多赢得了极大成功。

微信导流是拼多多的一个重要"拉新"渠道。拼多多的一款商品是拼购1元钱1袋的乐事薯片,1天拼了1万份。黄峥认为,便宜货即使有部分质量欠佳,但是消费者的容忍度高,还是会觉得商品值得购买——微信上数亿名的四五线城市用户常会抱有这样的消费心理。

拼多多购物的核心热词是"优惠",优惠的唯一办法是拉人。无论是拼团还是抽奖,用户点进去后要分享给朋友或者分享到微信群,才有机会得到优惠。

比如,砍价活动时间限制在24小时之内。如果在规定时间内没有把价格砍到0,即视为砍价失败。砍价的进程是随时可查的,邀请的人越多,到后面砍下来的金额就越少。最终真正能砍下价钱的人并不多,但是被"套"进去的人不少。

电商领域知名分析师李成东在一篇文章中写过,拼多多通过"1元夺宝"从微信获得了千万名用户,此后拼多多又用1分钱抢红包,获得了约1亿名粉丝。

吃足微信红利,拼多多越级成长

吃到微信的第二波红利,就是小程序的红利,是拼多多在2017年走对的重要一步。2017年1月9日,腾讯刚上线小程序,拼多多就快马加鞭地跟进。当时,微信请来4家被投企业(2017年腾讯投资了拼多多),让它们在广州TIT创意园设点做小程序,其中只有拼多多老老实实地找办公室、找团队,认认真真地做了小程序。其他企业诸如蘑菇街等当时的重心在直播带货上,加上办公室装修花了很长的时间,给拼多多留下了机会。

"2017年5月,拼多多成立小程序团队,到2018年5月已服务了

3.6亿名用户。小程序不仅具有强社交互动性，还方便快捷。"当时拼多多CTO、后来接任CEO的陈磊在一次公开会议上表示，"微信平台拥有更高的开放性，以及对用户更高的渗透率。"

黄峥也到处为小程序站台。

除了分享小程序带来的微信流量红利，2017年拼多多的另一个机遇是接住了微信上诸多淘客的流量。

2017年5月21日，阿里妈妈发布了一条"关于在微信和QQ上进行正常推广的淘宝链接遭到屏蔽而无法打开"的紧急通知。7月17日，淘客的微信账户遭到微信官方的大规模清理，数十万个淘客的微信账户被封，许多"大淘客"建立的上千个微信群，一夜之间因为微信打击群控机器人而全部被锁。

如《沸腾新十年（上）》所言，在淘宝的打压下，无论是蘑菇街、美丽说这样的社交导购网站，还是卷皮网、楚楚街这样的9.9元包邮导购网站，或者返利网、米折网这样的返利型导购网站，都经历了一段低潮期。绝大多数导购网站要么转型成为电商平台，要么退出历史舞台，仅剩的3个导购网站就是淘粉吧、什么值得买和返利网。

因为综合性电商这个赛道上有淘宝这样一个庞然大物，任何一个小电商和淘宝正面竞争都没任何胜算；再者，全品类的供应链打造是一件非常困难的事情。所以，蘑菇街、美丽说转型为服饰网站，米折网的创始人张良伦新创了母婴电商贝贝网，卷皮网和楚楚街则走了女性特卖品类的道路。

在微信体系内野蛮生长的是一种叫作微商的商业形态。微商是直销组织将沟通载体转移到微信后产生的新物种，经过俏十岁、TST庭秘密等一系列品牌方的催化，微信上形成了一支支队列完整的微商大军，他们在电商与社交流量的结合中发挥了巨大作用。

这个微商群体很快被淘宝发现并收编。

2015年6月，淘宝发布了一种叫作淘口令的玩法，只要将淘宝平台商品的特定口令发给微信好友，微信好友就可以将口令复制后回到淘宝打开商品链接。这种技术上的小创新规避了微信对淘宝的屏蔽，给淘客创业者带来了新的商机。

淘客服务商市场出现了。大部分淘客没有选品能力，于是淘客上游出现了协助淘客选品的采集群、采集站。采集群主动寻找全网热门爆款产品并发到群里，淘客再将这些产品转发到自己的各个群；除了服务淘客选品，采集站还为各种导购 App 和 H5 导购站提供商品的 API（应用程序接口）输出。采集群和采集站对接的是淘客，这是一个连接淘宝商家和销售渠道的淘客团体。

微商群体的淘客化是蒋凡的功劳。2015 年，蒋凡升任淘宝产品平台资深总监，开始背负淘宝平台流量的 KPI。当时阿里巴巴在电商上侧重天猫，流量资源和广告资源倾向于天猫，淘宝难以获得平台层面的支持。蒋凡只好求助站外流量，借助阿里妈妈的淘客团队推动淘口令上线。有媒体报道，2016 年淘宝卖家通过微信导流，为阿里巴巴贡献了约 2000 亿元的 GMV。

新的淘客群体出现，本书作者称之为第二代淘客。

第一代淘客是导购型淘客，有一定的技术门槛，需要搭建网站和 App；而第二代淘客则无技术门槛，许多淘客在 QQ、微信上建群，分发各种商家优惠。

但过犹不及，数量庞大的小淘客在 2016 年后开始肆无忌惮地使用 CPS（按销售付费）模式赚取佣金。一时之间，微信中涌现出无数的白菜群、低价群、折扣券、互助群等，一次次触碰微信的高压线。

2017 年 7 月 17 日，腾讯对淘客群乱象开始了全面清理。腾讯的技术团队与阿里巴巴淘口令团队开始了新一轮的"围剿"与"反围剿"，但最终淘口令在朋友圈还是被彻底封禁了。

掌握在这些网站手中的大批量淘客，从有序的流量贡献者变成了无序的流量散兵。于是，拼多多在微信清剿的过程中不断收编、截流那些原本试图通过淘口令向淘宝输送的订单与流量。

垂直电商的又一次"借尸还魂"

有人开始自己做品牌和次平台。

社交电商的第一个成功品牌是"SOIREE 奢瑞小黑裙"。这个只卖黑色裙子的互联网服装品牌，将直销裂变模式搬到了线上。小黑裙的直销裂变模式是，用户在小黑裙平台消费后，即可获得一个专属推广二维码。只要有人扫码购买，推广者便可获得成交额的 30% 作为奖励；购买人再向他人推荐，推广者也有收益。

小黑裙取得了巨大成功，还获得了腾讯众创空间"双百计划"新一轮战略融资。但到了 2017 年 1 月，因涉及三级传销，小黑裙的微信公众号被封杀。

一个小黑裙倒下了，众多"小黑裙"站了起来。小黑裙的蹿红带来了无数的跟随者，其中以云集微店和环球捕手较为出名。

云集微店和环球捕手其实都属于淘品牌的一员。

2010 年前后，肖尚略创办的淘品牌小也香水开始进行社群营销，组织建立了几百个 QQ 群，每个群召集了一两千个用户。微信发展起来之后，小也香水的这些用户群开始向微信转移。在此基础上，肖尚略创办了云集微店。

而另外一位淘品牌的创业者李潇也在用社群的玩法经营燕窝品牌燕格格。不到两年时间，燕格格就做到了淘宝燕窝品类的销量第一。

肖尚略和李潇借鉴了小黑裙的裂变模式，自己组织供应链，社交网络上的店主只推广销售即可。他们分别创立了云集微店和环球捕手，平台都提供了上千个竞品 SKU，涵盖了众多品类，而不仅是小黑裙一个品类。这样能卖的产品更多，愿意加入的用户更多。同属于该领域的还有达令家、贝贝孵化的贝店、楚楚街的新业务楚楚推、以库存服装类销售为主的爱库存等。

这些平台的规则大同小异。以规模最大的云集微店举例，其规则如下：用户缴纳 1 年 365 元的服务费后成为云集微店的店主，店主推荐30名直接新店主和130名间接新店主加入后，可升级成为导师；导师在发展出1000名新店主后，升级为合伙人或育成合伙人。导师、合伙人或育成合伙人都能以培训费的名义从新店主的会员费中抽成；新店主销售产品后，导师和合伙人或育成合伙人还可以获得返点。其他平台与云集微店的服务费、抽成比例、层级架构及代号名称有所区别，但扩展逻辑大体相同。比如，环球捕手的新会员不需要缴纳会员费，只需要累计消费超过300元即可。

社群电商成长的关键在于，有大量的微商大军加入，他们成为社区电商会员队伍的中坚力量。2017年6月，云集微店因三级分销模式被监管部门处罚，之后社群电商对涉嫌违规的三级分销模式进行了整改，从模式上避开了监管红线。比如，云集微店用云币代替邀请会员的返现，使导师和合伙人成了第三方服务商；以往直接发放的销售提成，现在变成了平台对外包公司发放的劳动报酬。小黑裙直接削减了层级，将三级分销改成了一级分销。

微商的高返利模式导致这种商业网络只能销售高毛利的少量商品。随着拼多多等电商平台对微信用户的清洗和电商商品信息透明度的提升，微商模式在2017年后走进了死胡同，绝大多数商品只能由代理商内部消化。迫于压力，这些微商团队与货源更好的社交性淘客App主动结合，形成了"共享淘客"模式。

共享淘客App的主要代表有花生日记和粉象生活。

共享淘客App本质上还是导购App。和上一代导购App不同的是，共享淘客App开放给普通人，他们注册后成为平台合作者，然后把自己手上的社群用户导入App，下单购买直接在App上进行。商品还可以分享到微信群和朋友圈，微信好友点击链接购买后，部分收益返还给推荐者。站外用户需要平台用户的邀请码才能加入，所以邀请关系和利益分配方式层级分明。

花生日记于2017年7月上线，是第一家共享淘客App。会员缴纳99元即可成为超级会员，进而可以发展他人成为超级会员。2019

年"3·15"前夕，花生日记遭到广州工商局查处，其多层级上下线会员及佣金计提等行为构成了传销。

粉象生活的创始人李红星曾是阿里妈妈的项目工程师、项目经理和技术负责人。2018 年 5 月，熟人或半熟人推荐加入的社交电商粉象生活成立，其将全网、多品类的商品和服务都加入了粉象生活平台，包括京东、拼多多、饿了么、美团、大众点评，以及各种加油站、线下门店等。粉象生活会员有 4 个等级，分别是会员、VIP 会员、合伙人、联合创始人，同样有佣金返还比例和晋升机制。

淘客江湖还在变动震荡。流量获取的方式在监管和发展中艰难平衡，创业者还在寻找新的价值链的路上艰难跋涉。

与京东有关联、刘强东夫妇持有一定股份的芬香，正在微信里打造一支蚂蚁雄兵。其创始人 CEO 邓正平是京东前移动电商创始人、总经理，技术合伙人是京东原产品技术总监，运营合伙人是京东原商务运营总监。

芬香结合了淘客微信群发优惠券链接和共享淘客 App 的双重优势，吸引了许多微商的主力军。这里同样有会员和导师等多个层级，商品链接在微信群裂变，收益在多个层级之间流转分配。

趣头条的崛起与衰落

返利模式催生趣头条，但结局是悲催的

很多人认为，看上去有些低端的企业，创始人也一定出身草莽。

但事实恰恰相反，如拼多多的黄峥是美国海归，有谷歌工作经历，是段永平的得意弟子；快手的宿华则曾是清华学霸、百度精英……

趣头条的谭思亮本科就读于清华大学，毕业后拿到中科院 AI 工

程硕士学位。他先是在雅虎从事技术管理工作，而后转战盛大游戏做职业经理人。

盛大收购了酷6网后，谭思亮从盛大离开，创办互众广告，又反过来签了酷6网独家代理。

两年后，互众广告被倒手转卖，谭思亮拿到4亿元现金和部分上市公司的股票，完全实现了财务自由，开始了下一个项目的探索。在创建趣头条的过程中，盛大的李磊（不是做WiFi万能钥匙那位）和凯雷投资的陈思晖成为联合创始人，陈思晖也一直是趣头条的法人。

给谭思亮启发的，是已在移动互联网中流行多年的积分墙模式。

所谓积分墙模式，简单地说，就是用户"看广告—拿积分—兑现金"的过程，早在2011年、2012年就已经出现，如米赚、酷划、惠锁屏等都用了这个模式，有米等公司也由此而生。它们当时针对的主要是拥有智能手机且时间较充裕的大学生群体，每天只要花30分钟看广告下载App，1个月就能赚20~30元，可以补充一些话费。

这种模式再往前追溯，就是PC互联网时代的网赚模式。本质上平台充当了一个流量中间商的角色，从空闲群体处低价购买点击量，再从广告平台的佣金中赚取差价。

但是，传统网赚模式的缺点也很明显。第一，任务过程过于无聊，很多人坚持不下去；第二，下载的App并不是用户所需的，所以卸载率极高，对广告发布者缺乏真实价值。

积分墙模式提供的是转化价值最低的"烂流量"，曾有某互联网公司创始人吐槽：自己通过广告渠道买流量，钱花出去之后，发现服务器出现大量同一位置、同一型号低端手机的访问记录。经过查证发现，这是有人批量购进了过时的低端智能手机，专门针对积分墙模式进行的刷量行为。

随后，一张照片开始在网上流传，图片中一个人站在一面全是由手机组成的"墙"前面刷分。随着照片的传播，积分墙模式坠入低谷。

谭思亮希望改造这种模式，他希望把用户做刷分任务的过程，变得对用户来说相对更有意义，最好能有趣、可接受、能持久。反复思考后，谭思亮认为做一个内容平台可能是最好的帮助用户消磨时间的办法。

如前所述，2016年谭思亮准备入局的资讯平台，正是今日头条大战腾讯和百度的新闻客户端的赛道，市场竞争十分激烈，一二线城市已鲜有市场机会。于是，谭思亮把目标放在了三四五线城市乃至乡镇。

从人口结构来看，趣头条是有机会的。中国三线及以下城市的人口近10亿人，超过一二线城市的人口，而此前，所有的互联网巨头对三线及以下城市的渗透率一直没有超过20%。

2016年6月，趣头条上线，发展的速度可以说一日千里——10个月实现从0到600万名用户的突破，1年后月活达1500万人，并且在同样主打中低端市场的OPPO、vivo等手机应用商店的排行榜中冲进了前五；上线两年半时，趣头条日活就达到了3750万人，进入了可与新浪新闻和网易新闻比肩的第二梯队。

在互联网市场的大赛道已经被BAT广泛覆盖的当时，趣头条为什么能杀出一条生路？这与趣头条开屏页面上那个大大的红包有关。

资深媒体人岳建雄对此有深入的研究。他指出，网赚模式是趣头条初期获取用户的关键。

简单地说，趣头条将现金激励融入了其主要环节中。

拉新、激活、促活、留存，在一整套用户增长流程中，趣头条都搭建了完善的金币系统（账户管理体系），精细到任何有积极意义的操作，如注册、签到、阅读新闻、邀请好友（收徒）、分享新闻，都可获得一定数量的金币激励。

对于下沉市场的用户来说，下载就能领取金币，金币可兑换、可提现；下载之后，通过完成绑定手机等任务，也能领取金币；平时通过每日签到、完成任务或开宝箱、参与分享、刷新闻等，又可以领取金币。简单易操作，用户像玩游戏一样就从下载使用过渡到养成使用习惯。

趣头条的这套金币系统与现实货币紧密相连，金币与人民币的兑换率每日都会上下浮动。趣头条将这个兑换率与广告收益挂钩，广告收益越高，金币就越值钱。

但是，仅仅这些激励是远远不够的。有人做过测算，如果一个人只是完成趣头条的全部任务，而不进行拉新，1个月的收入上限大概是15元，相当于一包香烟或者几斤鸡蛋的价格，远远少于积分墙模式的收入——后者在全力操作下可以达到80元。

因此，趣头条最大的"创新"其实是收徒模式。

简单地说，就是趣头条鼓励用户点对点"收徒"，激励用户不断拉新用户。用户将自己的拉新二维码或者链接分享到微信朋友圈、QQ空间等社交应用中，引导新用户下载激活。一旦有人通过你的分享注册了趣头条，你就能够得到一定的现金奖励，多拉多得，不设上限。

如果说上面的做法还是常见的互联网裂变，那么趣头条的独特做法是，"师父"在"收徒"之后，"徒弟"获得的奖励也会"进贡"一部分到"师父"的账户中，即将"师徒"之间的关系变成"分成强绑定"，促使"师父"对"徒弟"的行为进行强干预，以提升"徒弟"的留存、阅读等行为指标数据。

和很多平台一样，趣头条也给用户提供了两种模式，第一种是正常模式，通过使用时长赚钱，但总额有限；第二种是任务模式——其他App的任务模式大多集中在引导用户学习使用App功能，或体验不容易发现的隐藏功能等，而趣头条的任务模式是基于传销理念的裂变式拉新。

岳建雄认为，以做任务的方式实现人与人之间的拉新驱动，在积分墙模式中也存在，但趣头条对这种模式进行了改造。它把任务平台的功能直接嫁接到自身的产品上，去掉任务平台这个中间商，直接击中用户"贪小便宜"的心理。

同时，"收徒"模式具有点对点沟通、现金实时到账的优势。由于拉新后激活成功才给予奖励,可以明确做到一次拉新对应一名有效新用户,保证了投放成本的可控和可预期。

后来趣头条又增加了阶梯奖励等辅助玩法,即邀请人数达到某一个目标值可领取额外奖励,进一步激励有能力拉新的用户。趣头条的某次活动规定,以拉新人数计算,从 1 人到 3000 人分为 10 个档次,每跨越一个档次就发一个更大的红包,如果拉到 3000 人,红包是 288.88 元,同时还可享受跨档首个红包翻倍的奖励。

从理论上说,只要付给用户的佣金低于通过用户广告赚取的收益,趣头条就能稳赚不赔。于是,趣头条一炮而红。

"躺赚"模式成为头部玩家标配

从某种角度来说,趣头条已经不再是一款资讯 App,因为它颠覆了内容行业的传统商业模式。

所谓的传统商业模式,是先用好的内容维持平台的专业性与影响力,以此获得用户增长和用户黏性,再用有竞争力的数据来吸引广告商投放。但趣头条则不然,资讯并不是其核心竞争力,给用户返利才是。

趣头条的模式很快吸引了互联网资本的注意。首先被吸引的就有腾讯。

2016 年市场数据显示,腾讯新闻坐拥 1.7 亿名用户,今日头条拥有 9600 万名用户,腾讯的天天快报有 5000 万名用户,一点资讯有 2000 万名用户,竞争非常激烈。

腾讯的资讯客户端当时处于一个比较尴尬的地位,虽然在用户总数上尚能压制今日头条,但以今日头条的追赶速度,被超越是迟早的事情。这和腾讯新闻的内容生产机制与字节系的泛内容生态结合推荐引擎的打法存在代差有关。

一二线城市的市场竞争早就白热化了。趣头条所在的下沉市场被认为是增量来源,因此被寄予厚望。趣头条提供的官方数据显示,其70%的用户来自下沉市场,60%的用户是女性,平均年龄为40岁。这个庞大的用户群体需要消磨闲暇时间,顺便赚点小钱。

上线1年,它就成为苹果App Store中国区下载排名前四的新闻应用之一。到2017年年底,趣头条已经拥有了7000万名注册用户,日活超过1000万人,在资讯类产品中直逼今日头条。由于金币系统及其机制,用户使用趣头条非常频繁,这也是它的日活远高于腾讯新闻这样的正统App的原因。

腾讯看中趣头条,不仅是因为它恰好能够弥补腾讯新闻无法下探到的一部分市场,而且持股趣头条可以在某种程度上防御今日头条,起到减缓对手发展速度的作用。

腾讯向趣头条潇洒地投入了2亿美元和一些资源。从此,趣头条的"福利社"里开始有了更好的东西,还不定期发放"腾讯视频VIP月卡""5元Q币"等免费福利。只要好友通过用户分享的链接下载并注册后,用户和好友就都能领取这样的福利。腾讯对趣头条的支持十分到位。

趣头条在吸纳了腾讯的2亿美元后,又拿到了阿里巴巴的1.71亿美元。此前,小米也投资了趣头条。

阿里巴巴和腾讯"不投同一家"是有传统的,经过争投滴滴、美团的交锋,双方已渐渐形成这种默契。后来,阿里巴巴和腾讯又开始选择同一目标下注,前提是目标必须有非常独特、无法替代的价值,如B站(哔哩哔哩,英文名bilibili)和小红书,这两个产品基本无可复制。

2018年9月,趣头条登陆美股,挂牌当天股价大涨近130%,盘中5次触及熔断机制而暂停交易,创下当年美国IPO规模超过500万美元股票的最大首日涨幅的纪录,市值最高时超过58亿美元,相当于6个搜狐。

然而,这是趣头条的"极盛"时刻。从此,它开始走下坡路了。

趣头条的吸引力在于模式非常简单易懂,但这种模式没有"护城河"。和拼多多、快手有巨大的用户价值不一样,趣头条的用户价值并不高。

趣头条的成功上市是网赚模式的高潮,导致无数模仿者涌现。一时间淘新闻、趣多拍、兔头条等多款互联网阅读产品都来抢夺下沉市场用户。当初的酷划、惠锁屏等,也意识到积分墙模式的弊端,开始转向趣头条的玩法。就连东方头条、中青网这类正统的资讯 App,也学了起来。

除了模仿资讯类的网赚模式,还有别的"新网赚流派"兴起——走路、睡觉、喝水都有人涉足。

在走路赚钱的步多多 App 上,用户通过积累步数或者做额外任务换取虚拟金币,然后按一定兑换比例提现。

在睡觉赚钱的睡觉赚 App 上,用户每晚睡够 8 小时可领取"睡泡泡"奖励,每日签到、抽奖可兑换金币,然后提现或兑换礼品。

在喝水赚钱的水宝宝 App 上,用户用喝水的毫升数和次数来打卡,可以领取整点奖励、用户每日达标奖励、随机奖励。

虽然基于行为赚钱的 App 层出不穷,但都没有超越趣头条。因为趣头条基本上把这种模式做到了极致。不过,大量跟随者的进入,还是抢占了下沉市场用户的时间,也提高了用户获取的成本。

因为都是网赚工具,只是回报高低不同,所以用户忠诚度较低,一个人下载 4～5 个类似工具来赚钱的现象多有发生。这对于趣头条来说,则意味着收益不再大于成本,趣头条开始成为一家连续亏损的企业。

这些小企业的产品最多只是分去趣头条用户的一些时间,最可怕的是,有内容降维打击优势的巨头们开始大推"极速版"。

今日头条推出了"看文章赚钱"的今日头条极速版,这款针对下沉市场的 App,安装包只有十几 MB(普通版有几十 MB),可以支持低端手机。抖音极速版同样主打"看短视频赚钱"。此外,快手、腾讯、百度、凤凰、搜狐也纷纷推出极速版 App，跟着趣头条玩起了网赚的套路。这样量级的企业，真的不在乎补贴出去多少钱，只在乎争来的流量和日活能让财报好看多少。

一般来说，一个职业人的时间被分为三部分，即 8 小时工作时间、8 小时睡眠时间、8 小时生活时间。基本上，所有的娱乐、资讯类的 App，都在 8 小时生活时间上做文章，又都采用"杀时间"模式，彼此间的竞争有多激烈，可想而知。

关键是，作为有强大原创能力的今日头条、快手等，它们的内容质量实在比趣头条的高太多。同样是赚小钱，用户为什么不用一个自己喜欢的 App？因此，随着巨头们的入场，趣头条用户留存率不高的问题更加凸显。

但这还不是最艰难的时刻。

趣头条为何昙花一现

真正让趣头条昙花一现的原因主要有三个：用户获取成本持续提高，内容的质量不高，商业化能力不足。

用户获取成本持续提高的原因主要是太多的企业进入这个领域，迅速把这个细分市场变成了红海。而趣头条为了维护住市场地位，就必须不断地提升补贴给用户的金钱，直到难以承受。

趣头条的运营成本在 2018 年涨幅超 700%，其中市场和销售成本达到 32.5 亿元，占到了总营收成本的 72%。直至 2019 年，趣头条的用户获取成本依旧居高不下，甚至还在上涨。

和用户获取成本持续增长不对称的是，趣头条被贴上了"低端信息""虚假八卦"的标签。在内容形式上，趣头条虽然积极迎合短视频的热度，设立了视频板块，但和抖音、快手等短视频平台相比，内容不吸引人，操作也不方便。也正因内容的质量不高，模式易复制，趣头条没有了"护城河"。

事实证明，趣头条的不少用户是混进来贪图利益的"薅羊毛党"，而非真正具有黏性的用户。他们对平台内容"零要求"的态度，导致趣头条对内容建设和算法改进缺乏重视，阅读价值不高的低俗内容泛滥。《人民日报》曾点名批评趣头条："一味执迷金钱换流量的模式，将导致产品和服务本身沦为附属品，平台容易陷入追求流量的泥沼而失去对优质内容供给的应有关注。"

其实，谭思亮也清楚，无论趣头条再怎么用返利手段收拢用户，从长期来看，还是需要优质内容来将用户留下来。一个月几元的收入，普通用户没兴趣坚持下去，最终留下的多是"职业刷单党"，这没什么好处。

趣头条为了加强内容，也做了许多尝试。先是"搬运"其他平台的优质内容，结果趣头条上市当天，《财经》杂志向北京市互联网法院起诉趣头条未经授权擅自转载其290余篇稿件，要求趣头条停止侵权、赔礼道歉并赔偿损失。

既然原创能力差，靠自媒体平台 UGC 似乎是一条思路。但如果平台格调较低，就没有优质内容创造者愿意进驻，所以车祸、宠物、手工制造、打架、吵闹、生活窍门基本覆盖了趣头条主要内容品类。同时，其他平台极力清理的"洗稿党"，在趣头条却得以流行。

到了后来，真的没人看内容了，趣头条真的成了"刷单党"的聚集地。他们分成了两个门派。一个门派模拟真实用户行为来直接套取返利；另一个门派模拟自媒体平台，靠廉价重复内容套利。

为了应对这些人，趣头条出台了各种反作弊机制，包括根据阅读停留时长、拖动视频进度条、评论区互动、兴趣内容筛选等动作来识别用户的刷单行为。

但用户是冲着利益来的，再厉害的反作弊机制也阻止不了刷单者的行为，最多只能做到防控刷单行为大规模蔓延，或提前预测重复刷单用户的百分比。

氢媒以收购注册资料为由，在一个趣头条群里联系到一个"信息贩子"。该人称:"一个(趣头条)号的市场价格为25元左右,一套资料40元左右。"

更高一个层次的,则直接购买有一定"成色"的高级别账号。趣头条的账号体系分为三级,升级需要经验值,更高等级的账号意味着更多的平台推荐机会,也就意味着更多的收益。

如何计算账号价值呢?从一位群友晒的后台数据可看出端倪。数据显示,某日某账号广告展示量约为8.5万条,由此产生的广告收入是160元,再加上321元的(平台)活动奖励金,当日的收入是482元。

趣头条上的短视频作者有另一套打法:在YouTube或者别的视频网站上找素材,重新加以组合、剪辑。

有的自媒体可以掌握几十个高级别账号,"日入过万"不是问题,但却没有产生任何有意义的内容增量。长此以往,趣头条陷入了"死循环"。

上市前的一路狂奔,使趣头条积累了大量的用户。但此时,这样的用户规模成为其巨大的负担。为了维护基本盘,趣头条"药不能停"地继续补贴,营销成本持续走高。但是,由于口碑不佳、缺乏品牌势能,趣头条的商业变现成为巨大问题,无法形成真正意义上的良性经营闭环。

让用户难以忍受的另一点是,点进一篇内容,经常会跳转到百度广告页,有的甚至全篇都是杂乱无章的广告。

自媒体人刘旷分析:实际上,广告是趣头条最主要的盈利方式。2017年其广告收入占营收的99.2%,2018年上半年广告收入占总收入的93.31%,达6.7亿元。

也就是说,那些让读者感到厌烦的广告,正是趣头条最重要的业务。从趣头条成立起,百度就是其第三方广告平台。2016年、2017年和2018年上半年,百度对其净收益贡献比例始终较高,甚至某些时段超过50%。

虽然赚了不少,但大量重复投放和"黑五类"广告让人诟病。

所谓的"黑五类"广告有两种说法,一种说法是药品、医疗器械、丰胸、减肥、增高五类;另一种说法是OTC非处方药或保健药、棋牌网络博彩、金融诈骗类P2P、彩票、跳转游戏程序等。不管是哪一种,都是违法违规行为的高发区,甚至行业内有"'黑五类'广告不能在夜里12点以前上线"的说法。

不断提高的用户营销和增长成本,低质量、缺乏吸引力的内容,以及糟糕的广告来源,让趣头条陷入一个无解的循环,市值一路狂跌。

2020年,趣头条甚至因为违规广告法,登上了著名的央视3·15晚会。央视指出,趣头条平台广告暗藏猫腻,屡现违规行为,虚假广告甚至已成为黑产业链。趣头条中充斥着许多虚假宣传疗效的广告,因为通过自称是趣头条的广告核心授权代理商,这些虚假广告可以轻而易举地登上趣头条。此外,一些"边玩手机边赚钱"的广告在趣头条平台频频出现,背后却是购买彩票和非法赌博的黑色产业链。

尽管趣头条在新闻资讯的主阵地上一败涂地,但围绕媒体、赚钱、免费等关键词,推出了不少创意不错的产品。其中,米读小说、萌推等产品都有一定的影响力。谭思亮是一个很有产品策划能力的人,善于洞悉四五线城市用户的心理。

为了适应市场趋势的转变,摆脱单一营收的窘境,趣头条提出"围绕长内容、短内容及强互动性内容三大战线推进内容平台战略"的目标,意图通过免费阅读、游戏、直播等不同形式的产品,满足用户的多元化需求,从而增强用户黏性,进一步挖掘市场潜力。

其中,长内容指的是网文。

米读小说凭借"免费阅读+广告"模式及极速版本,在高手林立的小说阅读市场闯出了一片天地。不同于以往付费制、会员制的传统在线阅读App,它主推"免费阅读+广告"模式。用户不需要充值或打赏,也不需要按章节订阅或成为包月VIP,就可以免费看到各种类型的网络小说。只要用户喜欢,就可以一直看下去,但前提是接受每翻阅几页就会出现的"霸屏广告"。虽然广告会影响读者的阅读体验,但看书不用花钱这一点深受下沉市场用户的喜爱。

QuestMobile 数据显示，米读小说上市不到一年，日活就达到 997 万人。谭思亮极为善于通过各种互动手法来增强用户的黏性和活跃性，往往能以相对少的用户量创造出较高的日活。米读小说在不到一年时间内把日活做到仅次于多年深耕的 QQ 阅读和掌阅，位居第三，可谓一个奇迹。随后上线的米读极速版 App 在 4 个月内日活也飙升至 300 多万人。

米读小说的出现，让趣头条看到了多元化产品矩阵的希望。一方面，在线上流量触顶之际，米读小说快速获取流量的能力不亚于网赚模式下新闻资讯的领先者。另一方面，米读小说阶段性的成功，验证了免费阅读模式的可行性。

当年吴文辉因为盛大文学提出要做免费文学而出走，旋即进入阅文，付费阅读模式因此被人为地延寿十年。直到吴文辉终于顶不住内部压力再次出走，免费阅读模式开始大行其道。

米读小说的早期人均阅读时长达到了恐怖的 150 分钟，是阅文用户人均阅读时长的近 3 倍，这或许也可以说明中国四五线城市的用户精神生活需求之旺盛和供给之贫乏，这也为后来网文市场的爆发提供了数据依据。在这一点上，米读小说对行业的贡献值得记录。

当然，没有真正免费的午餐。为了看 150 分钟的"爽文"，用户需要每天看 200 个广告，平均 1 分多钟就要看 1 次，这又是何等的无奈。不过正因如此，平台每天能从一名用户身上赚 3~4 角钱。而且，根据 QuestMobile 的数据，免费与付费小说 App 的用户重合度低于 10%，这更说明了米读小说打开的是一个新兴市场。

萌推同样能展现出谭思亮对用户心理的把握，以及对网赚模式的深刻理解。萌推是一款商城型软件，以签到领红包、满 10 元即可提现等似曾相识的营销手段，做到了短期内下载量的大幅攀升，甚至挤上了 App Store 免费下载榜前五。但用户发现，若真想在萌推做个"薅羊毛党"，其实很难。与同样饱受诟病的拼多多"钓鱼式裂变"类似，萌推也主打邀请好友帮忙砍价的方式，这也是其向平台导流的众多入口中最重要的一个。

和拼多多如出一辙，根据平台规则，好友每一次砍价均会不同程度地降低商品原价，24小时内成功砍至0元，即可免费兑换商品。

蓝媒汇注意到，除了平台自动减免的大额红包，萌推用户后续通过好友减免的额度很低，与目标金额相差甚远。而此时平台会提示："邀请新朋友帮忙砍价，速度快10倍"，以不断给用户打气。

然而，新用户发现，自己也必须完成一次上述流程，并成功将商品砍至0元，才能使"上家"兑现"10倍速砍价"的承诺。也就是说，"下家"若是没有继续完成砍价，"上家"就永远无法完成"砍至0元"的目标，环环相扣。蓝媒汇在调查中发现，用户从未将商品成功地砍至0元，这几乎就是一个骗人的循环局。虽然有腾讯的投资背景，但这些活动分享的链接也因包含诱导行为而被微信"停止访问"。

从某种程度上来说，谭思亮也算是殿堂级的产品高手了，并不是每个人都能在两三年内把数个产品送上App Store下载榜的前端并且成功登陆美股。但趣头条系产品的核心能力和竞争壁垒的缺失，也是其无法克服的短板。

在"模仿式创业"无处不在的互联网界，趣头条这种贡献模式的企业往往会在后继者的模仿潮流中被溺毙。比如，米读小说推出后，迎来的是字节跳动的番茄小说、百度的七猫小说、阅文集团的飞读小说。巨头们来势汹汹，米读小说在资源上和资本上已无一战之力。

这也提醒我们，创新者如果真的想要穿越行业巨头创立的竞争丛林，就一定要建立一种难以模仿的独特价值和"护城河"。或许是时间，或许是方法，但一定不是"速成"。

网络互助也发光

从水滴互助到水滴筹

与拼多多、快手、趣头条一样,水滴筹也是从三四线城市逆袭的。四者曾经被并称为"下沉市场F4"。

2017年年初,当沈鹏决意年底要在用户规模上追上行业领先的竞争对手时,水滴互助只有200万名用户,而轻松互助已有700多万名用户,众投邦也有500多万名用户,水滴互助只列在行业第三。但到2017年年底,水滴互助神奇地反超对手,成为行业第一。

2015年10月,美团和大众点评合并后,曾任美团业务负责人的沈鹏盘点了一下人才储备,认为自己可以离开去做点别的事情了,如他一直在思考的健康产业。

刚到美团的时候,王慧文总是教育沈鹏要以终为始,现在沈鹏要坚持自己的初衷,王慧文反而舍不得他了。大家一起在王兴家吃饭,从下午6点多一直吃到凌晨。王慧文答应沈鹏,在美团内部孵化他的创业项目。但沈鹏觉得美团的业务和他的项目没什么关联,怕拖累了美团的布局,就没答应。离职之前,沈鹏怕同事们议论,索性群发了一封邮件。没想到半夜12点发的邮件,第二天凌晨1点就有新闻网站曝了出来。早上六七点,沈鹏还在睡觉,被一个电话吵醒了。

打电话的是点亮基金的李璟。李璟是大众点评的联合创始人,此时刚刚与大众点评的另一个合伙人龙伟出来做基金,重点就是投资点评系的创业项目。李璟的电话刚挂断,高榕资本左爱思的电话又打过来。到了下午,当时在经纬中国的丛真直接赶到了美团的楼下,原来他从张旭豪那里听说了沈鹏要创业的消息,当天就从上海赶到北京,表示要跟沈鹏聊聊。所以,沈鹏的离职还没交接完成,由点亮基金、高榕资本、IDG组成的第一轮投资人"天团"先成型了。至于经纬中国,因为丛真投资的饿了么现在还是美团外卖的对手,就没能入局。水滴互助获得由 IDG、高榕资本、腾讯、新美大、点亮基金、真格基金等联合投资的 5000 万元，估值近 3 亿元。

沈鹏找到的第一个合伙人是老同事胡尧。胡尧是南开大学计算机系毕业的，是张一鸣的同系师弟。2013—2014 年，他在美团的创新业务部工作过一年，那时候沈鹏负责整个部门所有项目的商务，胡尧则是其中一个项目的负责人。两个人搭档了一年多，胡尧的水平沈鹏是很了解的。胡尧在美团做第一个项目电子菜单期间，沈鹏休了婚假。休假之前，沈鹏以为回来要招一个研发团队，没想到等他婚假结束的时候，胡尧一个人带着一个新手就把整个 App 做出来了。

胡尧此时刚刚从 The ONE 智能钢琴出来，想继续进行智能硬件方面的创业。2016 年 3 月 30 日下午，胡尧突然接到沈鹏的一个电话，说今天晚上要请人在鸟巢吃饭，如果他在附近就过来。胡尧就跟着一起去了。沈鹏想挖对面那个人当合伙人，结果没成功，说着说着话题就转到了胡尧身上。打完美团外卖这场战役后，沈鹏的思想深度、眼界高度、战略意识都有了质的提升。胡尧觉得，跟着沈鹏创业成功的概率一定比自己创业高。吃完饭回家的时候，胡尧搭了沈鹏的车，沈鹏把手伸了出来，问他：“要不咱俩一起做？我是 1 号，你就是 2 号。”两个人就握手了。

两天之后是清明节假期，过完假期的 4 月 5 日，新公司正式启动。之前吃饭的时候，沈鹏忽悠胡尧说已经招了几个研发，其实并没有。但两个人的行动力都很强。胡尧用几天时间找了几个伙伴帮忙。因为新租的办公室还在装修，沈鹏在望京 SOHO 借了一间 300 平方米的办公室，当时上一家公司刚刚搬走，到处都乱糟糟的。开工那天，沈鹏的离职手续还没办完，胡尧带着 9 个员工来到办公室简单分了一下工。随后，他们将公司品牌定名为水滴，接着申请域名备案、注册公司、申请公众号和微信支付、申请钉钉和企业微信，还要搭建邮箱、调研竞品、确定产品方向和公司使命。4 月 26 日，水滴互助内测，修改了两个星期后，5 月 9 日正式对外公布。

最开始沈鹏也没想好要怎么做，看国外的互助保险都是在社交平台上传播的，所以他认为水滴互助也应该借助微信和熟人之间的社交关系发展。后来他又研究了国内各类互助社区产品，还是决定用预付费的模式，让每个加入社区的人先交一点钱。

起先，沈鹏觉得这种社交传播很快就能带来网络效应，一开始加速推广，产品就能火爆。所以，水滴在初期投放了大量广告，希望将先发优势快速建立起来，形成业务规模壁垒。上线不到 3 个月，水滴互助花出去 1000 万元广告费，实现了"百日百万"的目标，也就是上线 100 天，用户达到 100 万人。这个成绩看上去不错，然而在后来的一次采访中，沈鹏表示觉得当时自己的做法并不明智。

没有赔付案例，互助平台的可信度就不高，只能依靠广告维持增量。水滴 A 轮融资只有 5000 万元，不可能一直打广告。但是，新用户有 180 天的观察期，这 180 天的等待对于创业公司来说是一件很可怕的事情。为了破局，水滴推出了意外互助：如加入互助计划的人遭遇意外，只要拿到伤残鉴定报告，就可以得到赔付。这种履约模式看起来比较便捷，成本也低，但是一时之间也没有出现赔付案例。

当时负责用户增长的是徐憾憾，她是今日头条的早期员工，协助张一鸣完成了今日头条最困难的 B 轮融资。她因为一次意外休养了一年，直到王慧文在电话里问她："你知道有家叫水滴的公司吗？"就这样，她来到了水滴。

徐憾憾发现，关于"互助"这个词的含义，一二线城市的人可能比较好理解，不少用户可能难以理解"互助"和"保障"的含义，或者需求并未被唤起。怎么样让他们意识到互助计划的意义呢？

2016 年 6 月底，有两个互助计划的用户主动给水滴打来电话。他们还没有过 180 天的观察期，但是已经确诊得了癌症，看病费用不够，希望水滴能帮他们做一个求助的页面，让网友捐点钱。

既然互助计划还在冷启动期，用户又有需求，那么帮助这些病人也是一件有意义的事情。徐憾憾则从市场的角度来看这个问题：筹款和捐款都是唤醒用户保障意识的教育手段,而且这还是一种有社会价值的行为,和"保障亿万家庭"的公司使命相契合,为什么不做呢?经过公司内部讨论后,徐憾憾成为这个项目的负责人。很快,"水滴爱心筹"的名字上线了,3个月之后,他们发现这个商标已经被注册,就改了一个名字,叫水滴筹。

沈鹏在复盘水滴互助的成绩时,发现了一个问题:前期加入互助计划的用户大部分是互联网人,本身就对新事物充满了好奇,加上之前互助类产品很多,他们对这些产品的接受度很高。但在拥有百万名用户之后,水滴互助要面向的人群绝大多数来自二三四线城市,从事的是非互联网行业。改变这些人的观念本来就相对困难,更甚之处在于,这是一个纵深市场,跨地域和阶层教育用户的成本远远超出了预计。这样的成本是一个初创公司难以承担的。

做一个筹款平台,正好能一次性解决教育市场和满足需求这两个问题。有些人在平台上给别人捐了款,看到意外或者是重疾对普通人的影响,他们自身对风险的认知就会被唤醒,加入互助计划的意愿也会大大增强。

在回答为什么能在一年时间里实现对竞争对手的反超这个问题时,沈鹏的答案是,水滴抓到了经营信任这个健康保险生意的本质。在水滴互助,资金和用户的动态数据都是真实并且公开透明的,业务资金都进行了资金托管,每两个月就会进行一次资金公示,款项动态都向公众公开。每半个月,水滴互助会公示一次当期即将赔付的会员的情况,包括病情报告、赔付的依据信息。参与赔付均摊支援的会员如果有反对意见,可以实名提出,并要求平台复审。

在这方面,轻松互助以轻松筹起家,借助以前的捐款用户对大病产生的危机感,导流形成高转化率,但其后期的透明度不如水滴互助。通过一点一点积累,绝对的优势壁垒逐渐形成了,水滴互助的口碑开始快速发酵,数据增长也随之画出了一条指数型曲线。每一次赔付后,当天和第二天的增量用户数都会是平时的5倍左右。

在大病筹款方面对水滴筹的反超，沈鹏归功于三点。第一，水滴是行业内第一个不收筹款手续费的公司，而对手要向大病患者收取2%的手续费。沈鹏认为，既然捐款者出于善意，受捐者又面临困境，公司就不应该从中收取手续费，最后甚至其中6‰的支付通道费用也由平台承担。第二，水滴筹不需要捐款者绑定手机号，因为1%的人可能因收不到验证码而捐款失败，水滴筹因与微信绑定，支持一键登录捐款。第三，水滴筹建立了一个风控团队。

水滴保和水滴的三级火箭

杨光原本是美团点评战略和投资部的人，以前在加拿大做保险精算师。沈鹏在2016年1月就找他聊过创业的事，杨光当时没有直接跳槽，直到2016年4月15日水滴成立的时候，他才跟着水滴的团队一起吃了一顿饭。杨光应该是沈鹏直接从美团挖走的人，出于对老东家的尊敬，沈鹏一般从美团的离职员工"下手"，如美团的第一个产品经理、后来在教育行业创业的王来等。

2017年3月，水滴拆分业务线。5月，沈鹏和杨光分别通过了保险机构高管任职资格考试，水滴也获得了保险经纪牌照，水滴三级火箭中的最后一级——水滴保，被正式推出。

水滴的三级火箭，覆盖了用户"事先预防+事后救助"需求的全过程。先有水滴筹，通过社交网络的裂变引入流量，初步教育用户树立保障意识；再有水滴互助，提升用户对保险的感知力，实现用户留存；最后，流量进入水滴保，完成最后一步商业转化的任务。

如前所言，水滴筹的主要发起者在中国三四五线城市，捐款者则从一线城市到五线城市都有。在中国的三四五线城市，大病保障类产品比较稀缺。以保险产品为例，多数保险公司是围绕一二线城市的高净值人群及中产阶级做产品设计的，这也给水滴互助和水滴保留下了发展空间。

水滴继承了来自美团的地推基因，如在农村刷墙，在农村和县城的便利店门口免费部署太阳伞、贴海报，甚至用与政府筹办大病保险热线等方式搭建线下服务网络。沈鹏曾说过，水滴通过重点建设三大能力来进行深度下沉：第一，基于微信社交网络做裂变传播；第二，基于大数据应用能力，挖掘下沉市场用户的有效需求，降低传播成本；第三，提升线下服务能力。

水滴保让沈鹏"卖保险的"名头彻底坐实了。他开始了辛苦联络保险公司、对接后台系统、寻找优质保险产品的过程。

水滴和保险公司签协议后，IT 部门对接低效、水滴渠道不受对方重视的事情时有发生。最开始，沈鹏很看重大保险公司的实力和背书，但慢慢发现，一些"有上进心"的保险公司更容易配合。只要把业务像滚雪球一样做大了，水滴保在业内的口碑就会越来越好，从而越有主动权推动其他保险公司的加入。水滴保上一些健康险的成交额引起越来越多保险公司的重视，直到蚂蚁、京东、360 等巨头相继杀入，成为水滴保的劲敌。

那段时间，沈鹏和负责水滴互助的胡尧收到了不少朋友的短信，都是"兄弟，挺住""加油"之类的慰问。重压之下，胡尧总会想起以前在美团的时候，王慧文偶然讲的一句话。

有一天开研究会的时候，一个同事问："我们现在要做的这件事情，阿里可能也会做，如果阿里做了，我们怎么办？" 2013 年的美团其实刚拿到 B 轮融资，并不是一个体量很大的公司。王慧文回答："兄弟们，是这样的，如果有生之年我们的公司能跟 BAT 这样级别的公司正面一战，不管是赢是输，我觉得都挺值得。"

BATJ 都在保险行业布下重局，其中腾讯的矩阵和阿里巴巴的支付宝蚂蚁保险走得较远。

腾讯一方面做投资渗透，2013 年与阿里巴巴、平安共同设立众安保险，持有其 15% 的股权，并投资水滴和轻松筹等企业；另一方面，借助微信和 QQ 提供的流量，腾讯微保聚焦于打造保险行业的

Costco[1]，谨慎选品，严格定制。

支付宝则构建起了基于支付业务的完整生态链，能低成本实现用户转化。蚂蚁保险有相互宝、保险超市等项目，降低了用户对保险的接触门槛。

水滴保的一部分流量来自微信，另一部分流量来自品牌投放等自有渠道。和微保、蚂蚁保险相比，水滴保在流量上不占优势，但在场景上更贴合用户。水滴保先后与多家保险公司联合推出定值保险，通过大数据智能来分析用户需求与产品的匹配程度，为用户定制个性化的保障方案。

在接受本书作者的采访时，沈鹏表示，在传统的保险市场中，中国人寿、平安保险、太平洋这些大公司，没有哪一家有50%以上的市场份额，前5家加在一起，市场份额才刚刚过半。同一个行业，同一个特质，所以这个市场一定是一个多寡头市场，而不是必须成为第一才能活下来。支付宝推出相互宝也好，其他的巨头入场也好，只要自身有足够的价值，那就不用担心生死问题。

腾讯游戏的 2017

谁是王者

2017年对腾讯互娱来说，是高歌猛进、鼓瑟齐鸣的一年。

这一年，腾讯发布了极光计划——一个扶持中小游戏开发者的计划。

更大的动作是在2017年4月UP17腾讯互娱年度发布会上，腾讯发布了13款新品手游。曾经和腾讯在端游时代打到"六亲不认"的

---

1 美国最大的连锁会员制仓储量贩店。

五大对手——西山居、盛大、完美、巨人、畅游，全部站到了腾讯阵营，它们的手游作品均交由腾讯代理发行。另外，腾讯还入股了盛大和西山居。此举被戏称为"六大门派围攻光明顶"。

这个"光明顶"指的是网易。

在手机游戏的推陈出新上，网易一直是压腾讯一头的。

2014年4月，网易推出首款手游《迷你西游》。几个月后网易首个采取了MOBA（多人在线战术竞技游戏）玩法的作品《乱斗西游》上线，上线后即霸榜，月流水额过亿元，日活300万人。在《乱斗西游》霸榜的同时，网易又于2015年3月27日上线了《梦幻西游》的手游版，随后开启持续500天的挖宝，并在此后上线了《天下》和《大话西游2》手游版。

《梦幻西游》手游版上线后不久，吊诡的一幕发生了：腾讯竟然代理运营了强劲对手盛大的游戏，而且是其安身立命的代表作《热血传奇》的手游版，以此展开与《梦幻西游》手游版长达4个月的攻防战。同时，射击游戏爱好者马化腾也不遗余力地为旗下射击手游《全民突击》打起了广告。

这种紧张局面直到《王者荣耀》横空出世，才得到缓解。

在《王者荣耀》之前，中国手游的MOBA王者是《自由之战》。[1]

但从产品体验看，多位早期玩家表示，《自由之战》的操作优化不太好，加上技能冷却时间长、需要回城才能购买装备等缺陷，导致

---

1 《自由之战》与腾讯有着很深的渊源，该产品的制作人周田伟在腾讯工作过，投资人孙宇扬系腾讯游戏的创办人之一，发行人王彦直曾发行了《刀塔传奇》。王彦直曾经拿着《自由之战》的demo（样本）征求莉莉丝游戏创始人王信文的意见，但被王信文泼了冷水，理由是："太超前"。腾讯与《刀塔传奇》的出品方莉莉丝也有颇多恩怨。莉莉丝的3位创始人，同为南京大学毕业的王信文、袁帅及张昊，都曾在腾讯北极光工作室工作过，因绩效不佳在2013年5月离开。其首款游戏《刀塔传奇》2014年后迅速成为当红手游，也是第一款月收入过亿元的手游。而此时，腾讯游戏还在讨论手游有没有机会，做什么类型的产品，从哪里切入这样的本源问题。随后腾讯对莉莉丝CEO王信文的妻子陈小花的除名事件，更引发了一场不大不小的风波，腾讯的解释则是："回避原则"。

游戏节奏缓慢,不适合移动端。而且与《王者荣耀》相比,《自由之战》最明显的差距就是,画质不够赏心悦目。经过十几年的积累,腾讯的游戏制作工艺水平非常高,其游戏的操作体验和美术创意都达到了很高的境界。

相应地,《王者荣耀》做了上百项底层优化,动用了腾讯做底层通信的研发资源和大量服务器群组。对于强调微操作的竞技游戏来说,如何平衡本地和网络传输环境之间的关系,如何处理延迟和反馈,还有英雄的智能施法如何取得平衡等,都是影响玩家体验的重要因素,在这些事情上,腾讯非常有经验。而这些正是《自由之战》的软肋。

《自由之战》不仅在产品综合水平上逊色于《王者荣耀》,在营销上也相差甚远。《王者荣耀》有手机 QQ 与微信、应用宝的助力,运营很快进入正轨。《自由之战》的研发方是逗屋,iOS 端由盖娅互娱发行,Android 端由龙渊网络发行,三方合作的方式带来了资源分散的问题,版本的迭代和市场规划很难统一。

腾讯做 MOBA 手游的时间稍晚一些,但 MOBA 是一个在手游上大有可为的品类,这是当时腾讯游戏的共识。

腾讯游戏开始于 2003 年的棋牌业务,从 2006 年起,它开始进军重度游戏江湖。但在 2010—2012 年网页游戏时代,它走了一段以代理为主的弯路,除了受限于当时腾讯开放平台的理念导向,腾讯的主力工作室也不太乐意做技术含量偏低的网页游戏,更愿意做有技术挑战的品类。2013 年手游崛起,腾讯统一了手游策略:自研和代理两手抓。

经过七八年的累积,腾讯此时已经有 20 家游戏自研工作室,但各自战斗力参差不齐。于是原有的工作室被重组成 4 个工作室群,下辖 20 个子工作室。

腾讯的量子工作室之前在开发一款 MOBA 端游《众神争霸》,主打 10v10 的概念,旨在服务核心竞技用户。2014 年,腾讯互娱自研游戏体系调整后,量子工作室并入光子工作室群。或许是眼见端游江山已定,光子工作室群很快从端游调转枪头，着手开发当时方兴未艾的 MOBA 手游。

不久之后，由姚晓光领衔的腾讯天美工作室群接手了远在成都的卧龙工作室，也开始做另一款 MOBA 手游。2015 年正式立项后，天美工作室群从深圳抽调了大量美术和程序专家，与成都团队一起研发，高峰时期整个项目组超过百人。这种大团队的作战方法对项目的快速完成及后来的调整，起到了关键作用。

两个工作室群的项目，几乎在公司中同步推进。约半年后的 2015 年 8 月 18 日，光子工作室群的《全民超神》与天美工作室群的《英雄战迹》同时开始不删档测试，其中《英雄战迹》在内测时还用过"王者联盟"这个名字。

上线后数据很快就出来了。当时在《全民超神》运营团队的一位腾讯员工告诉本书作者，《英雄战迹》的数据要比《全民超神》的差很多。虽然双方团队相互之间严格保密，但通过私下的旁敲侧击，还是能知道对方在留存上的表现不如预期。

《全民超神》一开始做的就是 5v5，上线时的宣传口号也是"腾讯首款 5v5 MOBA 手游"；而《英雄战迹》的核心玩法还是 3v3，而且把传统的 3 条路缩减为 1 条并增加野区，它并不是最纯正的 MOBA 手游。彼时玩家很自然地会将 MOBA 手游当作另一款 LOL（《英雄联盟》）来对待，3v3 显然不会给人正统游戏的感觉。

在这种逆境下，天美工作室群选择放手一搏。第一个版本测试仅两周后，它便决定让《英雄战迹》回炉重造，并在后来改名为《王者荣耀》。在已经有一款优势明显产品的情况下这样做，需要莫大的勇气，但团队别无选择。这次天美工作室群直接全盘推翻了《英雄战迹》，力图还原 MOBA 手游最核心的公平竞技理念。

一个多月后，《王者荣耀》上线，核心玩法由 3v3 变为 5v5（这让用户接受度大幅提高），并采取了分离式的商业化模式，即在保证纯公平竞技属性的同时，针对体验性和炫耀性的资源来收费。

《英雄战迹》回炉重造期间,《全民超神》又在干什么呢？曾经是《全民超神》运营团队的一位员工回忆,当时整个团队将很大的精力放在了做游戏内的赛事上。

如今的《王者荣耀》也有微赛事——以前叫赏金赛,但玩的用户比正常的排位赛用户要少很多。《王者荣耀》的赛事体系 KPL（《王者荣耀》职业联赛）当然也很成功,但它的成功是基于其庞大的用户量。在用户量不够时做赛事,在今天看来,属于"本末倒置"。

《全民超神》在英雄的数值和商业化策略上也有问题。当时《全民超神》里面最贵的一个英雄路西法是 288 元,但就算花了这么多钱,英雄的数值还是一片空白,把所有技能全练满之后,英雄才能得到满数值,在对战中才有优势。但问题是,过了两周,可能游戏里又出了一个新英雄,新买来后一看又是一片空白,这样的培养过程是 MOBA 玩家接受不了的。

《全民超神》与《王者荣耀》在腾讯是一个很经典的内部竞争案例,前者大概领先了 3 个月之后被反超。在后来的复盘中,《全民超神》团队认为自己花了太多的时间和精力在做一些周边系统,现在回头去看,周边系统其实不是最关键的。最关键的是,玩家不愿意接受这种类似 RPG（角色扮演游戏）的培养模式,这种模式让《全民超神》的公平性受到极大的挑战。与之对比鲜明的是,《王者荣耀》一亮相,打的就是"最公平的 MOBA 手游"的口号。

关于《王者荣耀》的"后来居上",还有一种说法是起名。

据传,游戏行业有一种玄学,名字中含有"神"的游戏无法封神,多数以失败告终,如完美世界的《神魔大陆》、盛大的《神迹》、金山的《封神记》等。腾讯也不例外,除了《全民超神》不幸应验,《众神争霸》《枪神纪》《神之浩劫》等游戏结果无出其外。

而《英雄战迹》之所以改名为《王者荣耀》,有一个未经官方证实的说法是,"战迹"这个词用拼音输入法打不出来。根据腾讯的分析,只要是拼音输入法打不出来的名字,获取的用户量都要少 15%。听起来还真像那么回事。

到 2015 年下半年，MOBA 手游市场几乎被公认为充满机会。越来越多的玩家杀了进来，如银汉游戏在 2015 年年底发布的《时空召唤》，用的是科幻题材；电魂网络的《梦三国》手游，则延续了端游上的 IP。

电魂网络有丰富的 MOBA 制作经验，他们在 2009 年年底推出了 MOBA 端游《梦三国》时，LOL 手游才刚推出没几个月。

电魂网络由余晓亮、胡玉彪创办。两人都曾在腾讯任职，其中余晓亮在 2003 年加入腾讯，是腾讯较早一批游戏制作人；胡玉彪在加入腾讯前与逗屋的周田伟同为盛大《梦幻国度》项目组的主创人员，担任客户端主程序员。

《梦三国》发布后的受欢迎程度远超预期，到 2015 年时已经有 1 亿多名注册用户。之后 7 年中，《梦三国》一直是电魂网络的核心产品，占据了绝大部分市场营收，这也反映了 MOBA 持久的生命力。

面对 MOBA 手游的机会，电魂网络也动了心。因为创始团队相熟，电魂网络也找过逗屋。周田伟表示，当时很期待与电魂网络合作，因为他知道逗屋团队在英雄设计方面有短板，需要其他团队的经验注入。

双方讨论后也定下了大致方案，但最终由于股份没有谈拢而作罢，电魂网络以《梦三国》IP 为基础开始研发手游。但之后的事实证明，最好的时机已经错过，因为 MOBA 手游行业的"超级大 Boss"《王者荣耀》来了。

如前所言，《英雄战迹》变身《王者荣耀》归来后，用户数以非常快的速度猛涨，一下子就超过《全民超神》，几乎所有的腾讯玩家都从《全民超神》转到了《王者荣耀》。

《王者荣耀》成为腾讯 MOBA 手游的头牌，和微信的启动一样，看上去是"一小步"，但却是实质性的"一大步"。

借助《王者荣耀》，虎牙重新追上斗鱼

不容置疑的是，一款现象级游戏可以改变游戏直播的格局，这是因为竞技游戏参与的人越多才越好玩，而参与的人越多，它对后来者的吸引力就越大。2015年12月，《王者荣耀》改版成功后，各种数据一路疯涨，也由此改变了整个游戏直播的格局。

手游直播的兴起，得感谢一个叫曹建根的人。《沸腾新十年（上）》曾经写到，2011年，曹建根从虹软离职创办开讯，做视频聚合。到2014年，开讯已经有约1亿名用户，但视频聚合存在内容版权隐患，眼见快播出事，曹建根便停掉了开讯，准备转型。

2015年，竞技类手游兴起已经初现端倪，手游对战化、电竞化逐渐成为趋势，出现了《自由之战》《全民枪战》等游戏，这些游戏的日活都很快突破了百万人。2015年6月，主打移动电竞的英雄互娱借壳登陆新三板，估值百亿元。

曹建根认为，就像端游用户一样，数亿名手游用户也应该有观看视频的渠道。于是2015年3月，他开始开发"触手"，8月正式上线。

但当时少有人看好手游直播。曹建根向本书作者回忆，触手上线后他找了60多个有可能的个人和机构谈投资，其中有360的周鸿祎，有映客直播的创始人奉佑生，有六间房的刘岩，曹建根甚至接触过虎牙与斗鱼，但无一人接招。

在触手上线的第二年年初，都快做到100万人的日活了，它才终于拿到第一笔融资，融资额为2000万美元，投资方是英雄互娱和做游戏周边的A股上市公司美盛文化。

在产品形态上，除了做到在手机上一键开播，主播还可以通过社群的方式做陪玩、代练，可以直接带粉丝一起比赛。美国的Twitch有这种模式，触手是最早在国内这样做的，两者的产品模式很像。

给触手带来用户的一款大型游戏是巨人网络开发的《球球大作战》，触手几乎与这款游戏一起成长。曹建根说，当时这款游戏的直

播内容近乎99%在触手上。这在当时形成了用户要看与手游相关的直播，首选触手的情形。

不过，触手的曹建根虽然起了个大早，但真正在手机游戏直播上吃到胜利果实的却是虎牙。

2014年11月，YY游戏直播更名为虎牙直播，开启了独立运营的第一步，董荣杰开始接手YY的游戏直播业务。生于1977年的董荣杰是YY的创始团队成员之一，曾在网易的网站部负责技术工作。2005年，他同李学凌一同离开网易，创办了多玩。在接手虎牙之前，董荣杰一直在YY的珠海分部管理游戏业务。

YY的CFO何震宇在2014年第四季度的财报会议上宣布：游戏直播业务2015年打算投资7亿元，其中带宽方面的预算是2.6亿元；赞助费大约为2亿元；市场推广方面，预计投入1亿元，会投入公司的资源去保障市场领先的位置。何震宇还强调，2015年的重点是吸引更多没有使用过YY平台服务的新用户来观看游戏直播。

7亿元是YY给董荣杰的预算。这不是一笔小钱，但在2015年的游戏直播市场，只能说刚刚够。

董荣杰接管虎牙时，面临的是内忧外困。他对本书作者说，当时直播的成本增长得令人恐怖：带宽需要不断升级，主播的签约价也疯涨，这个月你觉得500万元的签约费贵了，下个月可能直接变成1000万元。而且YY作为上市公司，决策流程不如创业公司快，出现巨额亏损又很难交代。跟风还是不跟风，是每天都让董荣杰焦虑的问题。

一句话，过往的成功让YY这个老虎打了个盹，给了斗鱼"虎口拔牙"的机会。把游戏直播业务独立出来命名为虎牙，也多少有正本清源的意思在里面。

董荣杰向本书作者分析，YY已经积累了大量用户，所以游戏直播一开始主要服务于YY原有的用户。而他们没有注意到，游戏直播正在形成一个行业，YY之外还有很多用户是他们没有照顾到的。

2016年，主播的价格再一次水涨船高，所有直播平台都在继续"烧钱"，大量的资金投入仍没有带来直接收益。2016年2月，恰好在龙珠待满一年的miss签约了虎牙，熊猫在这一年上半年挖走了战旗的LOL主播PDD（刘谋），《炉石传说》主播安德罗妮和萌太奇夫妇从斗鱼转会到虎牙，传闻这三起转会的价格均为3年1亿元。

斗鱼的陈少杰也在一次餐叙中告诉本书作者，一开始的时候他确实没想到魔兽这类竞技游戏能在手机上玩。

思维方式的升级是虎牙蜕变过程中的重要一环。

对主播动辄数百上千万元的签约费，董荣杰承认，2015年前的YY对此也很难认可。主播的粉丝与流量都是平台推荐的，主播转脸却找平台索要数百万元的费用，的确很难接受。但主播看到的却是签约可以迅速获得巨额收入，不用分成，也不用受公会的限制。类似的问题，其实知乎这样的平台也遇到过。

各直播平台不一样，作为后来者，用挖主播的成本换时间和流量，顺理成章。它们需要知名主播背后的人气，所以认可他们的市场价值。

YY则更注重培养"草根"主播，先通过YY用户给主播导流量，主播在依靠人气和用户打赏赚钱后与YY分成。正是这种思维上的差异，让斗鱼迅速追赶YY。

YY对直播的商业模式极为了解，这也让它更为保守。游戏直播的收入来源主要是用户打赏、游戏联运和广告，其中用户打赏往往占大头。YY很明白游戏直播中用户打赏的意愿较弱，远不及秀场直播。斗鱼不计成本地挖主播、投广告，让主播的日子好过了，但公司盈利遥遥无期，一旦融资不力很可能无法长久生存。

持续的热钱涌入让李学凌和董荣杰认识到，这是一场旷日持久的争斗。也就是从2015年开始，虎牙重新整顿了团队，也确立了目标，之后没有再被斗鱼拉开差距，但也难以接近斗鱼。这是因为在《王者荣耀》之前，游戏直播的主体还是以LOL为代表的端游，而LOL的大部分主播都在斗鱼,所以虎牙可以无限接近主打手游的斗鱼,但很难超越。到 2016 年年初,虎牙虽然有大幅度的用户增长,但日均 IP(独立用户/独立访客)和 PV(页面浏览量)均落后于斗鱼。

站稳脚跟的董荣杰知道,要想实现反超,需要等待外部环境的变化,需要新的变量出现。2015 年年底,董荣杰等到了这个变量,那就是《王者荣耀》。

在预见了《王者荣耀》的热度后,虎牙从公司调动资源全力以赴。董荣杰说,从 2016 年下半年到 2017 年春节这大半年的时候,围绕《王者荣耀》的手游直播竞争就已经结束了,而虎牙也因为对手游,特别是对《王者荣耀》前所未有的投入,可以名正言顺地说自己是游戏直播的第一名了。

市场上的短兵相接也让虎牙开始在资本市场上长袖善舞,2016 年年底,虎牙从 YY 正式拆分,并迅速完成了一轮由中国平安、高榕资本、亦联资本、晨兴创投等主导的 7500 万美元 A 轮融资,董荣杰个人也投入了大部分身家。虎牙之后能逆势翻盘,与董荣杰置之死地而后生的战斗精神关联甚大。

网易《荒野行动》的抢先上线,让腾讯互娱如临大敌

读者们一定知道"吃鸡"这个词。它来自近几年最流行的游戏类型,这类游戏因紧张刺激的大逃杀模式而风靡全球。

大逃杀模式的部分情节借鉴了 2000 年日本导演深作欣二执导的恐怖片《大逃杀》,这部电影讲述了一帮初三学生被送往荒岛自相残杀的故事。电影里,学生必须杀害同学以夺取对方的武器和食物才能生存,如果拒绝便会引爆项圈。而这些剧情最终成了后来韩国游戏《绝地求生》中"单排""舔包""跑毒"等扣人心弦的要素。

单从游戏类型看,2017 年 "吃鸡" 手游上线前,占据端游时代 20% 以上市场份额的 FPS 游戏,是为数不多潜力没有被彻底开发的

"大蛋糕"。大逃杀模式的意外走红使手游开始有了一个新的方向。于是，在《王者荣耀》彻底统领 MOBA 手游后，围绕大逃杀模式，网易和腾讯在 FPS 游戏方面开始了又一轮的较量。网易自研团队在第一时间开发了搭载 2016 年才发布的 Messiah 引擎的 FPS 游戏《荒野行动》；而腾讯方面则与韩国蓝洞工作室合作开发端游 PUBG 的正统手游续作《绝地求生》，蓝洞负责美术和端游版的全套体系，腾讯负责手游版的技术支持和体验优化，以及手游的代理发行与运营。蓝洞此前也未推出过手游版 PUBG，《绝地求生》是全新且未知的。由于细节体验和实际运行中存在诸多不成熟和不确定因素，腾讯再次动用了赛马制——天美 vs 光子，上线《全军出击》和《刺激战场》两个版本，除了通过扩大市场反馈面来加速细节优化，更重要的是对大逃杀系列赛道中其余对手进行饱和打击。

2017 年 10 月 28 日，让腾讯互娱最担心的一幕终究还是发生了。网易的"吃鸡"作品《荒野行动》抢在《绝地求生》前率先上线公测。此前，来自西山居、同样打出"吃鸡"概念的《小米枪战》则于 4 月 6 日上线。腾讯互娱的两款作品的上线时间是 2018 年 2 月 9 日，比网易晚了整整 104 天。

毫无疑问，长达 104 天的时间差，已经为网易留下了充足的时间来打磨产品，并抢在《绝地求生》上线前彻底占据市场。面对老对手，腾讯掀起了一场拖住《荒野行动》为《绝地求生》赢得时间的全面进攻。

根据自媒体朱思码记记载，在一个针对大逃杀类型手游的全行业讨论会上，作为国内第一款"吃鸡"手游的开发商，西山居在会上很反常地主动提出，"吃鸡"类手游存在一定政策风险，愿意和全行业一道暂时下架整改相关作品。而这种近乎自杀式的提议，很快得到了来自腾讯（旗下《CF 手游》《光荣使命》中也存有大逃杀玩法）在内的多个厂商的支持。最终结果是，《小米枪战》《荒野行动》双双被下架，这为《绝地求生》赢得了宝贵的时间。

第二个杀招是放大腾讯游戏的渠道优势。当时中国所有主流电竞直播平台上关于《荒野行动》的评测,疑似在第一时间都被做了一轮降权处理,所在专区的名字被改成"吃鸡手游";而腾讯《绝地求生》上线后,这些专区又被改名为"绝地求生",然后单独给《荒野行动》开了一个专区以示公平;《荒野行动》的直播间一旦超过 10 万人,就会触发"黑屏机制"。

自媒体朱思码记记载:"最紧张的一晚,Mark(任宇昕的英文名)与少杰(陈少杰)通了电话,明确地告诉他现在局面是怎样的。电话里他也没多说什么,就问少杰下一步准备怎样做。结果第二天,斗鱼上所有的网易游戏全都消失了。"

网易马上找到熊猫,要包下未来两个月的所有广告位。腾讯得知后直接以两倍的价格把熊猫的广告位抢了回来。

腾讯购买了市场上所有能够买到的广告位,一度让网易无广告可买,甚至短暂出现过在 QQ 群聊时如打出《荒野行动》的关键词,便会弹出 CF 广告的情况。

2018 年 2 月 9 日,《绝地求生:刺激战场》《绝地求生:全军出击》正式上线。其中,《刺激战场》在 6 个月内横扫全网。极光大数据显示,2018 年第二季度,该游戏活跃用户突破 1480 万人。

随着这两款中韩合作游戏的上线,以及《荒野行动》在日本市场的意外走红,腾讯与网易的"吃鸡"大战算是告一段落。

视频直播平台彻底改变游戏行业规则

"吃鸡"大战还产生了一个直接的结果,那就是腾讯占据了电竞直播市场优势地位。

对于大部分 C 端用户,通过看游戏赛事的方式进入游戏,门槛较低,而且这种模式会使这个产业的影响力成数倍增长。

可以说,电竞直播彻底改变了传统游戏的宣发模式,直播平台打垮了曾经掌握核心流量和客群的游戏门户平台，视频直播对"纯文字＋图片＋视频"的高维打击是门户平台所无法抵挡的。

除了游戏本身，只有直播平台是直面客户的。由于聚集了大量垂直玩家，直播平台成了一个超越游戏的泛娱乐造星平台，其商业价值不可限量。电竞赛事的流量在可见的未来，将能与电视台直播篮球、足球等竞技体育赛事相媲美。

早在2013年，还是YY直播的虎牙，为了更好地抓取游戏画面，采取了侵入网易旗下《梦幻西游》客户端的策略，引起了网易方面的强烈抗议。更让网易恼火的是，YY一度将观看《梦幻西游》直播的用户导入一个与《梦幻西游》极为相似的网页游戏页面，进行分流变现。于是，网易旗下CC直播的相关负责人，以直播过程中用户的《梦幻西游》客户端程序崩溃为由，向YY开火，并提起诉讼。但关于玩家游戏画面是否属于游戏公司版权的一部分的问题，当时尚无定论，官司进度一拖再拖。直到2017年第三季度，官司突然有了结果：法院认为游戏画面属于游戏公司版权的一部分，网易胜诉。网易无意间开启了一个游戏版权的新领域——直播使用权。但这也让虎牙这样的中间势力不可避免地倒向了原本已经占据优势的腾讯互娱，使整个市场格局变得更不均衡。

如此一来，虎牙没有了其他选择。

2016年年底，YY决定正式拆分出虎牙的时候，已经有了上市的打算。与游戏直播的上游合作，对上市而言是超级利好。

到2017年下半年，腾讯的态度开始有所改变。这很大程度上是由于其内部的企鹅直播一直做不起来：如果一个主播签约存在贪腐问题，就够腾讯"喝一壶"的。

从外部来看，一方面，苏宁收购龙珠直播，腾讯从龙珠直播退出，这让腾讯在游戏直播这个战场上失去保障；另一方面，虎牙再次获得领先地位，甚至从2017年起在游戏直播关键数据上超越斗鱼，让腾讯通过投资斗鱼去控制游戏直播行业的目的也无法达到了。

游戏直播业务关系到腾讯游戏的核心业务，属于不容有失的战略高地。虎牙的重新崛起不仅让腾讯游戏直播市场上的"双保险"落空，也成为腾讯最终下注虎牙的重要考量。

2018年3月，虎牙在上市前夕宣布获得腾讯4.6亿美元的B轮融资，腾讯集团高级副总裁马晓轶出任虎牙董事。同一天，斗鱼也宣布获得腾讯6.3亿美元的融资，将与腾讯深度绑定。

当时，"腾讯系游戏"占据电竞直播市场的70%，网易游戏占据10%，PUBG占据20%。随着腾讯战略入股PUBG制作方韩国蓝洞工作室，腾讯的市场份额实际上达到了电竞直播的90%。

在腾讯2018年第三次架构调整前，其投资并购部可以在未经相关业务部门认可的情况下对很多项目出手，但游戏赛道上的项目不属此例。因为腾讯互娱存在一个与投资并购部双向虚线汇报的"IEG（互动娱乐）投资部"，而这个部门的直接负责人便是掌管海外发行业务的马晓轶。当然也有一种说法是，"IEG投资部"并不是一个组织架构上真实存在的实体，但IEG确有一个团队在做相关的事情，并对投资有相当的话语权。

所以，第一笔对斗鱼的投资，实际属于投资并购部偏财务投资属性的早期投资，但对虎牙的第一笔投资则是来自腾讯互娱方面由马晓轶主导的战略投资。

于是在2017年第四季度，腾讯通过新一轮战略投资，分别持有斗鱼、虎牙股份的25%～30%，同时腾讯有权通过最终市场占有份额第一的平台，对另一家平台进行合并。这也解释了斗鱼为何在与虎牙已经两分天下的安定局面下，仍然执意要做IPO，甚至不惜与虎牙开战。而到了2020年10月，虎牙和斗鱼如很多人所料地宣布合并。

新零售风起云涌

盒马鲜生向左，超级物种向右

马云是一个善于创造概念的强人。在2016年10月的"云栖大会"上，他第一次提出了"新零售"的概念："在未来的10年、20年，没有电子商务这一说，只有新零售。"

于是，整个2017年成为新零售的风起之年。

话说这时，2014—2015年风光无限的生鲜电商已经出现重要变局，创业者身陷困境的消息也接连传出：曾获亚马逊青睐的美味七七资金链断裂，而准备接手者却宣布不做"接盘侠"；北京的优菜网寻求转让；上海的天鲜配被转卖；华为前高管刘江峰创办的多点传出高管离职、裁员过半；爱鲜蜂劝员工"自动离职"；天天果园集中关闭大量门店；本来便利并入本来生活网；果食帮发布正式停业通告；生鲜O2O明星青年菜君拖欠员工工资且面临破产……

2016年1月，盒马鲜生首店于上海金桥国际商业中心秘密开业。2个月后，盒马鲜生宣布获得阿里巴巴1.5亿美元的战略投资。

盒马鲜生到底是怎么来的？在接受《中国经营者》采访时，侯毅讲了盒马鲜生诞生之初的故事。他认为，这一切都源自阿里巴巴CEO张勇的魄力和远见。

不得不说，对淘宝来说，盒马鲜生的生鲜新零售也是一种颠覆，因为阿里巴巴已经有了很多生鲜项目，如淘点点和喵鲜生。除此之外，阿里巴巴还投资了易果生鲜，天猫超市也有生鲜出口，更不要说还有苏宁和其他垂直生鲜项目。从"内部赛马"的角度来看，这些事业部如果知道盒马鲜生会横空出世，完全有能力捷足先登，或者在资源上阻止它。"所以逍遥子（张勇）当时承受的压力是巨大的。"侯毅后来说。

前文提到，侯毅在京东是物流体系建设的重臣，主持了一系列京东标志性物流体系的重要基础设施建设，又兼有传统商业连锁的工作经验。无奈在建立盒马鲜生的问题上，他未获得刘强东的支持，反而和张勇意气相投，故弃"东"投"淘"去也。

因此，他和张勇的接触颇为低调。张勇把侯毅安排在上海，而非本部所在地杭州，就是为了不惹眼。

严格说来，盒马鲜生一开始也并不一定要做生鲜。张勇告诉侯毅，他想要探索一种线上线下一体化的零售模式，但领域并不设限。而作为一名有着20年物流经验的资深"吃货"，侯毅则觉得，从曾经的京东视角来看，生鲜是电商最难啃的骨头，市面上的生鲜电商模式有着各种各样的缺点，对这些缺点的洞察是他的核心价值之一。

故此，张勇和侯毅马不停蹄地谈了3个月，最后制定了影响盒马鲜生未来的三个关键目标——线上订单一定要比线下订单多，30分钟冷链配送，要盈利。

盒马鲜生的团队阵容堪称豪华，侯毅，花名"老菜"；CFO，王曦若，花名"优昙"；人力资源总监早期为阿里巴巴资深HR，"苗翠花"，其因身体原因离职后由"观音"接任；开发选址负责人，陆俊，花名"运筹"。

朱思码记对盒马鲜生这样概括——以生鲜类目切入天猫缺失的高频消费场景，以阿里巴巴品牌背书的大型门店获取用户信任，以后期收割门店周围3公里范围内的全部流量为目标。

当然，事情都有AB面，"三个目标"对应的，是盒马鲜生门店高损耗风险、高前期投入成本、高难度门店货品精细化运营的"三高问题"，这些问题一度让盒马鲜生饱受质疑。

对阿里巴巴来说，盒马鲜生是史无前例的一次尝试，因为"重资产"模式其实并非阿里巴巴所长，而线下模式此前更是闻所未闻。

如果从物流角度分析，那么盒马鲜生模式的最大特点是前置仓模式的升级。前文讲过的几家生鲜电商都以"社区小仓""仓店合一"为特点，主要目的是降低成本并最大限度地复用"坪效"。而盒马鲜生的出手不凡则在于，一开始就高举高打，以大型连锁门店作为核心消费场景，同时这也是盒马鲜生的电商前置仓。

前面分析过，前店后仓的模式之难，就在于店的选点要求远超于仓。受制于生鲜配送的时效性，虽然盒马鲜生门店的规模和技术水准远超"小仓"模式的每日生鲜，但辐射范围仍然只有方圆3公里。这就导致盒马鲜生门店的选址基本都位于商业地产中"寸土寸金"的热点商业区块。

因此，房地产行业继"学区房"之后，又产生了一大抢手房源概念——"盒区房"。这个概念有两重因素，一是盒马鲜生所选的地点必然是优中选优的黄金地带，本身就代表着高价值；二是"盒区房"位于盒马鲜生门店周边3公里内，对于现在喜欢宅家的年轻人、上班族和周末想逛超市的人来说，都是很方便的。

但也正因为如此，盒马鲜生最初提出的开2000家门店的目标，也引起了业界的广泛质疑，因为按照盒马鲜生在上海的选店标准，2000家如此地段的门店的物业成本，将是一个难以想象的天文数字。

但盒马鲜生已骑虎难下。因为天猫在生鲜行业的地位虽然领先，但仍不稳固——天猫生鲜选择和易果合作，但业内人士告诉本书作者，易果的冷链虽然好，但履约成本太高，又有一干对手不甘放弃而追赶不止。阿里系必须有一个概念和价值都具有压倒性优势的模式，才能继续讲好新零售的故事。

盒马鲜生开始发力的另一明证是，阿里巴巴对供应链人才的加速储备。中粮、宝洁的靖捷，特步副总裁的肖利华，绫致集团副总裁的张一星，京东仓储总负责人李永和，都在2015年前后陆续加入，说明阿里巴巴开始真正重视线下渠道的建设。

当阿里巴巴1.5亿美元的投资曝光时，拼杀得你死我活的生鲜行业选手立刻把盒马鲜生升级为了"第一对手"。

当时，盒马鲜生已成为阿里巴巴新零售的技术实验室和展示中心。

- 作为国内首个大规模使用自助收银机的门店，自助收银占比高达73%，收银人效是行业平均水平的4倍，排队时长缩短了36%。

- 盒马鲜生的开店地址有阿里巴巴大数据作为指导，可以针对不同消费阶层的活动商圈划定门店范围。附近楼盘价格偏高，居民消费水平中偏上，才符合盒马鲜生的选址要求。
- 盒马鲜生的主要用户是典型的互联网人群，年龄在25～35岁之间，其中已婚女性约占65%。这个群体对商品的第一要求是新鲜和高品质，也非常看重服务，对价格的敏感度反而并不高。

盒马鲜生模式与传统电商和传统生鲜店的模式有很大区别。从门店组织架构来看，盒马鲜生以线上销售为主、线下销售为辅。可以说，它绝对不只是一家O2O的企业，而是通过实体店建立消费者认知与美誉度，再把消费者引流到线上消费，成为黏性用户。毕竟逛超市是低频消费行为，而依托3公里配送的网上购物则是高频消费行为。

虎嗅的一篇报道提到：盒马鲜生之所以能做到30分钟送达，是因为后端实现了5分钟内完成从下单到拣货的过程。系统接收到线上订单后，拣货员根据PDA显示订单，前往零售区或仓储区拣货，用PDA扫码之后放入专用拣货袋，再将打包好的拣货袋挂上传送带，通过自动传输系统把商品传送到合流区，由配送人员送货上门。所以，在门店购物时，消费者经常可以看到头顶上有飞来飞去的快递包裹。

盒马鲜生也成了马云为其亮相"打CALL"最多的一个项目。盒马鲜生从2017年首次上线后，几乎每年都有马云给盒马鲜生"站台"的新闻，马云拿着海鲜在店里大快朵颐的照片也被广泛传播。

在这种情况下，竞争对手如果再不动就来不及了。事实上，朱思码记认为：盒马鲜生团队能够在2年内铺设60多家旗舰店、覆盖全国14座城市，很大程度上缘于重模式节约了时间成本，抢在超级物种、7FRESH反应过来之前率先完成抢点布局。但这样的"重资产"模式也意味着盒马鲜生是一个真正的资金黑洞，前期投入成本远远高出同类型生鲜超市，甚至达数倍以上。

和京东合作密切的永辉超市是盒马鲜生的重点挑战者。永辉超市是中国内地较早地将生鲜农产品引进现代超市的流通企业之一，被国家七部委誉为中国"农改超"推广的典范。按照产品分类，生鲜、食品分别占公司产品类营收的47.1%、50.03%，这是一个地道的以生鲜起家、以物美价廉的食品成名的"传统企业"。

根据永辉超市张轩松提出的"全球直采、品牌定制、品质定制"的发展思路，永辉超市尝试构筑一个从生产制造到零售终端，从民生保障到中产消费，从商品零售到整合金融、物流、商贸服务多项周边业务的生态圈。而在具体业务布局上，永辉超市推出"超级物种"，目的就是发展"超市+餐饮"的综合业态，对标阿里系的盒马鲜生。

永辉超市认为，只要充分发挥公司的供应链优势，并上下延伸，以超市的低成本为餐饮提供全球优质食材（三文鱼、波士顿龙虾、澳大利亚牛肉等），以餐饮的良好消费体验带动超市销售，未尝没有与盒马鲜生的一争之力。

2017年1月1日，永辉超市打造的新零售品牌超级物种登陆大本营福州，首店营业面积500平方米，门店单品超过1000种。

所谓"超级物种"是高端超市和生鲜餐饮的混合，定位为轻时尚及轻奢餐饮，以"80后""90后"等新消费群体作为主要目标客户。店内分为波龙工坊、鲑鱼工坊、盒牛工坊、麦子工坊等模块，主要以生鲜为主。其中一些工坊可以现场加工，就像海鲜大排档，消费者可现场买单、现场加工后食用。

超级物种和盒马鲜生的明显差异是，超级物种的单店面积不大，一般为数百平方米，以吃为主，餐饮部分占50%以上的面积。消费者进入超级物种后，很难分辨这是餐厅还是超市。所以，永辉超市认为，超级物种是地地道道的"新物种"，因为消费者既可直接选购食材，又可享受烹调服务，直接在店内享用食材。随着新时代消费者新休闲生活方式的确立，超级物种采用了"茶咖"的空间布局，这种集休闲、办公、会友、文化于一体的空间布局被认为是受到星巴克"第三空间"启发的产物。

从2017年1月创立开始，超级物种在一年中开了27家门店，其间迎来了一个重大变化——2017年年底，腾讯以46.8亿元入股永辉超市（此处的金额，系媒体根据永辉超市5%市值对应二级市场价格计算的参考价），受让上市公司5%的股权；随后，腾讯又以1.875亿元对永辉云创（即永辉旗下直接操盘超级物种的子公司）进行增资，增资完成后，腾讯对永辉云创持股15%。

在腾讯的支持下，2018年8月底，超级物种宣布：新开店28家，在9个核心城市合计拥有55家门店；永辉生活App总注册用户数达到800万人，线上销售额相比2017年增长了1倍。

腾讯入股、超级物种、开店潮的操作让盒马鲜生坐不住了。在超级物种公布部分数据后，盒马鲜生选择了在2018年9月17日"阿里投资者日"首次披露了盒马鲜生过去32个月来从未公开过的一组数据：经营时间1.5年以上的成熟店，"坪效"5万元，单店日销超过80万元，线上平均客单价75元，线下平均客单价113元。

同时，有所谓接近盒马鲜生高层的人士向媒体披露，盒马鲜生于2016年1月15日和9月30日在上海市中环内开设的两家门店——金桥国际商业中心店和大宁音乐广场店，已于2018年成功完成了前期投入成本的回收，正式进入漫长的利润收割期。

相比之下，2017年，永辉云创收入5.66亿元，亏损2.67亿元；2018年上半年，永辉云创收入9亿元，亏损3.88亿元；2018年前三季度，永辉云创亏损约6亿元。

在开店规模上，2019年中期，盒马鲜生开店超过64家，超级物种近80家，但两者的店面规模相去甚远。

2018年7月31日，阿里云新零售商超行业总经理李冰表示，盒马鲜生已实现全流程数字化、全渠道覆盖、全业务共享和全数据融合。盒马鲜生2.0版很快将在深圳出现，未来还会有3.0版，实现大店向小店发展。

简单来说，所谓2.0版和3.0版，主要区别就是店的规模。盒马鲜生此前一直坚持1万平方米大型店的策略，但2018年以后就开始大力发展4000平方米的中型店和2000平方米的小型店。其中,盒马鲜生2.0版即以2000平方米的小型店为主力。这类店铺对于消费者来说SKU相对较少,运营的各类餐饮也有所减少,但胜在选址方便,能快速抢占网点。

开小店不只为了省钱。一方面,盒马鲜生前期确实抢占了一些黄金地段,竞争者被拒止——毕竟同一个黄金地段开两家上万平方米的店,带来的只能是恶性竞争;另一方面,小店确实更具灵活性。因此,美团小象生鲜、地球港超市、7FRESH和前述的超级物种,都在快速布局小店。

需要提到的是,2018年9月19日,京东7FRESH战略合作发布会在北京举行。16家知名地产商、1000家门店计划,代表着沉寂了整整半年的京东"无界零售"有了新的动作。而在此前,7FRESH仅仅只在北京京东总部所在地亦庄和北五环外的五彩城各有1家试验性的门店。此次公布的门店计划表中,除了全面覆盖北京,上海、广州、深圳、成都等城市都名列其中。

在京东版的新零售,即"无界零售"的概念提出前,据说刘强东找永辉超市的张轩松谈过生鲜冷链方面的合作,但是并未提出最佳方案。随后剧情急转直下,生鲜大战的天平开始向阿里巴巴倾斜。盒马鲜生和"3公里半小时达"策略的出世,威胁到京东物流长期以来全行业公认核心竞争力最强的地位,京东的防御性措施,即7FRESH出台。

从整个盘面看,天猫的确是满手好牌——本来天猫生鲜就遥遥领先,招来的京东旧将侯毅熟悉京东,盒马鲜生又有先发优势。

但盒马鲜生模式在行业内并不是没有争议。

第一,盒马鲜生模式的成本太高,单店盈利和全局盈利完全是两个概念,2000家店看起来遥遥无期。第二,盒马鲜生"前店后仓"的导流优势的确非常明显,但流量除了来自传统线下超市和其他生鲜平台,也来自天猫生鲜和苏宁小店,因此盒马的增量价值值得审慎评估。

叮咚买菜低调诞生于一个退伍军人之手

从某种程度上说,生活在上海是幸福的,因为这里是生鲜电商的必争之地,既诞生了盒马鲜生,又诞生了叮咚买菜。

叮咚买菜的创始人梁昌霖,是中国创业者中少数具有军人背景的。当年考大学时,他进入一所军校,学习电子对抗,大学毕业后继续在部队服役。2002 年,梁昌霖从部队退役。

梁昌霖的偶像是同为军人出身的任正非,他对《新民晚报》的记者说:"任正非退伍后,43 岁才开始创业,不惑之年始见春,一手把一个小公司变成了世界瞩目的科技巨头。我可以用自己的努力来证明,咱当兵的人,到哪里都能做出一番事业来。"

叮咚买菜的团队中有 200 多名退役军人,公司的 8 名核心骨干中有 4 名是当过军人。

刚退役时,梁昌霖就开发了全球第一款视频剪切和合并软件,半年时间就赚到了人生的第一桶金,有足足 80 万美元。半年后,梁昌霖再次创业,进军母婴行业,创立了国内最早的互联网母婴社区——丫丫网/妈妈帮。在母婴市场坚持奋战了 13 年,梁昌霖的公司成为中国成功的母婴类互联网公司之一。2016 年,公司被好未来集团并购。

随后,梁昌霖创建了叮咚小区,希望通过互联网建立起全新的社区服务体系。但这次创业并不顺利。投入 1 亿元,叮咚小区的运营状况却每况愈下。钱花完了,找投资方融资却无人支持,600 人的公司一下子只剩下 30 人。

1 年后的 2017 年 5 月,叮咚买菜上线。据说,很多钱是梁昌霖的战友支持的。

这是继每日优鲜之后,又一个使用"前置仓"模式的生鲜电商。其先后获得了高榕资本、今日资本、红杉资本等机构投资,估值超过百亿元。

"最快 29 分钟,鲜到鲜得",这是叮咚买菜打出的口号。手机 App

下单,免配送费,29分钟送达,极大地解决了都市白领阶层由于下班晚遭遇菜场关门及超市里好的菜品被挑光的难题。

为保障食材新鲜,叮咚买菜下足了功夫。比如,活鱼、活虾等水产品配送时,叮咚买菜要求配送员用打氧箱来确保鲜活。梁昌霖说,因为叮咚买菜的前置仓一般选址在离社区1公里左右的地方,距离近,就可以保证订单响应速度。

上线两年,叮咚买菜受到了用户的极大欢迎。2018年,叮咚买菜的营业额超过8亿元,产品差评率持续低于0.8%。

叮咚买菜的策略是在价格优势、品质优势、时效优势方面都达到一个较高的水平,其设定的"直接对手"是传统的超市、菜市场,而这些地方的菜品很难保持较高且均匀的水平。梁昌霖曾经公开说,出于利润考虑,菜市场很多摊位的货品并非一等品,消费者挑来挑去,也是"矮子里面拔将军",这也是叮咚买菜的生长空间所在。

为了做好源头品控,叮咚买菜一开始就采取尽可能对接产业链上游的策略。发展到后来,其生鲜直供产地达到350个,直供供应商超500家。叮咚买菜中生鲜商品种类已超1600种,来源涵盖全球20多个国家和地区,商品大类包括蔬菜、水果、水产、肉禽等。

叮咚买菜一直受到欢迎的主要原因是,它的生鲜价格相对于其他平台有明显优势,而且各种优惠不断。

当然,极度追求平民化、高性价比,给叮咚买菜带来的另一个影响就是平均客单价始终较低,在60元左右。百果园、易果等企业的创始人都认为,现有物流条件下每单的成本在30元以上,客单价要过百,才能覆盖成本。那么叮咚买菜为何能够维持下去呢?

梁昌霖对本书作者承认,叮咚买菜客单价60元左右是事实,但他认为,这不是不能赚钱的理由。追求高密度布局、高速配送但低定价的做法,是由梁昌霖对生鲜本质的看法决定的。他认为,前置仓模式的本质,是以生鲜为核心,做极度高频高复购的行业。其中的核心是,买菜做饭,本来就是老百姓生活的日常,需要细水长流的服务,不同于电商的"网红""爆款"逻辑，复购比做某一时段的峰值更加重要。

梁昌霖的叮咚买菜模式并非不追求规模，而是短期内不追求上游供应链采购规模的总量，希望在高峰时段能够进一步提高不同地区前置仓订单触发的规模。简单来说，这就好比一家餐厅，在中午的固定时段，餐厅所投入的总服务成本是固定的，但是8次翻台率和10次翻台率，均摊下来的人均效益和成本显然是不同的。

如果说所有追求盒马鲜生模式的生鲜电商都在走高科技、高价值定位、高附加值的路线，那叮咚买菜就是贴近生活、控制成本、密布网络，以实现为尽可能多的人提供尽可能多次的服务。当这种单位时间的订单触发量达到一定规模时，叮咚买菜就有可能找到不同类型的盈亏平衡点，进而找到更好的盈利模式。

由于实现了充分的差异化，叮咚买菜颇受投资人看好。天眼查公开数据显示，自2017年成立以来，截至2020年年底，叮咚买菜已经完成了两位数轮次的融资。仅仅2018年半年内就融资了5次，几乎1个月融1轮。

叮咚买菜的融资频率高、布仓密度高，但扩张很谨慎。2019年，其业务范围才开始由上海扩大至周边其他城市，并南下深圳。同时，叮咚买菜开始在杭州建仓运营。2019年年底，叮咚买菜单月营收已达7亿元，同时全年GMV突破50亿元。与此同时，在星界资本的领投下，叮咚买菜完成了B4和B5轮融资。2020年3月，叮咚买菜宣布进军北京，首批将在北京开设18个前置仓，未来将逐渐实现全城覆盖。2020年4月21日，叮咚买菜在北京正式营业。

前置仓的超级玩家除了叮咚买菜及前文提到的每日优鲜，还有朴朴超市。

起家于福州的朴朴超市，于2016年年中成立。它与叮咚买菜有很多地方是相同的——前置仓同样选在小区附近，覆盖周边1.5公里的配送范围；1元起送、满19元免配送费；主打30分钟内送达。

和叮咚买菜主打"蔬菜＋调味品"不同，朴朴超市以蔬菜为主打，兼顾全品类运营，平台同时上线SKU保持在3000个左右。除了生鲜、蔬菜、水果，还有日用品、化妆品、母婴产品、宠物产品等。朴朴超市不仅在线上构建了线下买菜场景，还将线下超市采购也在线上还原。从某种程度上来说，朴朴超市甚至更像一个线上的永辉超市，而不仅仅只是一个线上菜场。

朴朴超市的核心成员有来自永辉超市供应链之一优野蔬菜的团队的，因此在本地蔬菜生鲜供应链方面有一定优势。朴朴超市以第三方农业公司供货和产地直采为主，这使产品质量得到了一定的保证。

"蔬菜主打＋全品类运营"使朴朴超市商品种类多、可选范围大，加上价格合适、配送速度快、态度好，因此很受福州市民欢迎。

对于平台而言，兼顾全品类的运营模式，可以拥有更高的客单价，也可以提升综合的毛利率。从公开数据看，叮咚买菜的平均客单价大概在60多元；而朴朴超市公布自身客单价为80元左右。

朴朴超市会根据注册用户数来选择开仓时间，注册用户越多的社区越早开仓。一方面，可以优化选址，使开仓后业务能够较快有所突破；另一方面，可以让老用户主动推荐，进行口碑宣传，引入更多的新用户。

无人货架的风口与极速衰落

"新零售"成为热词的同时，因为缺乏概念上的严谨性，这个词的外延被无限扩展。在这股浪潮中，一个新的"风口"随之出现。因为和生鲜电商有千丝万缕的联系，所以我们也放在本章讲述，它就是无人货架。

无人货架和新零售的关系在于，随着盒马鲜生等高科技含量的卖场出现，无人收银、机器人补货等概念随之兴起。各大竞争方开始争相提出自己的"无人零售"概念和技术解决方案，而无人货架及其延伸出的无人便利店，可以看作"无人零售"的技术实验。

从模式上来讲，无人货架也是极有吸引力的。根据中国电子商务研究中心 2018 年的数据，当时国内有超过 5000 万家相关企业，且每年有超过 500 万家的新企业入局。无人货架在一二线城市有 1 亿名左右潜在用户，企业终端货架容量为 10 万～20 万元的商品，早期有 10 亿～30 亿元的市场空间。

另外，亚马逊在 2016 年年底推出了全球最早的无人零售实验项目 AmazonGo。这本是阶段性面向社会展示的一种形式，但这样的前沿趋势，已让国内的创业者找到了下一个创业的"风口"。半年时间不到，国内各式"无人货架"纷至沓来。截至 2017 年 9 月，已经有至少 16 家无人货架获得投资，最高的达到 3.3 亿元，融资总额超过 25 亿元。屡屡刷新的融资金额记录，让无人货架成为新零售下的一匹黑马，成为继共享充电宝和共享单车后的新风口。

聚划算前任总经理阎利珉、美团点评前高管吕广渝相继加入无人货架创业热潮，饿了么、每日优鲜等小巨头也相继推出无人货架。这些有影响力的创业者和企业相继入场，一下把无人货架这个"让人看不懂"的生意推向了一个新的高潮。

无人货架模式并不复杂。从本质上说，无人货架做的是"零距离式迷你消费场所"，虽然面积很小，但它依旧是一个前沿载体渠道和实体平台。既可以卖零食、酒水，又可以卖水果、小百货，当供应链和大数据支撑足够的时候，经营外卖、早餐又有何不可呢？

因此，从业务模式上看，无人货架可能对传统便利店、小百货商店造成影响；从流量和入口角度看，传统电商有大量的新增流量可以引导；从业务拓展角度看，其对外卖、本地生活、生鲜电商也有影响。这也是小小的生意能够搅动风云的原因。

根据财经自媒体"财大大"的报道，2014 年 6 月，蒋海炳设计了开放式办公室零食货架的商业模型，并在杭州开始运作该项目。虽然在 2014 年年底，他因做多牛资本暂停了该项目，但是 2015 年 5 月，他又决心重启这个项目——这应该是有记录的无人货架的早期尝试。

2015 年下半年，领蛙完成了数百个点位的铺设，自建了仓配系统。

但随后的2016年却让蒋海炳备受打击，他这一年没有融到钱。

2017年终于来了——此前领蛙已经是借钱在维持了，而在2017年4月，投资者纷至沓来之时，领蛙开始看到胜利的曙光。

蒋海炳认为，领蛙并不是简单的先行者那么简单，它有着自己的独家秘诀，即数据化驱动的精细化运营，包括对客户行为进行抓取和分析，围绕着客户体验去分析客户行为，通过数据化做最优化的选品结构。这样的精细化运营，使领蛙的客户留存率高达95%，毛利润可达35%，货损率仅有13%。

当然，到了"风口起飞"的2017年年中，这些概念早已不再领先。有阿里巴巴、美团、腾讯背景的诸多采用无人货架方案的企业，哪家不会讲数据驱动、云端供应链、动态仓储管理这样的故事？

和干嘉伟齐名、同在中供铁军就职过的吕广渝，也是先行者。2017年6月，他主导的猩便利诞生于上海，喊出了"打造中国最大的即时便利消费平台"的口号。仅仅3个月后，猩便利便宣布完成超1亿元的天使轮融资。此轮融资由光速中国创业投资基金领投，美团点评的创始人们张涛、王兴、叶树蕻、王慧文全部上阵，可见其背景极为深厚；同年10月，猩便利的智能自助便利店在上海实现8店齐开；11月1日，猩便利获得3.8亿元A1轮融资。本轮融资由红杉资本领投，华兴资本跟投，天使轮投资机构及个人投资者大多选择继续跟投。

大部分人知道，"无人便利店"是这轮风口的"幌子"，因为其技术还远不成熟，企业之间真正比拼的是入门门槛更低的"无人货架"。以猩便利为例，其拥有的10余家智能便利店主要是为了展示存在感，快速发展的是办公室无人货架。猩便利创立几个月就突破3万个点位，覆盖数十座超一线、一线及二线城市，提供7×24小时全天候服务和百万量级商品的销售、库存。

干嘉伟同样也对无人货架这个"赛道"很感兴趣，他作为天使投资人参与了美团华东负责人殷志华创办的无人货架项目番茄便利。殷志华是美团在华东市场上与大众点评短兵相接、不落下风的重要角色，其在客户谈判和地推方面都有独到之处，因此在花钱效率和运营成本上，番茄便利处于行业领先水平。IDG 和蓝驰成为番茄便利的 A 轮投资人。

IDG 和蓝驰同时也是另一家无人货架公司果小美的投资人。

在着手做果小美之前，聚划算前负责人阎利珉只是在某公司担任顾问一职，平时也会关注一些项目。一个偶然机会让他看到了办公室无人货架这一新趋势，经过调研分析之后，他便决定"all in"。

阎利珉告诉本书作者："看到这个赛道是在 2017 年 4 月，我的一个老同事说他办公室来了一个新玩意，是一家第三方放进办公室的终端货架，叫零食墙。在我的记忆中，他们公司在杭州大概有 30 人。我的第一个问题便是：'放在这儿有人买吗？'接着我又问：'吃霸王餐的多吗？'搞清楚一系列问题之后，我便开始筹划这件事。"

这位老同事告诉阎利珉，这个货架 3 个月下来大概有七八千元的销售额，统计下来耗损率（吃霸王餐）为 3% 左右，正是这两个数据让阎利珉开始对办公室无人货架感兴趣。他表示，早在聚划算的时候，他就开始关注办公室群体，这也是他将聚划算的开抢时间定在 10 点的原因。在他看来，办公室里的白领是消费领域的优质群体，掌握了这部分人的数据，未来的价值不可估量。

因此，2017 年 5 月，阎利珉就开始在成都试点探路，着手"跑模型"。专注于投资消费领域的 IDG 知道了他在做果小美，便想着也挤进这一赛道。比较有趣的是选址，当时 IDG 建议他将总部设立在互联网氛围浓厚、信息化企业高度集中的北京，但是他却选择了成都这座新一线城市。

阎利珉说："要投就投，不投拉倒！我先在成都跑跑模型，并不会影响格局。我看重的是这一赛道的流量入口，而不是单纯的卖货。"

这句话可谓道出了玩家的心声。在他们看来，无人货架不仅是极好的故事题材，还可以和生鲜、外卖及诸多微零售场景结合，是超级巨头也不能放弃的战略必争之地。

曾获得腾讯多次投资的每日优鲜,也是无人货架的"明星玩家"。

CEO徐正曾在接受媒体采访时说:"某公司3月在每日优鲜的办公室摆了个无人货架。我们当时就觉得,这应该由我们来做才对啊。4月我们就开始论证,6月便利购开张,12月便利购获得2亿美元融资。"

每日优鲜的背后站着腾讯,阿里巴巴则在这一领域依旧采取了多点布局,其中充当主力的是饿了么。2017年9月,饿了么正式发布名为"饿了么Now"的无人货架。

无人货架的企业越来越多,但让整个市场从"疯狂兴起转为迅速衰落"的,是行业里跑马圈地的动作。

就拿阎利珉来说,他对无人货架的看法本来是相当冷静的,他提出了两个重要的观点。

第一,无人货架上半场的本质是"搬箱子",也就是占点位、铺货、建渠道,其中的技术含量并不高。第二,无人货架这件事总体的天花板也并不高。他说:"在办公室里,便利架能做多少事,有多少SKU?这些我都考虑过。经过我们推算,这个市场一年才不到500亿元,即使成为'独角兽'企业,做到一家独大,也只有不到千亿元的市场。"

无人货架总体市场规模有限,但流量入口、线上与线下、新零售这些热词把投资者的心烧得滚烫。

风口之下,入局者们开始信奉唯快不破。

据媒体记载,猩便利CEO司江华曾表示,无人货架领域的竞争分为点位竞争、运营及技术竞争、供应链竞争三个阶段,哪一家可以率先达到30万左右点位的体量,基本上就可以占据优势。

司江华的话一语道破天机:什么都是假的,圈够点位再融资才是真的。最核心的是不可再生的位置资源。谁先占够一定的位置,谁就能立于不败之地。

于是,猎豹、苏宁、每日优鲜等争相加入"点位大战",本来冷静的阎利珉在市场氛围的裹挟下,喊出2018年覆盖100万个点位的"小目标",这意味着其每天要铺点2712个。

点位大战的白热化使金钱如水流去。有人算过一笔账：对于BD（商务拓展）人员来说，把货架进驻一家50~100人的公司，可以得到每台货架300元的提成；进驻100人以上的公司，则可以得到每台货架500元的提成。而一般100人以上的公司需放置3台以上的货架，这意味着BD人员进驻一家100人以上的公司，至少能拿到1500元提成。无人货架成本为300元，冷柜成本为1000~3000元，再加上安装、补货的人力成本和每个月的电费，铺一个点位至少要花4000元。

那么，要想达到30万个点位，就要支付12亿元，而当时猩便利、果小美融资不过3亿~5亿元。

更重要的是，BD腐败多发，很多BD人员为了拿提成，不管人数标准，能铺一家是一家，10人的公司也要铺设"冰箱+货柜"。

另外，同行之间的各种正当及不正当的竞争也不容忽视。比如，从理性上来讲，一家公司只要有一个货架企业进驻，就足以满足消费。但"点位大战"最热时，有的公司会出现几个企业的货架，甚至会出现一面墙摆满各种各样货架的情况。

更重要的是，各家企业把自己的"黑科技"吹过了头，最基本的问题却解决不了——怎么铺货、怎么收钱。

大量企业为了加速点位建设，想出各种各样的铺货方式。生鲜电商的前置仓就能把各家企业折磨得死去活来，无人货架上的大部分商品虽然没有生鲜那么易损，但分散程度远远大于前置仓的商品，难度可想而知。给如此多的零散点位铺货，要么重金建仓，要么请第三方来铺货。便利店、夫妻店一夜之间都被动员起来给货架铺货，这就导致铺货人员良莠不齐。仅仅在铺货过程中货损就高达15%~30%。

接下来造成货损的是售卖环节。从理论上讲，解决售卖环节的无人化，本来应该是无人货架企业的核心竞争力。但是，2017年的无人货架领域，并没有成熟的解决方案。

技术成熟的企业，采用RFID（射频识别技术）技术，但是RFID

的标签成本很高，甚至远远超过大部分商品的利润，而且设备体积也不小。所以，在实践中，真正运用RFID技术的企业非常稀少。

技术不成熟但被寄予厚望的是摄像头。企业希望通过面部识别来解决货损问题（当时的面部识别还达不到支持刷脸付款的程度），但在实际的解决方案中，识别率很低，以至于绝大多数铺设了摄像头的无人货架，依靠的都是"道德止损"，即全靠"客户自觉"。

其实，在大部分规模以上的企业中，员工还是比较自觉的，这部分无人货架的货损可能只有5%。但是，后期为了加速点位建设，许多企业开始在人员复杂、人员出入频繁的"不良点位"铺设。这部分地区的货损率较高。

因此，仅仅过了1年，无人货架就开始集体溃败。2018年1月，业内传猩便利将裁去约60%的BD人员；同期，七只考拉被曝裁员90%以上，只保留了仓储和物流部门的员工；4月，果小美和番茄便利合并后，半年裁员2000人；6月，哈米购人员从600人减少到100多人；10月，小闪科技向广东省深圳市中级人民法院申请破产清算；12月19日，关于京东到家已经停掉无人货架项目"京东到家Go"的消息，瞬间在无人货架行业内炸开了锅。

到了2018年的冬天，整个无人货架已经进入"冬眠"状态。

当然，冬眠不代表死亡。最先倒闭的主要是那些曾经在2017年以巨大成本优势及疯狂地推速度崛起的开放式无人货架明星。

疯狂地推，几乎不计成本的资金投入，以及庞大的供应链建设，主导了整个行业一年的发展。

但是，活下来的玩家，则以AI与更加场景化的运营，支撑起了面向供应链最后10米的无人货架2.0的崛起。其中，伴随着AI技术的逐渐成熟，全开放、"道德止损"的开放货架彻底退出，基于人脸识别及封闭式止损，且能提供熟食、果汁、热饮的智能货柜2.0渐渐兴起。

在这个领域，阿里巴巴仍然是重要玩家。与阿里系颇多关联的老玩家猩便利没有死于 1.0 时代，反而重新与阿里巴巴绑定。它和魔盒、友宝在线等借助支付宝的技术，在货柜之上搭载了人脸识别模块；支付宝则借此获得了线下支付的巨大流量入口。腾讯云则与每日优鲜便利购签订战略合作协议，双方就智能货柜解决方案、图像识别、云服务三个层面进行深入合作。

但是，智能货柜的成本远远高于无人货架。无人货架仅仅是一个架子加一个几十元的摄像头，但一台成熟的智能货柜，需要热区、冷区，需要 RFID 识别器或者高清摄像头，后期还加上了重量感应传感器等元件，成本高昂。因此，智能货柜更多的是出现在一些高端场所（如大型企业、机场）。但它代表着无人零售的未来。

2018 年
超级大年

引子

这一年,是移动互联网下半场里新老巨头对社会关系进行重组、对社会资源重新分配的重要一年,也是互联网"次新平台公司"围绕商业模式创新和进化最集中的超级大年。

这一年,因为拼多多的榜样作用,越来越多的创业者在微信群里"兴风作浪"。社区团购也在这一年里风起云涌,诸多小区的微信群群主开始有了另一个身份——团长。社区团购和社区便利店接过无人货架的"枪",成为身边经济里新的创新变量。

这一年,美团和滴滴这两家在社会资源重组中最大的受益者,也是过去10年里排名前三的次新平台公司,不仅在对方的优势领域"刀兵相见",还在共享单车这个赛道上你争我夺。最终,美团鲸吞了摩拜。

这一年，58同城成为次新平台公司中最活跃的一个。在瓜子铺天盖地的去除中间商的广告和让人眼花缭乱的转型中，58同城在二手车市场上杀了个回马枪。

58同城也遇到诸多的挑战。BOSS直聘在招聘市场上越战越勇，但更让姚劲波头大的是，围绕房产中介这个群体的利益重组。链家升级为贝壳，对58安居客形成巨大冲击。

这一年，VIPKID依靠铺天盖地的广告及自己独有的对美国英语老师资源的重组，成为在线教育领域第一个现象级公司，并由此带动了一个在线1对1的教育赛道。51Talk、哒哒英语、伴鱼等蜂拥而至。

这一年，腾讯开始拆分音乐和文学业务，使其独立上市。这既是对腾讯音乐和腾讯阅文在内容版权领域持续投入和长期抗战的褒奖，也是一种自我防卫。网易云音乐对小众创作者的支持渐成气候，"免费文学＋广告"模式所形成的浪潮开始对腾讯模式形成冲击，但更大的冲击来自抖音的狂飙猛进，以及抖音对MCN（多频道网络）创作者的一呼百应。

2018年的中国互联网，一如2013年的中国互联网，又一次开始分分合合，又一次从"春秋"进入"战国"。

得社区者得天下

社区团购的早期萌芽

在社交电商、新零售和无人货架的风口过去之后，在多快好省的平衡间，创新者"似乎已经穷尽了所有触达用户的可能"。但是，假设把线下、社交、前置仓这些元素全都混合在一起，会达到什么样的效果呢？2018年是社区团购和社区便利店开始成为风口的一年。

大多数新零售业态诞生在北京、上海等一线城市，社区团购则更多地扎根于二线城市。长沙因便利店分布密度高、居民消费意愿强，成为一个出现社区团购和社区团购竞争最激烈的城市。

2016年9月，由刘凯和孙云波联合创办的"你我您"在长沙诞生，这应该是可考的第一家社区团购公司。起先，你我您只是一个在QQ群卖水果的小团队。在生意做大了之后，他们在多个小区找一些业主或者小店主来当团长，建立小区业主微信群，由团长在群里发布各种商品信息。在小区的住户购买商品后，公司根据订单把商品送到团长处，住户可以直接到团长设定的提货点提货——这些提货点可能是团长的家里或者店里。之后，团长就可以根据销售额获得提成佣金。

社区团购的本质是，依托微信生态用户的社交平台，采用"预售+自提"的全新业务模式，满足主流家庭追求高性价比的日常生活消费需求。它为微信生态圈流量变现提供了新的玩法。

在2018年以前，社区团购只是在部分地区默默发展的、不知名的商业模式，没有人会将它与资本大战联系起来。在无人货架成败局后，触达一二线城市白领的办公室内零售被证伪，三四线城市的广阔空间进入投资人的视野。

你我您在业务运营层面较早实现了团长SOP（标准作业程序）管理，提供培训且有淘汰机制，奖罚并存。因其较早入局，抢占了行业先机，吸引了早期用户。同时，其在更长时间的行业摸索中积累了丰富的业务拓展经验。其他创业公司一定会经历的阶段，你我您更早地走过了。

但社区团购并没有技术和模式上的壁垒，扩张方式就是吸收不同小区的团长。这些团长自己负责拉新、建微信群，而且提供自己的家或者店作为提货点。团长不仅要有一定的推广能力，还要有一定的服务能力。

每个公司都将团长视为核心资源。同一个社区的团长是天然能够为用户提供信任感的商品媒介。在最开始的时候，这些小生意没有技术工具，顾客都是靠团长吆喝来的，团长是社区团购的基石。

除了积极招募，社区团购企业还会想尽办法相互挖人。团长当然没有必要对平台有什么忠诚度，他们的酬劳都是卖货得到的佣金，不需要打卡上班。有些团长会一个人兼任多个平台的团长，顺便多挣点儿钱。一部分平台抵制这样的行为，会与团长签订独家协议，但平台并没有足够的措施来监管团长。

一方面，团长工作的技术含量不高，在社群相对稳定之后，团长的职能就只剩下在群里发布商品信息，以及做一些简单的客服工作。

另一方面，平台和团长之间的利益并不完全一致。平台希望用户能减少对团长的依赖，团长则希望能够加强对社区内用户的控制。在平台纷纷推出小程序后，这一矛盾开始激化。

小程序可以帮助平台直接联系到用户，用户不仅可以直接通过小程序浏览、购买商品，还可以通过小程序抢优惠券、参加秒杀活动。随着服务和产品标准化程度越来越高，团长的客服功能也越来越弱，逐渐被平台"边缘化"。

部分团长暗中反抗。他们会引导用户到自己能控制的微信群中，按照自己的喜好给用户推荐来自不同平台的商品。有渠道的团长甚至越过平台，自己采购商品。若干团长团结起来形成的影响甚至能超过一些小平台。

和当年的团购一样，社区团购门槛不高，本身又能自成闭环，企业只要能搞定团长，收入就能在短时间内增长很快。因此，社区团购入局者众，不过更多的是在各自区域内自生自灭。

其中，发家于苏州的"同程生活"率先走出了跨区域发展的一步。同程生活系在线旅游头部公司同程的子公司，属于含着金钥匙出生的社区团购公司，甫一创立就开始了连横之路，收购了广东的社区团购公司千鲜汇。

除了团长，供应链也是社区团购公司的一个竞争点。社区团购公司的生意大多从生鲜品类做起，最开始很难获取独家供应商，大多是从批发市场直接进货,对质量把控不严,而且也没有能力做成标品。而生鲜产品的标品化是在线电商能够赢得消费者的重要门槛。

食享会就是这样一家因为试图解决生鲜产品标品化而备受关注的社区团购公司。食享会创始人戴山辉为"本来生活"原副总裁,拥有丰富的生鲜电商行业经验,在生鲜电商行业看重的供应链、物流等方面拥有较强实力。2017年年底,他进入社区团购领域,由于切入时机比较好,避免了精力浪费,食享会得以快速发展。

生鲜购买频次高、毛利低,所以平台后期逐渐会加入一些商超日化产品。这些产品一定不能是大牌,因为大牌的价格稳定、透明,没有利差。有能力的平台可以找OEM(定制生产)厂商代加工,没有能力的平台往往迅速落败。

更多有着供应链优势的"独角兽"公司也先后杀进了社区团购的江湖。专注于"最后3公里"生鲜配送的每日优鲜看中了下沉潜力,成立了每日一淘。每日优鲜的官方说法是,每日一淘成立的初衷并不是做社区团购,而是类云集模式,有会员费制度和社群体系,通过微信社交,触达纵深的三四五六线城市。2019年6月,每日优鲜看到了下沉市场中线下社交购物的趋势,在每日一淘的新版本中上线了自提团购频道"一淘心选"。一淘心选在青岛开始试验,商品围绕家庭日常消费的水果、食材、日用百货和食品等品类,但是一淘心选对标准的社区团购模式并不坚持——初期还有数百名团长,后期逐渐撤销了这一中间渠道。

美家优享是美菜网孵化的业务,系美菜网在收购华北当地的几个小型社区团购平台后于2018年6月上线的功能。美家优享最开始分布在十几个城市,2018年8月就在全国各地掀起了激烈的价格战。自媒体一点财经记载:在唐山,美家优享上的鸡蛋一度卖到1元12枚,柚子1.88元/个,苹果2.68元/斤。价格战模式最终被证明效果不好,因为社区团购的受众是对价格高度敏感的人群,一旦价格回归正常值,他们就会立刻跳到价格更低的平台。到了2019年5月,美家优享升级为"美家买菜",在战略上进行了大幅度调整,不再强调社区拼团的概念,同时在全国范围内大规模撤站,转向 2C 的生鲜电商平台。

社区团购在 2018 年兴起还有一点外因,即 2017 年微商的溢出效应。环球捕手和云集都成立了自己的社交电商子公司,但也只是浅尝辄止。社交电商里真正把供应链和网络建设都解决得很好的是十荟团。

十荟团 CEO 陈郢同时也是社交电商"有好东西"的创始人。有好东西成立于 2014 年,本身在供应链和网络建设两方面都有所创新。在供应链方面,有好东西设置了寻味师一职,相当于生鲜特产的产品经理,每个寻味师都要直接到原产地去寻找优质产品,结合家庭消费场景、妈妈群体的特性,挑选出性价比足够高的产品。在网络建设方面,有好东西通过为"妈妈用户"建立社群,这些妈妈用户就是有好东西的甄选师,她们在自己的社群内部通过个人影响力卖货。所以,在进入社区团购之前,有好东西已经对前后两端有了相当深入的理解。供应链上的优势能让有好东西在采购、包装、配送等环节上压缩成本,从而可以做到在正常提成之外设置八级激励制度,再根据日 GMV 对团长进行奖励。因此,有好东西对团长有更强的把控力。

2018 年,看到社区团购的机会,陈郢邀请爱鲜蜂的高级运营副总裁王鹏共同创办了十荟团。

十荟团的定位是要做"社区便利店的 Uber",早期获得真格基金、启明创投、愉悦资本、华创资本等的投资。明星资本做背书对初创企业的发展助力极大,十荟团也一直处于社区团购头部公司的行列。

自 2018 年下半年开始,行业整合消息不断传来,而且都出自区域排前三名的公司,因为各个公司之间缺乏核心差异,没有足够用户基础的公司基本沦为行业炮灰。比较知名的合并案例有邻邻壹收购徐州品牌逮捕新鲜、十荟团收购常熟品牌樱桃家,食享会兼并了十几家企业,你我您和十荟团也兼并了几家企业。

一年后的 2019 年,几家头部平台也承受不住"连续烧钱"的压力了。2019 年 6 月,你我您首先被曝出面临资金链断裂的风险,与合作供应商的付款账期从原来的一周拖延到了半个月，全国业务单日借款设置了 70 万元的上限。

最早对你我您感兴趣的公司是松鼠拼拼，其创始人杨俊原是饭否和美团创始团队的成员，也是美团铁军的骨干。由于资本市场收紧，松鼠拼拼计划在收购你我您之后进行融资，而在协助你我您偿还了部分欠款后，前者的资金也开始吃紧，合并的故事也没有打动资本——二者 GMV 相加，尚不足兴盛优选的三分之一。随后十荟团宣布与你我您完成合并，松鼠拼拼则陷入了裁员、关闭的流言之中。

稳步向前的是兴盛优选。起家于传统商超门店的兴盛优选拥有强大的供应链和门店基础，是行业的领先玩家，在当时"一超多强"的格局中占据"一超"的位置。无论是从 GMV 数据还是从融资金额来看，兴盛优选都占据了优势，之后还获得腾讯在资本上的加持。作为扎根微信生态圈的企业，腾讯对其的加持起到了很大助力作用。

兴盛优选从一开始就更倾向选择社区门店店主来做团长。这些店主稳定性高、有卖货经验，而且有固定的提货场所。为了打消门店店主的顾虑，兴盛优选的小程序推迟到 2018 年 10 月才上线。

兴盛优选的优势不止于此。在规模扩张的过程中，兴盛优选有规律地选择在长沙周围城市一步步地拓展，而其他一些创业公司更习惯于选择有人数和消费优势的二线城市进行拓展。因此，兴盛优选的物流效率更高。

兴盛优选找到了业态成功的关键，那就是改造小区便利店。这条路远比微商卖货、团长带货更靠谱。

便利蜂向左，苏宁小店向右

志在改造小区便利店的还有一个叫庄辰超的行业"老鸟"。他当时的身份是斑马资本的创始人，上一个身份是去哪儿网创始人。

在卖掉去哪儿网后，庄辰超早已实现财务自由。创立斑马资本,他不以追求短期财务回报为核心目的,而是想"to do something interesting"(做点有趣的事)。

斑马资本投资的第一笔大钱就用在庄辰超操盘的便利蜂上,而且一出手就是3亿美元,震动了整个资本圈。

在庄辰超看来,便利店行业完美契合了他对斑马资本投资方向的定位:第一,在国际上已是相对成熟的产业;第二,这个产业完全可以被算法(软件)驱动,但在中国还没有做到;第三,需要至少持续5年的投入才可能产生显见增长;第四,大家都不看好。

关于第四点,庄辰超给了非常详细的解释。一方面,创业需要寻找蓝海,只有在大家都没注意到或不看好时提前布局才有机会。"等大家都看好的时候,就已经太晚了"。另一方面,他的目标是做一家数据驱动的企业,一旦行业成为风口,资本大举进入,就很可能打乱行业的正常节奏,对数据造成污染。他甚至不希望媒体关注,因为"媒体一关注,看热闹的太多,用户数据就被污染了,不再是天然的用户行为真实数据"。这也是便利蜂一直非常低调、极少对外发声的原因。

庄辰超进入便利店行业的更直接原因是受爱鲜蜂启发。2014年,王梦秋创办的清流资本曾经投资过便利店品牌爱鲜蜂,而庄辰超当时是清流资本的投资方之一。因为这段机缘,庄辰超很早就认识了爱鲜蜂的创始人张赢。

2017年2月14日,便利蜂在北京中关村五店齐开,正式开启了征程。在此之前,该项目已经酝酿了很长时间。便利蜂总裁陈明曾透露,便利蜂这个项目其实早在2016年就开始做了,当时主要干两件事:一是寻找人才,二是布局生态链。

在人才方面,便利蜂挖来了邻家便利店的创始人王紫,全面操盘便利蜂的店铺运营。在创立邻家便利店前,王紫曾经是北京7-11的大区经理,管理着北京7-11四分之一的门店。2015年,北京7-11的20多名区域经理、两名大区经理及市场开发部门的人员离职并创建邻家便利店,王紫任董事长,用一年多的时间开了70多家店。2016年11月,邻家便利店管理层动荡，王紫带着核心创始人转投便利蜂。

在供应链方面，早在2017年成立之初，便利蜂便买断了北京7-11鲜食合作工厂呀咪呀咪。这意味着从一开始，便利蜂就选择深入供应链上游，走自有品牌的重运营模式。

拥有大把资金，以及经验丰富的管理团队，便利蜂的开局打法却让许多业内人士看得云里雾里。

首先是选择北京作为发起点。北京素来被视作"便利店的荒漠"，有人戏称："在北京，找便利店比找对象还难。"北京的便利店为什么这么少？有人把原因总结为"3个半"：半年——北京冬季太冷，市民们无事不愿意出门，而是选择宅在家里（实际是3~4个月——编辑注）；半边——北京马路宽阔且中间有隔离带，所以只有半条路的生意；半天——北京居住、工作、商业三个区域分得非常明确，商业区的便利店只能做白天生意，住宅区的便利店则只能做夜间生意。

无论北京便利店不成规模的原因究竟为何，选择这样一个地方作为发起点都显得不大明智。

而更让业内人士大跌眼镜的是，在寸土寸金的北京，便利蜂开店的方式堪称豪华：很多门店的面积完全可以拿来开超市，有些店的过道宽敞到可以再摆几个货架，有些上下两层的门店二楼几乎闲置。

除此之外，让外人看不懂的还有便利蜂对共享单车和无人货架等领域的"始乱终弃"。

在轰轰烈烈的短暂跑偏后，便利蜂最终回到了社区便利店的主航道。在便利店业务上，庄辰超秉持了他一贯的数据思维。除了便利店业务，便利蜂旗下还有另外两家公司"虫极"和"运鼎"，分别负责店铺的ERP（企业资源计划）系统和App的研发。ERP系统涵盖了从门店选址到进货、上架的各个环节，形成了一套完善的商品管理、情报系统、产供销体系。

便利蜂的门店拥有自主开发的App，支持会员支付、会员自助购物、预定自提和配送到家4种业务。换言之，顾客在便利蜂的所有购买行为都可以在 App 上完成，十分便于数据的采集。

在完善的 IT 系统背后，是庄辰超勃勃的野心。早在便利蜂成立之初，有传言称庄辰超的目标是开 1 万家店。传言无法证实，但当时便利蜂的确喊出了"1 年 100 家店"的口号。这个数字乍一看稀松平常，但在便利店行业已经堪称恐怖了。要知道，被便利店行业奉为圭臬的 7-11 花了 14 年才在北京开了不到 200 家店。

2018 年 2 月初，便利蜂店铺运营 CEO 王紫透露："包括 2017 年开业的首批门店，以及正在筹备的门店，到 2 月底，便利蜂将会开满 100 家门店。"目标如期达成。

事实上，早在半年前，便利蜂签下的门店数就已经接近 100 家了。只不过除了已经投入运营的 21 家，其余门店迟迟没有开业。对此，庄辰超解释，主要原因是公司正在通过第一批门店"跑数据"，希望根据数据来调整第二批门店的经营策略。他希望做到"千店千面"。

在第一阶段目标顺利完成后，2018 年便利蜂的开店速度进一步提高。2018 年 9 月，便利蜂在北京的门店数就超过了 200 家。到 2019 年 1 月底，便利蜂 HR 张玫在内部信中透露，便利蜂已在 4 个城市开设了接近 600 家店铺。同时她还表示，便利蜂 2019 年将以之前两倍的速度继续开店，目标是新开业店铺的数量超过 1000 家。

对便利蜂能够高速开店的原因，总裁陈明曾表示，便利店靠经验来运营，很难规模化。便利蜂有别于传统便利店的核心在于"算法驱动"，这就最大限度地减少了人的介入。便利蜂的某些店铺只需要一名店员，在高峰时段引入兼职店员即可。

同时他也强调，便利蜂的扩张始终基于两点：第一，保证店铺的品质，始终坚持直营；第二，单店有正向的现金流。这两点是扩张的前提。

在高速开店之余，便利蜂也在不断拓展自己的业务边界。2018 年 10 月，便利蜂上线外卖业务。便利蜂不是第一家做外卖业务的便利店，但其他便利店往往采取和饿了么、美团等外卖平台合作的方式，便利蜂却采取直营模式，由自己全面负责运营管理，主打"零起送费、30分钟内送达"。这无疑是一个需要长期投入的业务。

便利蜂没有就此止步。随后，它又在 App 和小程序上线"蜂超市菜场"，投身到"互联网卖菜"的风口。蜂超市菜场提供果蔬、肉蛋等生鲜产品，消费者订购后可选择到店自提或送菜到家。需要特别指出的是，受限于门店空间，便利蜂的"卖菜"业务仅限于线上交易，便利店内并不售卖蔬菜等生鲜产品，门店只提供取货服务。

在互联网卖菜之余，2019 年，便利蜂还在 App 上线了打印业务和洗衣业务。

就洗衣、生鲜这些线上的业务品类及门店扩张速度来看，便利蜂想要的是一个以便利店为依托的社区服务平台，其最终是要打入本地生活，便利店只是一个非常接近消费者的跳板。

在这一点上，便利蜂和苏宁小店可谓不谋而合。

庄辰超说自己进入便利店领域是因为这个行业不被看好。事实上，在便利店正式发力的 2018 年，社区便利店已经是不折不扣的风口了。由于线上流量见顶，互联网巨头纷纷把目光转移到了线下。社区便利店作为最贴近消费者的消费和社交单元，无疑是最好的流量抓手。

这一年，先是京东宣布了百万便利店计划，之后阿里巴巴零售通也宣布要在 2018 年打造 1 万家天猫小店，同时零售通将覆盖到 100 万家小店。

但在社区便利店上发力最猛、和便利蜂打法最类似的，还要数发力最晚的苏宁小店。2018 年年初，苏宁提出智慧零售大开发战略，宣布要在未来 3 年新开 2 万多家门店和 2000 多万平方米商业实体，以及在社区开设苏宁小店。

2018 年 1 月，首家全国连锁化布局的苏宁小店在上海江桥大宅风范城开业。而在此之前，苏宁小店已经进行了长达 21 个月的试点。

与便利蜂一样，苏宁小店采用"便利店+App"模式，定位社区服务平台。不同的是，便利蜂几经周折才逐渐明晰自己的定位，而苏宁小店从一开始就非常清楚自己的定位。

在当时的规划中,苏宁小店除了提供生活用品、一日三餐,还将提供免费 Wi-Fi、打印、复印、扫描、共享充电宝、雨伞、蛋糕预订等,并依托苏宁售后提供电器维修、洗衣、水电煤缴费等智能便捷服务。后来,它也的确是朝着这个方向发展的。

在这一定位下,苏宁小店衍生出了 4 种不同类型的门店——社区店、CBD 店、大客流店和无人店。

社区店主要在城市的小区门口,面积在 100~250 平方米,主打解决一个家庭的一日三餐问题,包含水果、蔬菜、肉品、食品、日用百货等。CBD 店主要在写字楼和办公园区,面积在 100~250 平方米,商品以精选为主,还包含一些特色小吃。大客流店主要在高铁站和地铁站,提供即时消费食品,如水果、饮料等。无人店,除了销售的标品,还通过机械手臂全自动售卖冰激凌、咖啡、关东煮。

与传统便利店不同,苏宁小店是一套包含线上、线下、门店和前置仓的庞大体系。对此,苏宁小店线上负责人邱继凯在接受媒体采访时说,苏宁长期致力于构建电商一体化模型。

他表示,传统的 O2O 模式有两个难以解决的矛盾。第一,线上的消费需求是来自计划的,线下的消费需求是即时的,这两种需求因为响应速度不同,在价格上难以协调。如果以线上价格为准,则无法保证线下利润;若统一到线下价格,又会让线上失去竞争力。

第二,线下门店物理空间不足,难以满足线上对商品的品类数和件数的需求。例如,互联网促销往往会在短时间内爆发性地销售大量商品,这是线下的库存深度难以满足的。

而苏宁小店体系用"双轨制"的办法,很好地满足了线上和线下两种不同的需求。苏宁小店建立在社区的黄金位置,有两三百种商品,作为市场下沉的触角,专注于获客和满足消费者的即时消费需求。而前置仓则建立在租金较低的地方,商品品类数达到 1500 种,一个前置仓通常环绕 10~20 家苏宁小店,不仅负责满足线上消费需求,还可通过物流团队为苏宁小店补货。

2018年年初，在首家全国连锁化布局的门店开业后，苏宁小店便开始了它的极速扩张之旅，速度远高于便利蜂。在智慧零售大开发战略提出时，张近东的目标是2018年新开1500家苏宁小店。事实上，这一年共开了近4000家苏宁小店。

苏宁小店之所以能够超额完成目标，在很大程度上是因为迪亚天天的收购案。2018年4月，苏宁小店全资收购迪亚天天，后者在中国拥有450家门店。关于这笔收购的原因，苏宁小店总裁鲍俊伟曾在接受采访时表示：苏宁小店进入北京、上海、广州等城市面临很大的挑战，主要因为一线城市在门店租金、人工、物流运输等方面成本较高。苏宁零售集团副总裁卞农也曾提道：迪亚天天在上海拥有超过300家门店，密集布局在上海主城区，基本处于社区商圈里，与苏宁小店的社区定位高度契合，而该类门店网络具备稀缺性，一次性获取可大幅减少苏宁的时间成本和资源投入。

快速扩张带来的是巨额亏损。公开数据显示，苏宁小店2018年1—7月的营业收入是1.4亿元，净资产为-3.1亿元，净亏损2.96亿元，债务高达6.53亿元，而当时的门店数量不过878家。

苏宁小店作为最贴近用户的一环，有利于构筑高时效、全方位的本地化生活服务平台，形成持续高频的用户流量，对苏宁智慧零售战略有着重要意义。但作为上市公司，业绩压力不可忽视。因此，2018年10月15日，苏宁易购发布公告，将亏损中的苏宁小店从上市公司剥离，以减轻公司的业绩压力。

亏损和剥离并没有终止苏宁小店扩张的步伐。2018年12月和2019年8月，苏宁小店又先后收购了西安果岸便利旗下的31家地铁便利店和利亚华南旗下60多家OK便利店。

这趟"列车"仍在高速行驶，它究竟会开往何方，或许只有时间才能给出答案。对于便利蜂来说，亦是如此。

钱大妈和谊品生鲜

2018年,围绕社区业态,以钱大妈、谊品生鲜为代表的社区生鲜店开始登上历史舞台。社区生鲜店,更形象的说法是"家门口的菜市场"。

作为首创者的钱大妈于2012年4月在东莞开出第一家店,以猪肉专卖店为市场切入口。

和钱大妈共同瞄准"家门口的菜市场"这个概念的还有谊品生鲜。它将菜场的优势——鲜度、低价、丰富性搬到了自家门店,同时"家门口"的定位也是为了满足社区消费的便捷需求。

但围绕"家门口的菜市场"这个定位,谊品生鲜和钱大妈在具体竞争人群上稍有差别。

谊品生鲜是用批发档口的资源做生鲜零售的,这意味着其在价格层面更有竞争力。"社区生鲜折扣店"是谊品生鲜的努力方向,所以其争夺的人群主要是对价格更为敏感的群体,以低价和折扣招揽客户,主打"好生活不贵"的口号。

钱大妈则瞄准一二线城市居民更看重食品的新鲜、健康、卫生的深层心理需求,喊出"不卖隔夜肉"的承诺,攻占那些对食品质量更为关注的消费者的购物篮。

除了"不卖隔夜肉",对于蔬菜、水果、鸡蛋等品类,钱大妈也承诺当天清仓。为了顺利清完所有品类的生鲜,钱大妈每天从19:00开始打折销售,每过半个小时,其折扣力度就会加大一次,直至深夜免费派送。

钱大妈这个名字也简单明确——做社区大妈的生意,而大妈是采购生鲜的主力人群。便宜和新鲜是最能够吸引大妈消费的两个关键因素。钱大妈的当日清库存模式可以吸引不同消费特性的大妈在不同的时间段、不同的价位区间来消费,从而形成消费梯次和黏性。

钱大妈和谊品生鲜都重视加盟,但在具体做法上各不相同。

2013年4月,钱大妈在深圳福田开出第一家标准社区生鲜店,将品类从猪肉扩展到了蔬菜、水果、其他肉类、水产等产品线。2014年2月,钱大妈在广州的首家店开张。在快速开店的扩张过程中,冯冀生开始为钱大妈打造标准供应链体系。

在钱大妈门店快速扩张的过程中,加盟制是一个很重要的因素。在钱大妈的加盟制度中,依据门店面积大小,加盟费用为23万~33万元,加盟店单店毛利润在20%~25%。

谊品生鲜则采取合伙人制来推动自己的加盟体系,即门店主管出钱入股,按效益分红;门店人人入股,年终分红,从而让门店绩效和员工收益挂钩。

谊品生鲜高管多有永辉超市的从业经历,其商品采购采用"垂直供应链"的方式,合伙人制度从门店层面延伸至商品采购层面,商品采购成本的高低和采购人员收入挂钩。

谊品生鲜发家于合肥,那里还有一个和谊品生鲜定位相似的企业——生鲜传奇。长沙、福州、合肥,这些生活气息浓郁的城市,是社区创业者们的福地。

社区团购的巨头时代

美团和滴滴"刀兵相见"的前因

围绕社区便利店和社区团购的故事远没有进入高潮,在后面的章节里会继续讲述美团、滴滴等入局带来的社区生意的新阶段。这一节先讲述美团和滴滴2018年的"刀兵相见"。

美团的王兴和滴滴的程维早就相识。在美团接入支付宝的支付接口时,对接人正是当时还在支付宝负责商务拓展的程维;程维在创办滴滴前也找王兴请教过，王兴给出了"all in 无线"的建议，甚至在滴滴第一版客户端开发出来后，程维也给过意见。

美团和滴滴开始渐行渐远是在2015年之后。2015年11月，滴滴确认战略投资美团的竞争对手饿了么，不久，程维成为饿了么董事。此前，投资人朱啸虎对外表示，滴滴与饿了么正在共同建立同城配送系统。不过这一说法很快便被滴滴否认。但之后程维在提到投资饿了么的决策时，也明确表示有意筹建外卖物流网络。这一考虑的背景是，2016年年初，Uber上线了外卖配送业务UberEats，增长势头喜人，并很快成为Uber的重要收入支撑。而滴滴早期投资人王刚也曾向程维提出，收购优步之后，美团将是滴滴潜在的最大威胁，滴滴有必要进入外卖领域与美团正面竞争。2017年，滴滴在内部悄悄孵化起外卖团队。滴滴外卖团队由滴滴首个产品经理罗文带队，隶属滴滴一级部门R-Lab（还包括酒店、票务、小巴等业务，但外卖是核心）。

美团也在2017年进入了打车领域。这里有一个广为流传的段子：程维和王兴同在一个饭局上，在饭桌上得知美团进军打车领域的消息后，程维径直问王兴是什么意思。王兴云淡风轻地回答说：只是试试。程维抛下一句：尔要战，我便战。

2018年4月1日，滴滴外卖在无锡小范围灰度测试。

进入新领域的首要举措仍是补贴。滴滴外卖一入场就大肆"烧钱"补贴，给每个新注册的用户发出了首单立减20元的优惠，以及"满20元减18元"的优惠券。"1分钱吃炸鸡，1元钱喝奶茶"等各种优惠，让其他城市的用户大呼无锡人民好幸福。

高额补贴刺激的除了商家，还有外卖骑手们。

"滴滴骑手招募令"显示，滴滴外卖骑手分为"忠诚骑手"和"自由骑手"，前者只需每周在线长于48小时就可拿到月保底1万元的收入；后者可自由上线接单，订单收入翻番（如完成200元订单再额外奖励200元）。据界面新闻报道，滴滴外卖全面进入无锡首日就爆单，有自由骑手4月9日当天收入1192元，还有一位全天仅完成5单的骑手也能得到 168 元——平均每单收入 33.6 元。而 AI 财经社也报道称，骑手一天接 100 多单，能赚 2000 多元。按照滴滴方面提供的数据，短时间内无锡就有超过一万名骑手报名。还有媒体报道称，在巨大的利益诱惑面前，超过 70% 的美团骑手投奔滴滴。

经过 8 天的试运营，滴滴外卖于 4 月 9 日正式在无锡全城范围内上线，当日订单 33.4 万单。与此同时，滴滴外卖也宣称已成为占无锡市场份额第一名的外卖平台。

不过，美团外卖对滴滴外卖的"无锡第一"并不认同。

4 月 10 日晚间，美团外卖对外发布了一张宣传海报，上面醒目地打出"你！又不是个演员，别设计那些'第一'的情节。没意见，我只想看看你怎么圆"的文字，海报上还特地强调"美团外卖无锡市场稳居第一"。

除了以海报方式直接回击，美团还公开质疑滴滴外卖存在刷单现象，为了美化数据，有意放松平台监管，放任商家和骑手集体刷单。

在打公关战的同时，美团外卖还立马在业务层面进行阻击——外卖骑手不够，就从苏州等邻近城市调。美团联合创始人穆荣均笑言：无锡的外卖大战开打之后，由于外卖订单量激增，当地外卖骑手人手吃紧，还有附近的苏州骑手赶来无锡支援。

在无锡外卖市场热火朝天的同时，被优惠券催生的海量订单也让商家应接不暇，这场外卖补贴大战除了带来优惠，也引发了各种行业乱象。滴滴外卖没有竞争限制，但美团外卖会让商家二选一，若美团外卖后台检测到商家上线滴滴外卖，就会将其从美团外卖下线。滴滴外卖则因运力不足导致骑手日接单量翻番，出现较多订单延迟和取消的情况。滴滴骑手不能随意取消订单，否则一单扣 500 元。

4 月 11 日上午，无锡市工商局为外卖乱象召开紧急行政约谈会。会上重点强调了补贴扰乱市场秩序的问题，认为相关外卖服务平台存在边纠错边推出新的不当营销措施的情况，如采取发放大量补贴或优惠券等无序的市场竞争手段来争夺市场份额。

在无锡的这场外卖大战中，其实还出现了第三者，那就是饿了么。不过，当时的饿了么已成为阿里巴巴的子业务模块，CEO 也不再是张旭豪。2018 年春节过后，阿里巴巴对外官宣，以 95 亿美元的估值全资收购饿了么。

按照丛真的说法，美团成就了饿了么和张旭豪。在美团进入前，当饿了么做到每日 1.5 万单时，对手每日只有几百、上千单，10 万单被认为是极限。在美团进入后，一是加速了对大学校园市场的争夺，二是与饿了么一道杀进白领外卖市场，并用补贴的方式双双成为全民应用。

上海交大闵行校区门口的浏阳蒸菜馆是丛真对张旭豪发生兴趣的关键场所。点单的时候，丛真发现老板娘用饿了么的餐厅管理系统很熟练，而且很自豪地给丛真介绍这套 SaaS 有多么好用。其中一个出彩点是，在前台下单，后厨就知道要做什么。丛真就此得出两个结论：一是饿了么产品做得好；二是饿了么 BD 很强。丛真决意认识张旭豪。最终，丛真在交大附近的一栋毛坯别墅里见到张旭豪和他的小伙伴们，那时饿了么还不到 10 个人。

聊天中，张旭豪讲他小时候因家道中落混迹街头和小混混一起长大的故事，这让丛真感知张旭豪是个有街头智慧的人，知道怎么竞争。张旭豪还给丛真讲起同济大学与上海交大的区别，说同济人有更多的工程师思维，但上海交大的同学都有自己的世界观、人生观，都想改变世界，都有很强的自我实现欲望。

丛真后来总结道，美团赢得外卖这场战争，靠的是整体作战。在线上，美团外卖最开始是一个单独的 App，后来并入美团主 App；在线下，美团投入很大资源与饿了么抢餐厅，这也是饿了么接受大众点评投资的原因。但美团与大众点评的合并，让这场战争失去均势。饿了么最终卖给阿里巴巴，也是觉得自己孤掌难鸣，借助阿里巴巴的力量可以更好地与美团对抗。但阿里巴巴的人在外卖这件事的认知上远不如饿了么和美团，这种差距决定了即便阿里巴巴投入更多资源，也打不赢这场战争。

在阿里巴巴决定收购饿了么之前,张旭豪认真地找过一轮投资。

按照张旭豪的说法,包括加拿大养老基金、沙特王室、澳洲电讯投资、淡马锡、孙正义在内的很多有钱的机构和人,他都聊过。开始对方都表示了极大的兴趣,但最后都在否决权的问题上退却了。

为什么否决权会成为融资不成功的关键点?

以当时饿了么和美团的竞争态势,首先要考虑到两家未来有可能合并。那么在合并的时候,之前饿了么的投资人是不是会行使否决权呢?

在饿了么的投资人中,红杉资本作为饿了么和美团双方的股东,是最早力主两家合并的。甚至在阿里巴巴投资饿了么之前、美团和大众点评合并之后,红杉资本还推动了一个饿了么与美团外卖业务进行合并的方案,由饿了么团队主导。但这个方案并没有得到美团的认可,王慧文甚至与红杉资本某位合伙人拍起了桌子。

而其他的投资又分财务投资和阿里巴巴这样的战略投资。财务投资人对合并的态度其实很简单,就是能合尽量合。但在饿了么吃下百度外卖后,财务投资人的态度有所转变,觉得合不合无所谓,因为饿了么坐稳了两强之一,就算不合并,美团也无法消灭饿了么,所以单独发展也能独立赚钱。但对阿里巴巴来说,在美团和大众点评合并后,美团和饿了么是不能合并的。

既然饿了么不会卖给美团,新投资人还要考虑的是,如果阿里巴巴把口碑给了饿了么,那么自己是否有否决权?口碑当时估值很高,如果阿里巴巴和饿了么管理层达成共识,饿了么的财务投资人基本上就相当于出局了。所以新的投资人希望能够在这个条款上限制阿里巴巴,但阿里巴巴坚决不同意。

在这种情况下,新投资人和老股东(主要是阿里巴巴)没法谈拢,于是饿了么的融资就进入了一个死局。

既然融不到新股东的钱,那么饿了么可以独立上市吗?当时,美团在香港上市的进程已经启动,也就是说,一个业务比自己略强的对手已抢先资本运作,这对饿了么来说不是好事。同时,阿里巴巴是不希望饿了么独立上市的。

既然融不到钱,独立上市的希望也很渺茫,那么,能不能让阿里巴巴这个老股东继续投钱呢?

当时阿里巴巴内部对饿了么的态度稍显复杂,一部分人认为应该继续给饿了么钱,与美团对抗;另一部分人觉得如果饿了么还是张旭豪团队主导,那么继续给钱有可能鸡飞蛋打,不如把饿了么收进来与整个阿里巴巴协同,但以什么价钱收进来是个问题。可见,阿里巴巴当时的态度是既不积极做下一轮投资,也不主动推动收购。

这个时候,作为对手的美团适时地上演了"神助攻"——听闻饿了么要出售的消息,王慧文主动参与竞价。美团的出现让饿了么的出售再起波澜,阿里巴巴和美团也围绕饿了么竞相抬价。最终,美团抬到了90亿美元。

一场竞价,各方都在博弈,真的很复杂。那么,张旭豪难道不能选择不卖,而独立发展下去吗?

答案是,张旭豪没有选择的余地。当时张旭豪为了和美团开战,不仅掏光了家底,还用了沉淀资金维持运营,这笔钱有五六十亿元人民币之多。挪用沉淀资金自然不可取,但从一个侧面说明张旭豪并不想卖饿了么——如果想卖,就不必让自己进入一个险境。

美团的抬价及沉淀资金消耗殆尽可能引发的崩盘,让阿里巴巴最终决定在2018年春节后全资收购饿了么。

对于饿了么的最终出售价,公开的说法是95亿美元,但作为当事人的张旭豪的答案是100亿美元。因为饿了么在出售前,向阿里巴巴借了近5亿美元。

张旭豪也由此成为创办市值百亿美元公司的"85后"第一人。

外行之战，滴滴外卖与美团打车

2018年3月，美团打车在上海登陆。美团打车在上海发补贴时出手同样阔绰，对用户每天前3单各减免14元，另外还有1~10元不等的减免券。于是，很多原本乘坐地铁、公交车、出租车、滴滴的上海市民，转而成为美团打车的用户。

根据美团打车提供的数据，其在上海上线首日的订单量便突破15万单，第二天是20万单，第三天达到30万单。没过几天，王兴便以准胜利者的姿态骄傲地宣布："美团已经迅速地拿到上海三分之一的市场份额。"

美团打车对司机的抽成仅为8%，不仅远远低于滴滴的20%，而且还有许多额外的补贴。于是，许多滴滴的司机倒戈，加入美团打车的阵营。另外，在补贴大战可能会持续很长一段时间的憧憬下，不少外地司机也纷纷跑到上海，加入美团打车，想赚大钱。

在丢了乘客和司机的双重打击下，滴滴差点丢了上海这个大市场。然而就在美团打车攻势如虹的情况下，上海市交通委员会出手了。王兴的猛烈攻势戛然而止！

上海市交通委员会向美团打车发出了如下内容的责令整改通知书，要求美团打车在收到通知书后7天内完成3项整改措施，禁止平台企业纵容非法客运行为，恢复行业正常营运秩序。

1. 立即停止向不具备营运资格的驾驶员或者车辆发布召车信息，并清理所有平台内注册的不合规车辆和驾驶员。
2. 将所有驾驶员、车辆注册信息及营运数据如实上传至行业监管平台，实时接收接管。
3. 停止目前以补贴为名的不正当低价竞争行为。

上海市交通委员会执法总队表示，美团打车平台如若未在限期内完成整改，执法部门将依法吊销美团打车网约车平台经营许可证。

在上海市交通委员会多次约谈和监管下，美团打车的高额补贴基本停止。补贴和接单量下降导致司机积极性降低，没有了高额优惠券，用户也逐渐不再使用美团打车。

美团打车声势浩大的多城计划同样进展不顺，规划中的北京等地迟迟未能开通服务。有一个传闻是，准备在北京开战前，整个美团打车团队被滴滴挖走，因此北京业务被无限期搁置，但也有人说这个故事是虚构的。

美团的招股书显示，美团2017年和2018年的网约车司机相关成本分别为2.9亿元和44.6亿元。在2018年9月美团上市时，王慧文称不会再加大在网约车上的投入。

不过，美团打车并不是滴滴最大的威胁。2018年，围绕着顺风车而产生的社会治安问题让滴滴遭受了自创业以来最大的挫折。

2018年5月6日，空姐李某在郑州搭乘滴滴顺风车时被残忍杀害。8月24日，浙江乐清年仅20岁的赵女士同样在乘坐滴滴顺风车时遇害。

8月底，在强大的社会压力下，滴滴宣布顺风车业务无限期下线整改。接着，在更强大的压力下，滴滴不得不开始"all in 安全"。

在全社会都在痛斥滴滴为了营收罔顾安全、一味强调社交元素时，一位曾任滴滴高管的人士提出了一个新的观点。他认为，滴滴在社交和安全的平衡上的确是有问题的，但顺风车的发展驱动力主要不是来自社交。一味将不安全事件的发生归咎于社交是媒体的有罪推论。

他说："应该看到，顺风车受欢迎在很大程度上是因为低价格。在一些特大城市，上班族通勤很辛苦，公共交通太挤、太慢，打车又太贵。在这种情况下，顺风车特别是长距离顺风车能把打车费用缩减一半乃至更多，这才是真的刚需，和社交并无太大关系。然而，由于这种长距离顺风车的目的地往往是五环甚至六环外的新建小区，在客观上的确增加了犯罪的可能性。"

来自滴滴内部的反馈是，其实快车发展到现在，乘客的人均使用频次，并没有外界认为的那样高，大部分人不可能每天都打车，也没有那么强的支付能力。滴滴的竞争对手是公共交通，而不是出租车。

社会对顺风车一边倒的批判，在很大程度上是管理层过分夸张地演绎顺风车的社交属性所致的。

在顺风车出事后，监管部门似乎也进入了给滴滴"紧螺丝"的状态。2018年9月5日，发生了著名的"十部委进驻滴滴"事件。其实从后来披露的事实看，进驻的企业不只滴滴一家。首汽约车、神州专车、曹操专车、易到用车、美团出行、嘀嗒出行、高德7家有网约车、顺风车业务的企业，也接受了联合安全专项检查。通过检查，监管部门向每家企业指出了安全、服务等方面的问题，同时提出了整改要求。

此后，这8家平台企业就相应问题提出了整改方案，并且在网上向社会公示，其中滴滴的动作最大。

一位顺风车平台的资深人士在离职后总结了顺风车乃至滴滴在安全上存在的几个核心问题，而且他认为这不是后期的安全措施可以弥补的。

第一个问题，主体责任不明确。该人士认为，对于顺风车的安全问题，滴滴当然有责任，但是不是所有的责任都应该由平台背负？目前对网约车平台在安全层面到底应该负什么样的主体责任，缺乏有针对性的政策引导。

第二个问题，滴滴不是一个强管控的平台。滴滴在供应链方面没有推行铁军文化，对运营、补贴、安全，以及对客服的管理，都有很多漏洞。

第三个问题，滴滴是用互联网工程师的思维，而不是用飞机设计师的思维来考虑安全问题的。

顺风车迟迟不能再次上线是有原因的。在滴滴推出的方案中，"一键报警"并不能接通110报警电话，因为110不是为商业服务的，而由客服处理则大大降低了干预的效率和实时性；"全程录音"更多的是为了事后追溯，因为无法实时监控所有的录音并提取出潜在的不安全因素；"资格审查"也只能把一小部分有问题的人拦在外面。

一位接受《沸腾新十年》采访的滴滴前内部人士则称，顺风车的折翼对滴滴内部的打击"远比外部看上去要严重得多"。如果对安全、失控的焦虑占据了主要负责人的心头，对未来、对创新的思考就有可能停止。

然而，没有时间留给滴滴安静地思考顺风车的是是非非了，在滴滴顺风车业务停止的这一年多时间里，中国的出行行业发生了很大的变化。

理论上，在一个巨头已经占据 90% 以上市场份额的领域，是很少有企业愿意再加入的。但是在 2018 年后，以高德、美团等为代表的互联网企业，以曹操专车等为代表的有主机厂背景的网约车企业，以及大量地方上的中小平台，纷纷崛起。

在顺风车领域，嘀嗒出行也开始长大。嘀嗒出行创办于 2015 年，同属顺风车的开创者，每天的订单曾超过 2 万单。滴滴的人最早是在写字楼的电梯里听说这个产品的，他们得出一个结论：一个新业务如果日均订单超过 1 万单，那就能在电梯里听到年轻人讨论，也就有了市场最基础的规模。

虽然嘀嗒出行的联合创始人李金龙一再强调，嘀嗒出行没有从滴滴顺风车停服中得到好处，但这并不确切。滴滴顺风车在教育完市场后戛然而止，给了嘀嗒出行良好的成长空间，并使其占据了 60% 的市场份额。

在这种形势下，高德杀进了出行市场。它不仅有阿里巴巴这样强大的靠山、近乎无限的资源，还有地图业务的高黏性、与打车场景的连贯性，以及阿里巴巴做平台的思路，因此推出新的"聚合打车"模式。这种模式扶植起一批新生的小平台，虽然市场份额没有大的变化，但网约车的天下再度狼烟四起。

当然，还有不甘寂寞的美团。

在 2018 年巨额亏损之后，美团改变了进入打车业务的路径。2019 年 4 月，美团和高德一样在上海、南京上线了聚合模式的网约车服务，联合神州专车、首汽约车、曹操出行等，使用户可在美团 App 直接呼叫多家服务商的车辆。2019 年 5 月，美团新增 15 个试点城市，到这一年的年底，已经在 54 个城市提供聚合网约车服务。对于有着巨大流量优势的美团来说，聚合的轻运营模式可帮助其缓解财报压力、快速扩张，同时可以出行服务推动美团成为一个更高频的超级入口。

摩拜向左，哈啰向右

2018 年，美团和滴滴还曾在共享单车赛道上兵戎相见。

2017 年全年，摩拜和 ofo 分别进行了 3 轮和 5 轮融资，累计融资金额均超过了 10 亿美元。

《中国企业家》报道：在完成 C 轮融资后，ofo 终于决定开始大规模扩张。戴威发现城市运营人员的压力太大了，于是他决定把合伙人全部下放到主要城市去。薛鼎被派到上海（摩拜的大本营）后，做的第一件事就是在摩拜总部对面租下一间办公室，打算虎口夺食。

在校园，薛鼎的突破口是复旦大学，为此他用了 1 个月的时间推广。一开始并不顺利，因为很多用户已经被摩拜拿下。薛鼎只能耐心解释：ofo 已经创业两年了，是从北京来的，有大量的数据支撑。

另一位联合创始人杨品杰被派到了高校密集的武汉和广州。他回忆道："每天都在数据驱动下打仗，时间非常紧迫。虽然是合伙人，但是完不成任务还是很尴尬的。老戴（戴威）会在周会上翻着笔记确认上周新增用户是否完成任务。"每个月几千元的工资，杨品杰基本都拿来请地推的同事吃饭了。

当然，碰壁是难免的。杨品杰继续回忆："一开始我们介绍 ofo 是北大的项目，但发现别人根本不在意，也不知道为什么要支持北大。后来，我们找到志愿者团队和学生社团，以项目的形式推进学校。"杨品杰本以为武汉大学里全是坡，不可能有人骑车，但后来发现，武汉大学学生用车很疯狂，校园里看不到停着的小黄车，因为随时都会被骑走。小黄车如果坏了，学生找到修车点之后会等20分钟修好后再骑走。

张严琪说，ofo进城市的方式也不是一股脑儿冲进去，而是10月在北京上地、上海杨浦区先投放了少量车做测试，这在商业上是非常稳健的做法。当发现数据增长非常好之后，ofo才正式进城。

一路狂奔，小黄车迅速遍布全国近40个城市。戴威的开城逻辑很简单，第一步先把省会城市打开，第二步选择哪个城市则交给区域经理决定。

几乎和所有的"双雄对峙、巨头在背后"的创业局相似，等到产业、市场、补贴等几招都用过后，下一步就该考虑合并了。

有媒体以滴滴、快的在D轮后合并为参照，预测摩拜和ofo有可能合并。这种想法其实有些不切实际，这两家背后的股东虽然都很多，但阿里巴巴vs腾讯的基本格局未变，哪有那么容易合并？

不过对于机构来说，也许是该抽身离场的时候了。投资ofo的朱啸虎最早提出了希望两家合并的想法。2017年9月，他公开表示摩拜与ofo"合并才能盈利"。

3个月后的一次活动上，朱啸虎再次表态："在行业还没有走到山穷水尽的时候就合并，需要一定的大智慧、大格局。再去打消耗战没有意义，对双方损耗都很大，需不需要继续打是个很好的问题。"

戴威闻言大怒。在他看来，胜负未分，哪有缴械的道理。私底下，朱啸虎和戴威进行了多次沟通，但后者每次都果断拒绝。据说，朱啸虎最后一次劝说戴威时还爆了粗口，戴威则摔门而去。

在这次不愉快的会面的第二天，戴威在一个媒体创业者大会上喊出了一句被媒体广泛引用的话："请资本尊重创业者的梦想。"

一个月后，心灰意冷的朱啸虎以30亿美元估值将所持ofo股份悉数出售给阿里巴巴和滴滴，套现离场。其中，阿里巴巴拿了大部分额度，以及朱啸虎手中的董事会席位和一票否决权，滴滴只拿了一小部分。

希望推动摩拜和ofo合并的并非只有朱啸虎一个人。作为摩拜第一大机构股东的腾讯（占股超过10%），这时候也希望促成双方的合并。但这个促成有个前提：若由腾讯来主导摩拜与ofo的合并，那么阿里巴巴必须老老实实地做财务投资人，不干涉公司业务。因为只有这样，滴滴与快的合并的历史才能再度上演。这显然是一个很美好但不容易实现的计划。

作为摩拜最重要的股东，李斌对摩拜和ofo合并也持积极态度。不过李斌的小算盘是，合并后滴滴在其中不能占太大股份，必须成为一个相对中立的投资人角色。因为站在他的角度来看，蔚来和滴滴都是出行领域的"独角兽"，虽然眼下业务尚不重叠，但长远来看必然会相互侵蚀对方的领地。

滴滴自然更希望合并，因为这样就可以在共享单车领域拥有完整的话语权，为滴滴的"最后一公里"打造坚固的侧翼，而且滴滴有一个优势是和腾讯属于同一阵营。李斌发现自己人单势孤，只好绕过滴滴直接找戴威沟通，希望在控制权上结成联盟。

此次合并局势之复杂，超过了当年的滴滴和快的。换个角度说，经过滴滴、快的的合并，几个重要相关方都有了这种重量级合并的经验，无不坚持要兑现自己的战略利益筹码。

很快，最迫切想要得到共享单车这个具体业务的滴滴出手了。为了更好地掌控ofo，2017年7月，滴滴提出以30亿美元的价格收购ofo。程维花钱请普华永道的审计团队查看ofo的押金账目，遭到戴威的强烈反对，审计团队被主管安全的法务副总裁扫地出门。

ofo和滴滴彻底决裂是在3个月后。2017年10月，滴滴空降ofo的高管南山认为，ofo在支付宝的入口无法导流，做主在微信上开通了小程序。这引发了股东蚂蚁金服的不满。阿里巴巴的人对戴威说：让滴滴的人走，阿里巴巴就投钱进来。

阿里巴巴向ofo发难是必然的结果，只是时间早晚而已。当年滴滴、快的合并，让腾讯在出行领域占据了主导权，马云一直引以为憾。如今摩拜和ofo的情况，几乎是当年滴滴和快的的翻版，阿里巴巴决不允许同样的剧情再度上演。而要阻止摩拜和 ofo 合并，就必须让腾讯系的滴滴出局。"小程序事件"恰好提供了这样一个契机。

戴威对滴滴也早就心存不满。在滴滴入股 ofo 后，程维向 ofo 派驻了 3 名高管。滴滴系高管的加入使得 ofo 内部管理更加规范，然而戴威也明显感觉到自己的权力正在被架空。引入阿里巴巴来制衡滴滴，在他看来不失为一步妙棋。

在得到阿里巴巴的承诺后，2017 年 11 月，戴威对滴滴派来的高管直接下逐客令，双方彻底撕破了脸皮。

深感 ofo 已经失去控制的滴滴只能另起炉灶，一个月后，滴滴收购小蓝单车，并以此为基础推出了青桔单车。

事后来看，阿里巴巴赶走滴滴只是为了彻底断掉 ofo 与摩拜合并的希望，并无意投入更多。

2017 年 10 月，阿里巴巴一边借"小程序事件"发挥，一边促成了自己投资的永安行和哈啰单车合并。在滴滴出局一个月后，阿里巴巴又迅速投资了合并后的哈啰单车，成为哈啰单车的第一大股东。

阿里巴巴放弃 ofo 转而扶持哈啰单车，其实并不意外。因为在当时 ofo 的董事会里，管理团队有 5 个席位（戴威行使全部投票权），滴滴两席，阿里巴巴一席，经纬中国一席。其中，戴威、滴滴、阿里巴巴、经纬中国都拥有一票否决权。阿里巴巴在 ofo 持股比例只有 10% 左右，想掌控 ofo，阻力巨大。

同时，哈啰单车避摩拜和 ofo 之锋芒，主要布局二三线城市，也更符合阿里巴巴推广移动支付的需求。这一切瞒得过戴威，却瞒不过马化腾，在阿里巴巴完成对哈啰单车的投资后，他便在朋友圈点评："被当作支付的推广工具，可怜的小股东被锁死。"

在与 ofo 合并的希望破灭后，摩拜迅速确定了自己的归宿。2018 年 4 月 3 日深夜，摩拜股东会通过美团收购方案，美团作价 27 亿美元收购摩拜，用 65% 的现金和 35% 的美团股票，此外，美团承担摩拜债务（5 亿~10 亿美元），管理团队留任。从美团发出收购要约到收购结束，整个过程在两周内完成。

这起收购案看似突然，实则早就暗流涌动。据报道，美团和摩拜的收购谈判早在 2017 年 9 月就开始了。王兴曾在 2016 年 10 月以个人身份参与了摩拜的 C 轮融资。只是当时摩拜所有股东都把希望押注在摩拜和 ofo 的合并上，收购的提案一直没有通过。

2017 年 12 月，在摩拜董事长李斌的建议下，美团提出了一个对摩拜的小股投资方案：以估值 35 亿美元投资 6 亿美元，然后摩拜再融 4 亿美元。当时美团收到的信号是，李斌会大力支持美团在投资方案外的附加合作条款，以保证双方在小股投资的基础上还能有战略协同。

但摩拜 CEO 王晓峰却有着不同的想法，他愿意接受 6 亿美元，不过对美团提出的附加合作条款并不全盘接受。为此，双方拉锯了很长时间。直到 2018 年 1 月底，摩拜管理层才勉强接受了美团提出的一个版本。后来，王晓峰再次在被美团收购提案上投反对票，这直接导致他在王兴接管摩拜后的 25 天内出局，留下一个悲情的背影。

而在摩拜被美团收入麾下后，压力全部来到了戴威这边。自 2018 年夏天开始，围绕 ofo 的各色传闻几乎没有断过，内容从资金链断裂、大幅裁员到退押金难。短短数年时间，戴威被资本从平地推向了山巅，很快又从山巅重重摔落。回想 2017 年 ofo 年会上他给员工送牧马人汽车和期权的场面，仿佛就像一场梦。

58 同城杀回二手车江湖

二手车江湖的快进快出

2018 年是二手车江湖棋至中盘后的一个重要年份。

北京时间2018年6月27日21点30分,纽约纳斯达克,戴琨在全球直播的敲钟仪式上比出表示胜利的V形手势,"中国二手车电商第一股"由此诞生。

从某种意义上说,优信快速IPO是为了不被瓜子断路。2018年8月24日早上,人们看到了优信上市后的第一次财报:第二季度营收增长79.6%,净利润2.097亿元,而去年同期亏损5.695亿元。财报披露后,优信开盘低开6.5%,收盘涨6.25%,股价最高摸到过8美元。

戴琨对《沸腾新十年》说,选择这个上市时点,在很大程度上是因为"瓜子的出现,确确实实把一些能出大钱的人带走了,这是事实"。

台上的戴琨虽然满面笑容,但是心里并没有上市故事中那种夸张的喜悦感。他心情难以放松的一个原因是,优信这次的上市主要是为了融资,而融资是为了支持还在继续的二手车"三国杀"。这次戴琨的募集目标是4亿美元,其中包括1.75亿美元的可转债。他如愿以偿。但想到要用这笔钱去做的许许多多的事,戴琨又轻松不起来了。

戴琨对企业的现金流情况及自己相对竞争对手的战略级资金存量非常敏感。这种危机感在2017年1月优信得到TPG、华新资本、华平投资、老虎基金、高瓴资本的D轮5亿美元投资之后,反而得到了空前的加强,并在2017年后半年变得更为严重。尽管直到上市这一刻,优信的账面现金还有大约4亿美元。

在营销大战后期,戴琨已经渐渐感到融资难以为继。这从某种程度上也迫使优信提前上市,寻找二级市场的粮饷。但由于尚未形成终局,优信的股价长期在低位徘徊。这最终让优信作为一个二手车、新车、B2B、金融的综合业务平台,不断放弃短期没法盈利的次要业务,集中精力保核心业务,也在客观上限制了优信的发展和创新。

与此相对,2018年3月1日,瓜子宣布已完成8.18亿美元C轮融资,实现汽车零售服务领域单轮融资之最。在完成这轮融资之后,瓜子融资的金额达到了17.6亿美元。在此后不久,瓜子又宣布了C+轮的1.62

亿美元融资。

资金的空前充裕，把瓜子推向了另一个极端。

总体来说，《沸腾新十年》的观点是，二手车电商在本书付梓之时，还没有形成一个足够清晰、理想的成本结构和商业模式。这一点，无论是杨浩涌、戴琨、姚军红，还是李健，都无法否认。

由于人人车退场较早，整个市场其实是瓜子的 C2C 模式和优信的 B2C 模式的竞争，其中瓜子的核心词是"效率优先"，优信的核心词是"选择优先"。

瓜子一直追求效率优先，其模式就是不断地缩短消费者和车的距离，缩短犹豫期，增加决策场景，以证明二手车的交易效率可以提升到抵消成本影响。为了追求这个结果，瓜子的发展可谓一波三折。

瓜子的第一次效率战役发轫于经典 C2C 时期，大致是从瓜子创立到 2017 年年底，为时两年有余。在这个阶段，瓜子最早进行的是基础设施搭建，如线下检测、交易平台、车型库和大数据平台。在这个时期，杨浩涌提升效率的方式主要是不断增加广告投放。他的核心逻辑是，广告投放可以唤醒更多有意愿的买家和卖家，只有两个群体扩大，彼此间耦合的概率才会增大，从而能够促进成交效率。

但这个模式并没有取得预期的成功。原因在于交易者都是私家车用户，双方缺乏交易经验和信赖感，即使需求匹配，也需要很长时间来回砍价，所以很难实现在较短时间内成交。

从严格意义上说，最先提出"保卖"（保证能卖出去）模式的是人人车，时间是 2017 年早期。李健认为，在纯个人对个人的交易中，卖家和买家双方需要一对一地约时间，一次次地带看与看，一辆车完成交易的时间和带看次数不定，交易效率不高。

为了进一步提升二手车交易效率，人人车推出"保卖"，并推出与之配套的线下门店。所谓"保卖"，最核心的本质是平台方从单纯的第三方变成了第二方，即由平台先收购车辆，再卖给个人车主。这种设计的原理是，由于平台方可以决策车的买卖，这样至少供给侧的效率得到了提升。

杨浩涌也认识到了"保卖"模式的优势，于2017年年底开始推出瓜子版的"严选保卖"。为什么加一个"严选"？这主要是因为瓜子发现，平台上的车源复杂，有车况较好的私家车，也有车商伪装成个人车主来卖的车。这些车源中只有一部分车况较好的能进入"严选"模式，而其他的则会通过瓜子的B2B业务继续流转。

然而这个时候，给瓜子带来巨大麻烦的恰好是"没有中间商赚差价"这句广告语。因为一旦实现"严选保卖"，就势必涉及平台先收购车的所有权，这就形成了事实上的"中间商"，也必然产生居间成本。而瓜子的模式又主打"没有中间商"，瓜子为此大感头疼。

事实上，由于太执着于这句广告语，瓜子不得不用很多方式来"掩饰"自身的中间商行为，包括把购买产权的话术改为"买断中间处置权"，把全额车款改为先付八成，把中介费称为"服务费"且定得较高（不包含其他费用为9%）。

竞争对手则揪住了瓜子的中间商行为大做文章，频繁向权威渠道投诉，导致2018年新华社记者对瓜子展开调查，并撰写了大篇幅的报道。报道称，瓜子网宣称的"没有中间商赚差价"与实际操作并不相符。

瓜子的"严选保卖"模式

如果仅仅是舆论上陷入被动倒也罢了，关键是瓜子坚持了10个月的"严选保卖"模式被证明也有很大的缺陷。这是因为在"保卖"模式下，二手车的交易模式没有发生改变，仍然包含收车、验车、评估定价、销售、过户、售后等多个环节。而在这些环节中，评估、销售等环节的交易场景并非完全可控，效率的高低仍然依赖个人——有的销售人员尽职尽责，会一遍一遍地带看、沟通，有的销售人员可能就不那么尽责。但是由于接触到的用户不同，尽责的人不一定能获得好的成果，不尽责的人也可能有好的业绩。

另一个给瓜子带来困扰的问题是，"保卖"模式导致瓜子内部的员工腐败现象频出。其实这一问题在另两家平台也时有发生，但瓜子因为模式原因，这一问题显得比较突出。

当个人优质车源出现时，瓜子"内鬼"往往提前通知车商以个人身份将车买走；同样，当车商有资质较差的车源时，也可以通过给评估师好处的方式获得"放行"。而这些带有各种问题的车源流入消费者手中，又会给瓜子带来频繁的消费纠纷。在裁判文书网上，以瓜子二手车为主题词的民事官司高达数百起。

由于这些交易都是通过收买底层工作人员的方式进行的，而底层工作人员如评估师、销售等，本身的收入不高，对企业的忠诚度有限，而且腐败成本低、方式隐蔽，造成的破坏却不小。

在"严选保卖"模式进行快一年的时候，杨浩涌已经敏感地认识到，这种弊端颇多、对交易效率提升有限的模式显然不是他所期望的终局模式。经过很短时间的准备，在"严选保卖"模式推出不到10个月的2018年9月16日，瓜子第一家线下直卖店在沈阳开业。

直卖店模式是瓜子为实现效率优先风格发展的第三阶段，但这并不意味着"严选保卖"模式的终结，而是"严选保卖"模式之线下版，也是经典C2C和线上"保卖"之后的瓜子C2C的3.0版本。简而言之，杨浩涌认为，纯线上模式的弊端在于消费者见不到真车，而见不到真车就很难下决心。因此，受到美国二手车连锁超市Carmax模式的影响，杨浩涌选择城市外环区域面积巨大的卖场，把严选车源放到线下，让消费者可以看车、选车、试车。他认为，这样可以促进成交转化。

本书作者到访过多家瓜子线下店，总体印象是店面大、环境好、车的品相很好，有4S店的感觉，但人气不高，来看车者寥寥无几。

为了打通"最后一公里"，瓜子在全国共开设了108家严选直卖店，总面积近100万平方米，最远布局到了乌鲁木齐。据了解，2019年瓜子在北京的店平均面积将近4万平方米，最大的店面接近6万平方米，有的店接手的是以前家乐福等大卖场的店面，可以陈列数百辆车。

令人遗憾的是，消费者对这种模式并不买账。瓜子内部员工表示："浩涌反思说，我们对零售还是缺乏敬畏。我们过分考虑店大、车多，但是店的选址往往太偏远，远远超过一般4S店的分布半径。事实证明，消费者在没有明确意向前，是很少愿意穿越整个城市来看一看的。"

优信的戴琨认为，店开得再多也没用，因为C2C模式在瓜子3.0时代已经不再是C2C。C2C模式先天只适合以较小的、低成本的方式来做，而在瓜子一再增加中间成本——包括非常占资金的"保卖"、线下店等方式出现后，这个市场模式的两个关键因素——交易效率和盈利能力，都没有明显提升。相反，由于增加了大量的中间成本，以至于瓜子二手车的价格相对来说没有任何优势，而"价格便宜"永远是二手车买家关注的第一关键词。所以，尽管瓜子把成交环境建设得很漂亮，但没有提供物美价廉的商品也是不行的。而且，相对于优信可以在线展示成千上万辆车的优势，一个规模巨大的瓜子直卖店也只能展示几百辆车而已。

大搜车的创始人姚军红也认为，大搜车早在2013年就尝试过精品化寄卖模式，其实质和瓜子的严选直卖店并无区别。如果寄卖模式下的线下店规模较小，则效率可以保证，但如果线下店面成本占据成本结构的大头时，则很难盈利。

最后的结果就是，"保卖"模式开展不到一年，瓜子已经开始关店——很多耗资巨大的严选直卖店因为没有实现预期而关闭了。并不是店本身不好，而是瓜子的内部机制决定了这种做法的"坑"太多。2019年11月，瓜子二手车上海严选直卖店甚至陷入传闻旋涡，一时间"瓜子二手车跑路""瓜子二手车上海线下门店搬空"等消息在社交媒体上疯狂传播。

我们整理一下，经典C2C模式尝试了2016年、2017年两年整；"严选保卖"1.0模式从2017年年底开始到2018年9月就转为线下店模式；线下店虽然没有在几个月内全部关完，但瓜子已经在2019年3月宣布尝试"全国购"模式。这意味着瓜子的业务试错期越来越短，领导层的心情也越来越焦躁。

2019年，瓜子的营销费用攀升到一个巅峰。电梯广告、热播剧和综艺节目植入"洗脑"广告等的总投入接近20亿元。尽管杨浩涌声称手里还有50亿元资金，但瓜子在3年后仍没有确定一个方向，这最终导致了2020年年初的大裁员。

2019年3月，瓜子宣布正式推出"全国购"业务，并气势汹汹地显示出了一副all in的姿态，连此前饱受吐槽都坚决不改的口号"没有中间商赚差价"也终于变成了"哪里价格低，帮你买哪里"。

这意味着瓜子开始效仿对手优信的全国购模式，而且连产品名字都不换——也叫全国购。

另外，瓜子开始推出所谓开放平台，引入第三方卖家。这一举措意味着，车商可以利用瓜子平台向消费者卖车——B2C来了。

优信的日子很难熬

虽然瓜子的做法是某种意义上对优信模式的认可，但优信在2018年后的日子一直不好过。

戴琨一直坚持认为，优信的全国购业务是终局模式，因为全国购可以为消费者提供（相对）无限的选择，而无限的选择是他认为的最大竞争力。与此同时，数字化透明既是B2C电商整合供应链的重点，也是优点，一站式服务是未来深度发展的方向。

为了说明什么是"无限的选择"，戴琨掏出他的手机向本书作者展示：按照传统的C2C模式，如果广西北海市的用户买一台奔驰C系二手车，而且指定要红色，在本地车源里显示"找到0台"，而在全国车商提供的车源里，C系有1488台，其中第四代910台，红色103台。而且所有这些车都可以直接购买，5~7天拿到，可以全款也可以分期，还有一定时间的后悔期和质保。

这就是优信二手车与其他二手车平台的最大不同之处。它的车源是全国各地的车商提供的，但需要经过优信的检验后才能上线。这种模式的好处是消费者可以在全国范围内进行选择。当然，全国购的一个问题是如何实现全国包邮配送，要知道配送成本非常高昂。

在没有优信之前，二手车也会实现全国流转，但采用的大多是先通过大城市之间的物流干线运输，再从大城市由专人驾驶到各个低线城市、区县。而优信的全国购则设计了一套颇为复杂的大数据调度系统，用众包模式实现了干线、支线和"最后一公里"三级配送。这套系统也是戴琨认为瓜子很难在短期内超越优信的竞争壁垒。

在瓜子和优信争得你死我活之时，有一双眼睛一直在冷静地看着杨浩涌和戴琨，这就是姚劲波。他很可能扮演二手车战局的终结者角色。

从理论上说，姚劲波是瓜子的大股东，但他和杨浩涌从未有过深入的合作。相反，姚劲波在58同城其他业务越来越显出疲态之时，越来越看重二手车这块有潜力的业务。

58同城收购了赶集，姚劲波送走了杨浩涌。两人之间，只有短暂的利益结合，而没有真正的战略默契。

瓜子与58同城似乎有过一段"蜜月期"。2017年3月17日，二者联合举办了"子5线"瓜子二手车与58集团战略合作升级发布会，宣布在原有合作基础上打通数据端口，实现业务层面的对接。按双方的计算，这种合作将垄断二手车领域80%的精准流量。

但是，姚劲波一方面支持瓜子，另一方面又不断地布局二手车业务。标志性事件是2018年5月，58二手车把线上体验、线下服务、二手车估价、检测、延保、金融支持等功能进行深度融合，形成58估车价、58放心车检测、58延保三款产品。

众所周知，估价、检测、后服务是二手车服务的核心业务，姚劲波的这轮布局，显示了他在二手车领域重整山河的决心。

5个月之后，58二手车在三四线城市推出了"二手车就要白菜价"的白菜二手车，主打5万元以下的低价车辆，开始抢占"小镇青年"的市场份额；同时，58二手车建成了40多家放心车线下服务体验中心，虽然规模不大，但是姚劲波走上台前的决心已然显现。

关键性的时点出现在2019年2月底，瓜子宣布15亿美元的新融资，软银领投。但在2019年第一季度的财报中，58同城披露以7.136亿美元的价格向第三方投资者出售了瓜子二手车母公司车好多集团部分股份。简单说就是，58同城把瓜子的老股卖给了软银，从而基本切断了与瓜子的资本联系。

优信的一整套平台体系让姚劲波颇为垂涎。在他看来，优信体系齐备，是典型的优质资产，58同城如果能盘下优信，就不用自己重复建设，而具备了一整套和瓜子开战的基础设施。

姚劲波在财报会议上也谈到，58二手车平台流量很大，但这些流量在中小城市不能充分变现，向用户提供线下交易服务也并不容易。而优信的全国购业务在线下有几千人的团队，可以帮车商把车卖到异地，所以58同城跟优信就出现了一个天然的合作机会。

姚劲波唯一的顾虑是优信的戴琨。戴琨希望保持优信的独立性，并且意志坚定。但优信糟糕的营收使其股价一直萎靡，几乎每几个月就要爆出一轮资金链紧张的消息，而且为了保住全国购业务"独苗"能够撑到终局，它早已开启无限减法模式。

戴琨何尝不知道与姚劲波合作十分危险，但每当优信频频陷入危机之时，又只有"好心的"58同城在旁相助。

2019年4月17日凌晨，优信被做空机构美奇金投资突袭，股价最高暴跌52.79%，跌至1.95美元，总市值仅剩5.7亿美元。除了卷入一堆难以证实的丑闻，还有大笔可转债需要偿付。

不久后，优信即公布完成新一轮2.3亿美元融资，由58同城领投，投资方式是58同城购买优信1亿美元的可转债。换句话说，58同城帮优信扛下债务，又借给它一点点钱"续命"。

就在这笔交易后不久，2019年7月，优信宣布将助贷金融业务剥离出去，与58金融旗下的Golden Pacer合并，收获是一定比例的Golden Pacer股份和1亿美元现金，58仍是Golden Pacer的最大股东。简单讲，姚劲波又借给戴琨1亿美元"续命"。

对优信剥离助贷金融业务这一做法，业界的看法不一。优信官方的解释是，助贷金融业务容易让外界将优信视为一家金融公司而非电商公司，而金融公司的市盈率远低于电商公司，且助贷金融业务十分复杂，其中套路甚多，容易引发诉讼和纠纷，会损害优信的商誉。

但从行业的综合情况来看，由于其强大的盈利能力，罕有汽车交易平台不把助贷金融业务捏在手里，也并未见其他持有助贷金融业务的平台"被认为不是电商公司"。所以这种说法只是托词，实质仍是戴琨希望剥离次核心业务，保住全国购业务。

进入2020年后，由于疫情造成的经济预警，瓜子、优信纷纷传出大规模裁员计划。应该说，瓜子的裁员多少有些让人吃惊，毕竟它前一年还在狂"烧"20亿元；而"穷惯了"的优信的裁员并没有引起太多关注。

和之前的情况高度一致的是，姚劲波在2020年年初又给戴琨"输血"1.05亿美元，这次拿走的是戴琨赖以起家的B2B业务优信拍。优信的官方解释是，由于聚焦C端业务全国购，优信拍已经不再是重点。

但在公众眼里，姚劲波一方面给优信输血，维持其最低限度的运营，但绝不会让其现金充裕到足以应付裕如，另一方面却以一次次的有限支援，不到一年时间先后吃下了优信的老股和助贷金融业务、B2B业务。

事已至此，优信已经把全部身家押注在了全国购业务能够在2020年翻盘上。据了解，其于2020年4月15日左右推出9.9%全包的"至尊计划"，实质是使用最后的力气进行一轮价格战。

此前，二手车行业的收费极为复杂，包括交易费、交易服务费、金融服务费、GPS使用费等林林总总的名目，总体费用在交易价格的

15%左右。而优信一次性把费用降到9.9%,一则显示优信的薄利和透明,二则也是动用最后的资源,希望在12个月内打一场彻底的翻身仗。

至此,姚劲波的计划已经成功执行大半。如果优信能够翻盘,58同城作为股东,自然受益良多;如果优信没有翻身,58同城则将顺理成章地接手优信最后的全国购业务。那么,戴琨用将近9年打造的包括新车、二手车、全国购在内的平台,将和58同城已有的金融、评估、后服务完美组成一个新的生态闭环。彼时也将是姚劲波和老对手杨浩涌在58同城、赶集并购数年后,再一次一决高下。

链家和房多多们的2018

中国房产互联网江湖的尖峰时刻

2018年的姚劲波很忙。

这一年,在58同城的核心收入单元招聘市场上,BOSS直聘借助2018年俄罗斯世界杯出尽了风头。

2014年7月14日,德国队在巴西夺得2014年世界杯的第二天,BOSS直聘CEO赵鹏把德国队捧杯的照片挂在了自己的办公室里。他的想法就是,再过4年,等到下一届世界杯,就是BOSS直聘要借势而起的时候。

在赵鹏看来,世界杯是一个世界级的借势营销的机会。流量越来越贵,越来越分散,人们的注意力被各种各样的媒体渠道瓜分,在哪儿打广告其实都不如在世界杯比赛期间打广告,因为这是最能聚焦眼球的时刻。在中国,每场比赛都有数千万人观看,而且许多人将看世界杯当成一种派对式的体验。如果BOSS直聘能在世界杯直播中做广告,那么32场球赛下来,这则广告就能够数亿次露出、数亿次触达中国用户。

BOSS直聘在2018年俄罗斯世界杯上的花费超过1亿元,每场比赛中同一则广告循环6遍,相当于对观看人群进行了数亿次洗脑。虽然当时在网上被吐槽,但最后的效果非常好,用户新增规模比预期翻番,日活也翻番。赵鹏后来总结:循环6遍有点多,也许4遍就够了,这样不会引发反感。不过整体而言,这次广告的营销效果远超预期。

尽管BOSS直聘的广告宣传取得奇效,但58同城的招聘收入底盘还在,这个市场的竞争也来日方长。真正让姚劲波心急火燎的是房产赛道上贝壳的异军突起。

2018年6月,也就是贝壳上线两个月后,姚劲波发起了著名的真房源誓师大会。姚劲波把国内各房地产服务机构召集到一起,细数某些企业既当运动员又当裁判的行为,意在对贝壳群起而攻之。

不仅如此,姚劲波还放出了"58永不自营""持续加大广告投放""设立1亿元理赔基金"等承诺,与房产经纪行业歃血为盟,表明了站在同一条战线上的决心,大有"戮力剿匪"之势。

当天,左晖发了一条朋友圈:"此时的北京,乌云密布。有会解天象的吗?"

姚劲波在朋友圈回复左晖:"相由心生,我看到的是阳光明媚。"

左晖反唇相讥:"老兄慧眼,乌云中的确有阳光!不知为何下午突然打了一会儿雷,应该是又有人赌咒发誓了。"

中国的房产互联网江湖,因为这场纷争而备受瞩目。2018年是中国房产互联网江湖的尖峰时刻。

房地产的互联网化不是新鲜话题。和汽车互联网一样是重线下、交易低频的行业,房地产互联网的发展路径几乎是一样的。

在线化时代也不是一成不变的,1999—2004年这个阶段被称为中国房地产互联网交易在线化的1.0阶段。这个阶段的代表公司是四大门户的地产频道及房天下,更多的是把房源搬上网。

2004—2011年是房地产互联网交易在线化的2.0阶段。在这个阶段，最大的一个问题是房源造假。

在前互联网时代，房源是没法造假的，因为用户要亲自看房，经纪人最多是找借口推掉那些出价较低的客户，选择出价较高的客户，抑或隐瞒一些房产的手续问题或嫌恶设施[1]问题。

但在互联网时代，将几张照片加几行介绍往网上一发，就成了一套"房源"，哪怕这套"房源"并不真实存在。

对于很多经纪人来说，假房源其实是卖房过程中的"标准道具"。例如，先给客户看一套价格略高但配置明显有问题的假房源，让客户先对房价有个预期，然后给客户看价格稍低但配置略高的真房源，客户就会觉得很满意。

当然，有时候这种情况也会反过来。先给客户看一套价格较低但略有瑕疵的假房源，再给客户看一套没有瑕疵的真房源，借此拉高客户的心理价位。

在这个阶段，整个行业虽然入局者众，甚至有张一鸣、王慧文这样的聪明人，但他们都没能改变整个行业格局。

到了2011年，整个房地产互联网交易在线化进入3.0阶段。推动整个行业进入3.0阶段的是两家公司——链家和房多多。

2011年，房地产互联网的一个重要变数是移动化。顺应这一趋势，房多多诞生。

房多多是两个地产人和一个互联网人相遇的结果。段毅和曾熙都有服务房地产行业超过20年的经验，而李建成则是互联网产品与技术领域的专家，曾经担任腾讯深圳研发中心总经理。

曾熙回忆说："我们在前面的职业生涯里，很长时间是做传统的房地产营销服务的，所以非常清楚开发商卖房子成本非常高，但效率很低，中间的服务商存在的价值也是非常有限的。2011年，我们有幸认

---

[1] 地产术语，包括但不限于凶宅、坟地、垃圾处理厂、电站等。

识了另一个合伙人,来自腾讯的李建成,他一直在互联网行业。2011年正是移动互联网兴起的时候,所以我们成立这家公司的初衷就是通过移动互联网去改变房地产交易服务领域的效率问题,让开发商的营销效率更高,让消费者买房、卖房的体验更好,同时用更低的成本解决相关的问题。"

房多多是一家移动互联网公司。互联网公司的特点是,在确立模式以后,成长速度会大大超过传统行业。成立3年的房多多的房产销售额接连突破2000亿元、3000亿元,给行业带来很大的震动。

在2015年以前,谈起链家,曾熙的口气是充满不屑的。他说:"我们始终强调用互联网的方式改造这个行业。从一些显性的数据可以看出,比如说现在链家在全国有15万人,房多多一共只有3000人,链家的15万人中99%是经纪人,我们的人当中有30%是做产品、技术、研发的。我们人均创造业绩的效率是链家的十倍甚至百倍。这就是两家公司之间很重要的基因区别。房多多发展到1万亿元销售额的时候,也不会成为一个万人企业。"

曾熙还把房多多和安居客、链家做了对比,指出:"安居客是一家媒体性的公司,它实际上是在卖广告,就是做流量的批发商;链家是一家传统的中介公司,它是希望整合更多人来为过程提供服务。那房多多是一家什么样的公司呢?房多多是一家通过工具的升级提高人效的公司。"

房多多提供的工具不是一两个,而是一个矩阵:它给开发商提供了用于投放广告的房点通,号称可以让广告效率提高50%;有针对经纪人的B端App,比PC端的工具方便很多,通过这个App,经纪人可以较便捷地进行新房和二手房的交易。

如果说房多多是借助移动化的大趋势,用工具化的思路推动整个房产互联网江湖向前走,那么左晖和他的链家则在着手解决真假房源这个终极问题。

2011年5月,链家成为国内首家承诺真房源"假一赔百元"的房产中介,这是整个房地产互联网交易在线化时代的一个重要跨越。

链家在推出"真房源"的同时,也开始做楼盘字典。这是一套类似汽车之家"车型库"的产品,大部分人可以在其中找到公开的房屋面积、地址、出售价格、房龄、周边信息等。

左晖认为,一定要做难而正确的事情,即使行业的规则一直如此,也要坚持这样做。所谓的阳光交易,就是把买方、卖方、中介方三方放在一起,从而回避、克服很多行业中的问题。

这是高度反常识的。因为从原理来讲,经纪行业就是一个利用双边信息不对称而赚取居间利益的行业,这也是房产经纪行业从来都让人觉得不够透明的原因。

链家也不能完全解决这些问题。但是,左晖的初心和做法是没有问题的,比如链家首倡的"三方打通"。

但仅仅是链家一家这么做是没有用的。第一,因为链家无法代表整个行业;第二,整个房产经纪行业的房源基本是共享的,没有谁有真正的独立房源。

所以,在房地产互联网交易在线化的 3.0 时代,链家做的是房源的真实化。对这件事,链家内部先炸锅了。

因为,很多地产网站的流量规模其实是靠真假房源一起发布撑起来的,如果链家只发布真房源,房源数量明显会少,会给人一种选择少、实力差的印象。

公司内部有人说:"老左,真房源的报价比假房源要高,你这样会吓怕客户的。"

更多的是来自基层的不满,没有了真假房源的左右互搏之术,还怎么让购房人进行"对比"?果不其然,链家连续 3 个月没有一单业务进账的经纪人比比皆是,没过多久就出现了一波离职潮,不少门店的经纪人走掉了三分之一,没走的也隔三岔五地到处抱怨。那段时间无论是网站的来电量还是渠道的访问量,都明显下降了。

但是左晖还是挺了过来。随着这件事的逐渐演化,链家在行业里声名鹊起，隐然渐有王者风范。

对此，左晖说："我现在的商业逻辑是，我做的一切是为 10 年后做准备，做好准备之后，静静地等着它开花结果。我远远地在前方等着，等着消费者赶上来，等着消费者开始买单，等着消费者开始喜欢这些东西，喜欢这些真正重要、有品质的东西。"

不用 10 年，整个房地产互联网交易从在线化时代跨越到场景化时代。

贝壳为什么能辉煌

房地产互联网场景化也分 1.0 时代和 2.0 时代。在 1.0 时代，部分进取的互联网地产媒体开始进入交易环节。请注意，只是"进入"而不是"实现"，因为买房这件事的线下因素太多，纯线上无法解决所有问题。这一阶段有新浪乐居、搜狐焦点，以及 58 同城这样的轻模式公司，这些互联网地产媒体进行中间信息匹配，但离钱很远。

房地产互联网场景化 2.0 时代的一个重要时间点是 2015 年。

这一年是爱屋吉屋这样的新派移动互联网平台起势的时间，它们的模式也一度被看好。2015 年 11 月，由土豆多位前高管联合创办的爱屋吉屋完成 E 轮融资，总金额 1.5 亿美元，由淡马锡、高瓴领投，晨兴、高榕、顺为、GGV 跟投，爱屋吉屋累计融资额达到了 3.5 亿美元，风光一时。

但是，过于急切的爱屋吉屋开始采用流量打法，在互联网上狂做广告，结果导致迅速"失血"。

相反，链家对线上广告投放心存疑虑。它采取的措施是疯狂扩充门店。左晖认为，处处可见的门店是最好的线下活广告。

最后的结果就是，流量派打法"烧"去了大量资金，但忽略了地产业务的低频属性。高流量打法和低频属性业务的组合，是典型的错配。而发展门店不仅有广告效应，还扩充了经营场景，一举两得。

因此，贝壳迅速挤掉了代表新生力量的对手爱屋吉屋，但也发现房多多没那么好对付。房多多完成了 C 轮融资，还请来万科前高管肖莉加盟，喊出 IPO 的口号，成为当时链家的又一大劲敌。

对于爱屋吉屋的疯狂投放，房多多是谨慎的。地产客户绝对量少，流量如果不够精准，消耗极快；而就算找到客户，也很难打动客户，因为几千元的补贴对客户来说意义不大；而且购房这一行为太低频，客户很难留存。

房多多认为，解决地产销售问题的关键在于给 B 端增效，在增效的同时降低佣金，促使经纪人以更高的效率挣钱。2015 年 10 月，房多多推出二手房"直买直卖"模式。其中，房多多收取的交易费用仅为 2999 元的服务费再加"房价 ×0.3%"的交易保障费，大大低于传统中介 2% 的收费。整个行业的佣金标准是 2%。贝壳是用公司补贴的方式使经纪人的所得超过 2%；而房多多敢于让消费者支付远低于 2% 的佣金，是因为他们有信心，经纪人可以通过效率（卖更多的房子）来弥补这部分的损失。

由于房多多的工具便利性很强，吸引了很多经纪人来注册，最多时高达 60 万人。这些兼职经纪人的数量是链家全职经纪人的 5 倍，但可想而知，其素质、来源会相当复杂。

在业务发展初期，房多多的确很顺利，其业务覆盖 60 多个城市，主力城市中较活跃的不乏一线和二线城市。例如，在上海、苏州、杭州一带，房多多的新房交易量和市场占有率都冲到过第一名，在北京市场也很有影响力。

但事实证明，路没那么好走。在 2016 年 7 月的房多多半年度会议上，段毅做了题为"时代的山顶之城"的内部分享，提出基于数据提供增值服务，向产业互联网转型的新定位。在重新审视过内外部市场环境后，房多多"冷静"下来了，业务模式也开始大调整，员工从 4000 多人降至 1300 多人。重新找准自己位置的房多多很快扭亏为盈，并在 2019 年抢先上市。

就在爱屋吉屋和房多多咄咄逼人的 2015 年，左晖想出了一个新招——推出了 ACN（经纪人合作网络）。

ACN 是指在遵守房源信息充分共享等规则的前提下，同品牌或跨品牌经纪人之间以不同的角色共同参与一笔交易，在成交后按照各个角色的分佣比例进行佣金分成的一种合作模式，是共生经济在居住服务领域的首个落地模式。

这等于链家要吃全行业的饭，也给全行业饭吃。对此，行业的看法充满了极端化的分歧。有人说左晖要一统江山，有人说他是欲取先予。

让我们略微了解一下链家力推 ACN 的背景，这对我们了解后来贝壳的推出有至关重要的意义。

根据《21 世纪经济报道》的记载，2015 年，链家收购了包括上海德佑、成都伊诚、广州满堂红、深圳中联、大连好旺角在内的十多家经纪公司，迅速实现全国化布局。在规模上，链家终于超过宿敌中原地产，成为国内规模最大的房地产经纪公司。这意味着链家已覆盖国内 32 个城市，共有员工 15 万名。

ACN 推出的第一个背景就是，想有效地管理这些经纪人，并维持高于行业平均水平的服务水准。

这很难。因为在链家的 15 万名员工中，有 13 万名是经纪人，他们是这个企业运转的基础细胞。但是，这也是世界上最难合作的基础细胞，因为经纪人的收益主要来自交易提成，所以这是一个同行天然互斥的领域，每个人的利益都是和别人有冲突的。

左晖是学计算机的，他心目中的链家应该像一个网络，各种要素在内部高速流转，同事之间精诚合作。

但是由于收益是互斥的，合作也就变成了空谈。左晖不愧是奇人，他仍然用了计算机的方法——干脆把传统的一个经纪人就是一个业务单元的模式给拆了，按模块和贡献来划分收入。

这又是一个反行业基本常识的做法。但从前面的叙述中，读者似乎不难看出，左晖这个人就是一个基础规则的破坏者，或者说是破坏式创新的崇尚者。阳光交易、真房源，哪个不反规则？

在实操中，二手房买卖是一个复杂的过程，经纪人的服务分布在房源和客源两端。其中，房源端可细分为录入、维护、实勘等；客源端则分为带看、成交和金融服务等。在传统意义上，这些事情其实都由一个经纪人包办，或者说尽可能由一个经纪人包办，因为只有包办，经纪人才能尽可能多地涉足各个环节，从而获得较高的分佣比例。

但是包办有其弊端，因为经纪人的精力是有限的。例如，某个经纪人1天要带看3套房屋，如果成交，还得带客户回公司做合同，最后可能还要在公司的电脑上把新的房源录入系统。

这导致两个问题。一个是经纪人之间很难合作，另一个是信任很难成长。有一个业内数据是，大部分进入这个行业的人会在12个月内离开，一部分人只待3~6个月就被这个行业淘汰了。

而左晖的ACN的核心在于把整个服务链条细化，然后根据经纪人在各个环节的贡献率分佣，从而使分佣机制趋于均等化。例如，在一单交易中，有"房源录入人""房源维护人""委托备件人""房源钥匙人""房源实勘人""客源转介绍"和"客源成交人"等角色，合作网络中的经纪人可以通过在任一个环节做的贡献获得收益。

这使得链家的经纪人分成外勤和内勤。有的人专门带看，有的人专门录入，有的人专门做金融，大家按贡献度"吃饭"。

根据《21世纪经济报道》的记载，在内部试水ACN后，链家二手房交易的单边比从2014年的3.2∶1上升到2017年的接近7∶1，即每单交易有接近7个经纪人参与。这个网络不仅使基层经纪人的待遇大幅提高，而且使得跨门店、跨区域合作成为可能。

看到这里你或许会说，这不就是贝壳找房的跨品牌合作原则吗？

是的，ACN正是源自内部尝试，再向外推广。

有人或许会担心，这是否会让经纪人流失？但事实上，左晖并不担心。因为链家不但规模越来越大，而且经纪人拥有足够的平台和晋升空间，职业履历的含金量极高。正因为如此，左晖坚持招聘大专学历以上的应届生，这也使这个行业的从业人员素质不断提升。

另外，从2011年起开始推的真房源，也有了质的飞跃。到2015年，链家在库的真实房屋数突破1亿套，已覆盖全国121座城市的24万个小区，覆盖50%以上的城市人口。且由于覆盖面广、颗粒度细，"楼盘字典"能解决信息不透明、房源不真实等问题。

ACN好比行业的屠龙刀，一出现立刻改写整个行业的游戏规则。

ACN和真房源

有很多人认为，贝壳就是链家，链家就是贝壳。

但业内人士的认知则相反，诸葛找房北京区总经理甘放认为："链家太大，太复杂了。这样一个有太多历史负载的企业是没法上市的，所以只有去链家化，剥离优质资产，快速聚焦方向，讲一个人们都能懂的故事，才有上市的可能。"

从某种意义上说，贝壳不仅是一个"更干净的链家"，也是一个回到房产交易业务本质的平台。它不负担链家链接上下游、开拓海内外市场等种种职责，只专注做好一件事——找房。

所以，贝壳是一个纯粹的房屋租赁买卖中介交易服务平台，平台上拥有大量房源信息，覆盖全国的二手房、新房、出租房信息，数据实时更新。平台还为用户提供VR看房服务，让用户身临其境观看房屋构造，同时为业主提供估价、线上委托及资产管理服务。

据说，在贝壳诞生前，链家做过内部的沙盘推演，得出了最优秀的资源还是经纪人和链家的真房源信息库的结论。

但在实操中，链家走的其实是"无死角"路线，即线上、线下并举。在线上，彭永东带着贝壳独立出来，发展移动互联网业务；在线下，链家推出加盟模式，把经纪人的规模和门店的规模都扩充了2~3倍。

招来了更多的经纪人，最后的发展方向当然是要给他们更好的出路，于是有了前文详述的 ACN。ACN 实际上解决了经纪人入行难、持续难、传承难、收入差距大的问题，维持并保持了一支业内最大规模的经纪人队伍，这是贝壳的核心。

但更大的秘密藏在门店里。

ACN 和真房源使左晖的信心空前强大，他希望进一步做高链家的估值。于是，2018 年有了贝壳。

但是要做高链家的估值，首先要重构链家。如前所述，链家是一个极为庞大、复杂的体系。

从业务上来说，链家的传统经纪业务已延伸至旅游地产、海外地产、豪宅等细分市场。2015 年，链家与高策全面合并，正式进军新房领域。2016 年 3 月，链家与北京万科合资成立万链装饰，进军装修行业。2016 年 5 月，长租公寓品牌自如宣布独立运营。2017 年 5 月，脱胎于链家金融事业部的贝壳金控独立运营。2017 年 8 月，链家战略入股 21 世纪不动产。2018 年 1 月，链家启动德佑品牌进入加盟领域。

"盘子大了，故事反而不好讲了，而且这么多年的发展里总有些黑历史，这些都可能是隐患。所以老左干脆剥离出来一个贝壳，做一个'干净的链家'。"一位业内人士对本书作者说。链家深厚的历史、复杂的布局、多模块的组合，对于上市来说都是重重险阻，所以不如从头做起。

从头做起的两个基石有了，一个是真房源，另一个是在离链家核心业务较远的地方推出专门做加盟业务的德佑平台。ACN 初试水成功，在德佑平台的交易中，有 70% 为跨品牌成交。

左晖说："ACN 的合作体系，是市场上唯一被验证过的事。"

为了强化贝壳的新"链家"色彩，左晖给贝壳大力注入产业互联网的基因。他对外界表达这样一种观念——中介是一切中间商的统称，中介的市场非常大。但是在中介的世界里，只有公司而无平台。链家、中原、太平洋、21 世纪不动产等，都是成功的中介公司，但不是成功的平台；而贝壳的目标不是京东、苏宁，而是阿里巴巴，是全行业的平台和基础设施提供者。对人，用 ACN 模式来进行职能划分和收入分配；对物，用产业互联网来赋能——这也是左晖处心积虑为贝壳找的新亮点。

但链家的技术底蕴是不够的，于是左晖找到了腾讯。腾讯对链家这样的客户极为满意，因为腾讯力推的产业互联网正缺乏落地的案例，而贝壳的复杂性足以显示腾讯的价值。

2020 年，腾讯高级副总裁、云与智慧产业事业群总裁汤道生这样描述："我们的合作伙伴贝壳找房，通过经纪人的数字化连接、楼盘信息的数字化呈现、交易流程的数字化再造，两年内在'云端'重建了 17 岁的链家。腾讯为贝壳提供大数据、云计算、音视频等关键技术保障，助力贝壳完成全国 40 多万经纪人的实时信息存储和交互，累计完成 650 万套房屋的 VR 重建，用户使用次数近 13 亿。"

那么，除了组织重建和业务在数据端的云化，贝壳体系下的经纪人的真实职业生涯是否有所改善呢？我们来看一下 2019 年的部分数据。

2019 年，贝壳在全国范围内的成交额达到全行业的 10%。这是一个非常"恐怖"的数据，因为地产经纪公司非常分散，中原、链家、麦田只是在高线城市比较知名的品牌，而哪怕在北京的郊区，都有各种土生的中介机构，业务范围也集中于当地，这部分水下的地产经纪才是中国房产交易的主力。

贝壳一年的营业额是 460 亿元。行业里中介费的中位数大概是成交价的 2%。由此可以推算，贝壳在 2019 年的总销售额大约是 2.3 万亿元，相当于两个碧桂园加上一个万科的 2019 年总销售额。

虽然营业额很高，但是贝壳是亏损的。这个问题要拆开说。贝壳作为一个交易平台，最大的开支其实是支付给员工的提成。我们可以看到，贝壳支付给员工的佣金是高于 2% 的。另外，推广费和垫资（主要是新房项目）也是一笔不小的成本。

开发商有账期，给员工的佣金不能有账期，所以贝壳需要垫一部分钱，以保持正常有序地发放佣金。

所以，处于极速扩张期的贝壳，控制亏损在水平已经非常高了。这也是贝壳上市后为何股价大涨，市盈率在80倍以上。

这就是一个行业领导者的价值。

贝壳捕蝉，58同城、易居联手阿里巴巴在后

看到贝壳此举，第一个坐不住的是58同城，这才有了前文提到的2018年真房源誓师大会。

58同城联合传统中介对贝壳发难，是因为贝壳同时动了双方的奶酪。在传统二手房交易中，58同城承担线上匹配及线索转化的角色，它将交易线索卖给线下机构，挣的是"轻模式的钱"。

但贝壳相当于自建了一个链家专属版的"58同城"，然后又拥有58同城所没有的庞大线下资源网络。这种双剑合璧打破了行业平衡，自然引来讨伐。

但贝壳的做法也很巧妙，它绕开了那些和58同城一起誓师的传统中介巨头，专门发展中小规模中介，给予其流量和工具支持。这是典型的"农村包围城市"。

但和当年不同的是，贝壳不仅搞"农村包围城市"，本身在城市也有重兵，这就对行业造成了极大的冲击。

58同城在地产领域曾经是让链家感到非常恐惧的对手，因为58同城在理论上是一切中介的终结者——互联网有最有效率的信息匹配机制，而且先天具有透明和信息对称的特征，它正是一切以信息不透明属性为利益来源的中介的死对头。

2015年，58同城除了和赶集网合并——这成为那一年最有影响力的互联网事件之一，还在泛地产行业广泛布局。战略投资土巴兔，收购安居客，都被认为是58同城将发力地产领域、深入交易环节的标志性事件。

彼时，58同城有流量、有平台，链家有数据、有线下场景，双方又都善于牵引资本。看来，房产互联网平台的终极之战似乎应该在两者间展开，或者两者会通过合作颠覆行业。

和现在人们大谈线上线下一体化不同，当时业界较为统一的看法还是，基于线下的交易仍是未来的趋势，而线上平台主要是提供房源和匹配信息，用来提高效率。两者的最终结合是所有人都期盼的电商化，准确地说，是全流程电商化。这个至今都没有完成的目标，引发了包括房多多、搜房、乐居、焦点、好屋中国当年的房产电商大战。直到今天，线下市场的上半场已经结束，但并未有赢家出现，贝壳也不是最后的赢家，因为阿里巴巴还在伺机而动。

当时大家都看好"垂直网站+中介业务"的组合模式，都想从内容切入交易环节。只不过媒体模式和电商模式先天难以融合，走媒体路线的企业业务不得不大幅缩水——房天下几乎清空了媒体业务，房多多从电商业务转向存量房交易，最火的链家也因近乎颠覆式的发展方式引发了诸多争议。

58同城摸到了安居客这张好牌，但是打得不漂亮。究其根本，安居客的媒体属性不是58同城所长，所以只好任其自然发展。虽然安居客至今仍是最有影响力的垂直媒体，但对交易端的促进作用不大。

交易是58同城的死结。尽管58同城无数次喊着要进入交易环节，但果子已都被别人摘走，比如二手车和地产。从当年的财报可以看出，在收购安居客后，付费会员成为重要增长点：截至第四季度末，包括58同城、赶集网、安居客在内的平台付费会员数量约265.4万个，会员服务贡献10.388亿元人民币（1.59亿美元）的营收，同比增长27.9%。

根据易观千帆的数据，2017年11月，安居客的活跃用户是949万个，而链家是476万个，我爱我家是75万个，麦田仅4.5万个。而同期58同城和赶集网的活跃用户分别在4000万个和1000万个左右。

也就是说，58同城一方有很大的日活和流量，"58+赶集"的流量是链家的10倍还不止。但是，58同城一方并没有把流量优势充分发挥出来。尽管整合之后，2017年58同城、安居客、赶集网三网房产业务覆盖城市及区域超600个，新增房源信息量较2016年同比增长约30%，房产业务App端浏览量增长约70%，新房覆盖楼盘达7万多个。但这些漂亮的数字，没有转化为真实的成交和业务增长。

这里要稍微解释一下58同城和安居客是怎么协同的。前面说到付费用户，这些用户当然不是C端用户，而是要发布信息（如房源）的用户，也就是中介所说的"端口费"。能收到端口费，说明58同城的平台有价值。但问题在于，58同城明明有平台的优势，有获客、获取流量的成本优势，但是在发展路径方面似乎出现了问题，一直踟蹰不前，任由链家快速追赶。

从表面看，58同城并购赶集后，旗下的房产业务似乎在优化组合和升级。58同城不断优化自己的房产产品，试图建立二手房服务市场的"护城河"，同时优化租房市场的布局，并且逐步开拓在新房、品牌公寓等领域的合作。

但是，58同城一方没有把任何一项业务做成真正的长板，尽管姚劲波在财报电话会议上表示要继续完善大内容战略，推进全连接及信息质量；58同城、安居客等在支持用户发布房源信息的同时，也在不断增加线上问答、视频看房等内容功能，并不断完善行业新闻、政策、社区、经验等信息集成，以帮助用户决策。

其实，这还是回到了"中介+媒体+流量"的老路，并没有像链家孕育贝壳一样，有一个清晰的战略方向。而且58同城的老基因和新基因之间似乎出现了某种排异反应，导致其失去了凭借流量优势打压链家的机会，一如当年百度错过本来对搜索流量很依赖的电商。

最后，专心做业务平台的链家成功孵化出贝壳并上市，而似乎在运营一个更大、更复杂、更多向的58同城，却在房产方向上始终没有形成业务闭环，最终被行业边缘化。

姚劲波对此有过辩解。他说，尽管不做深度的线下服务，但58

平台的经济价值随着行业影响力的提升也在提升，最终获取的是产业链的回报，所以本地化服务并非要完全靠交易闭环来获得收益。

但这完全是 PC 时代的逻辑。随着移动时代的到来，昔日最大的信息匹配平台百度尚且不能保住头部的位置，更低一个层次的 58 平台又焉能有更好的发展？随着 App 的流行和 PC 流量的下滑，孤岛化和私域化的移动互联网基本已经否定了 58 同城在房产方面发展的路径和逻辑。一个时代结束了。

然而，令贝壳没有想到的是，2020 年 9 月 16 日，阿里巴巴与易居共同宣布，将携手推出不动产交易协作机制（ETC）。该机制将基于数字化、智能化的产品赋能，以区块链技术为支撑，构建一套不动产交易主体多方参与、高效协作的机制，并以此实现不动产行业交易秩序的公平开放，促进行业各方交易主体互利共赢。

可以说，ETC 有某种克制贝壳的特征。例如，ETC 一开始就强调全行业打通，而 ACN 是内部品牌和跨品牌并行；ETC 用区块链来做真房源，而贝壳用"信誉和口碑"来做真房源。

可以打一个比方，ACN 类似 iOS，虽然有一定的开放性，但更多的还是专属特性；而 ETC 是安卓，虽然效率可能低一些，但是开源、开放，容纳能力更强。

易居董事长周忻说："11 年前，我一个人开着车到阿里巴巴，接待我的就是张勇。当时我来干什么？我是想承包阿里巴巴的房产频道。但张勇问我能解决真房源问题吗？我说还不能。

"此后 10 多年，我每次来，他都要问我 3 个问题——阿里巴巴如果进入不动产领域，能够给客户带来什么，给企业带来什么，给行业带来什么？"

11 年后，阿里巴巴和易居终于找到了这 3 个问题的终极答案，合作也就水到渠成了。

所谓的答案，是这样一套逻辑。

对于企业来说，ETC 可以协助房源方触达客源，提升交易效率，破除单一垄断,加强交易透明化。

对于渠道来说,ETC 提供全面、实时的房源,能增加客源渠道、提供智能合约建立信任,以及为一站式交易服务赋能。

对于购房者来说,ETC 可以提升线上看房效率,优化一站式交易流程与增值服务。

这是一个理论上自洽的逻辑,但历史的经验告诉我们,"联军"的组成越复杂,利益越多元,也就越难成功,历史上诸侯讨伐董卓就是典型的例子。

所以,对 ETC 和 ACN 进行理论上的对比没有意义,只有市场才能给出结论。贝壳会不会上演美团式的逆袭?谁知道呢!

二手交易的江湖

二手经济的第三代模式出现了

2018 年,围绕二手交易,同样发生了阿里巴巴和腾讯的对决,一方的直接参战者是阿里巴巴旗下的闲鱼,另一方的直接参战者则是腾讯支持的以转转为首的群狼。

闲鱼的历史可以追溯到 2013 年下半年,阿里巴巴 all in 无线战略启动,手机淘宝和来往成为阿里巴巴在电商和社交的两大中心。此前在共享业务平台工作的谌伟业,被调往手机淘宝内部的无线事业部。他已经做了七八年的产品经理,深知想要做出一个新的产品,必须面对的第一个问题就是:未来是什么样子的?对于一个既研究共享又研究无线的人来说,他意识到,无线共享的未来就是要让用户之间有越来越多的互动。他要做出这样一款产品,人人都能参与其中,并与他人互相交流,完成有成就感的事情——在阿里巴巴,这件有成就感的事情就是人人都能在上面共享自己的东西。

谌伟业做出来的产品原型叫作"趣换"。在产品模型推演完成后，谌伟业开始思考这个项目应该如何启动，主营的方向是什么。

时任阿里巴巴集团COO的张勇向谌伟业提出，要做社区，不要做电商，阿里巴巴有的是电商。要是找不到什么方向，可以尝试关联趣换和淘宝二手频道的业务。谌伟业马上去找淘宝总裁张建锋聊了一下自己的想法，张建锋非常支持，将整个淘宝二手频道给了谌伟业来尝试。

谌伟业找了十几个人搭建起团队，在茶水间摆放了一个办公桌，折腾了3个月，终于做出了一个简陋的二手交易平台，取名为"闲鱼"。2014年6月，闲鱼正式上线运行。

最开始，谌伟业得到的所有支持是淘宝二手频道的遗留资源，以及手机淘宝的几次推广合作，第一年没有市场推广费用，但要做到100万人的日活。

这就是发挥谌伟业创造力和想象力的时刻了。促进用户交流才能增加日活，底层逻辑还是要做好社区。2014年11月，闲鱼在发现频道增加了鱼塘板块，并于2015年4月开放鱼塘塘主申请入口。鱼塘是闲鱼最基础的闲置交易流通单元，基于地理位置和主题建立社区，用户在社区中交流，再在交流过程中将闲置二手物品售出。因此，鱼塘有两种：一种叫"本地鱼塘"，以小区、公司、学校等场所为核心，以一定地理位置划定半径（如半径1.5千米）形成交易社区；另一种叫"兴趣鱼塘"，是基于网友兴趣形成的闲置交易圈子。

闲鱼很快完成了日活百万人的任务。在1年后的官方宣传中，闲鱼已经完成从百万级到亿级用户量的累积和飞跃，平台上形成了5万个鱼塘，每天有20万件闲置物品被成功卖出。

2016年2月，在亚布力中国论坛上，马云首次提出阿里巴巴的社区理念。马云表示：社交和社区有着极大差别，腾讯在做社交，而阿里巴巴则要做社区。马云的这个想法可能是从闲鱼的实践中总结出来的。紧接着在3月16日的闲鱼塘主大会上,阿里巴巴公布要加大对社区的投入,前期投入1亿元资金开展"百城千集"等项目,以夯实鱼塘的基础。

二手市场最需要流量,闲鱼的流量来自阿里体系,远超转转所在的体系。

早期的转转算不上闲鱼的对手,真正的突破在于2018年,转转CEO黄炜抓住了微信小程序全面爆发的时机,接连做了转转二手交易、转转欢乐送、转转官方闲置社等十几个小程序,在早期获得了腾讯的支持,从而一转颓势,成为在量级上能与闲鱼分庭抗礼的另一极。此后转转的注册用户超过2亿人,"App+小程序"的月活已经达到5000万人。

2015年6月,58同城二手优品上线,正式将二手业务覆盖到B2C模式,以高品质二手手机(初期以二手iPhone为主,后期逐步扩大范围)为切入点,为用户提供全流程二手物品寄卖服务。8月,58同城二手优品服务从北京逐步扩展到西安、成都、天津等10个城市。

这一阶段,尽管还有胖虎网、空空狐等创业型二手电商平台,但是58同城的二手商品频道打造的二手优品无疑是最具进攻性的。58同城是市值数十亿美元的纽交所上市公司,创始人兼CEO姚劲波亲自为二手优品站台代言,重视程度不言而喻。

2015年9月,58同城正式内部立项,将二手频道独立出来,并做了转转App,于11月12日上线。选在这一天的原因是"双11"刚过,很多人买完了东西就要卖。2016年6月,姚劲波看转转的数据还不错,决定将58同城和赶集的二手平台全面升级为转转,实现数据和流量打通,未来58同城和赶集的所有二手商品都将转移到转转App上。姚劲波还宣布,投入10亿美元将转转打造成最专业的二手交易平台,同时放弃穿插在个人信息中的商家广告,这几乎等于牺牲了58同城和赶集二手频道的所有收入。

分类信息网站以前没有交易这个环节,许多用户在这里淘卖二手商品的体验并不好，甚至只有同城见面才能交换。在转转出现后，一件物品可以通过物流流转到全国各地，而且平台可以担保交易，加上有58同城和赶集的流量，转转的品牌立刻就起来了。

转转主打的依然是二手手机。除了验机服务，转转还有优品自营模式，由转转回收手机，经过消毒、清除数据、质检后再出售给买家，并提供180天质保。

最早的时候，58同城二手优品业务要先把用户的手机拿来做检测，给出报告意见，然后卖给另一个用户。因为抢了中关村一些不法商家的生意，有一次58同城的质检师去拿手机的时候，还被"钓鱼"到中关村的一所房子里换了一顿打。这也从侧面说明，二手手机市场水深、骗子多，买家和卖家都是弱势群体，58同城二手优品及由此发展起来的转转，切中许多用户的刚需。

和闲鱼的社区化思路截然相反的是，转转看准了电商化道路，所做的一切都是从促进交易效率出发的。例如，在做手机检测的过程中，转转将手机分为优和良两个级别，让消费者更清楚地了解手机状态；转转引入芝麻信用作为内部卖家生态系统的重要参数指标，同时利用技术方式识别欺诈行为、解决信任问题。

将微信与转转打通，是转转与闲鱼的最大区别。转转只用微信登录，因为转转CEO黄炜认为，微信账户带有更多的用户信息，比手机号更真实。也因此，微信向转转开放社交关系链，除了将微信支付作为唯一的支付方式，转转支持将商品一键分享到朋友圈，买家可以在微信朋友圈直接扫码购买。转转在早期并不急于构建社交平台，与微信的合作使其天然带有社交印记。

转转越来越电商化，闲鱼越来越社区化。2016年3月，《闲鱼社区公约》出台，为买卖双方制定了行为规范。接着，闲鱼小法庭成立，由信用度高的用户担任评审员，每天处理上千起纠纷。这些都是处理社区纠纷的手段。8月，闲鱼推出了"闲鱼号"，除了需要实名认证，闲鱼号还以个人主页的形式呈现，用户之间可以相互关注，类似贴吧的个人主页。谌伟业说，目前闲鱼没有 GMV 的考核，只有两个关键指标：用户规模和互动率（用户活跃度）。

在二手交易的专业性上，黄炜煞费苦心。在 3C 领域，转转与富士康达成合作，搭建 300 人的质检团队，设置 51 项质检标准；在大家电交易中，转转则与海尔合作拆装维护，海尔的指定服务商能够接转转的家电维修和移机的订单，保证二手家电从回收、检测、安装到售后的全程专业服务。

2018 年，转转还针对二手书这个品类开通了自营服务。平台对书籍采用动态定价回收模式，对品相不同的每本书独立计价，审核通过后打款，回收的图书全部进行翻新重塑，然后流入交易市场。

转转的背后是腾讯。自从拿下腾讯的投资，姚劲波一直将腾讯视为 58 系最大的靠山。2017 年 4 月 18 日，腾讯与 58 同城达成协议：转转获得腾讯 2 亿美元的 A 轮融资，并在社交渠道与腾讯深度合作。这些合作包括 2018 年 6 月俄罗斯世界杯期间上线转转的官方小程序，7 月微信钱包入口向转转开放，转转入驻微信九宫格。

爱回收与京东有共同的基因

转转起家的手机品类正是二手在线交易最重要的品类，而将二手手机这一品类带入线上时代的应该是 2011 年 5 月上线的爱回收网站。爱回收的两位创始人陈雪峰和孙文俊都毕业于复旦大学，研究生期间相识，后来一同工作于同一家公司。2008 年前后，两个人受到"用别针换别墅"这一网络故事的影响，创立了一套以物换物的 C2C 平台乐易网。这个平台没有发展起来，两个人在 2010 年年底经过多次讨论，认为移动互联网时代将要到来，智能手机更新换代加速，而中国有 99% 以上的旧手机都没有进入交易市场，做一个回收旧手机的网站是有前景的。

这个网站就是爱回收。在这种 C2B 模式下，用户将产品直接出售给平台，平台根据物品的价值将回收款项打给了用户。

与爱回收类似的还有 2014 年创立的回收宝。回收宝创始人何帆曾先后任怡亚通客户服务部经理、销售部副总经理，深圳年富实业发展有限公司供应链事业部副经理，是一名供应链的专家，于 2014 年 7 月创办回收宝。

二手手机的回收自有其价值。价值较高、可用性良好的手机，在统一进行检测归类后，很快就会进入国内正规的二手手机市场销售。价值较低、可用性不佳的手机，则以合法形式出口到亚非拉等经济欠发达的海外国家市场。不具有二手流通价值的废旧手机，则从环保公益的角度出发，通过与具有资质的环保企业合作，进行拆解和贵金属提炼，以原材料的形式销售。

爱回收和回收宝在回收之外另辟了 B2C 电商模式。2012 年 6 月，爱回收旗下二手手机直卖平台口袋优品成立；2018 年 4 月，回收宝成立直卖平台可乐优品，随后推出二手手机品牌小红盒。

除了这些回收类的公司，全品类的二手电商也对二手 3C 市场觊觎已久。高客单价、高保值率、高度标品化的二手手机，最容易成为获取消费者信任的切入点。

转转通过强介入的方式，在国内率先采用 C2B2C 模式，通过平台验机等服务为买卖双方提供保障，开启了二手手机在线交易的新形态和新趋势。这一模式解决了二手手机交易中的几大痛点，包括交易风险高、信息不透明、物流效率低下、缺乏信任度等，逐步树立起质检的行业标准体系。

找靓机则是在转转之外另辟蹊径。找靓机的创始人温言杰最初常泡手机论坛，发现了二手手机买卖的商机，于 2011 年在淘宝上开了一家二手手机店。他从深圳华强北进货，结果发现供应商不给解决售后问题，温言杰被迫赔了用户一个手机。有了这个教训，温言杰开始自己搞维修中心，专门研发了整套质检流程，从源头供应链开始严格把关，成为集售前验证和售后维修于一体的 B2C 二手手机电商。

找靓机的供应链建设独树一帜，覆盖顾客7天无理由退换货的优质正品货、电信渠道长期卖不出去的一些尾货，以及一些手机品牌的演示机。到了2015年11月，找靓机App上线，凭借强大的货源，并抓住了早期的今日头条及短视频流量，很快成长起来。

找靓机和转转最终走到一起。2019年11月，转转牵头成立了B2B二手交易平台采货侠，以此布局B2B业务，深耕二手手机产业链。2019年12月，找靓机投资入股采货侠，加入转转旗下B2B联盟。2020年5月，转转与找靓机合并。合并后，温言杰担任转转集团总裁，向CEO黄炜汇报，转转成为唯一一家覆盖了C2C、C2B2C、B2C、B2B、C2B模式的全能玩家，由此贯通交易上下游，得以构建二手手机的产业闭环。

在转转与找靓机合并之前，京东拍拍也讨论过与转转的合并。2017年12月，京东以二手业务的形式复活了拍拍。拍拍做"优品二手"，产品都来自正规合法的渠道，经过专业人员进行多达60多项的深度检测，可以保证质量。

拍拍和转转有共同的大股东腾讯，也有共同的对手闲鱼，于是就合并一事进行了谈判，最终因对业务发展的判断上存在差异而无法达成合作。之后，拍拍与爱回收战略合并。同时，京东领投爱回收新一轮超过5亿美元的融资，成为爱回收最大的战略股东。

虽然闲鱼不做自营，但同样也做起了B2C。

阿里巴巴在2018年9月战略投资了回收宝，二者之后展开了多项合作，包括与天猫合作"以旧换新"、联合支付宝芝麻信用开启信用极速售卖、与淘宝共同推出"二手优品"等。

回收、处理、售卖，构成了二手3C市场C2B2C模式链路。除了在回收处理这一链条上竞争不断加剧，二手手机的售卖市场也在不断进化。就目前来看，二手手机市场的上下游仍处于竞争和整合阶段，二手手机回收的线下市场碎片化严重，爱回收和回收宝都在建立线下回收网点。但除了爱回收和回收宝，还存在闪回收、有得卖等多家公司，转转和闲鱼的 C2C 市场中也有商家回收手机的交易。而在售卖阶段，与找靓机合并后的转转与闲鱼分坐 B2C 与 C2C 领头羊的位置。一份研究报告显示，线上二手手机交易在全国整体的交易市场上占比不足 20%，未来或仍有新的变数。

奢侈品和书，也是二手的重要品类

二手手机只是这个二手江湖的冰山一角，撇开这几家公司，二手世界的帷幕才刚刚拉开。

要做二手交易，除了闲鱼、转转、享物说代表的个人对个人的交易，还有哪些二手商品有交易的价值？奢侈品成为创业者们最先发掘出的品类，因为和新奢侈品相比，二手奢侈品的性价比高得多，购买需求客观存在。

在二手奢侈品电商中，规模最大、最成功的是寺库。寺库成立于 2008 年 7 月，最早的模式是二手奢侈品寄卖。因为没有库存，寺库无须垫付贷款，依靠商品的成交佣金盈利。后来因为业务局限性问题，寺库从二手奢侈品中间平台转型成了帮助品牌商清库存的渠道平台。为了营造平台概念，寺库还在北京、上海等大城市设立线下高端体验店"库会所"。2017 年 9 月，寺库在美国纳斯达克上市。除了寺库，该领域近年来涌现出不少初创公司，2018—2019 年，先后有胖虎、心上、包拯、只二、Plum（红布林）、包大师、奢交圈等多家公司成功融资。

奢侈品强调的生活方式与"二手"的概念背道而驰，这是寺库在后期逐渐淡化"二手"标签的重要原因。当然，二手奢侈品交易的最大门槛在于假货鉴定能力。

另一个值得标品化的二手品类是二手书。在网站时代，就有孔夫子这样的二手书书店存在——将线下的二手书书店搬到了网上。到了 2016 年之后，C2B2C 模式的二手书平台开始兴起，其中最具代表性的当数多抓鱼。

多抓鱼的创始人猫助曾先后在知乎和闲鱼工作，从这两段工作中，她发现了社区属性和群体文化氛围对二手交易的重要意义。加上她本来就是热爱二手书的文艺青年，于是，她模仿日本BOOK OFF二手书店，创立了多抓鱼。

多抓鱼解决的是消费者购买二手书时面对破旧肮脏的书籍所产生的心理障碍。用户可以把书先卖给多抓鱼，多抓鱼在翻新整理后加价卖给其他用户，一进一出之间，就形成了一个可循环的商业模式。

通过控制书籍种类、打造个性化书单、引导读者评论等方式，多抓鱼建立了一个文艺与充满情怀的二手书社区。它所塑造的独特格调赢得了许多文艺名流的喜欢，这些文艺名流卖书引起了围观，等于在免费向大众介绍多抓鱼的业务模式。2018年5月，成立不满1年的多抓鱼以1亿美元的估值获得了腾讯的投资。

为了增加库存图书的市场，多抓鱼开始走向线下。2018年，多抓鱼就开始在北京试水品牌店，2019年10月底在公司总部附近开了第一个实体阅读空间。2020年12月26日，多抓鱼的第一家综合循环商店在上海开始正式营业。

猫助对多抓鱼的理解不止于二手书。她试图将二手书作为一个抓手，进而打造一个包含全品类交易的二手商城。2019年夏天，多抓鱼开始对外开放新功能，通过买手上门的方式，收购起居室、厨房、书房和个人爱好4个场景中的用品，由平台进行清洁、消毒再售卖，物品原价需高于200元。多抓鱼百货的试水比较谨慎，接收品类有限。

和孔夫子旧书网不同的是，多抓鱼是从微信上起步的。最开始借助微信群进行交易，使用Excel统计和管理数据。这一模式的最大优势是透明、公开，二手书收购和出售过程中的交流都在微信群中进行，通过直接交易和长期观察，双方容易建立良好的信任关系。第二大优势是精准、实时。规模有限、消息直达的微信群能够使每日的商品更新信息精确地传达给目标受众，这正是商家广告宣传孜孜以求的目标。

此外，微信群的社交功能可以帮助用户联系书友，有助于建立消费者之间的兴趣联系，从而培养消费习惯、巩固消费群体。同时，整个交易都用微信小程序实现。可以说，微信群为多抓鱼初步探索商业模式、建立第一批稳定的受众群体，提供了绝佳的试验推广渠道。

对小程序的重视也成为转转扭转局势的撒手锏。在转转接受腾讯投资后，有一次 CEO 黄炜跟张小龙聊天，张小龙顺便给小程序打了一个广告，让转转赶紧上小程序。当时小程序推出不到半年，普及程度还不够显著，但是张小龙这么低调的人都在主动给小程序打广告，黄炜觉得可以试一试。他问张小龙：小程序是不是和二维码一样，可以打通线上、线下？张小龙回答：小程序要做的事情是让未来的微信里没有 H5。这句话让黄炜下定决心开发转转小程序。当年 7 月，转转把一支开发团队拉到广州，在微信的 TIT 创意园租了一个办公的地方，在那里前前后后做出了几十个小程序。

正如阿里巴巴的一个夙愿是切入腾讯主营的社交业务，腾讯也将电商业务视为长期关注的重点。除了转转，腾讯还相继投资了小程序领域的二手书电商多抓鱼、社交电商好物满仓，以及为公众号运营方搭建供应链的平台 SEE 小电铺等。2019 年 9 月 11 日，腾讯继续参与了转转的 3 亿美元 B 轮融资。

二手电商复合了社交和电商的属性，是腾讯与阿里巴巴的必争之地。2016 年 9 月初，闲鱼上线测试租房和技能服务。谌伟业说，闲鱼是一个开放的社区，就像一个自由市场，业务会在这套规则体系下演进。

闲鱼在朝着社交化不断推进。2018 年年底，闲鱼邀请众多明星入驻，借助明星的粉丝集聚效应吸引流量；次年 1 月，闲鱼推出闲鱼小站，年底上线闲鱼同城功能，意在打破闲鱼用户的空间限制，增加鱼塘之外的交流和互动，增强社交属性，提高用户黏度。提升买家和卖家使用时长，是闲鱼的重要目的。

另外值得一提的还有闲鱼与淘宝的互动。此前淘宝直播可以同步到闲鱼直播，每一场直播可以同时获得微博、淘宝、闲鱼3个平台的流量。淘宝、天猫将在业务中引入闲置资源循环利用的场景，闲鱼全面为淘宝、天猫用户提供以旧换新服务；支付宝和芝麻信用将为闲鱼提供更深入的信用和支付金融保障，闲鱼将开发支付宝小程序，为支付宝用户提供闲置资源循环服务，并在租房租赁领域展开业务整合。

2019年1月，闲鱼优品频道上线，提供品牌自营及授权经营的官方闲置、品质二手、样品旧款等类型的产品。闲鱼优品与此前闲鱼最大的区别在于，凡是优品商品都要经过第三方检测鉴定。闲鱼优品已经与TCL、戴尔、长虹、ThinkPad等数十家品牌商达成合作意向，同时有7天无理由退换、30天包换、180天质保的售后服务。在此之前，闲鱼刚刚战略投资了二手手机C2B平台回收宝。

闲鱼运营总监石坚提出了"官闲"的概念，意思是品牌官方所售闲置品，进一步将闲鱼的买家分为品牌方和非品牌方。品牌方可以同步入驻淘宝和闲鱼；非品牌方可开通优品专卖店，并以闲鱼的标准对供货商的商品进行认证。二手市场是一手市场的重要补充，对于大量淘宝卖家而言，闲鱼的存在可以起到调节库存的作用。

闲鱼优品所打造的重检测、重平台、重服务的闲置物品售卖模式，正是转转自营3C产品所推崇的。在2018年9月阿里巴巴提出"信用回收""闲鱼优品""闲鱼租""免费送"组成的四大核心功能时，闲鱼优品还只有一项拍卖业务，在短短几个月后，闲鱼再次向转转靠拢，或者说，闲鱼针对转转的优势发起了挑战。

转转也在模仿闲鱼。转转圈子就是将不同的二手物品划分成垂直细分的圈子，和闲鱼鱼塘有异曲同工之处。转转圈子以用户的兴趣聚合用户，力争在内容生产和内容消费上形成闭环结构。兴趣圈、社区、流量裂变，这些转转全都尝试过。在2017年10月闲鱼上线了短视频、视频聊天、信用速卖功能后，转转App很快也增加了转转圈子及短视频两项功能。针对淘宝和闲鱼直播，转转的新版本中又添加了直播功能。面对闲鱼的生态级竞争，转转是一点儿都不相让。

同样依托小程序发展起来的二手交易头部公司还有享物说。享物说是一个依托微信小程序的 C2C 二手物品交易平台，上线于 2017 年 7 月。与闲鱼、转转等不同的是，其对闲置物品的处理并不是卖，而是送——只送不卖。其建立的名为"小红花"的虚拟积分体系，让其一上线便拿出了非常抢眼的数据。享物说通过社交关系链的传播，前期几乎没有成本地获取了几十万个用户。2018 年春节这一周里，其用户从 20 万个猛增到 200 万个。而根据享物说团队提供的数据，到 2018 年 7 月，享物说的小程序用户已经超过 2000 万个，日活超过 100 万人。相应地，从 2017 年 7 月到 2018 年 8 月，享物说先后完成天使轮、A 轮、A1 轮、B 轮、B+ 轮投资，估值从几百万美元暴涨到 4 亿美元，投资方中不乏红杉资本、高瓴、IDG、经纬中国、GGV 这些主流机构。

享物说的创始人孙硕毕业于斯坦福大学商学院。用他的话说，斯坦福大学商学院的人不是在创业，就是在准备创业。自 2011 年毕业回国后，孙硕在投资银行做过两年多的帮助消费类互联网企业上市并购，并在 2013—2014 年有过一次短暂的创业。享物说联合创始人彭钢本科毕业于复旦大学世界经济系，在投行工作几年之后，又于 1999 年进入哈佛商学院，也是有过多次创业经历的资深创业者。

享物说的交易物品主要以母婴、彩妆类为主，解决的主要是长尾、非标且相对低价的二手物品的流通问题。享物说的爆发式增长，首先是因为赶上了微信小程序的红利。其社交互动性可很好地与小程序的特性结合，很多人将它视为在拼多多之后，微信生态圈里成长起来的又一个现象级产品。

最引人注目的是享物说建立和使用的那套名为"小红花"的虚拟积分体系。用户在这里送出物品可获得小红花，之后又可凭这些小红花换取其他物品。独属于享物说的小红花不与法币挂钩，模糊了物品的金钱价值，从而降低了用户的决策门槛，大幅提高了物品流通效率。据称，享物说上 70% 的物品可在 3 天内完成交易。也正是这套体系帮助其在社交链中快速实现裂变，不仅可低成本地获取流量，同时也提高了留存率。小红花作为一种虚拟货币，又可以和零售、金融、游戏等领域的很多场景结合，想象空间巨大。

从这个角度看，享物说已经先于很多区块链的设想，完成了虚拟货币的流程闭环。42章经的曲凯曾称："（享物说）完全不讲区块链的故事，却在做最像区块链的事情。"

教育赛道1对1

VIPKID要放一颗真卫星

行业自媒体黑板洞察曾写过《格局已定，在线1对1赛道难生新玩家？》一文。

这篇文章似乎可以代表当时大多数的观察者对2018年在线1对1赛道格局的看法，那就是大局已定，新玩家破局机会寥寥。

数据似乎也说明了这一点。根据当时统计的22家在线1对1教育公司的融资历程发现，2016—2019年，融资事件逐年减少，多家教育公司在线1对1业务出现了停滞，学霸君1对1和理优1对1分别在2018年10月和11月宣布停止运营。

与部分企业退出赛道相对应的是，2018年，头部企业VIPKID的成绩仍旧亮眼，在所谓的"资本寒冬"时期，数据不降反升，发展平稳。其中，VIPKID于2018年6月拿到的5亿美元D+轮融资，是当时在线教育领域最大的一笔融资。

多知网创始人李好宇及多知网现任主编王可心对本部分的写作帮助良多，他们编写的《培训行业这五年》中的记载是重要的素材来源。

根据这本书的记载，2018年的10月18日，在靠近北京东五环的朝阳体育中心，VIPKID举办了一场五周年庆典。选择这个地方，主要是因为离VIPKID当时的总部达美中心很近。当天，千余名VIPKID员工穿着特制的橙色T恤，从达美中心走到朝阳体育中心，站在楼上的很多员工拍摄了这条橙色的人龙。有位员工写道："他们让那天的北京多了一抹亮色。"

在场地的塑胶跑道上，VIPKID创始人米雯娟和联合创始人张月佳、陈媛一起对着镜头竖起大拇指，摆出一副加油的姿态。

不仅如此，米雯娟还在现场对员工们宣布："10月底我们计划发射一颗属于VIPKID的卫星。"

当然，卫星并不是为VIPKID的业务服务的，它只是一种纪念形式。10月29日从酒泉卫星发射中心奔向太空的这颗卫星，包含着3位创始人和各部门的星空寄语，以及200多位全球员工、外教、学员的音频寄语。

这个时点的确值得记载——这家创立仅5年的公司，在2018年就服务了50万个付费用户，营收规模在整个在线教育行业都是靠前的。更何况，他们此刻已经拥有6万余名北美外教。如此规模的外教团体，在世界、在中国的教育史上都是不曾有过的。

米雯娟实在是一位具有传奇色彩的创始人。上初二那年，她从河北远赴哈尔滨投奔舅舅，并在当地插班上学。偏科、体重160斤、外地人这3个标签，使得她不为老师所喜。

一天，在数学课上，她因偷看《科幻世界》被老师抓住。老师说："你是全世界最差劲的学生，你没有资格在我的课堂上，给我滚出去。"

心态崩了的米雯娟从此陷入了极深的痛苦和压抑中，对数学更是极度抵触，这导致她在上高二那年辍学。

钱钟书数学考了15分，照样可以上清华，米雯娟却连下场的勇气都没有。她开始全职在舅舅的培训机构教小朋友英语，并于20岁那年走上上海分校的负责人岗位，创造了1000多万元的年度营收。之后，她到宁波、长沙、广州开疆拓土。

或许每个有过失学经历的人在走出困境后，都会有某种弥补心态。米雯娟从自考专科开始读起，2009年自考GMAT（经企管理研究生入学考试），此后申请进入长江商学院。

米雯娟在长江商学院的毕业论文是《ABC发展过程中的问题与挑战》，这是一篇分析英语培训市场的论文。导师刘劲教授对她说，既然你对少儿英语教学有这么多的疑问和困惑，何不利用这些思考自己创办一个新的机构呢？

米雯娟认为，自己创办VIPKID能够成功，一来得益于自己对教育天生有感觉，二来在长江商学院的训练也起了作用。

例如，她开办VIPKID是经过仔细的市场调研的。当时，国内有执照的英文母语教师是2.3万名，而国内英语培训机构有5万家，其中少儿英语机构3.2万家，僧多粥少。

她一开始就决定了走规模化的道路，也是因为"在国内，一个机构找到100个以内的外教是容易的，但找到100个以上就很难了"。在米雯娟心中，规模从一开始就是"护城河"。

VIPKID在一开始瞄准的渠道就是互联网。他们是纯中国团队，在美国没有派驻机构，找老师的来源就是脸书、推特和领英。

米雯娟也打听清楚了。美国中小学老师的月薪不高，多为3000~4000美元，因此很多人要做兼职补贴家用，比如当Uber司机。

米雯娟认为启动VIPKID的要素已经具备。随后，她又得到了创新工场的天使投资。不久后，有10年外企运营经验的陈媛加入团队，负责教师管理和内容研发。至此，出发的基础架构有了。

陈媛第一次见到米雯娟那天，米雯娟正在调研。吃完饭后，米雯娟拉着她同去附近的几家教育机构，并表示希望她假装来咨询的家长。

"反正你女儿快3岁了，3岁以后马上就要学英语了，正好一起了解一下这几家到底怎么样。"

然后，米雯娟就开始教她要问销售人员哪些问题——产品怎么样，卖多少钱，有什么样的特色，外教资质怎么样……米雯娟以前在线下机构工作，深谙此类机构的运作原理与弊端，每个问题设计都正中要害。

陈媛后来用三个"非常"描述了对米雯娟的第一印象——非常热情，非常执着，非常专注。那时候她就觉得，这个人特别靠谱，是一个可以共同做点事情的人。

不久之后，经纬中国的 A 轮投资也来了，VIPKID 一开始就有明星项目的基因。

整个 2014 年是产品打磨年，学生只有几十个，属于试验性质。2015 年年初，VIPKID 迎来了第 100 个付费用户，但总体还在口碑升温期。这一年，团队也迎来了百程网联合创始人张月佳，她以联合创始人的身份加入。当年年底，2000 万美元的 B 轮投资也到来了，北极光领投，经纬中国、创新工场、红杉资本等老股东跟投。

2016 年是 VIPKID 的收入过亿年，这一年也是外教开始不敷分配的关键年。但 VIPKID 反而强化了招聘老师的标准——教学经验 3 年、有教师认证和不能是初代移民。云锋投资的 C 轮和科比的投资让 VIPKID 开始走向舞台中央。

但真正引爆舆论的是 2017 年 8 月 14 日 VIPKID 第一次在上海进行媒体沟通会。在上海开会的背景是华东区 1150% 的业绩增速。很多人认为这只是一场常规的发布会，但米雯娟宣布的一个消息引爆媒体——VIPKID 将在 2017 年迎来 50 亿元人民币的营收。

关键是，米雯娟本人在 2017 年年初宣布的计划是当年计划营收 30 亿元。

而在这次突然调高营收目标的两天后，VIPKID 宣布完成 2 亿美元 D 轮融资，红杉资本领投，腾讯、云锋、经纬中国均在跟投之列。在一轮轮融资涌入时，谁也没想到，2019 年 VIPKID 整体估值从 60 亿美元回到 45 亿美元，辗转才从老股东腾讯手里拿到 1.5 亿美元融资的凄凉状况。

D 轮融资标志着 VIPKID 正在冲往极盛。但在讲极盛风光之前，我们先复盘一下它的成长过程。

在 VIPKID 的官方叙事中，创业者的勤奋、外教资源"护城河"和极致的产品驱动是彻底烧热这一海之水的三把火。

勤奋是毋庸置疑的，经历坎坷的米雯娟在工作中比谁都拼。早期投资人创新工场的合伙人张丽君回忆，和米雯娟约见面，时间总是很奇怪，如早上 7 点——因为 8 点还有个会。董事会都要到夜里 9 点才召开，一直开到凌晨 2 点；而在办公室聊到夜里 11 点也是常事，那时候"每个会议室都还是满满的"。米雯娟用自己的勤奋带动整个团队，从来没有出现过战术层面的懒惰。

在外教资源方面，的确有"护城河"。

当时面对外教资源的紧缺，陈媛压力实在太大，于是提出"大专老师可能也行"的想法，但被米雯娟坚定地否决了。两个人只好继续想是不是还有其他方法可以尝试。

在这种情况下，VIPKID 做起了最早的 Teacher Referral（教师转介绍）。陈媛的思路是，老师的同事是老师，老师的朋友很多也是老师，为什么不发动他们去招人？

VIPKID 制定的游戏规则非常简单：1 个外教转介绍 1 个人入职奖励 50 美元，介绍 2 个人是 100 美元，3 个人是 150 美元，依此类推。此举顿时激发了老师们的积极性。

让陈媛印象深刻的是一个美国男老师，他因为娶了日本太太，所以长居日本，并在当地国际学校执教。因为工作清闲，所以申请了 VIPKID 的兼职。在 Teacher Referral 发布后，他立刻积极响应，白天在学校工作，晚上在 VIPKID 上课，半夜（美国时间是白天）联系以前的同事、朋友，非常有规律地做着 3 份工作。

随着口碑在推特、脸书上的放大，VIPKID 招收外教变得越来越顺利。根据 VIPKID 公布的数据，其北美外教数量从 0 到突破 2 万经历了 3 年半的时间。其中 2016 年年底，VIPKID 外教数量仅为 5000 名，2017 年 4 月突破 1 万名，4 个月后涨到 2 万名，3 个月后又涨到 3 万名，其中75%是通过Teacher Referral进入的。

由于有了一份有趣的工作，美国外教们经常在美国的社交网站上放出视频。这些视频大都很有趣，包括和孩子们的互动，以及各种教学心得体会。这又促使更多的人加入这一行列。在师资方面，VIPKID基本可以说做得无可挑剔。

米雯娟去美国的次数也越来越多。北美分公司、北美研究院相继设立，分别负责外教的增量维护和AI研发团队的搭建。

VIPKID做得较好的一点是，人越招越多，但教学队伍基本没有出现大幅度的水平滑坡，虽然这时候"3年经验"已经被放宽到了"1年经验就可以"，但拥有相关证书还是硬指标。另外，随着外教管理的成熟，面试、考核、试讲、培训都已经流程化，基本形成了良性循环，这也是VIPKID一直没有彻底失速的基本保证。

而所谓的极致产品，主要是解决资源匹配的问题。和一切基于经验和口碑的行业一样，VIPKID也有所谓点评机制，这使得教学经历长、口碑好的老师非常抢手。如果约不到，甚至一些不理想的时段也会被约满，这让米雯娟开始有了危机意识。

对应的解决办法，一开始是让班主任给家长推荐老师，本质是让班主任主推那些授课时间还不够长、口碑还有待积累的老师；后来，VIPKID又推出了"半固定老师"制度，做法是在每节课后，让家长有一个优先约老师的时段，避免因家长频繁更换老师给平台带来更大的压力。

30秒视频精选是典型的为中国家长推出的特色手段。考虑到一节课有25分钟，家长全跟着上时间上会有压力，VIPKID就通过算法截取一节课中的精彩30秒视频给家长，一是可以让家长看到孩子上课的过程，二是方便家长分享到朋友圈——后一条的作用似乎更大。在很长一段时间里，在朋友圈转发孩子上VIPKID课的视频似乎已经成为某种社交"鄙视链"的标配。

时间进入2018年。这是VIPKID的高光之年，本来就激进的市场策略进一步升级，包括在奥兰多设立 VIPKID 日，宣布将与迪士尼合作推出 VIPKID 专属 IP，与必胜客合作在北京和上海各开一家 VIPKID 主题餐厅。

在国内，VIPKID 则宣布与故宫合作，推出故宫主题的英文线下体验课；与天仪研究院合作，推出航天教育；认养海归大熊猫；与综艺深度合作，《爸爸去哪儿》《妈妈是超人》《中餐厅 2》中都植入大量的宣传。这一招对年轻家长的确很有吸引力。

本书作者曾经访问 B 轮领投方北极光的林路，VIPKID 做得最正确的事是什么？林路给出的回答是，他们在没有很多钱的情况下投放了 4000 万元人民币的广告，抢占了品牌即品类的窗口期。这正是张月佳加入 VIPKID 后的成名首秀。

但是，在 2018 年这些非常巧妙的社会化、事件性营销之前，VIPKID 的营销一直被认为过于简单粗暴，成本也偏高。这也成为联合创始人张月佳一度受到挑战的原因。"VIPKID 最会花钱的人""无限拉高成本的推手"，这些毁誉参半的说法一直困扰着张月佳。

但这么说并非没有道理。在列举了创始人、外教壁垒和产品、营销创新这些 VIPKID 成长的助推手段时，我们也不得不冷静下来，分析其高速成长过程中出现的问题。

首要的问题就是一直到现在还困扰着在线教育的获客成本问题。

本书作者采访了一位在 VIPKID 工作过的资深产品专家。他给出的数据是，VIPKID 每个用户平均付费 12 000 元，其中 8000 元用来做广告，剩下的 4000 元，一半用于支付外教成本，一半用来维持 VIPKID 自身的运转。

"这本身就是一个极其不合理的比例结构，一个教育机构最大的成本开支项目不是师资而是获客，长期来看怎么可能不会出问题？"这位人士如是说。

每年寒暑假，在线教育公司在腾讯和字节系投放高达几十亿元的广告，这样不计成本"烧钱"，导致获客成本越来越高，甚至现金流随时可能断裂。这是互联网教育行业公开的秘密。

对于外界所传的获客成本过万元的说法，米雯娟也做过回应。她表示，8000～10 000元的获客成本案例确实存在，但是属于短期和个别现象，如一些测试渠道、营销宣传上加大投入等，VIPKID的获客成本平均为4000元。尽管4000元也超过了在线教育行业的平均水准，但还是未能让人信服。

之所以不能让人信服，是因为VIPKID的资金链一直极其紧张，甚至多次爆出质押股权的传闻。这也让人认为，如果模式足够健康，VIPKID融到的天量资金不至于让其现金流如此窘迫。但也有人认为，这和VIPKID的发展速度和规模均远超常规有关。

但如果我们回顾数据，就不难找出VIPKID愿意疯狂获客的原因。广发证券曾经在2017年公布一份研究报告。这份报告称，VIPKID在7月底宣布有20多万名付费学员，实际数字应为26.7万。而且，如果要在年底实现50亿元营收目标，VIPKID需要在剩下5个月里维持95%的续费率，并完成15万的付费学员净增长数。这样来看，平均每月付费学员需要增加3万名，相当于600%的增长率。但VIPKID只公布外教和学员数量，营收情况则相对不透明。

这个报告的确点中了要害，VIPKID和很多走激进打法的创业公司一样，进入了"疯狂获客—拉升数据—再度融资—再'烧钱'拉升数据"的循环。

谈起激进获客战略，张月佳说了她的观点："第一，VIPKID没有做错，如果不激进，现在就没有VIPKID的位置了；第二，现在回头看，可能有些事能做得更好。但很多战略上的东西，评论的人都是事后诸葛亮，那时候要是有大班课，我们肯定也all in！"

事实上，在2018年的时候，米雯娟、陈媛、张月佳铁三角就已经讨论过提效的事，但最终没有落实。其主要原因在于如果VIPKID把重点放在提效上，团队在执行发展战略时就会纠结，这就好比在一个飞速提升的过程中突然踩下了急刹车。

张月佳说:"不管是销售、服务,还是市场、渠道,如果那些东西我们不要,别人就会拿走,然后反噬我们!"

当时VIPKID占据了70%的市场,哒哒英语和GoGoKid正在拼命抢占VIPKID的份额,挖VIPKID的销售和外教。

但也有人认为,获客成本之所以迟迟降不下来,关键不在于VIPKID主观上想"烧钱",而是没有形成口碑,"效果缺乏说服力",无法实现良性的留存和复购。

"所有的教育都要有一个目的,但VIPKID的指向其实非常模糊。它不像K12教育那样,可以用提分来作为衡量标准。它宣称自己在进行素质教育,但没有清晰的效果呈现。"一位业内人士说,"如果你自己有孩子,就可以感受到这一点。一边是一句汉语也不会的外教,一边是几岁、十几岁仅有一点英文基础的孩子,他们能够交流些什么呢?"

本书作者也在多位教育业观察者和从业人士处了解到了类似的看法。他们也认为:"VIPKID如果没有产品上的大幅度升级,这种模式是难以为继的。"

似乎也是意识到了这些问题,VIPKID后期开始讲新的故事,如宣布将打通0~18岁全K12教育体系,发布了Lingo Bus、跟大熊玩英语、SayABC、自由星球、VIP蜂校等产品。这些产品的特点是不再坚持1对1,而是开始导向小班甚至更大规模的教学,用来摊薄教师成本,追求更高的经济收益。但是,这又侵入了K12在线教育的市场,而这个市场中强手林立,猿辅导、学而思和后来的字节系等都严阵以待,VIPKID要取得突破非常困难。

1对1赛道的挑战者们

在VIPKID掀起全社会1对1热浪时,有不少企业挤进赛道。

不得不说,这些竞争企业能够在VIPKID席卷市场的时候参与竞争是很需要勇气的。根据移动互联网大数据监测平台Trustdata发布的《2018年中国收费类在线青少儿英语教育市场研究报告》，2018年在线青少儿英语付费用户增势迅猛，全年用户规模超1500万人，市场规模高达213亿元。其中在线青少儿1对1英语教育市场格局基本形成，头部效应明显，VIPKID的市场占有率达到了68.4%。从增量用户上看，自2018年9月起，新增用户明显向头部聚拢，其中VIPKID新增用户占市场的70%。

敢说不服的有51Talk，这是一家专注于4~15岁青少儿英语学习的在线教育平台。和VIPKID略有相似的是，51Talk自2011年7月8日创立以来，也曾先后获得真格基金、DCM、顺为资本、红杉资本等多家国内外知名机构的投资，股东构成上和VIPKID是有一定重复的。51Talk的另一个优势是，它在2016年6月10日抢先上市，夺得了"中国第一家赴美上市的在线英语教育公司"这个名头。

51Talk同样主打专业的外教1对1教学，帮助孩子全面提升英语的听说读写能力。与VIPKID最大的不同是，它的外教来源是菲律宾。

51Talk并非没有美国教师1对1的业务，但经过数年的激烈竞争，VIPKID在美教资源方面的优势已经不可撼动，51Talk发现在这个赛道上赶超极为困难，于是在2018年彻底砍掉了美教1对1业务，留下3个基石型业务——主做菲律宾外教1对1的主品牌51Talk，有美国外教但做小班课的哈沃，以及做成人教育的无忧英语。

51Talk创始人黄佳佳深入解释了改用菲教的原因："通过对美教的探索，我们感觉其很难在商业上盈利。从2017年的业务来看，菲教业务的毛利率是70%，美教业务的毛利率是20%~25%，美教是一种不经济的模式。"

黄佳佳认为，由于时差、单价等各方面的因素，51Talk的学习者在课程密度上是VIPKID模式的两倍；英语学习最重要的是反复练习，高成本阻碍了学生上更多的课，低成本的菲教能帮助学生获得更多的练习时间，效果反而更有保证。

而且，51Talk 胜在起步更早，7 年前就开始布局，到了 2018 年已经拥有 1.6 万名菲教。虽然距离 VIPKID 的规模还很远，但黄佳佳在 2018 年许下了未来扩充 10 万名菲教的承诺。

当然，菲教在市场推广上是一个相对的短板，因此 51Talk 一开始就注意和 VIPKID 的差异化，避开菲教很难打开的一线城市，重点攻二三线及以下城市，因为这些城市的家长更追求性价比。这显然是有用的一招。2017—2018 年，二三线城市的客源占比从 50% 飙升到 80%，证明 51Talk 成功地开辟了第二战场。

在刨除了教学和运营成本后，现金收入仍然为正数，黄佳佳认为这才是一个在线教育企业的健康指标。

在教材选用层面，VIPKID 和 51Talk 的教材基于美国 CCSS（美国共同核心州立教育标准）进行改编。不过，由于 CCSS 根据美国 50 个州不同教育发展水平进行折中的方式编制，所以在谷歌和脸书上充斥着家长对它的抗议。最大的"槽点"包括：CCSS 减少了对文学作品的阅读、增加了信息化文字输入、数学内容相对较少等。

在教学系统层面，真人外教 1 对 1 被引入国内之初是在 QQ 或 Skype 上实现的，但使用外部系统很难在内部沉淀数据，更大的问题是对教材展示的效果不佳。因此，后来大家都抛弃了采用固定平台的做法，VIPKID 采用的是多贝授课平台，VIPABC 和哒哒英语采用的是自主研发平台。用户的反馈是自主教学系统的体验更好。

另两个参与竞争的则是哒哒英语（DaDa）和字节跳动。

哒哒英语起步于 2013 年，在 2018 年把中文名哒哒英语和英文名 DADAABC 统一成了 DaDa，并亮出了针对更低龄群体的启蒙英语产品 DaDaBaby。这是在宝宝玩英语点燃了低幼启蒙市场后，又一个被打开的风口。但这个风口上 VIPKID、猿辅导、新东方满天星均有布局。

哒哒英语的创始人郅慧对此有一个很特别的观点。她认为，进入低幼市场，更重要的不是马上获客，而是启蒙家长。很多家长对英语启蒙没有概念，低价格才能吸引家长来尝试，未来这群人会逐渐成长为K12英语的主力客群。

换句话说，哒哒英语的策略是先用近乎免费的模式去低幼市场获客。在获取大量用户后，再筛选出下一个阶段的群体。

而哒哒英语另一个比较特殊的做法是探寻多场景教学模式。在大部分1对1都在iPad上完成的时代，哒哒英语是比较早切入大屏市场即客厅模式的。哒哒英语认为，大屏有一定交互优势，同时，随着大屏生态的智能化，总有人（即电视生态的提供者）会为优质的教育内容分摊一部分成本。

相对51Talk（51Talk美国小学）、VIPABC（VIPJR）两个延伸至K12领域的品牌来说，VIPKID与哒哒英语无疑更具竞争优势。

VIPKID与哒哒英语的目标用户虽然有细微的差异，但都集中在5～12岁的人群，购买决策者主要是"80后"妈妈群体。VIPKID外教主要来自北美地区，而哒哒英语还有英国的外教。

VIPKID最开始鼓励家长根据评价和年资选择老师，后来发现这样会造成教师资源不敷分配，所以开始采用半固定模式。

哒哒英语的模式是"纯正的英美教1对1"。按照哒哒英语的说法，一个老师长期带一个学生，便于培养师生之间的默契和情感，也有利于教学效果的深化。因此，哒哒英语认为，自己所倡导的固定外教1对1更接近幼儿教育的本质。但是相比于随机分配，固定模式对师资储备、技术配套等方面的要求不但没有降低，反而更高且更复杂，也更难形成平台所需要的规模化。

简单来说，VIPKID的半固定化主要是避免家长在选择时过于偏爱资深老师，鼓励师生建立一定的固定关系。而哒哒英语的做法是追求最佳效果的纯正1对1。为了实现固定模式，哒哒英语在后台使用"车位算法"，根据学生评测结果和数据标签个性化分配老师，但对外教资源稳定性的要求更高。所以，哒哒英语的收费比VIPKID还高，主要吸引中产阶级精英家庭，如律师、医生、金融从业者等中高收入群体。这个群体对品质很敏感，但续费率、完课率高。公开数据显示，他们人均在哒哒英语付费（包括续费）高达6万元，是VIPKID高频用户的3倍之多。这由成本架构所致，也使得哒哒英语的资金难以为继，最后不得不投奔超级平台——学而思。

2018年的另一个后来者是GoGoKid。由于背靠字节跳动的超级流量，它一开始就令行业震动。毕竟，作为一个流量型打法多过品牌化打法的行业，VIPKID和猿辅导们一直是腾讯、字节系的广告大客户。

不过颇为有趣的是，GoGoKid最初和市场发生接触用的却是典型的线下突破品牌心智认知的差异化打法，即"公交地铁+分众"模式。一时间，无论是电梯间中还是公交车上，都可以看到GoGoKid和VIPKID的PK——都是橙红色系，都是一个漂亮的明星妈妈陪着一个孩子——只不过GoGoKid选的是明星章子怡，其在飞鹤奶粉铺天盖地的广告中已然悄然套上"妈妈"人设。

字节系的打法和它在其他垂直领域打法类似，从不跟随模仿，而是一上来就刺刀见红，签下《一起出发吧》，成为真人秀节目《妻子的浪漫旅行》的指定品牌，可以说就用尽全力。

不过，GoGoKid一开始的广告攻势并没有很快转化为胜势。一位高度接近字节系教育产品体系的业内人士告诉本书作者："字节系天生是做轻业务的，对教育的重运营在某种程度上缺乏敬畏，直到后来才发现这两种轻重不同的模式操作起来需要完全不同的'肌肉记忆'，而字节系擅长的AI能力也不能很快转化为产品力。这不是说字节系做教育没戏，而是说不经历一番磨难，字节系是很难速胜的，毕竟它来得太晚。"

在这里，可以简单复盘一下VIPKID和字节系之间的战争。在VIPKID已经占据庞大市场的情况下，字节系开出十几条产品线大举入侵。其中GoGoKid与VIPKID功能界面相似，并且采用釜底抽薪的策略，开出双倍课时费，意图通过挖老师的方式带走学生。

VIPKID则采用上屋抽梯的策略截留生源。即便GoGoKid抢走了老师，但是老师没有学生可教，整体收入降低，最终只好再回到

VIPKID。这种做法，自然要付出更高的获客成本。

回顾 51Talk、哒哒英语和 GoGoKid 的做法，不难发现其实有一个共同的特点，就是一方面复制 VIPKID 的优势，另一方面又尽量与 VIPKID 形成差异化。这从某种程度上也证明了 VIPKID 的一枝独秀。

提到 GoGoKid，就免不了要说起伴鱼。伴鱼的创始人黄河曾是今日头条产品创始合伙人，对互联网产品和用户有着深刻的理解。2015 年，黄河离开今日头条，创办互联网教育公司伴鱼。自创立以来，伴鱼先后打造了伴鱼绘本、伴鱼少儿英语、伴鱼自然拼读、伴鱼绘本精读课等系列产品。伴鱼是 2017 年开始转战少儿英语赛道的，在短短数年间，就用相较同行更少的时间、更少的成本实现了业务的翻倍增长。截至 2020 年，伴鱼实现累计用户 4000 多万人，付费用户总数超过 160 万人，团队规模扩张至近 2000 人。

也就是说，仅 3 年时间，伴鱼已打通英语学习从启蒙到少儿的整个链路，完成各产品之间的转化测试，并能保证各产品都有一定的用户规模。

黄河在透露伴鱼的秘诀时表示，在研究了市场上所有在线少儿英语产品后，他发现了两个问题。

第一个问题是基于单场景，学习时间不够。由于 VIPKID 主打 1 对 1，所以大家也在这个领域 PK 最多。但 1 对 1 只有一个场景，很难做到频次高，一周两到三次是正常的频率。但是一节课 25 分钟，一周 3 节课的学习时间是远远不够的。

另一个问题是，大部分公司通过投放广告获客，未来流量一定越来越稀缺，获客成本也会相应变高。

"通过多产品打造一个用户池，既满足日常高频的练习需求，形成学习闭环，又解决了获客成本过高的问题。"黄河对自己的解决方案颇为自信。

所谓的多产品或多场景，指的是伴鱼的产品分为三层。

- 第一层，伴鱼绘本。这是一款对儿童进行英语启蒙的教育产品，让孩子在听绘本、读绘本中享受阅读的乐趣，不知不觉提高英语能力，打好英语学习基础。
- 第二层，AI 双师。根据不同的年龄阶段有不同的产品，分为童谣、自然拼读、精读课等。这些课程采用 AI 真人互动的课堂形式，辅助老师在社群中为孩子做运营增值服务。
- 第三层，外教 1 对 1。伴鱼少儿英语面向中国 3～12 岁年龄孩子，提供在线 1 对 1 外语教学。老师既有来自英、美、澳、加四国的外教，也有来自菲律宾的高性价比优质外教。

对于行业内特别是 VIPKID 的营销模式，黄河认为：2019 年在线教育市场的资本寒冬已经出现，在这种情况下，教育行业更不能"烧钱"，要健康地发展，哪怕慢一点；要回归创业本质，踏踏实实做好服务，得到用户信任，虽然挑战很大，但有利于行业的健康发展。未来，更好的商业模型、商业模式的健康度、效率会成为焦点，激进投放会减少。由于课包从大变小，为了提高续费率，公司只能提高产品和服务质量。因此，这个行业的服务质量会大幅提升，未来可期。

"我们的模式健康，现金流也是正的。"黄河说道。

VIPKID 打败了自己

VIPKID 一直保持着绝对的优势，然而打败胜利者的往往是胜利者自己。

在 2019 年 8 月 VIPKID 的 E 轮融资关键期，法务、财务、战略三人融资小组在向米雯娟提出财务需求被拒后，向包括腾讯在内的潜在投资方发送了名为 "VIPKID 数据造假" 的邮件。

在事情发生之后，创新工场的张丽君、翟佳，以及北极光的林路等一众投资人都给米雯娟打来电话表示信任，其中云锋基金李娜的电话还令米雯娟感动得流下眼泪；公司高层也纷纷安慰米雯娟，陈媛给了她一个大大的拥抱，身在澳大利亚的张月佳也每天跟她通话，帮她分析VIPKID可能面对的状况，当然也包括最坏的结果。

一位在线教育的"大佬"曾经告诉本书作者，他认为VIPKID拒绝好未来，显示了其战略上的短视，好未来通过投资哒哒英语，成功拖了VIPKID一年。

张月佳为本书作者再次复盘了此事。

首先，好未来是以一种居高临下的姿态来谈投资的，并没有满足VIPKID平等合作的期望。

其次，张邦鑫在提出VIPKID不许做数学的时候，VIPKID也针锋相对提出了好未来不许做英语，而张邦鑫绝对不可能接受这一点。

第三，张邦鑫投资哒哒英语，虽然被广泛解读为好未来借哒哒英语成功拖了VIPKID一年，但结果是哒哒英语结局惨淡。

张月佳认为，当时好未来投资VIPKID是防御性的，如果接受了投资，现在的哒哒英语的下场就是VIPKID的下场。

张月佳告诉米雯娟，即使拿不到投资也没关系，公司账上还有大几亿元的资金。但大家心里都很清楚，如果这次融资失败，VIPKID在资本市场的声誉将会一落千丈。

当时外界疯传VIPKID"暴雷"、老师发不出工资，甚至还有米雯娟买了私人飞机这样的传闻。事实上，米雯娟只有私人自行车，连汽车都没有。

但腾讯还是暂停投资，一方面派出财务团队认真审查VIPKID财务数据，另一方面引入华兴资本做二次尽调。在此之后，米雯娟收到了腾讯的会议邀请。

在国庆节之前，米雯娟怀着忐忑不安的心情飞往深圳，在腾讯总部会议室见到了刘炽平。

刘炽平在安慰米雯娟后，从组织、经营等多个方面帮VIPKID算了账，指出了很多流血点，并直接表示这些流血点都是可控的。

回忆起这件事时，米雯娟不禁赞叹："这就是卓越的CEO和新CEO的区别！"

但是，刘炽平当时也确实提出，希望 VIPKID 在投资方面能够降低预期。

在遭到米雯娟拒绝后，刘炽平仍然表示腾讯愿意继续投资，并告诉她："年轻的创业者肯定会有很多经验不足的地方，我们可以帮助你们弥补一些不足。"

米雯娟至今对此仍然非常感动和感激。

这次深圳行，米雯娟为 VIPKID 带回了一个不错的结果，但是按照刘炽平提出的流血点降本增效，也是 VIPKID 不得不走的路。在2019 年融资之后的管理干部大会上，米雯娟提出了"1 节课赚 1 元钱"的目标。

一场裁员 5000 人、降本增效的改革势在必行。

首先是管理成本。米雯娟、陈媛、张月佳将所有一级部门负责人约到一起聊了一整天，众人直面组织低效的现状，并达成了必须升级组织效率的共识。

事实上，VIPKID 铁三角商定的裁员比例是 15%，但是在根据具体绩效执行裁员的时候，比例调高到了 30%~40%。

然后是优化销售队伍。从 2019 年年末到 2020 年年初，VIPKID 销售人员从 2000 人减少到 600 人。

米雯娟告诉本书作者："虽然人员减少了，但是业绩提升了，离职率也降了下来。"

在此之前，VIPKID 的销售提成比例虽然很高，但是由于订单数量不足，最终拿到的收入有限。现在人员数下来，人均收入和效率得以提高，员工的满意度也跟着提高。

接着是渠道优化。VIPKID 停掉了很多类似电销公司的低转化率的获客渠道，更加注重对转介绍的利用。有家长背书的推荐更加有效，VIPKID 的转介绍成功率很快达到 50%。

最后是获师成本。陈媛负责的外教团队更加投入对 Teacher Referral 的建设，如在 App 端提供二维码或者其他方式让外教们更方便地晒自己的教学时光、工资单等，以吸引其他外教加入；再如重点投入建设教师社区，让外教更有归属感。VIPKID 的获师成本从原来的 400 美元减少到 300 美元，外教团队 80% 的成员是通过 Teacher Referral 加入的。

在降本增效的同时，VIPKID 铁三角也在收入上下功夫，将原来一节课学费从 130 元提高到 145 元，并且开发了双优课、百宝箱、数学思维等创新课程。

2020 年 8 月，VIPKID 对外宣布单位运营利润（UE[1]）连续两个季度为正，也就是不计管理成本，公司已经实现了盈利。这一方面回应了业界近半年盛行的"1 对 1 无法盈利"的观点，另一方面也展示了 VIPKID 的改革结果。

1　UE 是国际上通用的盈利指标。

2019 年
风起新消费

引子

似乎所有新消费品牌的崛起，都在向杜国楹致敬。

媒体将这位营销大师的套路高度概括为：洞悉趋势→包装概念→媒体造势→资本入场→媒体轰炸→全国铺开→品牌加盟……

如果再精简提炼一下，我们会发现，2019 年各个品类的新消费品牌崛起，无论是从头开始打造新品牌的元气森林和完美日记，还是新到店消费主义的喜茶和奈雪的茶，或是专门深入特定群体的亚文化品牌泡泡玛特和毒（得物），其实主要是干对了这样三件事。

1. 细分市场并创造概念，影响用户心智。
2. 多方面造势直至引爆，包括社交网络"种草"、KOL 背书、社交裂变、媒体造势和线下广告轰炸。

3. 资本入场并大规模复制。

这三件事并不仅仅代表营销节奏，它们必须伴有现实的支撑。在进一步分析后，我们发现了三个更准确的聚焦点。

1. 创造概念必须站在新的产品力基础之上。
2. 多方面造势乃至引爆必须建立在创新的渠道触达和用户交互模式之上。
3. 资本入场的大规模复制必须建立在前期可观的增长数据之上。

这三个维度将构成我们研究本章所有案例的标准流程。但并不是简单地完成这三个任务就可以达成目标，成功的创业者在不同的细分环节有各自的微创新，这些也是关键所在。

新消费众生相

锁定品类成就了元气森林

元气森林[1]似乎是所有的新消费品牌都必须研究的案例，因为它在每个环节上都有自己独特的分寸。

元气森林的创始人唐彬森出生于1982年，从小就是一个超级学霸。2001年考上北京航空航天大学，在读大二的时候，他参加了一个国际编程比赛，一举获得金奖。

2014年，中文传媒以26.6亿元的价格收购唐彬森创办的智明星通。这一年，唐彬森仅32岁，已经是亿万富翁。他并没有马上离开这家自己创立的企业，因为收购协议要求他3年内不得离职，不可以抛售全部股份。

唐彬森一边在智明星通完成对赌，一边开始了自己的天使投资。

---

1 元气森林早期曾用名为"元氣森林"，本书统一使用"元气森林"。

新消费成为唐彬森的重要投资方向。游戏媒体"游戏葡萄"的一篇报道称：2017年，唐彬森持有的更多智明星通股份解禁，于是他的投资动作变得更频繁。光是这一年就投资了21家企业，在新消费领域占到不小比例，如沙拉、手擀面、拉面、啤酒、小龙虾、糖果、酸辣粉、便利店等，五花八门。

在元气森林这家2016年成立的公司中，唐彬森是占股超过六成的绝对控股股东。这意味着，这一次他的身份不仅是投资人，也是创始人。

抓住消费趋势、创造新的概念，是新消费品牌崛起的第一步。

很多文章都简单地把唐彬森和元气森林的成功归结于他准确地把握了年轻人对无糖和健康概念的追求。但是如果仔细推敲，这个理由是不太站得住脚的，或者说，仅仅如此是不足以让元气森林成功的。

无糖饮料并不是元气森林的发明，2011年，农夫山泉就推出了无糖茶饮"东方树叶"，天喔茶庄推出3款无糖茶饮的"天喔金"系列；2012年，康师傅推出了无糖茶饮"本味茶庄"。而在无糖碳酸饮料赛道上，可口可乐1995年就推出了健怡可乐，此后"两乐"推出的无糖碳酸饮料数不胜数，即使再叠加"果味"这个概念，也有零卡芬达、零卡雪碧等可供选择；老牌高端气泡水巴黎水（Perrier）也有4~5种果味（但无甜味）气泡水可供选择。

所以，元气森林的成功绝不是因为它首次推出了某种产品力具有绝对优势的产品。

我们更倾向认为，元气森林的成功是因为它在"三大维度"的每一个维度上都做到了高水准。

在产品力上，元气森林把自己优化到了"品类第一"的位置上。

无糖饮料并非首创，但元气森林修补了前辈们的各种不足。

1. 更早推出的无糖茶饮可能更健康，但是最大的问题是没有甜味。而甜味之于大脑的效果相当于用药物刺激神经受体。根除了甜味的饮料，如无糖茶饮、无糖巴黎水等，注定只符合极少数受众的口味。这个群体高度在意健康并愿意忍受口味损失,但是这个群体太小,因而是元气森林所不取的,这也是元气森林即使推出茶饮也要有甜味的重要原因。

2. 传统的"两乐"的确有大量无糖版碳酸饮料,但它们的"母体"可乐、芬达、雪碧等已经被深深打上"不健康"的烙印。因此,健怡可乐等虽然有巨大的市场占有率,但仍然给人一种"不健康饮料的修正版"的认知。而且,所使用的人造甜味剂如阿斯巴甜和木糖醇是否健康,也存在争议。

从本质上说,元气森林在实力上与"两乐"相去甚远,后者属于可以让"世界500强"级化学公司投入上亿美元专门为其研究新型甜味剂的水平。元气森林并不具备这样的能力,但这并不能阻止它在宣传上单点突破——它宣称自己找到了"赤藓糖醇",一种既能保证甜味口感,又能避免大量热量产生的蔗糖替代品。与无糖可乐添加的阿斯巴甜不同,赤藓糖醇并没有影响健康等负面消息出现。这一点,正是元气森林脱颖而出的关键之一。

在基本的产品形态确立后,唐彬森面临的就是如何把"无糖=健康"这种概念注入消费者的心智。于是,他开始认真地筛选突破口,最后锁定了小红书。

品途商业评论做了一个很有趣的研究:在小红书上,搜索"控糖""戒糖""断糖"等关键词,合计有超10万篇的笔记。除此之外,"热量"一词有超36万篇笔记,"卡路里"一词也有超10万篇笔记;相应地,"甜"有超262万篇笔记,即使搜索"糖"也有超150万篇笔记。

热爱甜味和恐惧糖分这种极端矛盾的心态,在年轻人(尤其是女性)群体中非常普遍,而唐彬森正好抓住了两者间的平衡点。

元气森林在小红书"种草"的技术达到了大师级水平。举例来说,元气森林在小红书有一篇1.9万次点赞的笔记,是知名IP老爸测评(粉丝408.5万人)做的一个关于"含糖"和"变胖"的内容测评——这两个关键词直接切中核心用户和核心痛点。

围绕这两个痛点,整个评测选择了两个用户最关心的问题。问题一,喝元气森林会胖吗?问题二,喝元气森林血糖会升高吗?在测评过程中,还有真人扎针测血糖的实景操作。从一条被点赞1587次的用户评论"哇,小哥哥扎这么多次"可以看出,这种实景操作式的"种草"方式多么具有说服力。

其实,从科学的角度来看,这样的测试是有些偏颇的。专业科普书籍《减肥密码》就揭示,真正导致肥胖的是胰岛素过度分泌而非单纯的血糖高,糖类摄入对胰岛素提升的总体影响不到30%。

但是,元气森林只要通过看上去非常专业的方式,让用户记住"喝元气森林不升血糖"就够了。事实上,这个测评只能算是元气森林的入门级"种草",其他的测评更为生动、有深度,而且大量围绕用户生活展开,如"三明治+元气森林""绘画+元气森林""面膜+元气森林"……仅仅在小红书,元气森林的"种草"内容就有上万条。

除了小红书,微博、快手、抖音等平台也都是元气森林的社区化营销重点,明星助阵是常用的一招。

在微博上,元气森林营销的核心是明星,通过明星带来的用户传播效应远远好于其他渠道。例如,和张雨绮的合作,就能充分带动张雨绮的海量粉丝。明星非常关心抗糖,于是在短视频脚本设计上把元气森林的"0糖"放大,接着让张雨绮直接喝。这种实景,能引起粉丝"也要喝"的冲动和对品牌的认可。元气森林在微博的营销围绕"娱乐、好玩、跨界、活动"展开。例如,围绕"吃"做跨界内容,把"三明治+元气森林"做成一个类似"汉堡+可乐"的黄金搭档。因为二者都是年轻人的最爱,通过三明治是"比汉堡更健康的食物"的一般认知,可以打造元气森林"更健康"的认知。

如果说小米做互联网手机最开始只有微博这个阵地,那么在元气森林所处的时代,阵地选择极为丰富,用户群体也更为碎片化。这为它成为爆品,提供了第二维度所需要的全部要素,即更好的用户交互方式。

在和用户交互这个环节，有一个一直有争议的问题，就是元气森林的"伪日系"。

牛刀财经分析发现，元气森林不仅在包装和名字上采用了日系的设计风格，并用日文"気"代替了"气"，给消费者的第一印象是这就是日系品牌。同时，元气森林还注册了日本分公司，以大家熟悉的"株式会社"来对消费者进行第二次"引导"，让消费者更加相信元气森林的确是日系品牌。

牛刀财经略带讽刺地提道：尝到甜头的元气森林更是举一反三，在此后推出的一款奶茶中，采用日系品牌不二家的设计形象；在一款酸奶"北海牧场 LP28"上，直接标注与日本广岛大学联合研制，并在包装上使用"北海道 3.1"这样的字眼。

这也导致在"伪日系"标签出现后，元气森林被调侃为"自己监制自己"。元气森林对此的辩解是，之所以用日系包装，是因为在多个产品市场测试后，发现当前北欧风、美式等包装的产品，销量不如日系包装受欢迎。其核心逻辑则是，日系风只不过是市场上多种流行风格的一种，并不等于伪日系。

这似乎也有道理。益普索（Ipsos）《2019 中国食品饮料行业包装趋势洞察报告》显示，83% 的消费者表示非常愿意或比较愿意购买包装新颖、独特的产品，而引人注目的包装因素中排名第一的是"包装产品名有新意"。这成了元气森林自辩用"気"而不是"气"的一大理由。而且，尽管越来越多的文章质疑伪日系，但是元气森林的销量并未受到明显的影响。

值得一提的是，除了营销技巧，元气森林在营销投入方面也一直保持很强的力度。在早期的小红书"种草"和"两微一抖加快手"的持续流量转化式营销投入达到峰值之后，除了继续入驻各类社交 App 加强内容化沟通，元气森林也不可避免地走上建立更高的品质势能之路。

分众成了新经济的水晶球

《沸腾新十年》研究的几乎所有新品牌，在品牌建立的过程中，都有两个指标式的营销行为，第一是植入综艺，第二是分众霸屏。为什么说是指标式的？因为这两个行为都属于巨大风险伴随巨大收益型的投放。

综艺植入耗资巨大，却又难以"赌中"哪档综艺能火，失败则效果流失。但一旦"赌中"，效益则呈几何级数放大。分众霸屏的特点同样是投入较大，然而建立品牌势能和击中主流消费群体心智的效果较综艺更稳定，最大的风险在于如果同一时间有同类竞品进行对抗式投放，那么消费者最终可能只会记住一个品牌。

一旦跨过这两个门槛，品牌就会从"网红"变身为真正的明星，拥有可靠的品牌势能，随之而至的是密集的资本投入。

元气森林的操作堪称教科书级别。在线上增量到顶后，它开始密集植入《我们的歌》《我们的乐队》等有流量明星、人气火爆的综艺节目，不断扩大品牌人气。此后，它和李佳琦等顶级"网红"主播密切合作，产品多次在直播中卖断货。

而线下媒体方面，元气森林则选择大规模投放分众电梯媒体广告。电梯媒体拥有高频次、强触达、少干扰等天然优势。在消费者必经的公寓楼、写字楼等空间，每天4～6次高频反复播放品牌广告，能够在潜移默化中将品牌植入用户心智。此外，分众传媒覆盖的3.1亿城市主流消费人群与元气森林的消费群体高度重合。

经过线上的年轻玩法和线下电梯媒体的强势引爆，元气森林的品牌知名度迅速出圈，成为一二线城市年轻消费者所熟知的明星品牌。

元气森林产品的售价较高，平均每瓶5～6元的价格是可乐类饮料的两倍。有很多人认为这是赚到了消费升级的红利，因为从成本角度来说，这两类饮品的实际成本相差不大，价格高低完全取决于用户认知。但价格能保持较高水平，到底是消费升级的结果，还是消费升级的起因，这是一个很难解析的问题。

品途商业品论在报道中提及，曾经有人问为何在游戏厂商中智明星通总是特别赚钱，唐彬森表示：当别人还在中国时，他去俄罗斯；当别人去俄罗斯时，他去巴西；当别人跟着去巴西时，他已经去过16个国家。这强调的是说抢占无人区和唯快不破。当然，唐彬森的经验不可或缺。当年操盘游戏出海时，他就曾采取饱和攻击策略。他在接受本书作者访问时称："我们敢在创造20亿元收入时就掏出18亿元去做广告投放，在纽约、伦敦、莫斯科等中心城市做品牌露出。这种从高往低打而不是反过来的做法，让《列王的纷争》成为中国历史上非常成功的一款出口游戏。"

这一原则同样应用在了元气森林上。在元气森林的实际销量大概还是可口可乐在中国销量的十几分之一的时候，元气森林的广告投放广度和力度，以及消费者感知到的信息量，都超过了可口可乐这样的品牌。

在分析了产品力和用户互动式营销维度后，需要提及的是元气森林的渠道策略。

元气森林的渠道策略有常规化的一面，如以电商起家，多次斥巨资在各类电商购物节打榜，在水饮类排行榜上实现霸榜，从操作上也是先走电商路线，后进入线下拓展。

2019年"双11"，元气森林在全网饮品销量排名中排第二，仅次于维他奶，打败了可口可乐、百事可乐这两大碳酸饮料巨头，以及此前红极一时的巴黎水。显然，主打健康的元气森林抓住了Z世代（90—95后）的心。

新消费与旧渠道交融

常规的渠道策略不是本书分析的重点，本书只选择元气森林最有特点的便利店渠道突破。

商超是传统饮料品牌重兵集结的渠道，新兴品牌很难打通、打透，而元气森林抓住了另一个增长红利，即便利店的兴起。

中国连锁经营协会发布的"2018年中国连锁百强"名单显示，便利店增速遥遥领先；便利店百强企业销售规模同比增长21.1%，门店数量增长18.0%，新增门店11 944个，占百强新增门店总数的62.5%。这些数据都高于以经营大型超市为主的百强企业。

更重要的是，便利店的消费群体和元气森林的消费群体天然吻合。一份来自7-11的统计数据显示，20～40岁的消费者在便利店消费人群中的占比已经达到88%。从客户构成来看，公司职员是主要消费人群。因此，便利店需要的是有别于其他渠道、精准定位于年轻白领、客单价与毛利率较高的精品，而这也和元气森林不谋而合。

元气森林看中便利店的另一个重要因素是，便利店很重视数据，通过数据来指导日常管理工作。很多便利店会依照销售情况决定产品的具体摆放位置，这样也便于品牌方更好地对产品进行及时监控。虽然便利店不会主动将数据共享给品牌方，但元气森林可以通过第三方机构进行数据监测。例如，元气森林与快消行业线下大数据服务商"码上赢"有合作，也与智能数据分析平台观远数据和衡石科技签约，前者提供数据，后者分析处理数据。

便利店一般集中在写字楼和公寓群两个场所，而这两个场所是消费群体密切感知元气森林的广告信息的区域，因此消费者会产生一种"获取信息后立即消费"的满足感。在电梯里看到广告，走出电梯立刻进便利店购买成为常态。

据了解，为了充分利用便利店兴起的红利，元气森林建立了强大的线下渠道网络，覆盖53个连锁便利店系统，包括7-11、罗森等主流品牌，也包括地方性和本土品牌，几乎无所不至。在便利店做得相当扎实之后，元气森林才逐步往商超渠道发展。

总而言之，元气森林在合适的发展阶段选择了合适的渠道，拥有一个"618"和"双11"统统不放过,李佳琦、薇娅和罗永浩都在带货,在传统商超也能随时购买的线上线下全覆盖营销体系,最终走完了从"网红"走向成熟品牌的重要一步。

有一个问题是,虽然元气森林在每个维度上的表现都几近满分,但是仔细分析可以发现,其在任何一个维度都不具备绝对的"护城河"。虽然成为零糖零卡品类的代表性产品,但它也引发了大量品牌的跟随和模仿。市场上已经出现模仿者,如亲亲元气、YECO无糖果味苏打气泡水、清泉出山的清汀,不管在设计风格还是定位上都与元气森林高度相似,口感也不见得有多大区别。因此,业界有悲观论调,认为这种增长的可持续性和核心壁垒优势不足。

但事实上,元气森林的特长就是没有明显的短板。另一个新消费电商品牌三只松鼠则是一个相反的例子。这家典型的互联网零食企业,常被宣传为"电商创造新品牌"的黄金案例。但三只松鼠2020年半年报显示,公司净利润同比下降29.51%,主营业务营业成本同比上升69.73%,在实现52亿元营收的同时,这家互联网零食公司的净利润仅为1.8亿元。

在财报里可以看到,2019年上半年,三只松鼠电商平台服务费占销售费用已达18.9%,成为最大的成本项之一;而到了2020年上半年,这一比例已经上升到39.8%。而且从2017年开始,销售净利润持续下滑,从5.44%一路降到2.35%,大大低于同行业的平均水平。

究其根本,就是三只松鼠过于紧密地和电商绑定,线下体系建设严重不足,一旦电商开始"收税",毛利立刻猛降。唐彬森的危机感要强得多,电商、直播、便利店、商超、微商城等无所不至,绝不过度依赖某一个渠道,同时在每个渠道都深耕细作。这可能就是唐彬森这种资本型创业者天生的敏感性带来的一种优势。

完美日记和美妆国货潮

2019年可以说是美妆国货迅速崛起的元年，无论是在资本市场还是消费市场，国货美妆热度空前。

2019年"618"购物节，天猫平台110个破亿元品牌中的六成为国货品牌；589个国产美妆护肤品牌成交额同比增长100%以上。2019年"双11"购物节，国产彩妆品牌完美日记占据彩妆榜单第一位，排在其后的是美宝莲、雅诗兰黛、兰蔻等一线国际品牌。

黄锦峰，完美日记创始人兼CEO，中山大学岭南学院2003级国际经济与贸易专业毕业生，毕业后进入宝洁工作。至今，我们还能在网上搜索到他的一篇文章《我眼中的宝洁CMK》。

CMK全称Consumerand Market Knowledge，又叫市场研究部，是宝洁公司最为神秘的部门之一，负责分析、监测、预测消费者行为和市场变化。

Hindsight、Insight、Foresight，是黄锦峰在宝洁理解到的3个关键词。

其中，Hindsight是指CMK有行业中最全面的数据库，记录了宝洁公司和行业的历史动态。从这些数据中CMK可总结出客观、深入的规律。Insight是指CMK根据自身对行业的专家级知识，通过与市场部、财务部、销售部、产品供应部、研发部的紧密合作，指引公司前进。Foresight是指CMK从历史数据及对商业的深入理解出发，对行业及公司的未来发展做出预测，为公司发展提供方向。

后来，这也成为黄锦峰创业过程中秉持的理念。另外，他认为自己的商业能力也得益于"南粤重商"的氛围——广州是全球唯一一个拥有上千年历史的商业型城市。黄锦峰很早就展露出商业天分。他参加过学校知名社团SIFE（又称"赛扶"，即国际大学生企业家联盟，宗旨是"为社区创造经济价值，塑造未来商业领导"），并任其董事会主席。

在宝洁工作后，黄锦峰选择申请哈佛商学院 MBA。后来他对本书作者戏称，这个经历也是"某种程度上的草根逆袭"，自己的简历并不十分耀眼，但是通过讲述生活挫折，最终让面试官相信这是一个"希望通过改变自己改变家庭命运的人"。在他拿到入学通知书之后，面试官亲自写了一封邮件，祝贺他获得了改变命运的机会。他的高情商和善沟通可见一斑。

黄锦峰在哈佛期间学会了滑雪、击剑和帆船驾驶。这些在出国前觉得高不可攀的运动，让他交了很多朋友。耐人寻味的是，在一次小范围的分享中，他谈到了王石的例子。他说一次在和数十位顶级企业家的交流会上，大多数人只记住了王石。并不是因为王石的商业战绩是这群人中最出色的，而是王石的爱好——登山和滑翔伞。黄锦峰从中明白了"不同，可能比优秀更容易让人记住"的道理。

黄锦峰在创立完美日记前曾经作为 COO 参与创立了另一个国货美妆品牌御泥坊。据说在黄锦峰任内，御泥坊母公司御家汇在品牌营销方面的预算逐年以指数级增长，最高时达总收入的 43.8%。一时间，消费者在影视剧、综艺节目、各类主题活动和动漫 IP 作品中都能看见御泥坊的身影，"洗脑"效果相当成功，御泥坊也成为护肤品牌中全矩阵营销的标杆之一。

从宝洁到御泥坊再到完美日记，黄锦峰是一位典型的在自己熟悉的赛道上进行创新的创业者。

除了黄锦峰，完美日记创始团队的另外两人也是中山大学毕业的。中山大学是孙中山先生创立的，而孙中山先生号逸仙，所以，完美日记的公司名为逸仙电商，而其品牌完美日记的寓意是美不设限（Unlimited Beauty）。

其实有些故事并没有那么轰轰烈烈，如"做中国的欧莱雅"之类的豪言壮语，都是后期的宣传。切实地说，黄锦峰最开始想的不过是从国外代理几个美妆品牌，后来他发现彩妆有机会，于是利用丰富的行业经验开始打造自有品牌。2017 年，黄锦峰在淘宝创建了一家名为"完美日记"的小店，3月上架第一款产品，之后利用在御泥坊的经验进行营销。他先后花重金聘请了张韶涵、朱正廷和李佳琦为其站台，并2018年"双11"达成仅用90分钟就突破1亿元销售额的惊人战绩。

研究国产的新消费品牌应该有3个维度，即抢占心智、提供对应产品力的能力，对交互式营销的掌握，以及对渠道和供应链的创新。

先看第一个，完美日记是否具备抢占用户心智的产品力呢？这是一个有趣的问题。有人一直认为，完美日记本身的产品力不足，是"一线的宣传能力和十八线的产品"；而另外一些人则认可完美日记，强调化妆品的价差主要由品牌决定，完美日记的性价比是其最强的竞争力，产品质量并不差。

和元气森林一样，完美日记走的也是轻量级的OEM、ODM模式。完美日记的三大代工厂为科丝美诗、莹特丽、上海臻臣，与这三者合作的历来都是国际大牌。科丝美诗代工的品牌有迪奥、兰蔻、圣罗兰，莹特丽代工的品牌有阿玛尼、古驰、海蓝之谜，上海臻臣代工的品牌有欧莱雅、雅诗兰黛。

在完美日记的招股书里，用大量笔墨叙述了DTC（Direct to Consumer）模式。DTC不是一个新概念，国外的Allbirds（鞋类品牌）、Everlane（服饰品牌）就是典型的DTC品牌。简单来说，DTC就是品牌直接触达客户，省去了中间的各类零售商和经销商。

2018年、2019年、2019年前9个月及2020年前9个月，逸仙电商通过DTC渠道产生的净收入分别达到公司总收入的91.1%、88.1%、88.7%和86.7%。

很多品牌在起步阶段不得不选择DTC的反面模式，也就是分销。分销对于尚未做大的品牌来说尤其有吸引力——只要能将产品以合理价格让大量经销商帮助售卖，企业的利润就有了基本的保障。在过去很多年来，这种模式受到广州各类化妆品公司的喜爱。

合作的经销商越多，品牌对产品销售端的把控力就越弱。例如，为了出货更快，经销商可能选择以更低的价格销售，反过来，销量上涨又会帮助经销商以更低的价格进货。

韩束就遭遇过类似的困境。通过大量微商大代理出货后，货品积压在小代理手中，小代理只能选择低价甩卖。

完美日记从一开始就明确了"不做分销"的基本路线。

省去中间的代理商，确实可以让产品在保持相对低水平定价的同时实现盈利。逸仙电商在2019年实现了1.5亿元的净收入。

在2016年前后，国际高端化妆品销售量占国内化妆品销售总量的60%，这些国际大牌主攻的都是一二线城市和中高收入群体，但这并不是完美日记的目标。完美日记瞄准的是当时国产化妆品固守的中低端市场。中低端市场品牌鱼龙混杂且老化严重，这为完美日记等品牌带来了发展空间。

完美日记采取的是打造爆款（但生命周期并不长）后再建设矩阵的方式。一般来说，大牌化妆品品牌开发周期多为半年至一年，有的单品一卖很多年。但在OEM及ODM模式加持下，完美日记一直保持着1个月5~6款的上新节奏。快速更新配合平价优势，既对"好奇心消费"的Z世代群体充满了诱惑，也保证了产品更新换代的频率，让完美日记获得了极高的资金周转率。

《12 000字全面解读完美日记》的作者张希伦写道："全世界最强的化妆品OEM、ODM工厂几乎都扎根在长三角和珠三角，在为大牌化妆品代工多年后，他们已经非常体系化了，哪怕是快速崛起的国货品牌也可以轻松地站在巨人的肩膀上。"

根据张希伦的统计，完美日记在2017—2020年一共备案了近千个SKU，应该都是代工厂生产的，除了前述的三大品牌代工厂，完美日记的其他合作工厂其实还有数十家。

从某种意义上说，可以将完美日记看作一个美妆版的小号小米有品，其本质并不是化妆品企业，而是一个巨型的分包商。

为了更好地和代工厂合作，完美日记招募了不少驻厂代表。他们好似买手一样，驻扎在各种货源地，一有什么新的产品或者是包材立马就排列组合，使产品得以迅速迭代。

但迭代的产品到底用什么标准，则完全由完美日记来决定。从完美日记的角度来看，它与大牌美妆的市场关系可以用两个字概括——平替，即大牌的平价替代品。

而完美日记要成为的欧莱雅，近5年全球专利数量为1368个。可见，以完美日记为代表的美妆国货在核心技术上缺失太多，在核心竞争力上与国际大牌的差距实在太大。

虽然抓住了国潮兴起的趋势，但在中长期缺乏核心产品力，或许是完美日记必须面对的问题。

完美日记的产品技术储备薄弱，并不等于他们不认真研究产品，只不过这种研究是营销导向而非研发导向的。有信息证明，完美日记甚至招聘了爬虫工程师，负责梳理电商平台上的数万个SKU并进行数据分析，"哪个色号的口红最容易爆"之类的分析结论成为完美日记输出爆品的依据。从这个角度来看，完美日记又是一家很有技术含量的公司，当然指的是互联网技术和大数据技术，而非美妆技术。

完美日记确实在加大对研发的投入，但依然不够。2020年前9个月，逸仙电商研发费用支出超过4000万元，2019年同期这一数字仅为977万元；研发费用率从0.5%提高到了1.3%（欧莱雅为3%~4%）。

它的营销费用增长更快：从2019年前9个月的8.05亿元提高到了2020年前9个月的20.3亿元，营销费用率从42%提高到了62.2%，远高于上海家化和珀莱雅的40%，以及欧莱雅的30%。

有同行评价完美日记不顾营收和利润做推广，虽然说法有些夸张，但不可否认的是，在第二个维度也就是交互式营销上，完美日记无疑可以拿到120分——如果满分是100分的话。

首先要说的还是"种草",还是小红书。[1]

在主要针对女性的平台小红书上,完美日记是一个超强的"种草"能手。据亿邦动力观察,2019年10月,在小红书平台的美妆/护肤品牌中,欧莱雅的粉丝数为18万人,雅诗兰黛的粉丝数为10.9万人,资生堂的粉丝数为5.3万人,YSL的粉丝数为8.4万人,而完美日记的粉丝数为171.6万人。可见完美日记在小红书上的布局是何等成功。

完美日记已经完全把小红书做成了自家的品牌自留地,这更多得益于超前布局带来的红利,以及与博主共建内容的打法。

《完美日记,完美了吗?》一文中总结了完美日记的"三段式打法"。这是一条相当完备的多层综合传播链路。

第一段,通过明星"种草"引起消费者关注和讨论。

第二段,借由头部和腰部达人的试色实现真正的"种草",引导消费者购买。

第三段,最终由普通的素人消费者购买后回到平台分享体验,进行第三次传播。

其中,明星"种草"只是花钱买影响力。完美日记更注重的是塑造腰部达人及素人消费者的内容影响域。

完美日记与美妆博主的合作,其实和传统企业发布公关稿的思路是类似的。首先将基础内容提供给博主,由博主自己进行二次创造,并将内容转发在完美日记的官方账号上。

---

[1] 2017年年中,完美日记成立不久,正遇上小红书在线下做推广活动,黄锦峰就被邀请到小红书做营销试水。小红书早期核心团队聚集了不少哈佛和斯坦福的校友,如两任电商负责人娄依琳和施启伟,都是哈佛MBA。黄锦峰与他们一直交往甚密。完美日记和小红书的另一个契合点是双方都有共同的投资人真格基金。一开始,小红书的种草达人"带货"定价其实普遍都不高,完美日记在小红书找了4个头部达人,一共也没花到10万元。小红书女性用户多,对美妆的专业性较强,尤其是KOC(关键意见消费者),她们懂美妆、用美妆,写出的笔记更加真实,种草效果更强。此外,她们也能根据个人使用体验提出切实的建议,配合完美日记超强的供应链能力,既有助于产品的高速迭代,又提高了小红书用户的黏性。

不要小看这种看似简单的操作，完美日记的官方账号因此有了取之不尽的优质内容。待到官方账号粉丝数达到一定量后，又能反过来为合作的美妆博主增粉，这样在降低合作成本的同时还拥有了孵化"网红"的条件。一个明证是，完美日记甚至拥有一家可以对外提供服务的小红书 MCN 机构。

通过以少数头部"网红"拉关注、中小博主自创内容在腰部发力的打法，完美日记获得了比单纯的品牌投放高得多的效率。

而微博当然也是不能放弃的地盘。微博和小红书刚好相反，明星在这里的影响力远大于素人。

2018 年，从偶像练习生成功出道的 NINE PERCENT 成员朱正廷，迅速成为完美日记的唇妆代言人。之后，完美日记推出了朱正廷同款小黑钻"珍珠糖色"，上线后 5 万件库存被抢购一空。基于对粉丝应援心理的把握，完美日记充分利用了流量明星的带货能力。

在官宣代言人之前，完美日记连续 3 天推出悬念海报，与粉丝玩"猜人游戏"。由最初的几个唇印到最后由唇印拼凑出代言人的五官轮廓，即使已经明显得不能再明显，不到最后一刻也绝不承认。这个发酵过程使得公布首位代言人的微博转发量就高达 161.6 万次，获赞近 10 万个。

完美日记运作的"朱正廷完美日记""十分出色正合我意""完美日记小黑钻唇膏"三大话题全网阅读量高达 7.79 亿次，总讨论量破 853 万次，跻身热门话题 TOP 10 行列。

可以说，一切能与年轻消费者挂钩的营销机会，完美日记都未放过。

这种不断"造浪"的想法来自黄锦峰。他在真格基金的培训中说过："作为一个品牌的打造者，其实最害怕的就是没有风浪，当你有风浪的时候，就能凸显出你究竟是不是一个老水手。"

在"造浪"上，完美日记始终坚持"血洗式投放"的原则。增长黑盒数据显示，完美日记如今有 14 万篇小红书笔记，近万条信息流广告素材，这也让完美日记如愿成为"风浪中心"的品牌。

媒体人章冶游也指出："各种花式营销多到不可计数。完美日记相继和Discovery节目组、美国国家地理杂志社、大都会博物馆、大英博物馆、《权力的游戏》剧组等合作，在利用联名款提升品牌格调的同时，也增加了品牌的话题点，吸纳了多圈层的消费群体。"

完美日记还创造出私域运营的新模式。张希伦分析："完美日记和终端用户建立信任关系的媒介正是美妆顾问（BA）。这是无数个小一号的李佳琦，他们的首要目标应当是给消费者提出能够变美的建议，在产生信任后顺带推销美妆产品。而完美日记版的BA叫作'小完子'和'小美子'，这不是机器人，而是数千个微信个人号，存在于数百万个美妆消费者的微信好友栏里，由数百个专员来运营。"

和元气森林类似，完美日记把中国的互动营销不断推向新的极致，它们在交互式营销上的功力堪称世界级。

外界对完美日记的线下营销的研究相对较少，其实很值得挖掘。

在人们都关注"种草"策略、天猫"618"榜单等显性元素时，我们其实更应该关注完美日记在线下媒体的广告投放——它是一个分水岭，是一个企业究竟想坚持流量打法做"网红"，还是想建立线下基业做长线品牌的检验标准。

在2019年后，随着线下店的建设，完美日记也展开了线下投放。也就是说，在追求线上流量红利和销量激增之外，完美日记开始运用线下媒体平台打造品牌"护城河"。在"双11"期间，在很多办公楼的电梯口都能看到周迅代言的完美日记广告在刷屏。

广告引发用户行动有两种路径。

- 第一种，情绪激发式，通过激发情绪来影响行为。
- 第二种，通过塑造认知来影响情绪和行为。

我们通常把互联网流量广告、"种草"变现、直播带货，都归为第一种，即情绪激发式。它的特点是易精准、ROI（投资回报率）可明确衡量、变现速度快且可以量化。

不过，第一种广告也有短板。如果从用户消费内容的总时长来看，单一商品在互联网上展示的时间非常短暂，所以采用激发情绪的方式时，通常力求在5秒内促成用户购买。在直播场景里，主播的临场发挥和驾驭用户能力成为关键。

但冲动型消费不容易留下心智记忆。也就是说，任何情绪刺激都只适合短暂的冲动型消费，对培养长期的品牌偏好和消费习惯几乎没有帮助。因为情绪作用起效得快，消散得更快，能让人在5秒内下单，也能让人在5秒后忘记。

据媒体报道，2020年夏，美妆品牌纷纷加入拉拢年轻群体的行列，除了完美日记这种搭乘流量顺风车的新生力量，娇兰、倩碧、雅诗兰黛等美妆大牌也开始将年轻化纳入品牌营销战略，纷纷占领电梯等户外媒体，或引爆线下话题。例如，自然堂就选择阳光的护肤代言人，为品牌吸了一批年轻粉；倩碧则选择高圆圆作为代言人，瞄准年轻人的美白市场，力推全新第三代"302美白镭射瓶"。

其中最引人注目的是花西子。

花西子创始人花名花满天，真名吴成龙，曾在壹网壹创担任百雀羚的运营总监。壹网壹创一手主导了百雀羚电商的发展，2015—2018年，百雀羚连续4年成为天猫国货美妆"双11"交易额第一名。

花西子和完美日记的竞争颇为激烈。华创证券援引的淘数据显示，2020年5月和6月，花西子在天猫的线上GMV均超过完美日记；2020年"双11"，完美日记拿下了眼影、唇彩类目成交额第一名，花西子则是眉笔、粉饼类目第一名。

和头部主播的关系也成了花西子和完美日记之间的竞争因素。

李佳琦和薇娅是逸仙电商招股书中提及的仅有的两位KOL，李佳琦一度致力于推广国货美妆，还曾因为"中国的产品一点都不比国外的差"的发言而登上热搜。

花西子与李佳琦签约后，不仅在李佳琦直播间出现的次数明显增多，在李佳琦接受采访的新闻节目中，花西子的团队甚至带着产品出境，展现出彼此之间良好的合作关系。

花西子产品走的是和完美日记"平价替代欧美大牌"不同的国风路线。早期的市场策略和完美日记一样，也是抖音导流结合小红书"种草"、直播走量等模式。但值得注意的是，在2020年年中，花西子开始了线下媒体投放，很多出入写字楼和公寓等特定场所的消费者被演员杜鹃代言的花西子蜜粉广告洗脑；2020年10月，花西子微博宣布阿朵成为花西子苗族印象推广大使，并推出"花西子苗族印象高定"，其新的品牌代言人阿朵也登上了电梯屏幕，影响了城市的主流人群。

接下来回到第三个维度，完美日记的组织建设和渠道建设又是怎样的呢？简单来说，那就是吸取宝洁的经验，但反其道而行之。

例如，宝洁的核心做法是尽量外置，在所有的关键点上都选择最好的合作伙伴——如最好的广告代理公司、最好的代理商等。而完美日记的做法则是一切内置。根据统计，完美日记对外发布的职位有400种以上，所有可以外包的职位都全部内置，唯一不能内置的就是供应链。

在渠道上，完美日记的打法也颇为反常。2019年9月7日，完美日记在成都春熙路开了一家概念店。据了解，这家概念店总高6层，面积为1000多平方米，比2019年1月在广州正佳广场开的第一家完美日记线下体验店大了将近10倍。

大规模开店似乎成为完美日记下一个阶段的重要战略。官方消息称，完美日记的目标是在2019—2021年，以每年200家的速度开设超过600家店。关键是这些店全部是自营的，这和大多数企业走快速加盟的道路完全不同。

完美日记的店不以传统的坪效为业绩评价标准，而且一律按照一线美妆品牌的设计品位来布置。有的店还有多余的空间留给探店的消费者、主播们拍照，尽可能增加品牌在社交媒体上的传播。

随着线下店的铺开，完美日记相当完美地在线下复制了美妆顾问系统，它们是完美日记自有的、可以随时调度的、与终端消费者零距离的品牌触点。甚至和在苹果官方店一样，用户在选定商品后就在原地直接扫描 BA 工作手机上的二维码付款，几乎不用等待。消费者与 BA 直接结算，有利于追踪每个 BA 的业绩和考核 ROI。而通过导流、洗粉的标准操作，完美日记用户的进店复购率能够达到 70%。

从岗位内置和店铺全部直营来看，完美日记是一家追求并拥有惊人掌握能力的企业。

似乎，完美日记只缺最后一块，也是最难的一块拼图，那就是由产品研发能力所构成的核心竞争力。

传统品牌的二次焕新

并不是只有新创立的企业才有资格推出"新国货"。

有一类企业，已经成立有数十年，有广泛的销售基础和扎实的产品功底，但在品牌势能积累和品牌引爆方面有所欠缺。然而，老品牌一旦发现了品牌焕新的路径，便有更大的概率"一遇风云便化龙"。本质上当然需要产品力的提升，但真正实现引爆的则是品牌"再生长"的完成。

最典型的例子当数李宁。

2015 年，李宁回归李宁公司，由此开启了国潮逆袭之路。

针对时尚潮流领域，很多国内年轻人认为"外国的月亮比较圆"，更加青睐和信服国外时尚潮流品牌。李宁于是思索，如果李宁品牌率先被国际所认可，是不是更能获得国内年轻人的喜爱？

"先走出去，再走回来"的品牌战略由此诞生！李宁走出去的第一站就是被认为最时尚、最符合潮流的纽约时装周。

2018年年初，李宁成为第一家亮相纽约时装周的中国运动品牌。同年6月，李宁在巴黎时装周召开"李宁2019春夏系列巴黎发布会"，在世界顶级秀场上完美演绎了20世纪90年代复古、现代实用街头主义及未来运动趋势三大潮流方向，向全世界展现了中国李宁的原创态度和时尚影响力。

经此一役，李宁年轻化的新国货潮牌形象迅速确立，越来越多的年轻群体开始认可"李宁代表了中国的时尚潮流"，国潮旋风由此刮起并风靡至今。

当然，在纽约时装周之后，巴黎、米兰两大时装周也少不了李宁的身影。

近几年来，李宁不断地和潮流KOL如先锋时装设计师张弛、说唱歌手合作联名爆款，提升品牌的时尚潮流属性，也和宝马等知名品牌推出联名款，扩大品牌影响力。

最有趣的是，李宁还与红旗汽车、《人民日报》等极具中国元素的品牌进行合作，进一步展现出李宁"国货之光"的属性。

原先，李宁和安踏、匹克等国产运动品牌的经销模式基本相同，都以加盟为主，品牌主要接触的是各地的经销商，并没有办法直接与消费者产生联系，很难了解到消费者真正想要什么，因此才会导致其陷入虽然一心想要改变，但无法获得消费者认可的窘境。

因此，李宁开始增加直营店的比例，同时重新设计，开设品牌体验店，打造了集购物、健身、社交为一体的运动生活场景化线下门店。

这种线下门店的体验模式，让用户全方位地感受到李宁的品牌理念和设计感，能更好地让消费者与品牌产生情感连接，也能更容易收集到目标消费群体对于品牌及产品的意见。

波司登是另一个特别突出的例子。

这里有一个小故事。波司登其实一直在寻求突破，曾经采取"千里走单骑"的办法，花巨资为旗下的男装品牌在英国的牛津街开设了一家规模庞大的门店。但是，因为没有很好的品牌势能，它对英国消费者的心智影响不大。

作为一个多年来维系"老牌、质量过硬"形象的国货品牌，波司登痛定思痛，在不断增加的竞争压力中，精准地发现了自身品牌势能的不足。在这以后，波司登全面对标加拿大鹅（Canada Goose），请国际顶级设计师设计联名款，在纽约时装周、米兰时装周上举办发布会，做珠峰系列万元高端极地服装等。而这一切努力，最终又通过央视与分众的品牌引爆，"击穿"了用户的心智，使得大量的波司登线下店出现了多年不见的顾客拥堵现象，2018年波司登更获得营收破百亿元、年度市值增长300%的骄人成绩。在2019年以后，波司登已经成为一个都市群体会主动关注的潮牌。

飞鹤奶粉的道路也十分值得借鉴。

在很长一段时间里，中国高端婴儿奶粉市场一直掌握在外国品牌手中。其实单就品质论，飞鹤等国产高端品牌的产品已经不输外国品牌，但它们在消费者心中的品牌势能始终不大。

为此，飞鹤一方面加强奶粉品质的宣传，如介绍"北纬42°奶源带"等，另一方面把多年的宣传标语"一贯好奶粉"变成了"更适合中国宝宝体质"，充分打造差异化概念。外资品牌的"全球配方"显然不如"更适合中国"能传递一种专属属性，因为中国人的常识就是一方水土养一方人。

许多一二线城市的母婴店店主发现，来询问飞鹤奶粉的顾客越来越多，但自家却无货。灵活的商家立刻跟进消费者的需求，飞鹤最终完成对全国13万家母婴商家中10万家以上的覆盖。

飞鹤在央视和分众大打品牌广告的同时也进行全面地推，是坚定地把"空军轰炸"和"地面战役"结合起来的企业。飞鹤奶粉投放品牌广告的第一年即2015年，就在母婴线下终端举办了10万场迷你秀活动，2018年一年举办了53万场。"空中"强大的广告火力加上终端强大的地推活动，大大缩短了广告起效的时间。

据行业统计数据，飞鹤奶粉在国内的市场占有率已超越了全部外资品牌，成为中国奶粉"一哥"。2015—2020年的5年间，飞鹤的市值从10亿元上涨至1600亿元。

飞鹤和波司登的案例带来的启示是，中国的消费者并不是非"洋"不可，如果能够适度凸显本土化优势和专业属性，再精确地在主流消费群体中引爆，国货、老品牌一样可以享受品牌红利，特别是在当下国潮兴起、民族凝聚力空前高涨的时刻。

继续来看一个例子。2019年的3月12日，广泽股份发布公告称，已在3月4日完成将公司名称由"上海广泽食品科技股份有限公司"变更为"上海妙可蓝多食品科技股份有限公司"，同时，其证券简称也将由"广泽股份"变更为"妙可蓝多"，目前已获得上交所批准。

妙可蓝多的品牌凸显不是凭空而来的。有公开信息显示，妙可蓝多官方将2019年定义为品牌发展元年。在更名前，妙可蓝多已聚焦线下电梯媒体，开启了强势霸屏模式，立志要做"中国奶酪第一品牌"。

在奶酪市场，中国企业完全不具有品类认知优势。因为奶酪是地道的舶来品，而且是一种国人接受度还不算很高的消费品。有人说："中国人连国际大牌的奶酪都认不全，怎么会接受国内品牌的奶酪？"

但妙可蓝多恰好发现了问题的关键。中国人对奶酪消费的认知很弱，不是坏事，说明洋品牌也没有在中国消费者心目中建立足够的品牌认知。而"进入空白心智"远比"改变固有心智"要容易得多。

于是，一则根据儿歌《两只老虎》改编而来的奶酪广告频繁在电梯口刷屏，有人说这个广告"洗脑"，有人觉得呆萌，但重要的是，它容易让人记住并富有童趣。在这个简单可爱的广告背后，是充满侵入性的品牌引爆——妙可蓝多奶酪棒广告在全国包括北京、上海、广州、深圳等一线城市在内的几十个主要城市里，覆盖数十万个楼宇和社区，全天候高频播出。

对于妙可蓝多来说，品牌攻势如此猛烈并不是一时冲动。在其负责人看来，妙可蓝多已经做好了充分的生产准备。可以说，妙可蓝多在很短的时间内积累了巨大的品牌势能。

妙可蓝多持续霸屏带来的一个直接结果是全网热度急速飙升。据百度指数 90 天搜索指数显示，其主要对手百吉福在之前较长一段时间内的搜索指数一直略高于妙可蓝多，但从 2019 年 2 月底开始，妙可蓝多的搜索指数直线上升，达百吉福的数倍之多。

90 日微信指数也显示了与百度指数同样的趋势。妙可蓝多的微信指数在 2019 年 2 月底突然蹿高，此后就保持着数倍于百吉福的领先水平。以 2019 年 3 月 11 日的微信指数为例，妙可蓝多为 27 010，百吉福为 9670，前者约是后者的 3 倍。

妙可蓝多的对手百吉福并非菜鸟，而是国际知名品牌。百吉福是一家法国奶酪品牌，诞生于阿尔卑斯山麓，是 Savencia 集团（原保健然集团）旗下最大的国际品牌。百吉福奶酪已经在零售、餐饮及工业等渠道销售着十几个系列、50 多个品种的产品，在中国销售已经超过 30 年。而在奶酪领域，Savencia 集团专注奶酪和特色奶制品领域，是全球最大的特色奶酪制造商，拥有 60 多年的奶酪制作历史和世界顶级的各种奶酪生产工艺。

这样一个有实力、有底蕴、有知名度的奶酪品牌，按理说应该有绝对的垄断地位。事实上，很多这样的顶级品牌在上一个时代——即"电视媒体平台＋大卖场渠道"时代，凭借跨国企业雄厚的财力和先进的运作理念，曾经击败了一代中国品牌，基本攻陷了日化用品、食品等大众消费品的每一个品类。

然而，经过 20 多年的发展，兼具线下流量和数字化能力，以及丰富、独特的理论等品牌"战略武器"的中国品牌，已经具备了在除奢侈品外的各个领域全面挑战国际品牌所应有的基础设施。就拿妙可蓝多来说，经过 1 年多执着的广告投放和各种辅助策略，其在中国的销量远远超过了百吉福。

写了这么多国货崛起的案例,我们尝试总结其中规律性的底层逻辑。

第一,善于抓住时间窗口。

当下新国货的崛起,让我们觉得似乎遍地是商机,但对于微观的赛道竞争而言,每一次成功必然是正确地抓住了某个关键性的时间窗口。人不可能两次踏入同一条河流,时间窗口对一个企业也无法开启两次。如果元气森林没有抓住无糖健康饮料品类崛起的窗口,而是跟随在其他品类开创者的身后,如果完美日记、花西子没有抓住Z世代消费群体寻找平价替代、对国潮更为亲近的用户增长红利窗口,那么前文中的案例都将被改写,甚至无法成为案例。

第二,不踏入流量陷阱,不对流量过度追求,避免业务被流量绑架。

《互联网流量,让天下充满难做的生意》的文章一度刷屏,文章的内容比较专业,在此无法完全复述。但其中的核心论点是,以流量为核心的"效果广告"会让企业主迷失方向,沉迷于"种草"数量、曝光次数、直播销量、购买转化率等流量型、效果性营销指标,从而失去对更本质的建立品牌的把握。

文章认为,没有品牌势能,流量再汹涌也是短期效应。效果广告是让人"买",品牌广告是让人"爱"。没有爱的"买",无法持久;没有买的"爱",不是真爱。在策略上,通过"买"带来"爱",远不如通过"爱"促进更多"买"直接和长久。

第三,差异化营销的根本在于灵活地组合多种营销方式,因为没有任何一个单一模式可以解决所有问题。

凯度中国区首席执行官兼BrandZ全球总裁王幸在一次发言中指出,根据企业的特点,个性化和灵活地组合运用媒介投放会大幅度增强营销效果。她说:"未来,以内容营销为主的社交媒体传播,结合核心生活场景为主的线下高频传播,将是赢得品牌价值提升的传播趋势。除'双微一抖'外,小红书、B站也成为年轻人线上社交的重要选择,而以分众传媒为代表的公寓、写字楼电梯媒体,以及商场、影院等媒体,是消费者每天都可能接触到的。这样的媒体触点在后疫情时代对广告主来说变得越来越有意义,成为上半年极少数业绩正增长的媒体平台。"

这其实是在告诉我们,任何一种单一手段都不是完美的,效果广告和品牌引爆的分工与组合,才是最为有效的。

流量广告的效果像赚快钱,而赚到的钱必须及时存起来,否则有可能丢失。如果线上收获的流量不结合线下的心智固化,大量煞费苦心获得的流量效果就会流失。

瑞幸咖啡成与败

瑞幸咖啡的造假事件,并不能掩盖其作为一个新消费品牌崛起的成功。

瑞幸咖啡的内部人士也评价说,如果不是因陆正耀急于收购宝沃汽车,以完成出行生态链的全闭环,瑞幸咖啡就不必以如此激进的速度上市融资,本来完全是一局可以从容下好的慢棋。

为什么说瑞幸咖啡是成功的?因为在咖啡创业赛道上,它并不是先发者,却是唯一一个跑通全流程并验证了商业模式的企业。同时期的其他竞争者,如连咖啡等,比之瑞幸,操作水准相去甚远。

瑞幸咖啡的幕后有神州租车创始人陆正耀。招股说明书披露,IPO前陆正耀持有瑞幸咖啡30.53%的股份,为第一大股东;而瑞幸的另一位创始人钱治亚是神州优车的董事,持股份额为19.68%。钱治亚是瑞幸咖啡的操盘手,陆正耀是背后的实控人。

此前所有创业都在出行领域的陆正耀出来做咖啡行业,看似有些诡异。其实,这和他的投资思路是一脉相承的,即快速进驻、霸占头部、亏损式增长和以最大速度把体量做到赛道第一。

在2017年，中国的即饮咖啡细分市场规模已经达到70亿元人民币，并保持着每年两位数的增长。同时，中国的人年均咖啡消费量仅有4杯，"北上广"等一线城市的人年均咖啡消费量也仅有20杯，而日本人年均消费200杯，欧盟国家则达到325杯。与成熟市场相比，中国咖啡市场蕴藏着巨大的发展空间。

《2017—2021年中国咖啡行业投资分析及前景预测报告》显示，我国咖啡消费量每年以15%～20%的幅度快速增长，而全球咖啡消费量的平均增速只有2%。据伦敦国际咖啡组织预测，我国咖啡市场规模2021年可达3000亿元，2025年有望突破1万亿元。

这属于典型的"代表未来趋势"的市场，但在如何定位产品方面，瑞幸咖啡还是花了一番功夫的。

重要的是在功能型消费和地位型消费两者中做一个选择，这两个选项无法兼顾。

《超市中的原始人》这本书提出了一个很有趣的观点，即消费大体分为两种，第一种是消费给别人看的"地位型消费"，第二种是消费给自己爽的"愉悦型消费"（功能型消费也属于其中一种）。

星巴克属于典型的地位型消费，它的特点是店面较大而且环境较好，主推"第三空间"概念，即门店是一种家庭和工作外的第三空间，消费者获得的享受包括这个空间——时至今日，"打卡星巴克"仍是低配"网红"必发的生活照之一。

由于星巴克的示范效应，在瑞幸之前中国已经有无数创业者尝试咖啡创业，其中绝大多数以精品鲜煮为特点，走地位型消费的路径，但失败率高达90%。

从这个角度来说，瑞幸咖啡必须避免和有西洋文化背景加持的竞争对手在地位型消费市场中对抗，而应该反其道而行之，强调咖啡的功能性价值。

批驳瑞幸咖啡兜售功能型饮料的观点持有者，大抵认为只有星巴克模式（典型的地位型消费）才是咖啡创业唯一正确的模式。

但事实上，人类社会中基本所有的饮料，都是通过功能型消费来打开市场的。

在古代，人们发现咀嚼茶叶或者某些植物的嫩茎能够提升精气神，从而开辟了最早的茶叶消费。咖啡和另一种植物古柯被人类发现价值的过程也类似。全世界公认的成功的饮料——可口可乐，最开始走的就是功能型消费路线。美国药剂师彭博顿以这是一种含古柯的提神药酒为蓝本，发明了可口可乐，主打"健康和提神"的路线。后来，可口可乐又被看作美国精神的代表，从单一的功能型消费变成更为显性的文化型消费。

瑞幸咖啡选择了功能型消费路线，但这并不直接体现在营销上。和其他消费品一样，瑞幸咖啡的营销导向仍然具有某种感情温度，且并没有像红牛一样把"困了累了喝红牛"摆在明面上。

在解决了产品定位之后，瑞幸开始了自己熟练的营销操作。

瑞幸咖啡选择的是以电梯媒体为主、LBS 为辅助的策略。同时，瑞幸咖啡选择了张震和汤唯作为代言人，使用"你没喝过大师做的咖啡，扫码领一杯""这一杯，谁不爱"等广告语。在这个过程中，瑞幸咖啡还用了流量裂变的拉新手段，送朋友一杯自己也会获赠一杯。

通过这样的广告投放和营销，仅仅经过 4 个月左右的发展，瑞幸咖啡 App 的下载量在 App Store 免费榜总榜上排第 33 名，而星巴克排第 243 名。在电梯媒体渠道全力投放后，瑞幸咖啡的微信指数收获了超过 10 倍的增长。

但这一切还不足以撼动星巴克。

由于星巴克的长期市场教育和价格定位，杯饮咖啡属于轻奢侈品的印象牢牢占据消费者心智，后来者很难超越先来者的体系。在相同的环境和价位下，消费者更愿意选择星巴克来获取情感上的满足，使其利润率达到 17.7%。在其先发优势和规模优势的挤压下，后来者如果没有亏损的准备，就不可能享有任何价格优势。

这是一场心智竞赛，如何突破星巴克的品牌封锁成为关键。在一个赛道中，胜利只会属于第一名，想要改变这个现实，除非重新开创一个新的赛道。瑞幸咖啡首先要做的就是打破咖啡属于轻奢侈品的印象，将消费者引入自己的逻辑中。

这既是品牌策略，也是市场策略，准确地说是两者的捆绑。瑞幸咖啡在对市场进行调研后发现，在行业热热闹闹的景象背后，其实杯饮咖啡的渗透率并不太高。其中有两个关键性因素：第一是受限于星巴克对外送业务的保守，消费者获取星巴克咖啡并不容易，其3000多家门店在亿级的中国消费者面前显得很单薄；第二是受限于星巴克咖啡的价格，仍有很多消费者把星巴克咖啡视为享受品。

基于这两个事实，瑞幸咖啡要强调的差异化特点是：第一，瑞幸咖啡更容易获得；第二，瑞幸咖啡比星巴克具有更高的性价比。

瑞幸咖啡选择建立一个全新的咖啡形象。这种咖啡不是奢侈品，更适宜日常的办公场景，更便宜，更容易获得。这时星巴克还没有"一统天下"的理念，在差异化手法的加持下，瑞幸咖啡打入用户心智的过程显得相对容易。

克里斯坦森在《创新者的窘境》一书的"颠覆性创新理论"里提出，打败既存领先企业，要么削弱它的根基，要么创建新的市场。创新能够把简捷、方便、价廉、易理解的产品带入复杂和高价已成为常态的市场之中，最终重新定义整个产业。

在传统的商业理论中，廉价的新产品往往能带动市场规模呈指数级增长，咖啡产业也不例外。但是想让产品价格大幅度下降，成本首先要大幅度减少。

而成本减少恰好是星巴克的一个难点。在轻奢定位的驱动下，星巴克的成本结构中，除去咖啡原料和管理成本，最大的一笔成本来自门店的高昂租金，这也是为了维持其空间定位而不得不付出的代价。

从某种意义上说，星巴克是"成也门店，败也门店"。由于星巴克将自己定位为含有社交特质的"第三空间"，它从来都无法压缩的刚性成本就是在体面的购物中心里面积不小、租金不菲、宽敞明亮的大门店。这是星巴克的品牌优势,其所提供的产品远远超过一杯咖啡。星巴克是空间,是情调,是氛围,是环境,是一个复杂的混合体,确切地说,它是一种生活方式的具象化存在。当然,消费者必须为这种情调、氛围和环境买单,哪怕不需要,这一份成本也包含在消费的每一杯咖啡里。

这就意味着,想要让星巴克及类似的产品降低成本并不容易,而瑞幸咖啡开辟的新赛道恰好就要借在实现弯道超车。具体说来,瑞幸咖啡打破了星巴克所奉行的"咖啡环境消费"概念,将产品聚焦于咖啡本身,随即打破了星巴克奉行的成本结构体系。

瑞幸咖啡刻意撇开社交元素,聚焦咖啡本身,做法是在重要的商务楼宇里开设面积很小的咖啡店。事实上,这些咖啡店仍支持到店饮用,只是座位容量和环境都和星巴克有很大的区别。

瑞幸咖啡将自己定位为功能型饮料,实则是通过它的店面布设和由此带来的消费频率来实现的。瑞幸咖啡生逢其时,正好遇到"前置仓"这种理念大行其道。瑞幸咖啡在经营网络上的最大特点,就是把网点密布在各大写字楼内。这些网点可以支持有限的到店消费,但环境一般、空间逼仄,所以实际上绝大多数人接受的方式是由前置仓配送或到店自提,而密集的网点则解决了获取速度的问题。这使得瑞幸咖啡的消费者可以随时获取咖啡提神打气,消费频率也随之提高。

虽然星巴克的成本结构很难改变,但对于从头打造网络的瑞幸咖啡来说,基础设施的建设成本也非常之高,相较之下,提升便利性是更容易做到并能即刻见效的事情。

恰好在这方面,星巴克留下了不小的市场空间。尽管我们无意指责星巴克,但是星巴克在过去数年中缺乏进步的做法仍然令人惊讶。在中国外卖市场相继诞生美团和饿了么两个百亿元级别的外卖平台,消费者对外卖的青睐日益凸显,以至于市场上甚至出现了"连咖啡"这样为配送星巴克咖啡而诞生的跑腿平台的情况下,星巴克对提升获取便利性却一直无动于衷（和饿了么共建专星送是后期的事情）。

前期的瑞幸咖啡集中火力对获取速度进行了优化。得益于密集分布的网络，在覆盖的区域内，瑞幸咖啡20分钟送达的外卖服务令人印象深刻，许多人甚至将其视为一个咖啡外送平台。事实上，瑞幸咖啡追求的是"无限场景"，其外卖与自提业务都是基于无限场景的逻辑而存在的。消费者可以在办公室喝瑞幸咖啡，也可以在家里喝瑞幸咖啡，只要瑞幸咖啡能够提供便利的外卖与自提业务。

如果说在获取便利性上瑞幸咖啡完胜星巴克，在品质上如何分出高下，则是一个没有答案的问题。

从选品的角度来看，星巴克的选择显然更丰富。除了意式系列，它还有冰沙、茶饮、轻食，但单单就咖啡的品质而言，瑞幸咖啡和星巴克差距不大。

虽然有很多人认为瑞幸咖啡显得比较廉价，但这大多是出于心理暗示。事实上，现代即饮咖啡的供应链已经非常成熟，从品质稳定的商业拼配咖啡豆，再到可以全自动工作的咖啡机，以及完善的培训流程，任何企业只要愿意投入成本，都可以生产出水准线之上的杯饮咖啡。而瑞幸咖啡则是按略高于平均标准来自我要求的，这使得其咖啡品质毋庸置疑。

在品质之外，瑞幸咖啡占据的是不是一个伪风口，也是后来被激烈讨论的话题。

在中国，星巴克于1999年开设了第一家门店——国贸店。2020年前后，星巴克的门店数量已经猛增至4200家，每年卖出3亿~4亿杯咖啡，并没有人认为星巴克是伪需求。

星巴克对咖啡文化在中国的普及确实功不可没，瑞幸咖啡是在星巴克多年耕耘的基础上出发的，而二者都证明了咖啡需求的持续增长。

也有人说，瑞幸咖啡想用18个月就超过星巴克，是不可能的，是在直播造神。但可能很少有人知道，星巴克在中国并不是匀速发展的，从第1家到第1000家，大概用了14年，而从2013年的1017家猛增至4200家只用了不到7年，这恰好证明了咖啡市场近期的井喷。瑞幸咖啡只是在追随这个趋势因时而动。

比品质和风口更难回答的是瑞幸咖啡是否建立了一个好的商业模式。

瑞幸咖啡的商业模式有两个特点：第一是基于在线裂变，用低价补贴打开市场；第二是基于快速开店，用便利性优势来打击星巴克的短板。

但是其遭到质疑的根本原因是，瑞幸咖啡2017年收入25万元，亏损5620万元；2018年收入猛增至8.4亿元，净亏损更是达16.19亿元；而2019年第一季度，备受质疑的瑞幸咖啡收入4.79亿元，同比增长36倍，净亏损同比扩大至5.51亿元。

所以有人说，瑞幸咖啡是在玩击鼓传花的游戏。

但是，如果我们仔细分析，又发现瑞幸咖啡的做法是非常理性而有目的的。

的确，瑞幸咖啡是在用低价撬开市场，但是只把目光停留在大量补贴、1.8折券上，也未免偏颇。

本书作者承认，瑞幸咖啡的品牌攻略和营销攻势的确非常激进，但这种激进有两个基本点：第一是建立在成本结构的不同上，第二才是在营销路线的选择上。瑞幸咖啡和星巴克完全不同的门店成本结构，决定了瑞幸咖啡能够用较低的价格竞争，这不是光用补贴可以解释的。即使说补贴，也是一个极为有效的策略，关键在于解决了留存问题。

在《沸腾新十年》研究的一系列案例中，在留存这个问题上，美团、拼多多、滴滴都解决得比较好，共享单车做得比较糟糕。但这些案例里有一个共性，即企业的成败不取决于是否有补贴，而取决于主航道业务做得好不好，能不能接住、能不能留住这些补贴。

坏业务不会因为补贴而变好，好业务一定会因为补贴变得更好，这是有大量事实依据的。

瑞幸咖啡的补贴是有效的，因为瑞幸咖啡的产品和服务做得很不错，接住了这些补贴带来的留存。实际上，神州系所有产品，无论是租车还是专车，在产品力上都可以说是业内一流水准。可惜瑞幸咖啡急于求成，夸大了补贴的真实效果，最终使陆正耀的心血毁于一旦。

瑞幸咖啡在微信朋友圈做了广告，用了顺丰的快递，借助了美团的平台，使用了分众的电梯媒体——如果没有这一系列的物流、营销、品牌方面的创新基础设施，一手叩击品牌心智一手低价社交裂变的瑞幸特色玩法根本无法实现。这个玩法恰好是中国互联网和创新市场的特色。在利用这些基础设施形成自己的核心竞争力上，有的企业成功了，有的企业不够成功，但我们不能否认这种模式的价值和这些基础设施的力量。

当然，我们也不得不承认，中国的创业市场也有非常浮躁的一面，比如新风口的"唯快不破论"。

中国的市场广袤，需求分散，这就导致在任何一个细分领域里创业都面临两件事，即一手要造自己的路，一手要断别人的路。从千团大战、千播大战、出行大战、共享单车大战、社交电商大战一路看过来，它们的底层逻辑都是一样的。所以，瑞幸咖啡追求高速度、快速占领市场，不给对手留机会，不是瑞幸咖啡自己的问题。

喜茶和奈雪的茶

奶茶市场是如何崛起的

这一节我们讲述喜茶和奈雪的茶（以下简称奈雪）的故事。在讲述这两家奶茶品牌的故事之前，我们不妨回顾一下奶茶这个品类在中国的发展历史。

早期，英式奶茶先传入中国香港，再传入中国台湾。

奶茶先在台湾走向街头。20世纪80年代，台湾春水堂老板刘汉介喜欢研究新式饮品。在一次内部新饮品竞赛中，一位喜欢吃粉圆（一种地瓜粉、木薯粉制成的小吃）的店长将粉圆放入奶茶，制成了珍珠奶茶，结果大受好评。

1996年，仙踪林和快可立先后在上海开设直营店，将珍珠奶茶、泡沫红茶等茶饮带进了大陆。20世纪90年代后期，CoCo、避风塘、大卡司、50岚（"一点点"前身）等奶茶品牌登陆了上海、广州、苏州等城市。

彼时，奶茶是一种中低端饮品，制作方式主要以用奶精等粉末冲调为主，除"珍珠"外还出现了果味等分支。当时品牌连锁以外的独立奶茶店一般都是10平方米以内的路边陋室，街边摊也大量经营奶茶，消费者以外带为主，价格为5～10元。

2004年，85℃、快乐柠檬、贡茶、茶风暴等品牌出现，推动奶茶行业再次发生改变。2010年，中国台湾奶茶品牌在大陆市场大规模扩张，仅CoCo这个品牌，2010年就开出500多家门店。除此之外，奶茶也引起了饮料行业的注意，派生出杯装奶茶和瓶装奶茶两大新品类，香飘飘、阿萨姆、呦呦等品牌相继出现，在得到消费者认可的同时快速崛起。

"90后"、前手机店店主聂云宸创立喜茶，就在奶茶从街头走向商场、走上饮料厂流水线、开始大规模爆发的前夜，喜茶可谓生逢其时。

2012年，广东江门九中街开了一间小小的叫作皇茶的店，21岁的聂云宸一人负责店面装修、菜单设计、产品调制等工作。当天气不好时，每天只能卖出几杯茶，每天的营业额只有几十块钱。他坚持每天去微博搜评价，尤其是差评，从中了解顾客喜好，不断修改配方。这样的状况持续了半年，小店外开始排队了。

聂云宸回顾说，自己此前并不懂调制奶茶，但即便如此，当时街头奶茶"使用低劣的材料如奶盖粉等调和"的现状，也让这个热爱奶茶的年轻人知道其中有很大的优化空间。后来，一种叫"布蕾珍珠奶茶"

的产品成为店里的招牌产品。

皇茶先后进入东莞、中山,并于2015年进入广州、深圳,于2016年进入广西,开设店铺十几家,在崇尚美食的南粤大地风云初露。

2016年年初,由于原名"皇茶"无法注册,聂云宸放弃了原有"Royaltea皇茶"商标,将品牌名改为"喜茶"。

"皇茶"不能注册商标的另一个后果是,到2016年已经有2000多家各种各样的"皇茶",当然其中95%以上都和聂云宸无关,这使得他此后极其注重商标保护。[1]

提到喜茶,就不得不提奈雪。这是另一家起家于深圳的奶茶品牌,创立于2015年,隶属品道餐饮管理有限公司。奈雪以"创新打造茶饮+软欧包"的形式实现突破,以20~35岁年轻女性为主要客群,坚持茶底4小时一换、软欧包不过夜。

奈雪的经营者是一对夫妇,老板娘叫彭心,长得美丽大气。在2015年年初,她还是深圳一家公司的IT总监,但她想开一家属于自己的"面包+茶饮"店。

彭心执行力很强,在她萌发了做茶饮的念头后,就开始多方寻求合作者。辗转多人,终于找到了在深圳餐饮界浸淫多年的赵林。

一个广为流传的桥段是,与彭心见面那天,作为一个30多岁还没有对象的大龄男青年,赵林恍惚间把这次见面当成了一次相亲。彭心口若悬河地说完自己的想法后问对方:"赵总,您看我这个想法行吗?"没想到赵林说:"你看我这个人行吗?"

---

[1] 2015年,IDG资本合伙人连盟主导了对喜茶的投资。连盟之前在新东方,投资方面主要在消费领域,第一个项目是周黑鸭。他说自己当时是去武汉看另外一家电商企业,朋友说去武汉都会买周黑鸭给同事,连盟看后就决定投资了。打动他的产品好是一方面,另一方面是周黑鸭的模式创新。对于原来街边卖的鸭脖子,顾客不知道它好不好,也不知道它从哪来,但周黑鸭采取直营店和中央工厂的全新方式,再进行品牌化运作,一下子就有机会做大了。喜茶和周黑鸭一样,产品很好,品质控制很严格,又全都是直营的店,而且创始人都有精神层面的追求。

一段认识3个月闪婚的姻缘拉开了创业的序幕,彭心作为年轻女性的代表,深谙客户群体的喜好。她打算用"一口好茶,一口软欧包,在奈雪遇见两种美好"的新场景来打开市场。

2019年年底,奈雪的店铺也达到了349家。和喜茶不同,奈雪的店铺更大,单店面积都在200平方米以上,每一家店由不同的设计师设计,风格简约,充满时尚气息,在某种程度上致力于打造星巴克那样的"第三空间",为都市女性提供集休憩与社交于一体的生活场景。

在喜茶之后渐渐打响品牌的奈雪,对知识产权的保护更为重视。据统计,奈雪已申请超过1000件商标、40个以上的专利,以及为数不少的作品著作权、软件著作权。

注册的商标除了品牌名称"奈雪的茶",还包括"燃爆君""奈雪""奈雪茶""奈雪茶NAYUKI"等。

和讨论其他新消费品牌一样,我们首要关心的是喜茶和它的主要竞品奈雪的产品力本质上究竟是什么?

严格说来,喜茶和奈雪是由非专业人士,在没有明确产品标准(而咖啡行业有极其专业的机构和测试标准)的前提下,按照提升品质的思路,开辟出来的一个品类家族。

即饮奶茶的核心产品力是什么?餐饮行业资深人士认为,从口味来说,奶茶本身的特质是稍有苦味的茶和甜润的牛奶的经典搭配。无论是英国王室饮用的奶茶,还是藏边牧民用砖茶搭配酥油和砂糖,都证明了奶和茶是一种极佳的组合。

从科学角度来说,奶茶的提神作用大于咖啡(一杯奶茶的咖啡因相当于数杯咖啡的),同时其大量的糖分对大脑受体的冲击,导致内啡肽的分泌增加,提供了一种真实的愉悦感。而且这种愉悦是有一定成瘾性的。

原本的奶茶勾兑成本极低廉,但是生逢消费升级时代的喜茶和奈雪,自然不能再走这条路。它们提升了制作标准,从冲泡粉末和香精,向真茶、鲜奶、鲜果等优质配料升级，与消费者追求更高品质的需求暗合。

在仔细了解后不难发现，无论是喜茶还是奈雪，发展过程中对产品力的锻造其实主要有三个维度。

1. 以迎合年轻人的喜好为第一标准，以快速试错为入门路径。
2. 通过各种富有想象力的搭配产生大量的跨界食物。例如，喜茶后来发展出芝士茗茶家族、莓莓芒芒家族、满杯水果家族、波波家族等；而奈雪后来的产品也已不集中于软欧包，而是甜品的大杂烩，包括草莓魔法棒、奶酪芋头山、一颗大榴莲、福栗包等。
3. 本质上提供了更多的碳水化合物、咖啡因和糖，因而具有一定的治愈性或者说会让消费者产生依赖性。

很难说奶茶是一种健康的食物，特别是当它后期加入更多的脂肪和糖的时候。甚至奈雪还发展出一个子品牌叫"台盖"，因为彭心发现"有很多年轻人喝奶盖茶其实就是吃奶盖，吃完奶盖，茶就扔了"，简而言之，奶茶已经从一种饮料变成了一种甜品。

还有一个必须探讨的问题是消费升级。

与瑞幸咖啡走高性价比的路线不同，喜茶、奈雪，包括新晋的雪糕品牌钟薛高，走的是消费升级路线，都定价不菲。喜茶和奈雪的客单价已可比肩星巴克，钟薛高甚至推出70多元的雪糕，定价是哈根达斯的两倍之多。

一方面，高客单价是成本导致的。例如，喜茶最开始在广东省内开店的时候，客单价大概20元，但大规模挥师北京、上海后，由于各方面成本的激增，只能不断涨价，每次涨价都成为话题。而奈雪的客单价更高，彭心对此解释："新式茶饮制作工艺很复杂，行业机械化程度又很低，对人工依赖程度太高，一家门店必须配备十几到几十个员工，想开小店也难。奈雪共有近14 000名员工，其中80%以上的人在门店，需要培训3个月才能上岗。"

而咖啡行业不仅咖啡豆供应链成熟，咖啡制作的自动化程度也很高，因此即便是一百多平方米的门店，也只需要几个店员。反观奶茶行业，茶叶、新鲜水果等原料的成本则较难把控。

另一方面，高客单价也是一种社交炫耀的资本，也是年轻人的刚需。如果产品在这种高客单价的同时还可以讲故事，就更好了。

例如，钟薛高最有名的产品是"厄瓜多尔粉钻"。这款售价66元的产品在2018年"双11"发售，虽然售价高得惊人，但一天内就卖空了。

当时在天猫冰品还是一个很小的品类，中高端产品的丰富度一直不够，消费者迫切希望有更好吃、更健康、更个性化的冰激凌。

钟薛高的入场迎合了市场的期待。钟薛高的互联网基因非常明显，甚至很多元素在品牌设计之初就已经构思好了，如针对年轻消费者设计产品，以及灵活的供应链体系和组织能力，这些特点都让钟薛高迅速发展成整个品类的标杆。

但本想作为入驻天猫首发产品的"厄瓜多尔粉钻"，出世并不顺遂。粉色可可的成本本来就高，而且非常难搭配，最后选用的日本柚子果茸，更是贵到每吨70万元左右。

但创始人林盛在尝了"厄瓜多尔粉钻"的味道后，就认为自己"没办法放弃这款产品"。他做了一个大胆的决定，在用户心智默认是"打折季"的"双11"上线，而且不打折，就要这么贵。他认为，就算亏损也要进一步押注用户认可"钟薛高就是高端、就是好"的品牌心智，即使这2万多支卖不动，也足以用来做大品牌声势。最终结果是一上线就很快卖断货。

发行社交货币的新秀们

与元气森林、完美日记不同，喜茶和奈雪的传播路径充分遵循饮食行业的规律，即依靠口碑和跟风，用一种发行社交货币和"不可错过"

的概念,来实现消费者的吸纳。

喜茶的标志性现象是"排队"。微信公众号创业达人分析了这一现象:喜茶单店经常每天有将近 2000 杯的出杯量,以营业时间 12 小时来算,平均每分钟要出 3 杯,高峰期则更多。

在喜茶深圳海岸城店,有媒体做过统计,一个工作日下午,从开始排队到拿到饮品,用了 27 分钟,流程如下。

1. 在店员引导下排队(店员会细心地引导排队者避开旁边门店及行人过道)。
2. 设置分流节点,排到一定位置店员会递送菜单,排队者可预点单。
3. 在收银台点单付款,拿到一张小票与一个圆盘状叫号器。
4. 叫号器闪烁发声,至取餐处取餐。

27 分钟似乎并不是很长,但考虑到奶茶并不复杂的制作流程,以及星巴克、瑞幸咖啡、麦当劳平均几分钟的等待时间,喜茶门口总是排起的长队成为一个现象级的口碑营销方式。"吃那些总是满座的店"的消费思维,使得更多人加入排队大军。

真正的质疑,出现在喜茶挥师沪上的 2017 年,也是所谓"新茶饮运动"的第二年。众所周知,上海在引领消费文化上的影响力远大于其他城市。喜茶进入上海被认为是真正意义上全国扩张的开始。自此,喜茶的排队现象也进入公众视野并成为话题焦点。

一部分原因是喜茶在江浙沪扩张时,排队现象越来越严重。媒体报道是这么说的:"在上海买杯奶茶要排 4 小时,等叫号等到怀疑人生的喜茶,5 月 28 日在杭州来福士一楼正式开张。开业当天现场照片刷爆了朋友圈,据说 10:30 正式营业,早上 7:00 就有人排队。这个从广东起家的奶茶品牌,因为在上海爆红,震惊了全国吃货。在上海人民广场的喜茶门店,号称要排三四个小时。"

有媒体信誓旦旦地说找到了所谓排队的"黄牛",也有人说在 58 同城上找到了"招聘排队人"的广告,但这些说法最终都没有坐实。

聂云宸在喜茶进军北京的沟通会上正面回答了这个问题。他说："从创业到现在5年，从来没有找人排队，也不觉得这可以操作。从江门开始，到中山再到广州、深圳，如果靠雇人排队制造声势的话，是不可能拥有14家店，且每家店的营业额都不错的！而且，如果只需要找些人排队就能成就一个品牌，那太简单了，每个人都可以做……所谓的搞饥饿营销更不是事实。喜茶到现在连市场部、营销部都没有，只有策划部（负责公众号的文章）。"

在回答这个问题的时候，其实答案已经不太重要了，因为此刻"新茶饮运动"已然起势。据统计，2018年，全国新茶饮店的数量和单店面积都飞速增长。新茶饮的潜在市场规模接近500亿元，超过了在中国市场成长了20年的咖啡行业50%，用了两年的时间完成了餐饮行业5年的蜕变，并且正在"超车"。

喜茶和奈雪究竟是怎么进行营销的呢？自媒体鸟哥笔记认为，公众对喜茶和奈雪的追逐，实际上是出于年轻人的社交渴望，喜茶和奈雪通过帮助年轻人自我表达和发行社交货币来完成口碑传播。

个性化的年轻群体需要一种更高质量的社交。这包含两个层面：一方面，帮助自我表达——在社会关系中获得认同，找到归属感，这依靠品牌定位实现；另一方面，发行社交货币——帮助消费者与他人建立社交联结，获得情感上的满足，这依靠品牌营销实现。

喜茶和奈雪如何帮助消费者进行自我表达，又是如何发行社交货币的呢？

鸟哥笔记认为，新茶饮产品同质化严重，大部分品牌的目标消费者重叠。这时，品牌定位成为品牌差异化的关键。

其中，喜茶定位"灵感之茶"，聚焦茶的原创与灵感，分享一种很酷、很可爱的喝茶体验；而奈雪定位"一口好茶，一口软欧包"，品类更为丰富，延伸了消费场景，同时在产品、店铺等细节的设计上凸显对女性的关怀。

更具体地说，喜茶和奈雪都选择了门店接触体验和跨界营销传播的方式来发行社交货币。

从门店布局来看，喜茶和奈雪的店主要分布在一线城市。这些地区人口密集，经济发展程度高，聚集了大量白领阶层，人们生活节奏快、消费水平高、接受新事物的能力强，是奶茶品牌战略的重点区域。

虽然名气很大，但喜茶对每一家新店的开设都十分谨慎，完全采取直营模式，拒绝加盟。有媒体统计，截至2019年12月31日，喜茶在43个城市开了390家门店（分为主力店和GO店两种），喜茶GO小程序全年新增1582万个用户，小程序用户总数达到2150万个；而在销量最多的深圳，更创出一城全年销量超2000万杯的佳绩。

尽管从小店起步，但是当喜茶进入广州、深圳这样的一线城市时，就已经放弃了30多平方米街边小店的打法，而是转向100平方米以上的商场店铺策略，布置上也采用北欧风格，看起来时髦舒适。

随着进军上海、北京，喜茶将店铺的体验不断升级，包括玩味摩登的HEYTEA BLACK店、可爱少女的HEYTEA PINK店，以及将禅意、简约、美学融入其中的白日梦计划店。不同的店铺提供不同的主题和场景暗示，使之具备发行社交货币的能力。

虽然声称绝不饥饿营销，但喜茶仍然以销售紧张感作为营销策略。它的活动非常频繁，每周都会发布新品，如多肉类、莓莓×桃桃、芒芒×莓莓。定期发布新品可把老粉丝留住，让其产生期待感；也彻底抓住了年轻人"不喝一次就out"的特点，让消费了新品的用户有某种炫耀式的满足感。而这些年轻消费者会自发地分享、传播，让越来越多的人了解产品。同时，随着消费的透明化，舆论会引导更多的需求，好的品牌能获得更多的青睐。

喜茶可以说每到一地都会成为当地"网红"打卡地。"网红"店的诞生不能只靠用户的自发拥戴，而应该是在网络媒介环境下，"网红"、网络推手、新媒体及受众等利益共同体综合作用下的结果。

除了产品上的独创，在营销上喜茶也不遗余力。在获得融资之后，喜茶开始大范围投放软文广告。在这个方面，喜茶毫无保留地选择了拥抱新媒体，尽可能让喜茶的名字出现在更多的朋友圈和微博里。以上海为例，门店尚未开业，喜茶就已经把上海很多微信大号、知名媒体统统"砸"了一遍：开业前三天买一赠一，然后借助7小时排队效应和消费者自发的晒图进行二次传播，扩大影响力。

这种饥饿营销是一种永远不过时的营销手段，它利用了"人无我有"的炫耀心理和"人有我无"的攀比心理。

微信号运营公举小磊磊指出，喜茶拥有业界一流的"两微"团队。在微信上，喜茶的公众号拥有数百万名粉丝，发布的文章几乎篇篇都是"10万+"人次的阅读量，这对于很多品牌而言是不可想象的。在很多企业的公众号大多只有打折、促销类消息，毫无新意的情况下，喜茶将公众号作为一个品牌输出的载体，以酷、灵感、禅和设计为特点，打造出很独特的风格，同时彰显了品牌调性。

为了缓解排队等候压力，喜茶还开发了具有点单功能的小程序喜茶GO，一方面解决需求，另一方面留住用户。为了提高活跃度，喜茶几乎每次推送都会在文章底部进行抽奖互动，赠送新品或周边产品。

而在微博上，喜茶最喜欢的是做活动，而且喜欢做有戏剧性效果的活动。例如，喜茶在微博上抽奖，结果大概率是抽到了竞品的粉丝。喜茶抽到过竞品茶颜悦色的粉丝，抽到过星巴克桃桃乌龙茶的粉丝和CoCo的粉丝。以抽到CoCo粉丝这次为例，凭借这个抽奖，喜茶再次上了热搜，该话题阅读量达到7.2亿人次，讨论量5.5万人次。

很多人吐槽这类"错中"的抽奖是故意制造话题的暗箱操作，但事实是每次都可以上微博热搜，这就足够了。

和喜茶非常类似的是，奈雪也有强大的公众号和经常"10万+"人次阅读量的文章，但相异的是，具有女性气质的奈雪更注重文化营销的吸引力，并且更主动地介入年轻人的生活。

枫投圈的研究显示，在品牌营销中，奈雪一直坚持"用符合现代人生活的方式将好茶带到每个人身边"这一传播理念，用了多种多样的新渠道、新方式展开营销。

其实，将强文化属性作为产品力的优化方式，并不是喜茶的专利。

创建于2011年的江小白，其创始人陶石泉生于1980年，是一位爱艺术、爱摇滚的文艺青年，也是在传统白酒品牌金六福工作近10年的公关总监。

江小白一上市，就伴随着各种扎心的文案。例如，"我就是我，为你绽放一次的烟火""我是解药，不是毒药""为了生活假强大，拿起酒瓶心愉悦""爱上一匹野马，就得先整一片草原""愿十年后我们还是老友，愿十年后我还给你倒酒"……这些话是印在江小白的酒瓶上的。

与一般的白酒公司不同，除了具象化的形象与容易记住的名字，江小白被媒体赞许最多的是它O2O的营销模式。江小白是一个近乎完全依赖社交媒体造势出来的品牌。2011年12月27日，江小白发布了自己在新浪上的第一条微博："我是江小白，生活很简单！"到2019年，江小白发布微博近8000条，粉丝数超过10万名。

《江小白的数字营销之道》一文提及，江小白的微博营销显示出几个鲜明的特点。

首先，长于文案植入，将有意思的话题与江小白的产品联系在一起。譬如，利用在微博上流传甚广的《来自星星的你》里都教授与张律师对战《植物大战僵尸》游戏的PS图，植入江小白语录："两双筷子两瓶酒，两两相对好朋友。"

其次，将微博的运营完全拟人化。几乎在每一个热点事件发生时，都能看到江小白的表态。

江小白还利用微博互动组织线下活动，并与线上形成互动，以增强粉丝黏性。例如，"寻找江小白"要求粉丝将生活中遇到的江小白拍下来，传至互联网。被粉丝找到的江小白，有餐单上的，有餐馆里的，也有地铁广告上的。

在线上线下打通方面，江小白把"约酒文化"发挥到了极致。它很好地利用了呼朋唤友小酌这个人们熟悉的生活细节,创造各种约酒的节点,并通过微博、微信平台召集"80后"和"90后"的目标用户群体,吸引流量,打造用户沉淀池。之后,通过不同运营方式,甄选出比较优质的种子用户。

长期关注江小白的粉丝都知道,它每年都会围绕一个主题举办一场约酒大会,邀请粉丝参加。例如,举办"小约在冬季",实现用户的广泛参与,体现出江小白本身是一个有温度、有情感的品牌。

新消费后的大数据

在探讨过花式营销之后,我们还发现,喜茶和奈雪在利用用户数据进行深层次私域流量运营和寻找行业规律上各有特色。

为了研究大量的用户数据,2019年年底,喜茶和腾讯CDC(用户研究与体验设计中心)合作,借助腾讯CDC丰富、专业的用户研究经验,对喜茶用户进行一次年度调研,并得出了若干结论。

当经济处于下行压力时,现制茶饮的销量反而上升。因为现制茶饮作为较低价的高颜值享受型产品,满足了经济不景气时人们依然存在的消费欲望。

从消费时间来看,14:00—16:00是用户最常喝喜茶的时间段,有46.4%的喜茶用户在此时间段喝喜茶,还有接近两成的喜茶用户曾在20:00—24:00喝过喜茶;而从消费场景来看,"逛街、购物时"最常见,占比67.8%;其次是"聚会、约会时"和"下午茶";34.3%的喜茶用户常在看电影、看视频时喝喜茶。

数据还发现,波波家族系列是喜茶中最具童趣的饮品系列,消费者年龄越低波波家族系列的人气越高。有59.2%的"00后"喝过波波家族系列,该系列也是在"00后"群体中最火爆的喜茶饮品。而从性别看,女性用户喝过芝芝果茶系列和波波家族系列的比例高于男性用户,男性用户喝纯茶系列和喜茶咖啡系列的比例高于女性用户。

喜茶并不仅仅进行分析，而且把分析的结果用于私域流量的运营中。

枫投圈的调研显示，数字化与流量运营是喜茶的重要机制，标准化的供应链、生产系统与门店管理则是其重要支撑。

但至为关键的是，喜茶对小程序的运用出神入化。借助这个可以重复触达每个拥有微信的用户的工具，喜茶把千万级的会员沉淀于其中，并且反复地收割流量和增强黏性。这就是微信小程序喜茶GO，而推动喜茶GO诞生的，是时任喜茶CTO、现维格智数创始人陈霈霖。

对于喜茶来说，小程序是一个线上销售平台，但不止于点单功能。一方面，它把巨大的线下客群转变成线上流量，进而可进行用户运营。这已经成为喜茶商业模式的重要组成部分，会员体系与社区运营模式的建立是其数字化营销中重要的一环。另一方面，喜茶GO积累的数据可以反向推动产品研发和供应链建设。

举例来说，喜茶推出新品的一部分灵感就来自对用户行为的收集。喜茶很早就允许用户在通过小程序点单时自选一部分配料混搭，并长期跟踪相关数据，最后积淀出重复度最高的用户DIY搭配，并升级为喜茶的标准产品。这是典型的"用户创作"，在喜茶内部被称为"隐藏菜单"，即隐藏于消费者行为中的菜单。喜茶的爆品"芝芝莓莓桃""莓莓芒芒"的灵感正是出于此。

在喜茶数字化的优先级排名中，直接触达消费者的数字化平台排在第一位，因此公司花了许多精力打磨喜茶GO。喜茶管理外部数据和导入用户行为是通过微信、支付宝等第三方平台，但内部则采取数据来全面协同。

以供应链为例，喜茶尝试物料智能下单。此前，门店的茶叶、水果、包装等原材料都是各个门店各自下订单，由店员手动下单，要从系统导入和导出数据，手动计算，门店员工每天大约要花3小时专门做这项工作，而且容易产生混乱。

如果这些数据出现异常状况，就需要店长上报经理、经理上报总监，而层层传递容易发生信息的缺失和误差。

因此，喜茶不断打造数据信息中台，让不同层级的人可以同一时间看到门店的情况，准确且高效地解决问题。

而奈雪方面，在2020年疫情出现后，彭心对团队明确表示："2020年拓展新店的脚步暂时放缓，要逐步落地数字化战略，打出小程序点单、第三方外卖平台、微信商城、直播、天猫旗舰店等一套组合拳，加速线上、线下消费场景融合。"

在营销端，奈雪率先实现"无接触自取＋无接触配送"的门店营业方案。疫情期间不断上新并推出各类优惠商品组合，微信商城访问量周环比提升了89%。同时，奈雪天猫旗舰店上线，锚定数字化零售；直播带货也是重要的一环，奈雪曾和罗永浩、薇娅合作。在这些努力下，尽管受到疫情影响，奈雪仍实现了第一季度经营的平稳过渡。2020年3月，奈雪小程序订单占比达到50.36%，会员订单占比达到了53.15%，较疫情前分别增长了63.8%和72.3%；奈雪的线上订单总量占比达到了83%。

和喜茶与腾讯合作类似，2019年年底，奈雪发布了《2019新式茶饮消费白皮书》，根据调研数据来洞察新式茶饮的消费群对口味、体验、服务、品质等因素的要求。

数据驱动——这不仅仅是喜茶、奈雪的特征，瑞幸咖啡更早、更全方位地采用了移动支付、云计算、大数据分析、AI、IoT（物联网）等新技术。无论是元气森林、完美日记，还是喜茶和奈雪，算法人才的招聘都是重要任务。通过设计算法，搭建透明、开放、协同的信息流平台，从后台提升竞争力，正在成为新消费品牌的内功之一。

泡泡玛特和毒

盲盒不盲

在新消费品牌中，还有一类独树一帜的品类，它们原本是亚文化群体的小众消费，但由于充分借助网络传布和模式创新，聚沙成塔、集腋成裘，形成了独有的消费文化和忠诚的粉丝社区。

准确地说，这是一种典型的 IP 消费，消费者享受的不仅仅是物质实体的获得，还有获取过程中和获取后得到的物质之外的精神满足。

泡泡玛特的创始人王宁对此有精确的解释："潮流玩具的明显趋势是从销售商品到销售情感，从传递货物到传递娱乐。潮流玩具不是儿童的专属，成年人从中找到了自我，慰藉了童心。"

招股书显示，2017—2019 年，泡泡玛特的营收分别为 1.58 亿元、5.14 亿元、16.83 亿元，经历爆发式增长。弗若斯特沙利文的报告显示，按照 2019 年的零售价值计算，泡泡玛特是中国最大的潮流玩具品牌，市场份额达 8.5%；2017—2019 年该公司的营业收入复合增长率为 226.3%，在国内所有同类公司中排第一名。

泡泡玛特开始只是一个潮流集合店，第一家店开在中关村的欧美汇购物中心，店名是英文 POP MART。

麦刚是泡泡玛特的天使投资人。他告诉本书作者，2012 年 8 月他第一次见到王宁，泡泡玛特当时在双榆树租了一个民宅作为办公室。见面 5 天后，麦刚的创业工场就向泡泡玛特投资了。

泡泡玛特的创始人王宁 1987 年出生，在麦刚 2012 年投资泡泡玛特的时候，王宁才 25 岁。但麦刚觉得，自己第一次创业成立亿友时 29 岁，后来在蒂姆·德雷珀（Tim Draper）先生支持下成立创业工场时自己才 31 岁，投资年轻人就是在投资未来的趋势。

麦刚说，泡泡玛特创业的起点非常低，只是一个潮品集合店，就像现在西西弗或者单向街书店里开辟的空间一样，卖一些有文化气息的日常小物，如卡通造型的 USB 小风扇、笔记本、手办等创意和设计类产品。

不过，麦刚觉得这些东西很有趣，他认为"有精神体验的零售"是有机会的，所以他坚持投资。而 2012—2013 年的投资人都在关注电商行业，没有关注零售的项目。所以，在泡泡玛特发展的早期，融资是很困难的。基本上大部分知名机构最后都没有投资。

但这种艰难反而让王宁能潜心培育泡泡玛特的核心能力，并寻找突破点。麦刚说："现在看来，这不是坏事。一方面，这种经历对创业者来说是一种历练，要把手里的每一分钱都用在刀刃上；另一方面，因为没有获得大规模的融资，没有媒体的宣传，在找到风口时爆发得反而特别猛，因为市场上没人和你竞争。"

王宁抓住的趋势风口是年轻人对潮流玩具的热爱。潮流玩具是一个专有名词，又叫设计师玩具（Designer Toy）或艺术玩具（Art Toy），由 20 世纪末香港设计师刘建文开创。它把原本是低价工业制成品的玩具，融入设计师和艺术家的理念，虽然仍然用普通的材质，但它更像是艺术收藏品。

因此，潮流玩具的消费者必须为此付出时间、知识、金钱。只有这种付出，才能使得小小的塑胶制品成为收藏品。

泡泡玛特的玩偶在二手交易市场上一直存在炒货的现象，有一些纪念版、隐藏版的 Molly 甚至被爱好者当作投资理财工具。

2012—2015 年是王宁的艰难跋涉期，除了融资困难，主要是一直没有找到聚焦点。王宁最初对标的是中国香港的 LOG-ON 和日本的 LOFT，类似"潮流生活小百货"，包含化妆品、饰品、衣服、玩具等各种品类的产品零售。

真正的改变是 2015 年的战略调整，这被王宁形容为"赌博一样的转型"。支持这个转型决定的是一个来自日本的 Sonny Angel 玩偶的意外大卖。在泡泡玛特多年无爆款的情况下，这个单品居然卖出当时销售额的 30%。这也让王宁发现，把目标客户锁定在 15~30 岁有消费能力的白领女性身上,并且将品类聚焦为潮流玩具,可能是一个能够翻身的机会。

然而,好运气似乎只维持了很短时间。2016年1月,Sonny Angel版权方通知泡泡玛特终止独家代理,这让泡泡玛特管理层坐立难安。

于是,他们通过各种社交工具征集用户的喜好,王宁在微博上向粉丝提出了各种问题,但最核心的问题是:除了Sonny Angel,你们还喜欢收集什么?

有一个名字出现得最多——Molly。

据《人民日报》海外版记载,在得到答案的几天后,王宁、首席运营官司德和主管设计的宣毅郎三位"85后"高管从北京来到香港,因为Molly是香港设计师王明信2006年的设计作品。

在参观王明信的工作室时,王宁看到类似Molly这样的作品有几百个。他按捺住发掘到金矿的狂喜,开始向王明信询问这些产品的商业化过程。当他知道这些潮流玩具商业化的程度很浅,这款或许能卖50个,那款或许卖200个,完全没有系统的商业化开发时,他的信心就更足了。

"我们在内地已经有几十家门店,能把一个单品卖上几千套。"王宁对王明信肯定地说。

其实这中间的过程颇为繁复,至少有3轮大沟通。因为王明信对泡泡玛特一无所知,他珍惜自己的作品,生怕不可控的商业化毁掉Molly。但当知道王宁团队已经在潮流文化上耕耘4年后,他颇为感动。最终,泡泡玛特拿下了Molly的开发权益。

2016年8月,Molly Zodiac系列借助盲盒形式在天猫开售,一套售价708元。"我们定下的目标是第一天卖200套,但没想到4秒售罄。"王宁回忆。"2000套、4000套、8000套……"宣毅郎说,"我们开始也不敢做太多,每次很快脱销,继续补货,脱销……"

这里必须分析两个要素,即Molly爆火的原因,以及盲盒在其中发挥的作用。

人们大都认为，凡是 IP 必然是有故事的，如迪士尼、高达、变形金刚……消费者购买这类产品，购买的其实是自己对故事情节的喜爱和故事内容在产品上的投射。

但王宁认为，Molly 的特点在于它本身是没有故事的。它既不是来自漫画、小说、电影，也没有先天的故事文本。它的特点在于，它本身是"空的"，但又是可爱的，因此，消费者才有在 Molly 的购买中注入故事和书写自己情怀的空间。

这听起来似乎很玄，但举一个例子便可以证明——无论是什么款式，Molly 本身都是一个无表情的形象。经过 10 多年的微调，如今的 Molly 更形象化，更容易让人记忆，但它仍然是表情空洞的。王宁为此和王明信争论过很长时间，他希望王明信能为 Molly 设计一个微笑的表情，这样看起来会更好看。

但王明信坚持认为，Molly 一定是没有表情的。只有没有表情，Molly 在消费者心中才能等于"自己"，正所谓"你开心的时候，你看她一定觉得她是开心的；你不开心的时候，你看她一定觉得她是不开心的。这是一种情感相互倾诉的感觉，100 个人眼里就有 100 个 Molly"。

这也导致尽管此后 Molly 的造型系列不断翻新、校园风、蒸汽朋克、艺术家、花童、开心火车、生肖，泡泡玛特每年都会推出 5~8 个 Molly 系列，但这些产品始终符合初始设定——没有表情。

和从动漫、电影、小说等 IP 衍生出来的周边玩具不同，Molly 这样的潮流玩具通常没有故事背景。COO 司德的解释是："所有人的时间变得更碎片化了，没有背景就降低了粉丝了解潮流玩具的门槛。潮流玩具可以凭借抓人的设计让人一眼爱上它，同时还可以根据自身需要赋予它情绪、性格。"

在王宁看来，随着生活水平提高，人们越来越关注精神需求，艺术形式也在不断变化。"你要给年轻人一个几万元的紫砂壶，他未必感兴趣，但通过玩具可以实现艺术表达，而且离大众更近，能够触达更多的人群。"

在解析 Molly 的产品力时,《沸腾新十年》认为有 4 点是关键。

第一,潮流玩具是一种品类,但泡泡玛特的潮流玩具是工业化、批量化生产的,它保留了文化特质但是符合快消品的特质。准确地说,它成了艺术品和快消费的杂糅,这才是它大规模商业成功的基础。

根据 2019 年财务数据,泡泡玛特每卖出 100 元的玩具,其中 29 元为商品成本,9.2 元为支付给员工的薪酬,2.9 元支付给艺术家和 IP 授权商。由此可见,泡泡玛特的规模化生产大大摊薄了 IP 的创意成本。

第二,准确的用户定位——18~35 岁的女性白领、学生。这个人群有一定的消费能力,对生活品质有一定追求,对可爱、可收集的藏品没有抵抗力。

第三,爆款 IP 要有极强的视觉辨识力。Molly 有着湖蓝色的眼睛和金黄色的卷发,撅着嘴巴,官方介绍其出生于香港,是个才华横溢的小画家,只要看过一眼就很难忘却。

第四,激发用户的主动"炒作"行为。例如,在泡泡玛特创建的"葩趣"社区,用户可以分享并购买潮流玩具,还可以自主发起"改娃""摄影"等活动。在闲鱼等二手转卖平台上,还出现了"只供查看非卖品",抽中珍藏款玩偶的卖家将心爱的玩偶挂在平台,供其他粉丝查看。

而说到第四点,就必须谈谈盲盒文化这个泡泡玛特的爆点。

盲盒是一种销售策略,但不是商业模式。它最早出现于日本,也是用在玩具销售上,使得一个按钮玩具 SOUNDROP 销量翻了 10 倍,突破 2000 万个(截至 2008 年 6 月)。

科特勒咨询集团中国区合伙人王赛认为:"由于不确定性,用户会进行很多次重复购买。这种具有收集性质的行为,具有竞赛机制。当你收集多了,会去出售这种商品,从而增加产品的购买频率。同时,隐藏款的设置也会增加客户的购买欲望,这是一种刺激消费者收藏欲望的机制。"

泡泡玛特的盲盒到底是怎样的玩法呢?简单来说,泡泡玛特每年会根据 IP 热度，为各 IP 推出 1～7 个盲盒系列，每个系列含 12 款不同设计，包括一款隐藏款（抽中概率为 1/144）。

也就是说，用户如果希望得到隐藏款，有两种方式，一种方式是连锅端，即整套购买，这样必得一个隐藏款；另一种方式是一个一个买，寄希望于手气好，爆出惊喜。但如上所言，抽中概率只有 1/144，是相当低的。

"盲盒的不确定性让人总是充满期待。"一位消费者说，"尽管也有整套出售，但绝大多数时候，我还是会通过一个一个买来收集。一下子买一整套是'壕'无人性的，因为那种快乐只有一瞬间。但一个一个猜着买，能把这种快乐无限延长。"

盲盒机制不但带来极大的娱乐性，而且给泡泡玛特带来了强大的复购率。招股书信息显示，用户花 59 元抽一个 Molly 系列盲盒，泡泡玛特能挣 15.8 元。但是在盲盒玩法刺激下，只花 59 元的人是非常少的，泡泡玛特的 320 万名注册会员中一半以上至少会再抽一次，复购率达到 58%。

如果说泡泡玛特是无本万利，那有些夸张，但通过盲盒的吸引，利润就如同抽水机抽出的水一样源源不断。在"盲盒+Molly"的组合出现第三年，泡泡玛特的销售额就暴涨到 16 亿元，这在任何商品品类中都是一个神话。

泡泡玛特把盲盒变成了一种现象级文化。据《疯狂的泡泡玛特》一文记载，近几年，盲盒的热度突然飙升。在小红书上关于盲盒的笔记超过 7 万篇，其中关于 Molly 款盲盒的笔记就超过了 3 万篇。在 2019 年下半年，百度搜索指数上关于盲盒的搜索热度持续上升，搜索次数连续 3 个月超过"芭比娃娃"。

另外，闲鱼官方数据显示，2019 年有超 30 万人在闲鱼上进行二手盲盒交易，每月盲盒类宝贝发布数量均较上年同期增长 320% 以上。而天猫官方数据显示，在 2019 年"双 11"期间，55 000 个 Labubu（泡泡玛特合作 IP）迷你系列盲盒在 9 秒内就被抢购一空。

盲盒之所以能够兴起，是因为在打开盒子之前，消费者的期待值会一直累加，在打开盒子的一瞬间，期待值将会达到顶峰。随后而来的只有两种情况——失望和狂喜。狂喜的人想要继续这种快乐，而失望的人自然想要翻盘。

在解释了产品力和用户互动特质之后，也要略谈泡泡玛特的渠道策略。

自媒体锐问 Record 的作者 Alex 写道："王宁一直很看重零售门店。从前那些百货店，这时变成了重要的销售渠道，即便自 2014 年起超过一半的中国网民已经习惯用手机购物，直到 2017 年，泡泡玛特的线上渠道营收都不到 10%。两年后，随着电商收入比例提升至 32%，实体店仍然为泡泡玛特贡献 43.9% 的营收。"

事实上，不管是建立"全渠道销售"，还是打造"IP 生活方式"，潮流玩具品牌都在尝试围绕 IP 搭建一个让消费者甘愿花钱的零售场景。为此，泡泡玛特搭建了一套销售网络，包括数百家线下实体零售店、825 家机器人商店、线上商城（天猫、微信小程序及自有社区 App）、分销商网络等。

Alex 指出，在各种销售形态中，能提高卖玩具毛利的还有运营成本更低的线上渠道和机器人商店。在过去 3 年，泡泡玛特线上销售翻了一番。其中，天猫旗舰店的收入贡献持续加大，2019 年"双 11"，泡泡玛特的销售额甚至超过迪士尼和乐高。

而在成立近 10 年后，泡泡玛特在 2017 年实现盈利。这是它开始用盲盒销售模式在线上线下专卖潮流玩具的第二年。这一年，趁着刚盈利，泡泡玛特选择在新三板上市，继续扩张。

原本，泡泡玛特成功崛起的故事已经告一段落，但值得一提的还有其 IP 开发和进军海外的两步棋。

Molly 这样大红大紫的 IP 的发现，有一定的偶然性。锐问 Record 记载，在 2018 年泡泡玛特转让老股时，正心谷创新资本合伙人叶春燕就很希望向泡泡玛特投资，但也担心 Molly 这一个 IP 销售占比过高，难以为继，因此估值低于创始人王宁的预期，双方没能达成协议。

故此，寻找 IP 一直是泡泡玛特心头念兹在兹的头等大事。王宁自己也承认："在内容爆炸的时代，用户的注意力和时间都越来越有限，新的超级 IP 已经不太容易被建立。"

在成功开发 Molly 后，泡泡玛特虽然赚得盆满钵满，但却难以忘却当年授权方收回 Sonny Angel 独家代理权而造成的困难。因此，在 Molly 大红大紫之时，泡泡玛特就已经专门建立了 20 人左右的艺术家发掘团队。他们从线上社区葩趣、线下潮流玩具展会、电商等渠道搜集消费者需求，分析审美趋势，并以此为方向去签约艺术家。

一旦签约，核心艺术家则只需要设计原型、画草图，而剩下 95% 的优化和工业设计则由泡泡玛特内部的设计团队协作完成。泡泡玛特招股书披露，设计和工业原型部门目前有 91 人，占全员 7% 左右。

截至 2020 年，泡泡玛特运营 85 个 IP，包括 12 个自有 IP、22 个独家 IP 及 51 个非独家 IP。但现在打开泡泡玛特天猫店，按销量排序，除了全系列的盲盒，销量最靠前的仍是 Molly 系列。虽然泡泡玛特在招股书中表示，他们和超过 350 位艺术家保持紧密关系，并和其中 25 位达成合作协议，但暂时还没有一款卖得好的玩具来自其内部设计师。

在出海方面，公众号 Morketing 分析，潮流玩具从中国香港发展起来，之后风靡于欧美、日韩。在已有大量受众的市场中布局，泡泡玛特在教育海外用户接受潮流玩具方面面临的困难大大降低。至少到现在，泡泡玛特的出海之路非常顺利。

例如，泡泡玛特研发的北京兔爷 Molly 吊卡、宫廷瑞兽系列盲盒，登上了 2020 年中国国际服务贸易交易会；在日本举办的 Wonder Festival 2020 冬季展上，泡泡玛特以快闪店的形式出现在现场；泡泡玛特以线下分销等方式入驻法国的蓬皮杜国家艺术文化中心精品店及埃贝博物馆等渠道。2020 年 9 月 5 日，泡泡玛特首家海外直营店于韩国首尔江南区国际贸易中心开业。同日，其旗下自主 IP Dimmo 的社会大学系列于该店全球首发，限量 200 个，开业后 1 小时就全部售罄。

目前，泡泡玛特旗下的潮流玩具已进入韩国、日本、新加坡、法国等 22 个海外国家和地区，未来还将在日本、新加坡开设直营店。

对此，王宁表示："再过 5 年，泡泡玛特会成为国内最像迪士尼的一家企业。"

不过，中国互联网大文娱赛道发展近 20 年来，已经有许多公司表达过类似的愿景。其中最有名的当数盛大，其在极盛期亦表示将成为中国的迪士尼。可以说，每个中国的文娱公司都有个"迪士尼梦"，但愿泡泡玛特可以成功。

有"毒"的次元文化现象群

随着越来越多的人对运动和潮流文化的喜爱，一个有"毒"的运动潮流装备平台——毒 App 应势杀出。

在此之前，户外文化已经在创业之路上打开不少小风口（如早期的绿野，此后的三夫、探路者等）。但运动潮流和户外潮流有很大的不同，前者的情怀气息更浓，后者则更注重性能和功能，这也使得前者更能够在人群中广泛流行。

习惯了在天猫和京东的官网买不到想要的球鞋和耐克 Air Jordan 系列（以下简称 AJ），又害怕在淘宝上花重金淘到假货的年轻人们，在这个提供专业鉴定服务和自由交易的平台纷纷"中毒"。

资深媒体人阑夕记载，在中国年轻人关注潮鞋之前，Sneaker（运动鞋）文化已经在全球范围内形成不大不小的圈子。

Sneaker 文化，最初源于以篮球运动为代表的运动品牌 AJ。20 世纪 80 年代，耐克公司开始为"篮球之神"迈克尔·乔丹提供签名鞋款 AJ 系列，自此，Sneaker 文化从美国辐射到欧洲、日韩。

2004 年，迈克尔·乔丹第一次来到中国，所到之处都被狂热的球迷包围。球迷们到处传播乔丹的故事，追捧与他相关的商品。就在这次旅行中，乔丹把以他命名的球鞋 AJ 系列带进了中国。

但那时候一双 AJ 价格不菲，以当时中国大部分学生的消费水平来看，算得上是一件奢侈品，因此它仅仅在一线城市掀起了一小波浪潮。但随着 2000 年后国民消费水平的日益提高，国际大品牌已经渗透到中国一二三线城市，拥有一双名牌篮球鞋也不再那么困难。

还有一点必须指出的是，《灌篮高手》等一系列动漫推波助澜，让彼时还处在中学阶段的"85 后""90 后"更加热爱篮球。篮球成为非常重要且很有异性缘的一项运动。加上中国校服极为统一，篮球鞋成为中学生全身上下最能够彰显个性的地方。

此后，限量款刺激了鞋类市场的进一步爆发。继 AJ 之后，各大运动品牌纷纷跟进这一细分市场。一双限量发售的篮球鞋带来彻夜排队的场景不时出现，而耐克上线自营平台 SNKRS 进一步打破了原先线下限量发售时球鞋量和参与人数的平衡。SNKRS 开创的线上预约抽签的形式让参与人数猛增。

毒究竟抓住了哪一个风口呢？其实不仅仅是抓住了限量球鞋的兴起，更是击中了其中一个具体的痛点——鉴真。

中国有世界上最大的运动鞋产能，也有相应的庞大消费群体，但制假产业链在全球范围内确实存在，这就使得消费者有着更为迫切的鉴真需求。

潮流运动产品的价格空间极大。MC Hotdog 和吴亦凡在节目中上脚 AJ1"黑脚趾"后，该款鞋的市价直接翻了一番；而吴彦祖穿了一次猛犸象的软壳冲锋衣，竟导致该款被全球华人拥趸一扫而空。得益于消费升级，中国的消费者对潮流运动产品有着很强的价格承受力。

作为运动和潮流文化人群的聚集地，毒 App 成为一个集鉴别、交易和社区于一体的电商平台。

毒 App 的母体是虎扑网装备区，首席执行官杨冰是虎扑体育联合创始人和总裁。2015 年，他将球鞋鉴定服务分离出来成为毒 App 独立发展，但彼时，还没有形成完整的功能闭环。最初仅仅是通过图片分享来吸引球鞋爱好者们在上面讨论和交流，很多球鞋达人在上面分享鉴别球鞋和购买球鞋的经验。

而毒App一开始就明确鉴定是其核心功能，平台对鉴定服务收取费用。毒App上有金币充值体系，1元人民币等于100金币，鉴定一次需要5元，但新用户有免费鉴定服务机会。而对成交，毒目前的盈利模式是抽取卖方成交价的7.5%~9.5%作为佣金。

之后，毒App将自己打造成以鉴定为核心的电商交易平台，于2017年8月推出了"先鉴别再发货"的购物流程，毒App在商城里扮演中间担保的第三方。

其流程是"买家下单—卖家寄货给平台—平台鉴定和质检—发货给买家—买家确认收货"。在交易完成后，毒App扣取手续费。由此，用户可以在平台上自由进行球鞋的买卖，平台提供鉴别球鞋真假的服务，"先鉴别再发货"的流程给消费者带来了全新的购物体验，也占据了一个全新的心智入口。

毒App在用户协议中提到，毒App及合作方为买卖双方提供交易场所、商品查验及鉴别服务，因此毒App并非商品销售主体。此外，毒App还称，其不作为交易双方之任何一方的身份参与交易行为，不对用户交易履行能力负责，且协议中提道，协议的签署不意味着毒App为平台上交易的双方行为合法性、有效性提供任何担保。

这也就意味着，消费者可在毒App上购买自己心仪的商品，但得不到售后保障，毒App也不为消费者提供售后服务。

事实上，限量球鞋作为一种非标品类，并不太适合平台型电商的大供应链模式，因为货源、发货时间、品类等基本电商诉求都很难由B2C模式满足，所以，毒一开始就明确自身为C2C模式，为卖家、买家提供交易平台，收取手续费。

除收取手续费外，毒App的另外两个收入模式为为卖家提供导流，以及延伸出的第三方球鞋清洗、养护服务。

凭着专业的鉴定服务，毒App迅速吸引了一批用户并传播出了平台口碑。背靠虎扑让它能够转换大量用户；社区资源和专业度让它能从球鞋切入,迅速打透运动潮流市场。2018年"双11",毒App在iOS免费榜上的排名一度超过京东和淘宝,成为现象级App。

对于非圈内人来说,很难想象毒App对年轻人的吸引力。观点财经记录,一双"Adidas Yeezy Boost 350 V2 Citrin Reflective拼接满天星"在毒App上平均报价4219元,38码的报价4959元,48码的则已经炒到9999元。大量年轻消费者使用各种金融工具购买限量款已经成为一种颇为普遍的现象。

毒App可以被视为"球鞋的二级市场"。它一边做鉴定经验变现,一边赚取差价。例如,一双1000多元的AJ在毒App上可以炒到3000多元,回报率相当惊人。而这种赚取差价的中介能力,既源自毒App免费鉴定时积攒下的人气和口碑,也源自爱好者们对稀缺资源(限量款球鞋)的品鉴与销售的需求。

然而,球鞋鉴定的"水"非常深。毒App虽然号称有数百位鉴定师,但是由于缺乏行业规范,大型"翻车"现场屡见不鲜。当然,其中不排除有竞争对手"钓鱼"的案例,但是也反映出鉴定师水准差异大、标准不统一、人为因素太多等问题。

事实上,毒App的崛起一直毁誉参半。有网友在毒App上看到一款耐克和加拿大潮牌Reigning Champ的联名鞋,但经调查,这款鞋并不存在。还有网友发现,球鞋"Yeezy 350满天星"全球限量5000双,但在毒App上显示已卖出5658双。

有媒体曾经算过一笔有趣的细账:截至2019年9月12日,毒App累计鉴别数已超过2700万双。按照毒App显示的数据,可推算其社区最知名的鉴定师"weeeelll"平均每天鉴定4851双鞋,累计鉴定"功绩"为180多万双。如果按每天24小时无间断工作推算,平均鉴定1件商品的时间仅为18秒。

这自然是不可能发生的,所以毒App的鉴定在消费者信任方面的确有待考量。而毒App也针对此,宣布与中检集团奢侈品鉴定中心达成战略合作,将在球鞋潮品鉴别领域展开长期的多形式合作,致力于提升球鞋潮品鉴别行业规范性和标准化。但就目前来看，此举效果有限。

另外，作为一个C2C撮合平台，在交易体验、平台责任等方面，毒App也存在很多问题。2019年7月，网经社发布了"2019年全国零售电商TOP 30消费评级榜"，毒App由于平台反馈率、回复时效性、用户满意度得分较低，导致综合购买指数低于0.4，获得"不建议下单"评级。

有些情况很难界定。例如，有消费者在毒App上购买了一双"Air Jordan 7 Retro 巴塞罗那之夜"，商品收到后出现质量问题，但毒App却表示，质量是球鞋本身的问题，毒App只是一个鉴定平台，只能尽到检验义务，因此质量问题无法退货。

毒App不仅卖鞋，还存在炒鞋嫌疑。[1]

不过总体来说，毒App社区聚集了全国大量球鞋、服饰穿搭和潮流文化的爱好者，话题讨论集中在球鞋、潮牌、手办、街头文化、汽车、腕表和时尚艺术等年轻人关注的热点话题上。这使得毒App对潮流文化这个新消费风口贡献巨大，它也因此成为潮流品牌发售与运营的首选阵地。国潮代表品牌李宁、罗志祥主理品牌GOTNOFEARS（无惧）等都选择毒App入驻和首发新品。潮流圈内普遍推崇的国潮品牌TAKA ORIGINAL、隐蔽者、古由卡（GUUKA）等也均以品牌直接入驻的形式在毒App售卖。从某种意义上说，毒App正在赋能潮流品牌，引领时尚消费升级。

毒App有一大批竞争对手，识货和Nice是两个同样定位于年轻人运动和潮服的平台。识货作为导购平台，本身不提供交易服务，而是为用户收集全网高性价比的好货渠道，提供专业的购物决策辅助。

---

[1] 本书作者曾就炒鞋潮一事采访过杨冰，杨冰的回答是得物（毒）一直不支持炒鞋，或者说"球鞋理财"，所以一直没有价格曲线。得物现在没有线下店，是因为他们自知没有那方面的基因，对线下一直很敬畏，所以此前曾拒绝过上海很多大型商场的驻场邀请，但是考虑过以快闪等方式尝试一下。

同样以图片社交起家的 Nice 在 2019 年建立了自己的电商业务并联合运动装备社区 get 推出了鉴定服务。另外，毒 App 最强大的对手莫过于小红书，以跨境美妆起家的小红书已成为亿级用户量的全品类内容社区，球鞋鉴别和交易也成为其业务之一。

毒、识货和 Nice 起家的业务虽然不同，但如今的业务分布和服务已高度重合，三个平台在球鞋潮服这一垂直电商领域竞争非常激烈。毒和 Nice 的电商模式比较相近，卖家都来自平台用户，由平台鉴别商品来保障正品。

2020 年 1 月 2 日，毒 App 宣布正式更名为得物 App，并表示本次更名仅限于品牌名称升级，其他服务不变。

在线教育也是一种新消费

猿辅导的投资"珍珠港"

2019 年，还有一类相对特殊的新消费品牌、品类登上舞台，那就是在线教育。

自 2019 年以来，猿辅导、作业帮相继完成 10 亿美元甚至更大量级的大额融资，力挺它们的资方包括腾讯、高瓴、红杉资本、软银和 IDG 等顶级投资机构。

二级市场也高度看好这些企业。在短短不足半年的时间里，已经上市的跟谁学市值便暴增了 200 亿美元。

为了给这场大战备足粮草，好未来也谋求将在线教育业务分割进行 IPO，目标是募资 20 亿美元及更多的"子弹"，以应对极其激烈的营销大战。

但这场大战的开头，可能要从猿辅导 2019 年暑假的奇袭说起。

有个数据很惊人。猿辅导 2018 年的营收仅为 15 亿元，2019 年突增至 30 亿~40 亿元。

为什么能够达到几倍的增长？在很大程度上是因为猿辅导在 2019 年发起了一次被称为"偷袭珍珠港"的营销大战。

当然，除了营销大战，猿辅导也做好了其他方面的准备。猿辅导联合创始人李鑫向本书作者透露，到 2018 年年底，猿辅导就已经储备了多达 5000 人的教师资源。他说："这种规模的教师资源储备，在整个在线教育史上也是不常见的。"

整个营销大战的序幕在 2019 年的暑期档之前就开始酝酿，当然，在一开始的时候，还没有征兆显示出这将是一次超级大战。

"在线教育市场尚无霸主，新老机构你争我赶，每个参与者都希望自己成为第一名，K12 校外培训市场竞争尤为激烈。"新东方在线前 COO 潘欣向本书作者表示。

一直以来，K12 学科课外辅导市场开拓有很强的季节性，寒暑假一直是教育培训机构推出促销活动的高峰期。暑期用户的增长会影响其一年的用户增长走势和营收业绩，所以暑假就成了圈生源、提升用户数据、甩开竞争对手的重要窗口期。

显示这是不寻常的一年的是，一反往年暑期档才开始大战的态势，从 2019 年 5 月开始，猿辅导、作业帮、掌门教育等 K12 在线教育公司就开始在自己的官网或者 App 推出 49 元或 50 元的暑期低价课，比常规时间提前了 2 个月左右。

与猿辅导、作业帮 2019 年 5 月就开始推暑期促销课程相比，好未来、新东方等老牌线下培训机构的反应明显慢了半拍。2019 年 6 月 27 日，学而思网校才召开"49 元暑期试听课"开班动员大会；6 月底，好未来的红底白字巨幅海报开始在公交站、地铁、机场等渠道铺开；而直到 7 月，腾讯企鹅辅导精品课、有道精品课等暑期优惠课程才在客户端及朋友圈密集出现。

第一回合的暑期档，猿辅导打了好未来一个措手不及。据某媒体不完全统计，截至 2019 年 7 月，参与暑期招生战的在线教育公司广告投放总额达到 30 亿～40 亿元。仅猿辅导截至暑期结束的招生投入就累计达到 4 亿～5 亿元。

但令人没有想到的是，猿辅导真正强势的投放是从 2019 年 11 月开始的。这时的猿辅导当然不能预知 2020 年的疫情将极大推进在线教育的发展。但恰好猿辅导在疫情暴发前开始了史上规模最大的营销战。

一般来说，互联网企业的营销战分为两个层面：第一个层面是以实际效果转化为主的线上导流之战，核心阵地是"两微一抖"；第二个层面是在线上之战趋于饱和时转入线下的品牌势能提升，"大杀器"有央视、综艺、分众等渠道。这几个渠道但凡启动，必然伴随数亿元乃至十亿元级的资金投入，对锁定用户心智有不可或缺的作用。

猿辅导真正意义上的"偷袭珍珠港"发生在 2019 年的下半年。而其核心战法则是通过央视和分众两个渠道能达主流人群。本质上，这是一场心智占领之战。

在这场大战发起之前，猿辅导的一个关键准备工作是找定位公司用 3000 万元重金想出"4 亿人在用的猿辅导"这句广告语。这句话引发了无穷的质疑，但这个数据的确是根据 2013 年 9 月到 2019 年年底该品牌旗下 5 款 App 的用户设备的唯一 ID 加总去重后统计出来的。把这个数字变成广告语就封杀了同类品牌广告词的升维之路，因为 4 亿人在用，已经超出人们的认识，对手的广告升无可升。

这次冒险的投入换来了巨大的收益，从疫情期间宅家开着电视听新闻，到疫情逐步缓解人群开始流动，无论是上班还是在家，5 亿中产人士每天都听到"4 亿人在用的猿辅导"的魔音贯耳。2020 年 7 月 13 日，猿辅导和北京冬奥组委正式对外宣布，猿辅导在线教育成为北京 2022 年冬奥会和冬残奥会官方在线教育服务赞助商。

流量攻势＋心智锁定＋借冬奥会来提供信任状，猿辅导打了一场完美的偷袭大战。

而令人料想不到的是，2020年突如其来的疫情把教育行业的所有诉求转移到了线上。以往在线教育在主要地区的普及率不足20%，而短时间内，这一数据几乎提升到接近100%，猿辅导顿时乘风而起，成为在线教育K12领域最大的"收割者"。

反观好未来，在2019—2020年则显得较为被动，这主要由轻敌所致。

首先，好未来不缺网络教育的基础，其开展网络教育的时间远比我们想象的要早——从2009年就已经开始，而且尝试过几乎所有的模式，包括直播和录播，现在非常流行的双师模式也是好未来开启的。这也造成了好未来认为网络教育这块蛋糕属于自己，没人能动。

其次，好未来的网络教育收入一直稳中有升，从上市公司好未来的财报数据看，好未来线上业务增长迅速。2018财年第四季度好未来线上业务的营收占8.4%，到2019财年第四季度，这一业务的营收占比上升为17%，线上业务翻了近一番。

但是，好未来轻敌的代价就是，自己的线上业务翻了一番，但猿辅导的增长了几倍。

本书作者了解到，好未来其实在2019年下半年已经储备了相当多的媒体资源，包括数个亿元级的营销包。但这些钱直到2020年才陆续完全投放出去，此前一直在犹豫。

深层原因是好未来内部对在线教育的效果其实是有疑问的。本书作者了解到，其内部人士认为，精品线下课程和由此积累的口碑才是真正的"护城河"，所以业内人士的说法是，好未来"其实是没有适应在线教育的打法，在线教育是卖保健品的打法，而好未来还是卖药的打法。卖药的打法严谨，远不如卖保健品的打法那样在效果承诺上浮夸和张扬"。

好未来的问题或许在于，没有预料到对手的打法这么极致，更重要的是，在市场份额已经很理想的情况下，没有做好用战略性亏损来降低对手的预期，而且恰好网校高管团队也处在一个空前的虚弱期。

这都导致了后来的迟钝。

"偷袭珍珠港"只是两个国家战争的开始,并非结束。

猿辅导的疯狂投入使好未来意识到,这一仗不打就有"亡国灭种"之忧。虽然好未来没有找到比猿辅导更夸张的营销策略,但真正的转折点在于,2019年秋天的张邦鑫已经做出一个决定,即"要用战略性亏损来拖住对手"。据说,这个决定的代价是20亿元人民币。

也就是说,好未来决定放弃20亿元的利润,通过投放、导流量、降价、低价体验等一系列组合拳,和猿辅导进行对攻。

由于好未来的品牌和口碑势能仍在,因此在投入20亿元后,张邦鑫认为,学而思在"在线教育上已经赶上了80%的猿辅导"。

也就是说,猿辅导用10亿元的投入为自己争取了1年的时间和打造了新的品牌,但好未来用半年多的时间和20亿元的投入夺回了若干重要阵地并做好了反击的准备。和历史上的偷袭珍珠港一样,偷袭者的偷袭成果在对手的赶超下呈边际效益递减的趋势,说明实力派仍有机会。

另一个被动卷入的则是作业帮。如前所述,2014年11月26日,还在百度担任百度知识业务线总负责人的侯建彬和李彦宏进行了一次1对1谈话。因为"想要创业"的强烈想法,在大公司百度已经干了10年的侯建彬向李彦宏提出了拆分作业帮业务。

在百度的加持下,作业帮的获客成本相对较低,因此被看作"活得相对轻松的一家"。但据本书作者的观察,在资本加持的大战中,"小而美"从来不敌"大力出奇迹"式的"乱拳打死老师傅"。在整个营销大战中,作业帮在早期没有猿辅导坚定,在后期没有好未来疯狂,在投入水平上也一直处于中等水准。虽然有业内人士认为"作业帮(的动态营销数据)可能只比猿辅导低20%",但后期通过继续投放来弥补的可能性已经变小,因为经过1年多的大战,赛道已经相对固化。

虽然可能已初分高下,但总体来说,头部在线教育平台们的"烧钱"战略都是成功的。据不完全统计,好未来、猿辅导、作业帮三大平台在2019年暑期的招生人数都突破了100万人大关。需要指出的是，2019年暑期在线教育行业首次出现单家公司招生人数突破100万人。三大平台招生人数都突破100万人，至少表示没有哪家明显掉队，也意味着未来的营销之战还未结束。

粗略估计，在线教育行业的整体招生规模目前已经接近1000万人。

而在2020年，从表面上看，所有的头部在线教育公司仍然无法摆脱这场圈地之争。据相关负责人透露，在各家都在争夺的战场上，在线教育行业在几家短视频平台上的用户重合度已超过50%，这意味着各家公司都在抢夺同一批用户。而2019年，这个数字还只是25%。

换言之，这个市场已经从增量争夺进入存量争夺，而这是一个赛道竞争恶化、迅速红海化的征兆。

但是，止血很难。2019年，各家还在主推"49元暑期课"，到了2020年，价格甚至已经下探到9元、3元。更有甚者，为抢夺线下流量直接推出0元暑期课，报名即送一袋大米和花生油。

这样赔本营销的效果当然很明显。以猿辅导为例，其2012—2019年共6年的品牌营销、产品矩阵、市场营销、产品研发及与《最强大脑》的合作等，一共使其获取了1.5亿个用户。而在疯狂投入营销后，仅仅从2019年1月到2020年1月的12个月里，猿辅导的用户就从1.5亿个飙升到4亿个（含免费用户）。其中，注册新用户49元就能享受7天班课服务这样的价格战手段，是增长如此之快的主要原因之一，但也是亏损的原因。

所以，一方面我们看到市场容量高速增长，但另一方面，各大公司依然难以摆脱亏损的事实。财报显示，2020年第二季度，跟谁学经营亏损1.61亿元，网易有道净亏损2.58亿元，一些未上市公司的亏损可能更为严重。某媒体的报道显示，跟谁学创始人、CEO陈向东在2020年第二季度财报发布后，在电话会上说，有投资人预计，比较激进地做大招生人数和做大现金收入的公司，2020年的财务亏损或高达

70亿元以上。

在讨论完营销大战后,我们必须讨论的一个问题是各家的产品之道。

如果要问2020年资本更愿意重仓投资何种在线教育模式,那么答案中一定包含在线直播大班课。

在线直播大班课是一种不限定人数、多采用主讲老师搭配辅导老师的双师模式的课程形式。主讲老师负责课堂教授,而辅导老师则肩负起课下辅导及服务的职责,这就是俗称的"大班双师"模式。

在线教育几乎一年换一个战场,2013年的题库之战、2014年的拍照答疑之战、2015年的O2O模式之战、2016年的线下双师之战、2017年的在线1对1之战、2018年的双师互动直播之战,待到2019—2020年,在线教育的战火已经蔓延到了大班直播课上。

大班双师,是毒药还是良药

教育的本质和在线教育商业模式的本质,在"大班双师"这个形态上出现了空前的背离。

本书作者多次访问过的在线教育业内人士J认为,在K12赛道上,"人数越少=效果越好"这个基本规律仍然是发挥作用的。

"线下小班的模式是最好的,线上小班次之,'线上大班/万人课+双师'的模式实在难说是一种好模式。虽然成本低、效益高,但效果的确被稀释了,也就是卖保健品模式终于战胜了卖药模式。这种模式到底能否持续,现在还很难说。"J这样告诉本书作者。

从严格意义上讲,好未来当初之所以不愿意那么快跟进在线教育大战,是因为其核心口碑来自线下小班。多年从事这一领域的好未来认为,面对面的授课好于线上,纵然由于疫情等特殊原因,线上替代(注意:不是取代)了线下,但是小班课的沉浸感、聚焦度、老师对学生的关照程度和互动频率,是线上大班无法比拟的。

然而从成本结构来看，线上大班则是最优的。从某种意义上说，当在线大班直播课达到一定规模时，边际成本近乎为零。因为1000个人听课和10 000个人听课的成本基本一致，纵然考虑部分双师的工资成本增长，线上大班仍具有不可比拟的成本优势。所以整体趋势是在线教育的班课规模越来越大。

猿辅导在2019年开始聚焦班课业务，一个标志性事件就是猿辅导从2019年1月关闭1对1教学服务，而这是上一波在线教育大战中的明星VIPKID的核心模式，也是成本结构最差的模式之一。

总体来说，猿辅导的产品形态比较单一，主要为双师模式，其中部分年龄段的班级规模以中小班为主。但鉴于高考侧重考查学生对系统化知识的掌握，猿辅导开设的高二及高三班以大班为主，这也是最肥沃的土壤。

从成本结构来看，大班双师模式显然有利于规模扩张及控制企业成本，进而通过提高名师资源利用率，提升名师待遇，使得百万年薪的名师成为一种社会现象。如此丰厚的待遇，也起到了降低名师出走率、有效解决机构面临的优质师资不足的作用。而在规模扩张方面，由于双师模式省去了名师招聘及培训的过程，现有的教学内容在短时间内便可以被机构在新校区低成本地复制，使得猿辅导可以实现跨区域快速扩张。

猿辅导联合创始人帅科表示，大班双师是一个很好的模式，"它克服了主讲老师的稀缺性，利用互联网的规模化优势，让一个主讲老师可以覆盖非常多的人。这是1对1、小班课做不到的。但同时它会带来一个问题，就是对学生的关注、督促及跟家长的沟通没人来做。好，那就由辅导老师来解决。所以这是一个完美的结合，既能将优势资源规模化，又能通过辅导老师保证服务质量。可以说，它结合了小班课和大班课的优势"。

但是，越是执着于大班双师，猿辅导的隐患就越大。这个隐患就在于大班双师课的效果很难保证。有媒体分析指出，猿辅导公开的数据中向来较少提及续费率，说明其模式在用户复购上的弊端已经显现。

前车之鉴是 VIPKID 也曾获得投资机构的狂热追捧，但其 1 对 1 模式在被证明难言理想后，受挫之大也是超乎想象的。

相对来说，好未来有更为丰富、尊重教学规律的产品矩阵，除了不得不迎战的大班课和标准化的 K12 常规学科辅导课，还有专题课、1 对 1 课及学科讲座。总体来说，它对大班课的追求没有那么狂热，规模以中小班为主，有长跑潜力。

没有好未来的底蕴，又全力押宝大班课的猿辅导，如果在班课业务上出现问题，将面临很大的后程发展隐患。

而且，猿辅导的产品线比较单一，"护城河"不深也不宽；原生流量有限，线下教育的积累不够，也缺乏好未来在线下及三四线城市市场的优势，以及作业帮在互联网流量上的优势。短期内问题可能被其融资规模和广告投放力度所掩盖，但从长期看这些问题还是要面对的。

在某种程度上，为了进一步优化成本结构，形成一定的差异化，猿辅导加大了在 AI 教育方面的投入。

比如，猿辅导针对 3～5 岁儿童英语学习场景孵化的斑马英语项目，以每天 15 分钟的 AI 英语互动内容搭载"AI 互动盒子"作为产品形态，售卖客单价 2600 元/年的英语课程。公众号 EdStars 未来之星作者马原指出，就一个教具而言，其单价并不低，但是从 3～5 岁儿童这一特定用户群体价值和需求出发，定价又不失合理性——从价值角度看，相比其他形态的产品（如真人外教），AI 互动盒子确实能够提供更高频的口语交互，可反复播放，不限使用时长。

而从用户需求角度看，互动有趣的盒子产品，可以打消这一年龄段的用户，在和外教对话时的紧张感和局促感。实体玩具盒子和游戏化互动教学的模式。本来就对低龄用户具有更强的吸引力。对儿童用户来说，互动属性能充分调动兴趣；对这一阶段的家长用户来说，符合儿童偏好和兴趣的产品就是好产品。

这也引起了竞争对手的跟随。随着字节系等具有更强技术基因的企业开始对AI教育发力，斑马英语能否保有优势，的确难言。虽然从短期来看，字节系还没有摸清教育的门路，因此进展较慢。但据本书作者了解，字节系已经内部孵化10多个AI类产品，后发潜能仍不可估量。

由于在线教育行业普遍存在续费率低、获客成本高、"烧钱"快的特点，除了新东方在线和学而思网校等老牌教育机构的线上业务，大部分在线教育业务都处于亏损状态。而现在好未来也放弃了利润，全力投入营销大战。

虽然大班课有较好的经济模型，毛利率能够达到50%~70%，伴随获客成本的降低，规模化的盈利能力会越来越好，但是由于整个市场处于非理性的状态，即使有较好的成本结构，仍然很难盈利。网经社电子商务研究中心在线教育分析师陈礼腾对观察者网指出："在线教育潜在用户的获取需要投入较高的营销成本，一般占到整个销售额的20%~30%，有的甚至更高，所以目前大部分在线教育公司绝口不提盈利情况。"

那么，对于社会来说，为什么会出现对大班课的追捧呢？

大的背景是，2019年全国居民人均消费支出21 559元，比上一年名义增长8.6%，其中人均教育文化娱乐消费支出2513元，增长12.9%，占人均消费支出的比重为11.7%，可以看出我国居民在教育方面的投资逐年上升。而从价格因素来看，线下培训机构的课程定价动辄数千元或上万元，相比于线下教育高昂的费用和接送孩子带来的时间成本，线上教育显得更为便宜、易得。

被"学区房""阶层固化""原生家庭""赢在起跑线"这些概念包围的"80后""90后"父母，在子女的教育问题上充满着焦虑。再加上疫情影响和狂热营销，不跟进、不从众的家长可谓凤毛麟角，而选择成本较低的大班课也成了多数人的选择。

但是，这一切有待教育市场对效果的检验。

2020 年
终结与开启

引子

2020 年既是本书的终结之年,又是通向未来的开启之年。

"乌卡时代"或许是这一年的写照。所谓乌卡(VUCA),指的是易变不稳定(volatile)、不确定(uncertain)、复杂(complex)、模糊(ambiguous)这 4 个词的英文字头组合,体现了这个时代市场的高不确定性。

然而,越是高不确定性的年份,人们就越追求确定性,这构成了这一年的主题。

我们看到了人们对在线经济必然迎来大发展的笃定,尤其是在面对疫情的办公方式变革中,替代性、迭代型的路线逐渐清晰。

- 我们看到了传播媒介的极大变化，直播电商站在上万亿级流量的风口，这还仅仅是电商版图的变化之一。
- 我们发现在数亿人长期使用在线协同工具后，一些关于企业协同的长期性方案正在成熟，钉钉的"云钉一体"、微信的打通B端和C端"任督二脉"，以及字节跳动的飞书的快速突进，都将长期改变我们的工作方式。
- 我们看到新基建和大国崛起之间的关系越来越紧密，由此带来了新技术风口、人才红利的变化，以及民营航天、智能制造、机器人等领域的勃兴。

其实，除了这些看似高大上的领域，一个全新的市场也在迅速开启，而且疫情极大地加快了开启的速度，这就是下沉市场。

C2M（用户直连制造）模式电商的兴起，不仅直连产业带和消费端，也把这些基层生产单位的数字化转型一并包揽；社区团购避开"北上广"，却迎来了全局式的巨头参战，目标也是至少有4亿～5亿人的下沉市场。

电商、汽车、新消费、新零售的全面下沉，同样给下沉市场的创业个体带去了巨大的市场红利和众多的创业机会，新一批此前从未参与过互联网创业和分享过红利的群体，可能是下一个5～10年快速崛起的新中产或新老板。他们的坐标不再是"北上广"，而是广袤的下沉市场。

未来可能属于这一代中的一部分人，但更大概率是属于下一代人的，而最终会属于什么人呢？可能是依托工程师红利、根植中国、面向全球做品牌和创新的年轻人。

在线办公风口放大

钉钉有备而来

2020年,在疫情的影响下,生产服务场景和消费场景快速线上化。某咨询机构2020年2月26日发布的数据显示,在2020年春节期间,中国远程办公企业超过1800万家,远程办公人员超过3亿人。

在这个突如其来的风口中,巨头林立。即使不算上游的云计算领域,仅以协同办公论,也有阿里钉钉、腾讯企业微信+腾讯会议、字节跳动的飞书割据江山。

其中,钉钉显然是最有准备、吃到"最大蛋糕"的一家。

本书作者曾经在前面的章节里描述了钉钉从即时通信软件向企业协同软件的成功转型。但在2016年之后的4年里,钉钉发展的速度超出了很多人的想象,它的战略优先级也被提升到一个空前的高度。

这种战略地位的提升首先是组织意义上的。

2019年8月,阿里钉钉联合阿里研究院、湖畔大学、阿里巴巴商学院共同主办的"2019未来组织大会"在杭州举办,会上进行了密集的案例分享,并发布了《2019年钉钉商业生态系统及经济社会价值报告》。

在整个会议期间,钉钉CEO陈航(花名无招)的演讲时间很短暂,且没有重点谈及钉钉和阿里云之间的任何事。

但事实上,这场大会可以说是钉钉"无招时代"的告别礼,因为就在这次大会举行的前夕,阿里巴巴内部已经做出将钉钉收归阿里云的决定。

对于许多钉钉员工来说,这是一个令人错愕的决定。因为在过去的几年里,"独立上市"是钉钉员工非常骄傲也非常关注的一个重要目标。因此,当知晓这一决定时,钉钉内部产生了一种自上而下的失落情绪,而当阿里巴巴开始向钉钉的一些职能部门空降管理者的时候,这种情绪达到了一个高潮。

从某种意义上说，阿里云必须和钉钉结合。因为钉钉的局面大好，在会上发布的报告显示，截至 2019 年 6 月 30 日，钉钉服务企业组织数超过 1000 万家，超过 2 亿人在钉钉上工作。

在新的决定中，钉钉被正式并入阿里云智能事业群，陈航开始向阿里巴巴集团 CTO 兼阿里云智能事业群总裁张建锋（花名行癫）汇报。

这意味着阿里巴巴正式推出"云钉一体"战略，钉钉成为阿里云业务和办公协同业务的"结合部"，钉钉的各种功能也成为阿里云向企业推广和部署产业互联网业务的最佳出口。

如果仅仅如此，"云钉一体"可能只是阿里巴巴无数计划中的一个而已。但没想到几个月后暴发的疫情，使这一计划得到了空前强大的现实推力。

"我之前经常琢磨，秋天是怎么变化到冬天的？是一天天的温度降下来的，还是一个突然的变化？后来我发现，绝大部分时候是一夜之间冷空气袭来，一场狂风冷雨，瞬间就会从秋天变成冬天，季节转换完成。"张建锋这样描述自己的思绪，他颇有几分笃定地表示，"这次疫情对数字化转型进程的影响，有这个味道。很多事情本来需要三五年的发展过程，现在可能会在一年之内就完成转换。"

疫情倒逼钉钉加速已经是不争的事实。早在疫情之初，钉钉的服务器屡屡被挤爆，这其实说明，线上经济一旦井喷，阿里云现有的基础设施将不敷分配。因此，提速协同业务和背后的云端能力，不但迫在眉睫，而且蕴含着代际更替和弯道超车的大机会。

阿里云已经是世界第三、亚太地区第一的云服务商，在新基建的大命题下，钉钉如何"再生长"，成了张建锋首要考虑的问题。在他的设计里，"做厚中台，将钉钉这样的'新型操作系统'与阿里云进行深度融合，实现'云钉一体'，是一个重要的突破口"。

不过，疫情也打破了不少按部就班的部署。应该说，2020 年的上半年，钉钉一直在忙于解决如何满足如海啸般而来的需求，以及借势成长的问题。

第一波浪潮是如何满足急速增长的在线会议需求。

早在 2020 年 1 月 29 日，钉钉就正式对 1000 万家企业组织发布了支持在家办公的全套免费解决方案。

钉钉的在家办公主功能包括远程视频会议、保障组织分散办公效率的日程共享、任务协同、在线文档协同、远程打卡功能等。其中特别重要的是，钉钉已对 102 方视频会议实现了免费，而有特殊需求的企业可通过"钉小秘"发起申请，将免费视频会议扩大至 302 方。

这一功能的发布及时满足了社会需求，但也在此后一段时间里不断造成钉钉的崩溃。这一事件甚至屡屡登上微博热搜。

尽管钉钉在春节后复工首日，基于阿里云弹性计算资源编排调度服务，在短短 2 小时内新增部署了 1 万多台云服务器，创下了阿里云快速扩容的新纪录，但还是支撑不了爆发的需求。因此，此后钉钉又在阿里云上连续扩容了 10 多万台云服务器，保证了钉钉平台上 1000 万家企业组织、2 亿名员工能够维持正常在线协同，平稳度过了流量高峰。

除了企业协同办公场景，另一个使钉钉爆发式增长的场景是教育场景。

应该说，钉钉的教育场景也算有备而来。自 2019 年 3 月起，钉钉就推出了专门针对教育行业的"未来校园"千校计划。同年 12 月，钉钉更是成为全国首个通过教育部备案的平台性应用。因此，当 2020 年 2 月初教育部号召"停课不停学"时，凭着这一个身份，网上直播平台的角色自然而然地就落在了钉钉身上。

在"2020 钉钉春夏新品发布会"上，钉钉推出了堪称"迄今最大版本更新"的 5.1 版，新版名为"年宝玉则"。针对教育场景，这个版本的钉钉正式推出"家校共育 2.0"，完成了钉钉家校产品的版本迭代。

简而言之，在疫情这样的特殊背景下，钉钉"家校共育 2.0"围绕着家庭和学校的沟通展开，不仅推出了家校群、师生群等常用家校功能，还重点围绕老师的教学教研工作进行升级。

钉钉从课前、课中到课后，为老师提供了丰富的教学工具和资料，并对教学场景做了大幅优化，打造了互动性强的在线课堂。学生能通过在线课堂随时向老师提问，或者请教培机构的老师为自己答疑解惑。

钉钉并不直接做教育，而是通过引入教育垂类专业生态合作伙伴的方式来提供新的功能和内容，如和爱学班班、宝宝巴士等合作，在课前为中小学、幼儿园老师提供了丰富的教学素材和内容。

由此，钉钉在线智能备课平台上提供了超过1万个知识点的教学素材，让老师可以3步生成课件，5分钟完成备课，用交互式教学内容呈现知识点的形成过程；在课上，老师能够通过在线黑板导入事先准备好的课件，直接在课件上圈画讲解。

陈航说："传统教学工具只有黑板和粉笔，而且上课过程无法回溯，知识点讲解难以重现，钉钉'家校共育2.0'解决了传统课堂的局限性，为老师提效减负，可以将更多时间放在教研和关注学生成长上。"

在课后环节，钉钉与生态合作伙伴松鼠AI、作业盒子、学霸君一起推出在线智能作业平台，引入海量题库资源，让老师可以3秒自动完成作业批改并生成学习分析报告，为教学方向的优化提供依据，并为学生提供个性化练习内容，实现因材施教。

来自钉钉的数据显示，钉钉在疫情期间支持了14万所学校、300万个班级、1.3亿名学生在线上课，有600万名老师在钉钉上累计上课超过6000万小时。

由于疫情因素，在线办公和在线教育两个场景快速扩大，使得钉钉的用户出现放量增长——2019年，钉钉一直使用"服务1000万家组织"的说法，但到了2020年8月后，这一数字被改成了"1500万家"。这新增的500万家组织用户或许主要来自疫情期间的增量。换言之，钉钉的企业级用户规模在几个月内上升了50%。

产业互联网、2B思维，是目前中国互联网业界最热门的话题。然而，在BATT（百度、阿里巴巴、腾讯、字节跳动）4家企业中，腾讯的产业互联网造势之声最响亮，但既往的2B经验其实相对单薄，体系也不够清晰；百度技术依然犀利，但整体格局受限，只好选择AI单点突破；字节跳动基本还是C端为王，但已经开始尾随钉钉，同样在协同环节寻找2B机会；只有阿里巴巴有最完整的20年服务于B端的经验和成熟的2B业务——阿里云。而当阿里云升级为阿里云智能，承担起整个阿里技术输出的职能时，钉钉的价值变得前所未有的巨大。

因此，自2020年1月以来，阿里巴巴一直致力于将各种技术基础设施全部整合进阿里云智能平台。在完成了菜鸟、蜂鸟配送、阿里妈妈、蚂蚁金服与阿里云的整合后，阿里云智能平台就具备了物流、数字营销和数据管理、支付和金融服务的一体化输出能力，而这些能力恰好又是钉钉上的企业级客户强烈需要的。从这一点来说，钉钉很早就为阿里云的深入和下沉铺好了路。

为了进一步丰富钉钉的功能，阿里巴巴还把原钉钉事业部、阿里云视频云团队、阿里云Teambition团队、企业智能事业部宜搭团队、政企云事业部、数字政务中台事业部、乌鹅科技部分团队，全部整合加入新的大钉钉事业部，全面融入阿里云智能。

不过，值得一提的是钉钉的盈利问题。

从某种意义上说，钉钉的推广成本是非常高的，特别是在疫情期间大量提供音视频功能的情况下，基础设施开销极大。对于用户来说，这成为一种事实上的隐性补贴。如前所述，阿里云在短期内连续扩容了10多万台服务器，这几乎相当于行业巨头企业一年的采购量；也有消息证实，钉钉在疫情期间大力推广视频会议，有时一天就要补贴上亿元的各种软硬件费用。

然而为了吸引用户，钉钉采取大量免费策略，收费的项目不多。目前，钉钉可以获得收益的来源有两个——客户付费和应用抽成。

显然，向应用方收费是更现实的选择。考虑到钉钉已经成为操作系统级的平台，这是可行的。据说"钉钉税"高达30%，但并没有带来盈利，因为它的生态还远不够丰富。

从长期来看，钉钉的收费问题，或者说盈利问题，将是一大难点。

在 2020 年的疫情浪潮中，企业微信也试图强化自己的存在感。此前业内公认的一个事实是，脱胎于社交产品来往的钉钉已经在用户规模上压制了企业微信。作为后来者，企业微信也意识到很可能无法在在线协同领域赶超钉钉，CRM 赛道或许是一个新的选择。

事实上，2016 年 4 月，在钉钉已初见规模的情况下，腾讯才推出企业微信。在当时看来，由于发力相对较晚且功能相对简单，同样定位为办公沟通工具的企业微信始终难以杀出重围。钉钉方面则嘲讽企业微信"只有 7 个专职的工程师"。

其实，企业微信的发力迟缓固然是一方面的原因，更重要的是从某种意义上讲，微信过于在意和珍惜个人微信的体验，迟迟不愿意用个人微信庞大的用户池去拉动企业微信，这才是企业微信难以杀出重围的关键之一。

相比之下，在没有现成沉淀关系链可用的情况下，凭空打造出一个 2 亿用户规模的钉钉，足见陈航成就之大。他相当于企业版 IM 界的张小龙，却没有获得与之相应的业界声望，惜哉。

时间到了 2019 年，企业微信和钉钉之间的差距越来越大。截至 2019 年年底，企业微信上有认证企业 250 万家，而钉钉则服务超过 1000 万家企业，这使得外界认为企业微信在某种程度上已经败北。

企业微信决心走 B2B2C 之路

终于，在这个时刻，腾讯做出了一个重要决定。2019 年 12 月，企业微信 3.0 推出，开放加个人微信好友、客户群及客户朋友圈三大功能。据了解，相关测试在 2018 年就已经开始。

换言之，企业微信正式打通了与个人微信互通的快捷通道，免除认证流程，每个企业和个人均可使用企业微信快速开展线上业务。这是借力个人微信的关系链为企业微信供血的一个关键决定，也被认为是企业微信"杀了一个回马枪"。

企业微信的用户可以使用客户联系、客户群、客户朋友圈功能。从用户关系链来看，在企业微信与个人微信之间的壁垒被打破后，企业微信开始链接更多C端微信用户的社交关系。用企业微信官方的话来说，就是要"成为国内最大的B2B2C数字化链接器"。

在这个市场上，企业微信的短板是产品力和布局不足。在协同办公方面，它的功能和生态规模都远不如钉钉。但它的优势在于，在所有的2B协同软件中，企业微信拥有一个对C端用户触达最垂直、最深入的"母体应用"——个人微信。这也是钉钉和其他协同软件所不具备的。

因此，企业微信3.0版本确定的产品战略是将2C触达与效率提升作为新的抓手。这样做可以将企业微信的长板做到极致，以此规避它在激烈的市场竞争中的短板。

用"微信之父"张小龙的话来说，企业微信未来尝试的方向为"人即服务"，即用户通过微信可以直接找到给自己提供服务或产品的人。当然，这句话也可以反过来理解，即让提供服务或产品的人能找到需要直接服务的对象。

在这种力量的推动下，在疫情期间，在线办公软件钉钉、企业微信、腾讯会议分列App Store相关应用下载量的前三名。

腾讯的决定很及时，因为这个打开个人微信和企业微信之间藩篱的决策刚刚做出，疫情就暴发了。这就相当于企业微信刚做好"火力准备"，"战争"就来了。

因为产品力和钉钉差距太大，企业微信要补的"课"太多，以至于为了满足疫情带来的需求变化，企业微信从2020年1月起连续3个月保持着每周一次更新的速度，直到4月才渐渐恢复到正常更新节奏。

企业微信团队拼了，但这次，很有效。

和钉钉在疫情期间抓住教育场景大力开拓一样,企业微信在疫情期间抓住的一个重要场景是医疗。

据报道,早在 2020 年 1 月 27 日,企业微信就根据疫情做出紧急升级,上线在线问诊、在线会议和紧急通知等功能,目的是降低疫情期间部分轻症患者因恐慌性就医而造成交叉感染的风险,并最大可能地减少发热门诊医护人员的工作量。

据企业微信披露,湖北省宜昌市中心人民医院是第一批接入在线问诊的公立医院之一,在线问诊上线后的四五个小时内,就有超过 4000 名市民咨询。这极大地缓解了医院接诊压力,并有效降低了来院就诊交叉感染的风险。此外,地处西部的宁陕县医院也通过企业微信搭建了在线问诊平台,仅两个小时就完成配置,上线后半天就有 50 多例患者获得咨询服务。

在疫情期间,企业微信曾专门发布了 3.0.5 版本,除了常规的在线办公功能,还新增了群直播、收集表、在线问诊、在线会议(支持 300 人)、紧急通知(支持 1000 人)、疫情专区 6 项功能。

其中,在线问诊、在线会议和紧急通知 3 个功能,很明显是针对奋战在防疫一线的医疗行业进行的升级。

据企业微信方面介绍,在线问诊功能基于企业微信和个人微信的连接,让医生可以为患者提供线上咨询与服务。如需使用在线问诊功能,医院管理员可在企业微信给医生配置在线问诊"联系我"二维码。配置后,就能把二维码发布在医院公众号、官网或线下宣传海报上,供患者扫码添加医生微信。

除文字问诊外,企业微信还支持音视频问诊、无消息自动结束问诊、拉群集中沟通与提供建议,避免医疗资源的浪费。

除了医疗场景,企业微信还试图在钉钉重兵把守的企业市场分一杯羹,但分法完全不同。

在这个市场上,企业微信走的是与钉钉完全不同的路径。如果说钉钉的绝活儿是企业内部协同,那么企业微信的方便之处在于帮助使用者触达 C 端用户，进而使得当下极其流行的概念——私域流量运营成为可能。这是一个和钉钉完全相反的差异化竞争优势。

举个例子，知名品牌宝岛眼镜是一个非常早就在平台型电商上运营的企业，而且收获颇丰。因此，当私域流量运营的概念开始流行时，宝岛眼镜试图把这一块业务的运营交给电商团队，但后来发现，电商团队的人很不适应这种工作。因为私域流量是去中心化的，与电商的逻辑相反。宝岛眼镜因此进行了组织改革，成立了会员运营中心（MOC），并且让 8000 名员工全部下载大众点评、小红书、抖音等 App，发动全员全网"种草"。针对每个平台各自的特点，宝岛眼镜配备专门团队学习平台运营方法，帮助员工创作内容、打造人设、孵化 KOC。

但是宝岛眼镜随即发现，过于分散的去中心化平台带来的消费线索很难管理，对消费者的触达也很难产生商业黏性。因此，宝岛眼镜决定把自己在大众点评、小红书、抖音等各大平台积累的粉丝尽可能地转化到企业微信。在疫情期间，宝岛眼镜虽然关闭了 100 家线下店，但由于打通了企业微信和个人微信，宝岛眼镜通过企业微信建立的强黏性客户达到了 336 万人——这是一个以前不可想象的数字。

另外，在疫情期间，由于直播的兴起，企业微信找到了另一个抓手，即通过与小程序、微商城的配合，借助直播浪潮，在大微信生态系统下，帮企业、电商从业者将服务转到线上，打通导购添加消费者微信、在朋友圈发布商品信息、引导消费者到小程序商城购物这 3 个环节，从而实现了线上客户运营的闭环，最终达成交易。

从企业的交易成绩单可以看出，在疫情期间，小程序、企业微信、大微信生态联合打造的超级"护城河"，让企业微信的优势表现得淋漓尽致。尤其在智慧零售方面，微信小程序的表现十分亮眼。官方数据显示，2020 年从除夕到大年初七，小程序生鲜果蔬交易笔数增长 149%，社区电商交易笔数增长 322%。

分析认为，小程序商城是做好客流数字化的重要工具，企业微信和微信社群则是帮助品牌构建自有流量池的重要抓手。小程序商城和企业微信、微信社群运营结合，可有效帮助零售商家实现客流数字化，让有商超到家服务的企业更加了解用户，与用户保持及时沟通，并为其提供更好的服务。

光大证券是这样解释的：作为个人微信的"孪生兄弟"，企业微信是个人微信封闭与开放两难的巧解。企业微信连接产业，腾讯云、腾讯云与智慧产业事业群（CSIG）各项目组、腾讯广告等业务部门均可通过企业微信实现对产业客户的基础覆盖，打开未来深化合作的空间。

行文至此，我们大致可以看出，钉钉和企业微信其实已经出现了差异化竞争。

企业微信的真正大方向是以微信大生态为背景，结合腾讯的C端优势，建立一种新的商业生态，成为一种新的赋能方式，最终形成一条顺利的B2B2C链路。这是钉钉不可能具有的业务形态。

字节跳动把自用的飞书扔进市场

还有一个不得不提的产品是字节跳动的飞书，虽然它与前两者还有很大的差距，但因为与字节跳动的关系而自然会被高看一眼。

也是在疫情期间的2020年2月20日，字节跳动宣布旗下办公产品飞书将向100人以下的中小企业开放3年的商业版免费使用权。

字节跳动副总裁、飞书负责人谢欣曾提道，飞书本身提供的免费版功能已经能支撑大部分企业的日常运营，同时由于疫情的影响，飞书额外提供了一些付费的商业版使用权限。他表示："虽然3年确实是比较长的时间，但这并不会影响飞书的商业化进程。飞书团队人员还在扩张，当前飞书更加关注产品打磨、用户体验提升，数据暂不对外公开。"

一位字节跳动广告代理商表示："飞书在去年（2019年）就已经

开始推广了,作为字节跳动广告代理商,我们也将原来的钉钉换成了飞书,使用效果差别并不大。"另一个信源也证实,2020年1月初,今日头条内部加大了对飞书的推广力度,销售人员也会向客户推荐飞书。虽然没有KPI要求,但成功推广可获得公司奖励。

严格说来,飞书是一套字节跳动自研且自用的内部协同套件。这款产品从2016年开始自研,2017年11月全面取代字节系此前使用的钉钉,成为公司内部的办公协作工具。同年,字节跳动收购时间管理软件朝夕日历,并投资在线协作产品石墨文档。2018年,字节跳动又收购了效率工具幕布,投资了企业云盘产品坚果云。2019年,字节跳动更是参与了视频会议服务商蓝猫微会数百万美元的早期投资。

简单来说,字节跳动一边对外推广自研协作产品,一边通过投资进行产业链布局,借此进入钉钉和企业微信的战场。

在2020年春节期间,字节跳动以6.3亿元买下《囧妈》全网独播权的背后,飞书成为提升沟通效率的关键。一群从未涉足过电影行业的年轻字节跳动员工,从做出决定、联系影业公司老板、谈判价格、签约,到产品专题页研发、在线观看压力测试,再到最后电影上线,一共只花了36个小时。所有沟通协作环节几乎都通过飞书完成。而在以往的电影发行环节中,这些工作可能会花半年甚至一年时间。

这也成了字节跳动加速推动飞书入市的信心依据。

谢欣提道,健康报备是字节系自己的刚性需求。字节跳动有5万名员工分布在世界各地,春节假期还有不少人出国旅游。在出现疫情之后,企业只有第一时间掌握所有员工的健康情况,才能统筹安排工作计划。因此,飞书团队用两天时间,以远程协作的模式,快速开发了健康报备应用,并且很快就开放给企业使用了。

不过除了疫情原因,我们很有必要思考一下,飞书的差异化竞争优势是什么?

总体来看,飞书在基础功能上和企业微信、钉钉大体相似,都由一系列协同套件组成,这是相似的一面;而相异的一面则是飞书对办公的理解，即愉悦和高效。

客观地说，字节跳动是一家强大的企业，但在企业协同方面，它既没有阿里巴巴的2B经验，也没有腾讯庞大的C端关系链积累，它更需要通过功能上的差异来打开局面。

麻省理工学院教授托马斯·艾伦曾于1977年做过一个研究：在观察科学家和工程师的交流模式时，他发现，两张办公桌距离越远，他们就越没有可能交流；若两张办公桌距离超过30米，他们定期交流的可能性接近零。这又被称为艾伦曲线（Allen Curve）。

当远程协作办公将"桌子"间的距离拉得无限长，艾伦曲线会改变吗？

飞书给出的一个解决方法是，增加信息的透明度和流转性。

中国日报网的一篇文章写道，张一鸣是追求信息快速流动和共享的拥护者，字节跳动经常强调其文化是重视内容，而不是控制。决策指令不是单纯的上传下达，而是让同事之间通过提供上下文，用内部信息透明来解决问题、做出决策、提高效率。而达成高效背后的逻辑是协同。

有观点认为，效率来源于协同，而非分工。

从某种意义来讲，在产品层面，飞书的做法是对上述想法的实现，即通过IM、在线协作文档、日历、OKR（目标与关键成果法）等套件将协同这件事串联起来。以OKR为例，在字节跳动，不用问同事最近在忙什么，看一下他的飞书就可一目了然。

飞书通过产品设计打造愉悦感，或者说顺畅感。

就开会而言，字节跳动内部有一项依托飞书产生的"飞阅会"模式，会议发起者可先在共享日历上查阅大家的安排，以便选定会议时间。开会前，公司内部还有默读会的传统，即安排15分钟默读在线文档，协作写下侧重点和疑惑，之后逐一讨论，让会议冗长和偏离重点的现象减少，会场中喝茶、睡觉的现象也随之绝迹。这就是愉悦感，因为顺畅产生的愉悦感。

展现字节跳动想象力的还有所谓的线上办公室功能。这一功能可以说更接近 Slack，与腾讯会议或 Zoom 的远程会议有所区别。

简单地说，远程会议功能就是在线开音视频会议，而线上办公室则是通过虚拟技术，模拟在日常的 8 小时工作制下人们可以随时发起实时沟通的场景。它就好比多方一直打开摄像头和免提，并在这种情况下自然办公。利用优化过的技术，麦克风可以捕捉远近处的声音，然后清晰地传给其他办公协同者。

这一功能的特点是，只需要点击群组对话框的右上角按钮，就可以开启实时语音交流，不需要进入专门的会议模式，而是尽量去掉所有邀约和接入流程，当下的文字对话和文档操作不受任何影响。这个功能开发迅速，2020 年 2 月 5 日就上线开放了。

飞书挤进的是一个大战场。

观研天下的数据显示，2017 年—2019 年我国智能移动办公的市场规模分别是 194 亿元、234 亿元、271 亿元；预计到 2024 年，市场规模将增长到 486 亿元左右，其复合增长将达到 460%。

谷歌在前不久宣布，其办公工具 G 套件全球月活量达到 20 亿人。对比微信现在的 11 亿人的月活量，人们大概就能理解这个数据意味着什么了。

当然，飞书在疫情期间的具体增长情况，目前只有增幅，没有其他数据。App Annie 综合中国内地 iPhone 和 Android 手机数据的报告发现，2020 年 2 月，钉钉下载量增长率环比上升 356%，企业微信环比上升 171%，飞书环比上升 650%。这个数字令人惊讶，但考虑到飞书基数太小，增长后总体规模还是有限的。

飞书的魅力不在当下，而在于其想象力。

社区团购的风口与争论

疫情不仅让协同办公向前迈了一大步，还改写了一个行业的命运，那就是社区团购。原本到了 2019 年年底，社区团购已经快走到绝路，但是疫情救了社区团购。

凯度咨询数据显示，2020 年，社区电商用户群体中约有四分之一是疫情期间的新增用户，其中 72% 的用户表示疫情后仍将继续使用社区电商。

阿拉丁小程序指数显示，2020 年上半年在社区团购这个赛道，排前五名的平台分别是兴盛优选、十荟团、美家买菜、食享会、同程生活。

然而，随着疫情期间带来的强需求，巨头纷纷亲身进场。后疫情时代，打响社区电商第一枪的是滴滴。

2020 年 5 月，滴滴正式组建橙心优选团队，进驻成都开始试运营。仅仅在 3 个星期后，橙心优选小程序就正式上线运营，采用"今日下单 + 次日送达 + 门店自提"的模式，提供水果蔬菜、肉禽蛋奶、米面粮油、日用百货等品类商品。

根据"零售氪星球"的记录，2020 年年中，成都清凤时代城小区门口新开了一个小店，橙色的招牌"橙心优选超市"非常醒目，右下侧标注 NO.0280001。"028"是成都的区号，"0001"则代表它是橙心优选在成都的 1 号店。

清凤时代城是位于成都高新区大源板块的一个成熟社区，建成 4 年，占地 4 万平方米，有 8 栋楼，1300 多户，二手房价格是 2.2 万～2.7 万元 / 平方米，以周边配套齐全著称。这也是典型的社区团购希望进入的小区——主流群体、规模较大。

这家店很"滴滴"的一点是，它从一开始的运营策略就是门店每天都有 3 种特价蔬菜，特价蔬菜是当天的新鲜蔬菜，只卖 0.99 元，一人限购一份，但只供门店，线上无法购买；当天特价水果的优惠活动则是"第二份半价"。

在四川，滴滴就是凭借"0.99元"的强补贴政策快速俘获用户的。它在初步摸清玩法后迅速复制。

很多社区团购强调将实体店员和线上运营人员合二为一，但橙心优选并没有这么做。一位店员说，店员们主要负责店内运营，而线上运营另有专人负责。然而，店员虽然不负责在线业务，但也有一个刚性指标——引导顾客学会用橙心优选小程序下单。

除了充作前置仓，橙心优选门店还有一个重要作用，对线上下单尚存疑虑的业主可以随时来看看，以确保其放心地在线上购买。除了线下门店专有的特价蔬菜，线下产品价格与线上会尽量保持一致。

另外，线下店更强调即时满足需求——如果消费者在线上下单，前一晚11点截单，数据传回公司汇总，再下发给相应区域司机，司机与仓库对接后次日上午将货物配送到小区。团长要做的就是通知业主取货，以及售后信息的对接、退款等。如果消费者到店消费，则买了就走。

"48小时申诉，无忧退款"是京东、盒马鲜生等一线生鲜电商这几年总结出来的售后要旨，滴滴一入局便迅速复制。

在这样的店陆续投入建设后，滴滴对外的名声也随之鹊起。2020年9月底，橙心优选在川渝地区的日单量已经突破50万单。与此同时，关于滴滴在社区团购单量第一名的新闻开始铺天盖地而来。

与此前的单车、跑腿、货运等新业务不同，社区电商业务与滴滴的出行业务版图关联度最低，也是滴滴迄今为止最大的跨界动作。

橙心优选的团队也是专门为此组建的。如果美团优选、多多买菜做不好，团队还可以转做其他项目。但对橙心优选的团队而言，这一仗就是最后一仗，必须背水一战。

"这并不是一件容易的事情，原因还是在于基因。滴滴是没有做重运营的基因的，早期的电召平台只是一个平台，后来的网约车还是平台，所谓的运营有很大一部分是在做合规性的工作。越是涉及线下重运营的事情，滴滴就越不擅长。整个公司就是按轻业务的模式生长起来的，因此首先要克服的是内部的管理惯性。"一位滴滴前高层告诉本书作者，"我对滴滴做橙心优选的乐观态度是有限的。"

不过，滴滴如此看重这个业务是有其内在逻辑的，那就是此前生鲜电商的下沉普遍不成功。

事实上，作为社区电商的核心品类，生鲜一直被互联网企业视作沃土。国家统计年鉴数据显示，2018年，我国主要生鲜品类的摊位成交额超过1.5万亿元，但主要流通渠道仍在农贸市场和超市，线上化率不足5%。

难点在于流通成本过高。目前，市面上的生鲜品牌基本停留在一线城市，在下沉市场无法做到成本覆盖。

一方面，国家号召农产品上行；另一方面，生鲜类产品下沉的尝试又不成功。此时此刻，依托真实社区和团长资源促进商品流通的新型零售模式——社区团购。

其最大的优势是自然显现出了优势，"预售+自提"模式大大降低了流通成本。如前文所述，社区团购是头天下单、次日发货，这就极大地降低了实时配送的压力和因此带来的保鲜、冷链、仓储成本。

"比如说，盒马鲜生卖南美白虾，它的存货量是根据供应链预测的，和预售的精确度还是有差距的。而且，要保证这些白虾在店里不死、不坏，需要一个养殖场景，成本是非常高的；而社区团购只需要根据预售的单量去农产品市场进货就行，这里面的成本差的不是一点半点。"一位业内分析者这么说，"如果你要追求实时也不难，下楼自提即可，这就又省了配送的成本，等于从两头把供应链都变短了，节省了大量的成本。"

另外，在引流方面，盒马鲜生等采用的还是中心化的方式，流量成本很高；而社区团购所有的关系链都在团长的微信群里，要引流，最多拿一两款做特价就行，成本很低。所以我们看到，大部分的社区团购常年特价，不是因为想"烧钱"，而是因为低成本可以支持这种玩法。在某种程度上，社区团购甚至用不上大数据画像、供应链AI

这些"大杀器",因为用户特性和消费特性都存在团长的大脑里。

更重要的是,社区团购的性价比路线与社区电商的用户画像高度契合,容易在三四线城市跑通,快速实现规模化。

财经传播服务机构华商韬略认为,对于滴滴来说,橙心优选一旦实现规模化,依靠社群及其裂变模式打通供应链上下游,那么向上可以借助价格和质量优势,与现今主流电商平台掰手腕;向下可以通过业务延展,连接起整个本地生活板块,成为打开下沉市场的重要流量入口。因此,社区电商已经成为兵家必争之地。这场战役的胜负,或许将影响甚至改变中国互联网的格局。因此,滴滴必须 all in 社区电商。而作为滴滴的破局之战,橙心优选也必须要赢。

的确,不管是美团、拼多多还是淘宝系,都可以找出和社区团购有联系的基因,但唯独滴滴,拥有的出行优势似乎和社区电商业务八竿子打不着。

但另一种看法是,社区电商行业本身尚处于探索模式,市场模型远未成熟,大家都在摸着石头过河,真正比拼的是企业自身的发展速度和迭代速度。

而靠着"烧钱"拼速度和产品迭代是滴滴广义上的"好球区"。

至少,滴滴不用再来一遍生鲜电商的游戏。从生鲜电商因前置仓模式导致扩张危机,到美团旗下的小象生鲜等品牌被迫关店,其他企业已经走过不少弯路,帮滴滴排了很多雷。

因此,在小巨头里,橙心优选启动速度最快,相较其他巨头有 2 个月的先发优势。而且滴滴既有充足的现金储备,也是竞争者中唯一没有上市的企业——因没有上市股东和股价的桎梏,其反应和行动更加灵活。

短短几个月的时间,橙心优选就从零开始在四川搭建起 2000 多人的地推"铁军",并恶补供应链短板,从田间地头的农户到上游食品、饮料、粮油等供应商,迅速搭建起供应链体系,在很短时间里就公布了中粮、旺旺、三只松鼠、康师傅等一大批优质供应商伙伴。

作为连接C端的唯一核心渠道，团长是社区电商能够运转的前提。优质团长是稀缺资源，也是巨头争夺的核心。数据显示，位于头部5%～10%的团长贡献了社区电商80%～90%的销售额。

为了获得优质团长资源，橙心优选提供了目前最大的补贴力度，以及完善的培训体系。

砍柴网的报道显示，无论对消费者还是团长，滴滴补贴都毫不吝啬。消费者连续的爆单奖励，如新用户下单2元内的商品就免费送2袋碘盐，满15元以上再加送一瓶矿泉水等。消费者累计下单越多，团长的奖励就越多。因此，有的团长为了凑单，还会退钱给客户。

团长除了可参与爆单、佣金翻倍等活动，还可以直推其他团长。橙心优选将团长称作合伙人，合伙人收益按照团长和"徒弟"订单总量计算，分成比例最高达13.2%。

在商品价格补贴方面，橙心优选同样出手大方。招商文件显示，橙心优选的商品低于市场价30%～50%。

但是这就一定能赢吗？不一定。

因为其他竞争对手也不可小觑，其中不可不提的是美团。

说起社区团购，美团其实更早就有准备，那就是美团买菜。美团买菜是和美团版"盒马"同一个时代的产物，前者走轻模式，后者模仿盒马鲜生走超重模式。结果，前者发展迅速，后者陆续关店，这意味着美团已经做出了自己的选择。

这里多说一句，美团买菜和美菜经常被混为一家，其实后者是一家从中高端食材批发开始做起的生鲜电商。美菜网融资10.5亿美元，成为2018年生鲜电商的最大"独角兽"，此后在生鲜电商、餐饮双线发展。

美团买菜则提供生鲜到家服务，主要满足社区居民的买菜需求，自2018年开始在上海试运营。2019年3月26日，美团买菜启动北京市场测试，在天通苑、北苑两大居民区分别开通了便民服务站，为服务站周边1.5千米之内的社区居民提供"手机买菜"的服务。

周边居民通过美团买菜App享受"手机下单、送菜上门",最快30分钟可配送到家。配送时间为早上7点开始到晚上9点15分。美团买菜覆盖蔬菜、水产、肉禽蛋、酒水、水果、乳制品、厨房用品、速食冻品、休闲零食和粮油调味品这十大品类。SKU虽然不算多,但涉及从生鲜到日用品、从购买高频到中低频的整个家庭用品范围——社区团购的架子已经搭起来了。

若论做社区团购这门生意的资格,美团还是领先滴滴太多。

滴滴有钱,美团也不差钱。除了钱,美团还拥有和本地生活服务相关的庞大的用户群,各类App总用户规模近5亿人,安装渗透率为45.2%;同时,用户以16~35岁为主,一二线城市占比较高;此外,美团还有270多万名骑手,对配送这件事,他们至少比滴滴司机要在行得多。

当然,这都是潜在优势。美团买菜和美团优选也不是一个产品。2020年7月,美团推出美团优选业务,这才算正式进军社区团购。一些原本有美团买菜进驻的城市开始放弃前置仓,改为美团优选模式,并引导用户无缝切换。

如前所述,在两个月后,美团优选才变成一级战略项目,美团准备投资700多亿元在2020年年底实现"千城计划",截至目前已布局20余个省份、300余个地级市。而在这陡然加速的背后是美团迫切希望借助地推资源和经验,弥补落后于滴滴的两个月。

因此,在第一阶段,美团将重点放在了速度上,要在短时间内超过滴滴的开通城市数量。两家App的数据统计显示,截至2020年10月28日,美团优选足迹遍布12个省份,橙心优选则在9个省份开设业务。双方已经在7个省份直接"兵戎相见"。

根据砍柴网的报道,美团优选在湖北、四川、山东等地几乎覆盖了所有地级市,而橙心优选主抓省会城市,地级市还是空白。倘若按城市计算,美团目前已攻下60多个城市,滴滴只有十几个。

但这不代表滴滴不行。美团优选拼的是速度，橙心优选讲究的是单量。

有成都媒体采访当地一位橙心优选团长，对方用三句话描述了滴滴的空前盛况：在消费者端，邻居不止一次反映，希望可以多增加平台 SKU；在产品上，橙心优选小程序因交易太多崩溃数次；在物流方面，滴滴货运司机忙不过来，载客司机都在兼职送菜。

据自媒体开曼 4000 报道，为了冲单量，橙心优选还把饮料拆分，按瓶来卖，价格还要比单卖便宜一点，如 3.49 元的元气森林、0.89 元的优乐美冲泡奶茶等。降低客单价、牺牲利润率、提高订单数，这套打法是典型的互联网模式，是为了让用户形成高频习惯，而平台则快速起量。

总体来说，美团靠地推经验，快速"攻城拔寨"，希望开够 1000 个城市；滴滴则靠充沛的现金流，延续出行战争的红包打法，希望所到之处均为单量第一名。

前文提到，滴滴的补贴力度极大，美团优选虽然平时补贴不多，却频繁搞"突击战"。例如，半夜上架秒杀优惠，逼得橙心优选马上应对，连夜反击。

相比滴滴，美团更有流量优势。外卖比打车频率高，再加上收购摩拜，美团 App 日活实际上超过滴滴 App 不少。在美团 App 上，美团优选端口设在首页第一滚动栏。

在团队内部，美团和滴滴都重视人才，只是打法不一样。

据砍柴网报道，美团两次调整架构，让"老人做新事"。2020 年 7 月，美团优选成立，美团高级副总裁、S-team 成员陈亮为 1 号员工。2020 年 10 月，美团将美团优选提升为一级战略项目，新增大区负责人这一关键性职级，负责分管华东、华西、华南、华北和华中五大区。

另据报道，美团优选事业部成员主要由快驴、买菜、外卖、酒旅等美团各大事业部精英组成。其中约 60% 为买菜事业部成员直接转岗。3 个月的时间，100 人的团队迅速扩张到 3000 多人的规模。

滴滴没积累，直接选择高薪挖人。兴盛优选最早进入社区团购，也是目前市场占有率最高的平台。据AI财经社报道，滴滴给出的薪酬大概是兴盛优选的2~3倍，一个大区总负责人职位的业内平均月薪为两三万元，但滴滴能给到五六万元。

2020年10月21日，柳青发了一条关于橙心优选的微博。她转发了该团队写给产品研发和设计部门员工的两封信，表示"情真意切……大家一起既往不恋（不是既往不咎），一路向前"。

滴滴的两位老大都很关心橙心优选。在橙心优选破50万单当晚，程维在核心高管群发了几十万元的红包以表祝贺。这次程维立下"抢夺市场第一"的誓言。公司最重要的两位人物都完成了对团队的公开鼓励——当然，也是公然向对手下了战书。

只是，滴滴的对手不止美团一家，还有极具差异化优势的拼多多。

2019年"双11"期间，拼多多以对iPhone的巨额补贴招徕了大批用户，可以说是其"百亿补贴"的功成之役。

拼多多是一个很年轻的电商平台，但在几年的发展中，它已经经历了3个阶段。

起初，依靠社交裂变等玩法销售大量白牌商品，用低价击穿下沉市场；然后，依靠百亿补贴强攻大品牌，使公众产生更强的品牌信赖感，反攻高线市场；最后，聚焦"产业带品牌"孵化，推出具有定制色彩、又新又好、兼具品牌势能和性价比优势的新品牌，覆盖全线市场，大有称雄宇内之志。

还必须强调一句，在启动所谓的新品牌计划之前，拼多多最重要的品类就是天然符合"农产品上行"需求的初级农产品、对物流要求不高的水果等，这也会成为拼多多发力社区团购的一个基础。

拿出了补贴iPhone 11力气的拼多多，让2019年的"双11"属于拼多多；但2020年的iPhone 12发布时间较晚，"双11"正好还在新机红利期，拼多多很难将之纳入百亿补贴计划。自媒体互联网怪盗团由此提出了一个问题：拼多多过去几年的增长势头远远超过了任何人的预期，但现在它是否已经达到了一个"天然边界"，高成长期是否即将结束？

答案可能是，如果没有社区团购这盘新棋局，拼多多的这波攻势可以说已经是强弩之末。

拼多多有钱，舍得补贴，但是套路已经被淘宝、京东摸透，后者也找到了非常好的抵御之道。淘宝以"淘宝特价版+重启聚划算"的方式，京东以启动"全渠道新通路"和"京喜""京东京造"的方式，正在复制拼多多的产业带直供计划。

拼多多在过去几年快速成长的优势依然存在。但是由于拼多多的体量已经很大了，因此它的增量红利不可避免地已经快消耗完了。

按互联网怪盗团的分析，按照日活量计算，拼多多已经是中国最大的电商平台，它的GMV也已经很大了，因此"拼多多已经把能开的荒地都开出来了，把能吃的东西都转化为自身的重量了。在此基础之上，它必然不能完全依赖过去的增长模式"。

拼多多该怎么成长呢？最坏的一种结果是变成下一个天猫或淘宝。但是，中国实在不需要另一个天猫或淘宝了，而且随着淘宝系的发展，类似大平台的弊病也在逐步显现。

所以，并不仅仅是本书作者，很多人都希望，拼多多能够在社区团购而不是平台电商模式上创造新的辉煌。

为什么说社区团购是拼多多天然的下一个成长空间呢？

社区团购的使用人群和拼多多的存量消费群体，存在极高的吻合度，这是其他平台电商无可比拟的。

没错，这个人群就是在疫情期间或是过去几年里，因为拼多多的存在而摸索着学会使用智能手机、网购便宜货的大爷大妈，以及中低线城市的价格高敏群体。如果说所有的电商做到后面都是全人群覆盖，那么拼多多在对这个人群的覆盖上格外有优势。

互联网怪盗团是这样描述的："社区团购的主力消费人群是大妈（也有一部分大爷），这些人早已被拼多多牢牢掌控。哪怕是不用拼多多的大妈，也会一天到晚使用微信。所以，社区团购的胜利者注定是腾讯系公司，至少是能够自由使用微信流量的公司。社区团购的核心是社交链——团购每日必需品，简直就是在与别人共享生活，这部分用户对强社交的需求甚至高于拼多多原有业务。从这个角度看，拼多多于2020年年初推出的拼小圈，也是为发展社区团购布下的棋子之一。"

拼多多的另一个巨大优势是，目前社区团购只有两个大品类——农产品和日用品。而这两个品类都是拼多多非常有优势的领域，所以在某种意义上，拼多多能够在社区团购中拥有空间，也的确是前几年不休不止地用自己的流量和补贴催生无数"白牌爆款"所积累下来的"福报"。

我们可以想象，日用品尚有品牌可寻，但绝大多数的农产品，除了产地（如阿克苏苹果、沾化冬枣、高邮湖蟹等），并无其他特殊属性。中国的确有"褚橙"等高级别品牌力的水果，但屈指可数。

在基础设施上，拼多多对供应链的掌控力还远远无法与阿里巴巴、京东相提并论，但是它对农产品供应链的掌控可能是最好的。自2020年以来，拼多多进一步加大了对农产品供应链的投资，喊出了"2025年农产品GMV破万亿"的口号。这个数字是很难想象的，但如果有了社区团购，就很容易达成了。

然而，这并不是一道易解的题。业界对社区团购有很大分歧。

有一种观点认为，社区团购是大道至简，用巧妙的模式打败了阿里巴巴用大量金钱堆出来的"盒马帝国"和全行业用巨额成本做出来的生鲜电商——就成本和效率而言，社区团购优于生鲜电商，且毫无技术门槛。而另一种观点则认为，社区团购看上去简单，但其实极难，关键是大家并不知道"雷"在哪里。

后一种观点看上去似乎很有依据——如果社区团购那么简单，为什么在过去几年，社区团购公司（无论是巨头还是垂直型公司）已经"烧"掉了数十亿乃至数百亿元人民币，而这个模式迄今还没有跑通？

直至今日，对社区团购这一商业模式的这两种截然不同的认识依然存在，谁也说服不了谁。

还有一个讨论也很吸引人。有关社区团购的盈利渠道，一方认为，社区团购依靠农产品和日用品就足够挣钱；另一方则认为，这两个品类无利可图，必须依赖这个渠道卖出更多高附加值的商品。

后者从场景上是说不过去的，很难想象在社区团购里买卖电器、书籍、化妆品或者服饰的情景。社区团购是一个快速决策、即时交付的场景，它天然不适合决策成本高、决策周期长的高价值商品。

农产品和日用品看似利润不薄，但建立在一个前提下，即有良好的基础设施。这里的基础设施包括但不限于供应链、物流、产业链对接、地推、线下成本管理等。

2020年8月末，由拼多多孵化的社区团购平台——多多买菜落地武汉，由创始团队成员阿布直接负责。

多多买菜的团队也被外界认为是极具狼性的，在一个半月的时间里就在武汉招募了近8000名团长，BD实力毋庸置疑。身为董事会主席的黄峥甚至亲自赶赴武汉、南昌等地实地走访调研。

另外，在拼多多五周年庆典上，黄峥还特别表示："买菜是个好业务，是个苦业务，是个长期业务，也是拼多多人的试金石。"

在中国，被认为天生能吃苦的互联网公司有几个——京东、美团、拼多多。所以，尽管社区团购是一个很苦的生意，涉及大量的地推、巡店、开店工作，以及大量的供应链和产业带的打通工作，但拼多多大抵是吃得消的。

所以，互联网怪盗团认为，拼多多的组织文化恰恰能在这种条件下发挥巨大作用。在所有电商巨头当中，拼多多是成立时间最短、创业团队保持最完整、创业氛围弱化程度最小的。它还没有患上"大企业病"，员工普遍还带着"饥饿感"，管理层也还没有丧失对现实的深刻感知。所以，在社区团购这场比拼执行力的"饥饿游戏"当中，它很可能占据先机。

执行力比拼很大程度上是看团长和社区团购的关系，社区团购真正比拼的是团长这个环节。社区团购的后端用"预售—按需供货—配送—自提"的模式，降低了仓储成本和配送成本，各家的做法基本类似。前端获客则依赖团长的社交关系，并通过团长进行客户关系管理和黏性提升。因此，一个小区的社区团购效果如何，特别是开店前期能不能做好，关键看能不能抓住团长。

从目前来看，专职服务一个平台的团长比较少，每家都做是大概率的事件。

"我3家（橙心优选、美团、拼多多）都在做，哪家菜便宜就推给业主，买哪家都无所谓。"接受零售氪星球采访的一家米店老板这样说。她的社区团购群里现在有150人左右，都是小区业主。

说起3家的区别，她觉得各有所长。橙心优选每天都有红包，可用于商品抵扣，秒杀也多；美团商品品类多，优惠活动比较少；拼多多品类少，优惠力度却很大。

对团长来说，其他两家公司的佣金比例都是10%左右，美团稍高，有12%。假设一位米店老板做团长，他原本就有门店，不需要另找地方存货，每天挑商品推荐给群里业主，还能同时卖自己的货，多渠道赚钱。

并不是只有门店店主才能做团长。现在流行的一种方式是，两三个人搭档做一个社区的团购，不需要门店，只需要在小区物业办公室租用几个货架充当临时仓库，就可以做一个小区的生意。

社区团购平台都在给团长提供各种工具和便利，但现在更流行的做法是，团长不但可以推特定供应链的货，还可以自己进货。

本书作者曾和一位做农特生鲜产品的供应商聊天。他是典型的"特产猎人"，特定季节一到，他就会亲自跑到产区挑产品，然后与全国各地两万多个做社区团购的团长联络出货，可以做落地配送，也可以做一件代发。

为什么团长愿意直接从他那里拿货呢？这位供应商表示，因为他相当于开辟了一个新渠道，无中间环节，即采即发，包装和包材的选用都比较讲究，损耗低，因此水果价格非常有竞争力。

团长既可以卖供应链的货，也能从他这样的独立供应商那里拿货，只需和微信群里的人说一声"又新鲜又便宜的阿克苏苹果到了"就行。大部分团长背后都有一批这样的供应商，只要商品质量有保证，团长能赚到钱就行了。

前文提到，基本每家社区团购平台都有团长。在2018年之前，很多小区已经演化出了非常原始的微信群购物形式。团长对社区团购平台的依赖，远没有平台对团长的依赖那么强。团长可以随时切换平台，甚至可以做自由团长自找货源，而平台大多没有勇气倒逼团长二选一或三选一。这是社区团购的本质——关系链的价值大于供应链。

一个小区绝对不止一个团长，团长间的竞争取决于谁能提供更加质优价廉的产品。一个供应商给我举了个例子，他的新疆小白杏，每箱价格只要60元左右，其他平台要90元，在这种情况下，团长肯定帮他卖。

说到底，社区团购之间的竞争，与其说是竞争团长，不如说是在竞争供应链，即使是美团、滴滴、拼多多这样的巨头入场也是如此。现在的问题是，如果平台不能更有效地管控团长，是不是美团、滴滴这些平台最终都要为团长"打工"？

另外，除了上面说到的几家小巨头，大巨头也不敢忽视这个市场。据公众号晚点的消息，在阿里巴巴2020年9月中旬的一次集团总裁会上，张勇宣布，由盒马事业群组建盒马优选事业部，正式进入社区团购赛道，由盒马鲜生总裁侯毅直接负责，向阿里巴巴B2B事业群业务总裁戴珊汇报。此前，阿里系的饿了么、零售通、菜鸟和盒马鲜生都在探索社区团购。

京东也在重新思考社区团购该投入多少、如何投入的方案。此前，京东曾尝试过友家铺子、京东区区购、小七拼这3个社区团购业务，最新的消息则是京东买下了美菜的2C业务。

在社区团购普及起来之后,全国很多夫妻小店都活跃起来了。兴盛优选、拼多多、美团等平台都会开发这些小店作为社区团购的自提点,使之成为一个小的物流中心。这些小店在"最后一公里"上扮演低成本的角色,成为社区团购抓流量、提供会员服务的重要点位。

在过去几年,中国的大物流生态不断完善。所谓大物流,包括上游的工厂与农业产地物流,数以百万乃至千万名"最后一公里"的送货司机,以及数百万名社区团购团长。他们正通过不同的数据社群和数字化网络,实现整个生态的连接。

那些借势破圈的新秀们

2020年突发的疫情给全球零售行业带来了很大的挑战,而对中国的零售行业来说,却是机会大于挑战。对比欧美,中国零售行业回暖更快,也更有活力。

沃尔玛中国区前总裁、高榕投资合伙人陈耀昌在一次演讲中指出:欧美主打购物中心的十大房地产信托基金中,表现最好的一家的市值还没有恢复到疫情前的40%,很多家现在的市值只有疫情前的10%,还有好几家濒临破产。除了短时间没有收入,更重要的原因是很多投资人觉得它们中长期的转型做得不好。

这种现象不只是因为欧美地区在疫情方面控制得不好,根本的问题是,在线下零售上与中国相比,它们在疫情以前就已经在新技术、新商业模式,尤其是线上社交媒体运用方面落后很多。欧美还是太依赖正在不断衰败的百货公司,没有跟上数字化时代。

首先,中国很多的线下零售商重视往线上引流和引导消费者,从而让线下流量能持续为线上、线下业务提供红利,其中的关键在于数字化。以中国餐饮行业为例，经过近 10 年的数字化和配送服务发展，餐饮业的线上销售数据意识和技术比欧美进步很多。美团在港股的市值已经超过 2000 亿美元，而欧美最大的数字配送餐饮平台还没有上市，市值大概只有美团的十分之一，由此可以看出双方在餐饮数字化上的差距。

其次，中国很多线上的新品牌上往线下走，也在 2020 年疫情之前就开始了。它们帮助很多线下购物中心形成新的客户结构，更适合疫情以后的大环境。其中包括喜茶、奈雪等茶饮品牌，盒马鲜生、超级物种等线上线下店，还有完美日记（不仅在线上是头部品牌，近两年也加快了线下门店的布局）。而这种现象在国外是比较少见的。

此外，中国的社交媒体在制造很多"网红"、热点后能将其流量带回线下，这方面比欧美进步很多。特别是整个微信生态已经成为人们个人生活或工作的平台，对线上、线下流量的连接起到了重要作用。

在诸多零售巨头里，沃尔玛的变革最为积极。尽管销售和盈利没有大幅上涨，沃尔玛用 3 年时间让股价增长近一倍。这是因为它的数字化策略，以及在新媒体、新人群、新零售发展上的决心，受到了投资人和投行的高度评价。

首先，沃尔玛的线上销售额增长保持了一个比较高的水平。2020 财年，沃尔玛在线销售额增长 37%。

其次，沃尔玛做了一些很有魄力的决策，包括出售巴西、英国等地的线下门店，出售印度的线下批发业务；斥资 160 亿美元收购印度电子商务公司 Flipkart，收购拉丁美洲零售电商平台 Cornershop。沃尔玛也是京东、达达重要的投资人。

2020 年，沃尔玛又投资了 TikTok，原因是线下零售往线上发展急需新的社交媒体，而且是针对时尚年轻人的社交媒体。沃尔玛的高层也表示，未来会和 TikTok 合作提供电商及其他全渠道服务，开发社交媒体购物潜能，吸引年轻消费群体。

在中国品牌国际化的过程中，TikTok毫无疑问会扮演非常重要的角色。TikTok是中国在短时间内做得最成功的国际化产品之一，因先进的算法、AI，以及符合新消费人群的需求，在全世界30多个国家，它的下载量、市场份额、日活量、月活量都名列前茅。

所以，中国消费品牌如果掌握了TikTok场景里的营销玩法，基于原有的供应链、品牌管理能力、产品力，跟着TikTok就可以很快进入很多国家，用同样的商业和营销模式在不同国家复制成功。

另一个受到品牌方追捧的是B站。

经过10多年的发展，B站几乎已经有了人们想要的所有内容。它发展出了7000多个核心圈层、200多个文化标签，也汇集了各行各业的知识。2020年，B站凭借破圈三部曲《后浪》《入海》《喜相逢》，得到了广泛认知。

公众在2020年也看到了B站的宣传潜力。例如，疫情期间，钉钉把广大熊孩子"折磨"得非常难受。后来，钉钉的B站号发了一个在线求饶的作品，在全站有2600万次的播放量。这个视频制作的成本相对而言不是很高，但是曝光量却达到了千万次级别。

除了钉钉的视频，腾讯和老干妈发生纠纷后发布的视频也堪称经典。腾讯的B站号发布了一个憨憨企鹅的动态视频，引发了大家的转发和调侃。这个视频成功地把B站各大官微号"炸"了出来，也成功吸引了年轻人的眼球。当时的视频浏览量是2500万次，转发30万次，评论70多万条。

B站带货也同样表现不俗。B站头部数据服务商火烧云数据的创始人丁杰在见实私享会上分享了两个案例，一个是唇釉——在B站上的ROI可以达到1∶27，另一个是美白牙贴——在B站上的ROI可以达到1∶28。这两款产品都是客单价3位数的快消品，从这点就可以说明B站用户有较高的消费能力。

B站也迎合了年轻用户消费习惯的变化。以前人们买了某个东西发朋友圈，是为了炫耀自己能买得起；而现在年轻用户发朋友圈，主要是为了彰显自己的个性。他们更多地会为这个产品带给自己的精神享受买单。

此外，B 站用户受教育水平较高，也非常爱学习，他们对品牌的认知能力非常强。一旦认可这个品牌，就不会轻易背叛，而且他们的分享欲也非常高。

有数据表明，60% 左右的新国货品牌都是在 B 站完成的冷启动。

新消费浪潮的另一大趋势——C2M

C2M 是英文 Customer-to-Manufacturer 的缩写，是一种新型的工业互联网电子商务的商业模式。但在国内，这个概念也有延伸，有人称之为"反向定制""客户定制"。总之，这一概念不断翻新，内涵不断丰富。

本书作者简单地将其分为两类，即宏观客户定制和微观客户定制。

宏观客户定制是指电商平台根据对用户数据的梳理和用户需求的研究，按预设的需求先制造、后销售。其中的代表有京东京造、网易严选、淘宝特价版 / 聚划算、拼多多的"新品牌计划"等。

微观客户定制是指电商平台根据单一客户的个性化需求，在用户下单并说明定制需求后，再下单给企业生产，最后交付给用户，其中的代表是必要商城。

2015 年 7 月，全球首家 C2M 电子商务平台必要商城上线。这是 C2M 模式首次应用在互联网电子商务中。

毕胜曾经任职于百度，是早期的核心团队成员，为人精明能干，善交朋友，在百度历任总裁助理、市场总监等职务，是李彦宏早期在市场公关方面的重要助手。

毕胜于 2008 年创办乐淘网并出任 CEO，第一天就拿到了雷军的 200 万元投资，不过这次聚焦于鞋品的垂直电商创业并不太顺利，所以毕胜后来写了一篇非常火的文章叫《垂直电商本就是一场骗局》。

他的核心观点是，垂直电商的流量效益较低但成本很高，所以做单一品类的电商成功机会是很小的。

这个观点基本也得到了印证。

在乐淘网的数年跋涉让毕胜的性格也发生了很大的变化。如果说刚刚把百度送上纳斯达克，他潇洒离场，在雷军等朋友的支持下做起乐淘网时，他是性格张扬而充满自信的年轻人，那重新开始搭建乐淘网时，他就是一个开始戒烟减肥、神色沉稳，说话都仿佛咬着后槽牙的中年人。

而让毕胜决心重新下场做电商的项目就是必要商城。

本书作者在必要商城位于三里屯的办公室见到毕胜时，他正在试戴一副新的眼镜。他告诉我们，这已经是他最近定制的第 36 副眼镜，因为"在必要商城定制眼镜太便宜了，像我戴的这副，镜片是采用依视路技术的防蓝光产品。即使在电商渠道，一副依视路品牌的防蓝光镜片也要 1000~2000 元，其中渠道成本占了大头。而我们在依视路下属的工厂设了一条专线，所以一副镜片只要 200 元出头。我们现在有从工厂定制和直接把生产线设在工厂两种方式，后者是我们希望发展的主流方式。"

其实，必要商城的主打方向就是我们说的微观客户定制，也称参与式定制，即客户参与全流程的定制环节，厂家完全按照用户的个性化需求定制产品，每一件产品都是一个独立的 SKU。

必要商城主打的产品包括服装鞋帽、眼镜、化妆品和消费电子产品，其中服装鞋帽占比最高。这是因为，深度定制最成熟的就是服装鞋帽行业，一些供应链已经有了柔性生产的意识，是 C2M 电商比较愿意展开合作的行业。

毕胜说，微观客户定制的一大特点是按需求生产——用户先下单工厂再生产，没有库销比，能消除库存顽疾。

因此，在必要商城的 C2M 模式下，工厂以自主品牌方的身份入驻平台；用户在平台下单后，平台将订单直接反馈给工厂；工厂收到订单后生产和发货配送。电商平台可以利用大数据描绘客群画像并对消费特征进行分析，帮助厂商选品、改造工艺等，降低库存压力的同时通过电商平台规模化订单平衡成本，实现利润最大化。

本书作者此后多次体验必要商城的定制电商。在用户体验上，定制的确带来了一定的体验快感，但相应的一个问题是，交货的周期明显延长，最长的甚至要一周。而且，服装鞋帽大部分是标品，而现在定制的程度并不高，无非是选择颜色和尺寸，这和购买成衣的体验相差不大，但等待的时间却不短。除了像眼镜这种必须因人而异、深度定制的产品，现有的定制并不支持量体裁衣、遴选布料之类的深度需求。

所以，必要商城更像是一个通过优化库存环节来控制成本的供应链电商，"定制"的消费者价值还有待进一步挖掘。这可能也是行业平台较少选择这一路径的原因。

必要商城的海外版是近几年很出名的做国际服装的 SHEIN，它是 C2M 模式的代表公司。SHEIN 基于数据追踪系统对流行趋势和消费者变化进行了追踪和分析，可以实现快速生产，2019 年推出了 15 万种商品。到 2020 年 6 月，其销售额超过 400 亿元，下载量在中东地区的购物应用里排名第一，2020 年 6 月在美国成为仅次于亚马逊的第二大购物应用，在欧洲也大受欢迎。

接下来，我们要讨论宏观客户定制了。在讨论之前，先要谈一下产业带品牌的问题。

经过 40 多年的改革开放，一直坚持外向型经济导向的中国拥有数千个产业带和庞大无比的产能，这些产业带能够制造从精密的 iPhone 手机到简单的服装鞋帽等几乎所有的消费品，但有一个问题，就是渠道高度依赖外贸，几乎没有品牌能力。

拼多多的出现为这类品牌指明了一条出路，这些产业带品牌其实成本很低，再加上拼多多的补贴，终于打开了前所未有的下沉市场，为整个中国的电商找到了增量空间。

然而，白牌商品的负面作用也很明显。品牌不仅仅是一种认知，也是对消费者的一种承诺。如果某个厂商或者销售商品的渠道完全没有品牌，也就意味着对消费者不必进行任何承诺，这就会导致大量短期行为的发生，这也是拼多多的口碑最初毁誉参半的原因。

拼多多意识到，必须让产业带的白牌商品拥有自己的品牌，这不仅让商品可以有更高的溢价空间，也反向约束了厂商和买家，避免了短期行为的发生，这是拼多多在2018年启动"新品牌计划"的核心原因，这个计划说透了就是拼多多版的C2M模式。

供应链品牌虽然没有品牌势能，但有独特的优势。和成熟品牌相比，其品牌开支几乎为零，所以（在成为知名品牌后）有很大的让利空间。

比如，凯琴隶属的新宝股份在全球小家电制造领域实力强劲。作为全球最大的小家电代工企业，过去10年间，新宝股份多个类目的产品出口量均位居全国首位。新宝股份部分主品类产品的出口额占国内同类产品总出口额的10%～15%，其中咖啡机出口占比接近40%。得益于十几年的研发投入，新宝股份积累了超过2600项专利技术。

雄厚的生产加研发实力，让新宝股份成为伊莱克斯、飞利浦、松下、西门子等国际驰名品牌的合作伙伴。

和很多代工企业一样，2019年，新宝股份实现营收91亿元，较2018年同期增长8.06%；实现净利润6.9亿元，较2018年同期增长36.73%。在91亿元的全年营收中，外销收入占比81.17%，产品主要销往美洲和欧洲。连续增长的营收证明了新宝股份在产业链中的实力，也反映了代工厂的尴尬处境。

数据显示，2019年新宝股份的毛利率为22%，外销毛利率仅为18%，低于国内厨房小家电32%左右的行业毛利率，与国际知名品牌的毛利率相差更为悬殊。

凯琴品牌负责人对此表达更直接："一款49元的电热水壶，贴牌后就卖到了299元；一款399元的咖啡机，贴牌之后就卖到了3999元。价格上涨3~5倍甚至10倍以上。一些消费者从海外买回的大牌厨房小家电，其实是出口转内销的产品。"

如果一个咖啡机只卖399元就有合理的利润，那么对比卖3999元的竞品，就有巨大的价格空间可以用来营销。

尽管贴牌的产品大卖，但代工企业的利润却薄如刀锋。它们也很想"杀入"国内市场，然而做惯了外销，代工企业对转型国内市场的信心并不足。它们或许知道北欧的某个小国使用咖啡机的习惯，但对中国人需要什么厨房小家电，却一无所知。

这时候，拼多多出现了，它有备而来。通过研究平台消费者的消费习惯，拼多多的团队前往凯琴，与凯琴的工作人员沟通数据、分析结论，协助敲定选品，并组织培训凯琴的电商运营人员。

最终，一个"脑洞"颇大的点子诞生了——凯琴出口的牛排机质量很好，但中国消费者在家烹制牛排的机会屈指可数，于是，凯琴干脆把出口的牛排机进行了设计优化，改造成了电饼铛，以适应国内消费者的使用习惯。

基于拼多多对用户需求的把握，凯琴的灵感源源不断，"洋为中用"后推出的89元的电饼铛、49元的绞肉机、35元的搅拌器等，款款火爆，高性价比的产品在平台上的销量达数十万台。

到这里，就必须讲讲拼多多做C2M的逻辑。其原则是，只有先成为爆品，才有可能建立品牌。

拼多多做C2M的总体指向是突出性价比，这也是京东京造、蚂蚁特价版、重启后的聚划算共同的特点。这个模式决定了单品的利润不会太高，而在这种情况下，企业只有推出爆品，取得一定的成功，基于此不断加大营销投入，参加各种营销活动，才可以进一步带动销售，形成正向循环。

拼多多的逻辑是，一个产品的销量越高，得到的曝光量就越多，而附着在产品之上的企业品牌也就一点点从朦胧到清晰地建立起来了。

拼多多的这套逻辑不仅适用于凯琴这样我们没有听说过的供应链品牌，还适用于一些有市场存量认知但产品力落后的企业。拼多多积极地带着消费者需求的数据，主动上门沟通，帮助消费者反向定制。

2020年，百年老字号品牌"王麻子"100%的股权最终被广东金辉刀剪竞得。如何延续这个老品牌的辉煌？拼多多和金辉的负责人反复沟通，最终勾画出产品，其用料对标国际大牌，使用德国进口不锈钢，初始锋利度指标达到80以上（通常为50），并结合国内消费者使用习惯优化菜刀造型，而价格预计仅是国际大牌的四分之一。

类似的例子还有很多，但总体来说就是三步：基于庞大的数据支持，反向定制商品；成为爆品后不断循环增加曝光量，形成口碑；各种资源跟进，把口碑固化成品牌。

也许读者会问，这和传统的平台型电商区别何在？

本书作者认为，C2M电商与传统平台型电商之间有明显的差异。

第一是模式不同，但更健康。C2M电商能用算法推荐取代竞价排名机制，用算法机制让更好的商品脱颖而出。

而在传统平台上，一个商品的曝光率取决于商家投入的推广预算，投入得越多，曝光度越高，但商家与平台是价格博弈的关系，并不"贴心"；而拼多多的C2M是奖励机制，商品卖得越好就说明性能越好、性价比越高，于是给予曝光度"奖励"，促使厂家、商家有动力推出更多更好的商品，最终实现品牌升级。

第二是传播效率更高。传统的电商平台依靠引爆模式来传播，所谓的引爆模式就是密集投放、用极高的成本吸引一波关注度，从而形成传播；而拼多多"奖励"消费者向更多的朋友分享"低价好货"的模式属于社交裂变，不仅更自然、更符合情理，也更能降本增效。

为此，拼多多"新品牌计划"（也就是C2M计划）推出后1年半的时间里,参与的企业已经超过 1500 家,累计推出定制化商品达 4000 多款,订单量突破 4.6 亿单,2020 年第三季度日均定制化商品销售量超过 200 万单。

在这个良好的模式下,拼多多提出了该计划的加强版。

第一,扶持目标加大。2021—2025 年扶持 100 个产业带,定制 10 万款新品牌商品,带动 1 万亿元销售额。

第二,合作伙伴扩容。从以头部代工企业为主,扩展到为全中国优质制造企业服务,数量从 1000 家提升至 5000 家。

第三,加大资源投入。百亿元补贴、秒拼事业群等拼多多强势资源加入"扶持资源包",为企业提供定制化品牌推广方案。

第四,合作模式创新。从帮助代工企业孵化自主品牌,升级为代工企业自主品牌培育、知名品牌子品牌打造、新锐品牌扶持、国货老品牌再造等 4 种模式。

和拼多多的"新品牌计划"差不多同年启动的,还有京东京造这个品牌。

京东京造是京东集团的自有品牌,产品覆盖多个品类,于 2018 年 1 月上线,其拥有价值组装精细化、高端产品大众化和大众商品品质化的品牌特点,核心追求是"通过供应链优化,压缩中间渠道费用,让新产品和高端产品进入更多用户的家里,并进一步提升大众商品的品质空间"。

京东京造总体来说也是典型的 C2M 模式,但不同的是,京东京造只有一个品牌,即"京东京造"本身,并不具备品牌扶持的职能。它对标的是亚马逊、Costco 这样的由超级平台孕育的自有品牌。

早在 2009 年,亚马逊便推出了首个自有品牌。至 2018 年,这个全球电商巨头已有超过 70 个自有品牌;而 Costco 公司的自有品牌 Kirkland 在该公司的收入占比也不断提升,2017 年达到 27%。自有品牌一方面可以提升用户黏性,另一方面也可以提高盈利能力。

京东京造成立至今,也拥有相当亮眼的成绩。资料显示,自 2018

年1月上线到2019年年底，京东京造成交量增长了80倍。这背后，与京东京造的选品及品控能力密不可分。

京东京造与拼多多的反向定制有所不同，因为处于不同的价格区间，所以京东京造的商品有更充足的成本空间。一般来说，京东京造的商品价格往往是其对标商品价格的60%~80%。

京东京造保湿纸巾的诞生就颇具代表性。最初，京东京造产品团队通过京东大数据发现，日本进口保湿纸巾销量呈现急速增长趋势。他们对这个现象非常感兴趣："国内有这么多纸巾，为什么消费者还选择售价更高的日本纸巾呢？"

经过市场调研，团队最终得到了答案。随着国内环境的变化，越来越多的人开始关注口鼻健康，而纸巾是与口鼻接触的重要生活用品，因此具备更好触感的、更环保的纸巾日益受到市场欢迎。而日本是保湿纸巾的诞生地，其保湿纸巾自然成为众多消费者争相购买的"网红"产品。于是，京东京造决定开发一款能够满足消费者需求、性价比更高的超柔保湿纸巾。

找到产品痛点后，京东京造发现，乳霜是保湿纸巾里起到保湿润滑作用的关键成分。研发团队找遍国内外，最终从十几款乳霜中找到了他们认为最适合的一种。然而，当把其涂在纸巾上，效果却令人挫败，不仅手感达不到要求，且异味重。尽管想过放弃，但对产品品质不甘妥协的京东京造团队经过不懈探索，决定从原纸入手，将原纸的生产配方和过程都进行优化，最终将产品投向市场。

第一代京东京造保湿纸巾推出后，收获了不错的口碑和销量，复购率很高，但仍有部分消费者反馈"质量是好，但价格有点贵"。

实际上，这款纸巾相比日本进口纸巾便宜很多，但由于材质和工艺，保湿纸巾比其他国产纸巾售价会高一点。于是，京东京造进一步整合优化供应链，让成本结构得到了较大改善，让消费者得到了更优的价格。

此外，开发团队进一步拓展产品功能。在深挖国内消费者的使用习惯后，开发团队发现日本人习惯在不同场景使用不同的纸巾，因此纸巾细分品类非常多，但国内消费者更习惯一个产品多场景使用，因此产品采用了三层纯木纤维。相比第一代纸巾，新款重量增加了1克，纸巾的拉力得以加强，不易破，能够满足日常纸巾的多场景需求。

在传统模式下，产品的迭代更新往往需要1～2年。京东京造这款产品结合了用户使用反馈，在原有柔感、亲肤的体验上不断优化，用时半年便完成迭代并一跃走红，成为网络爆款产品，复购率非常高。

总之，京东京造的模式是打造第二品牌或者平价替代品，提升平台销量和利润空间。

作为阿里巴巴品质惠经济战略的重要窗口，聚划算在2019年带着3个目标回归大众视野——让中国消费者买到划算优质的商品，帮助中国制造企业实现数字化转型升级，帮助原产地优质农产品实现互联网上行。

可以看出，聚划算的3个目标，完全是为了对标拼多多的"新品牌计划"，甚至在目标设定上也与拼多多相似。聚划算的口号是"计划卖空全国2000个产业带，孵化1000个地域品牌"，这和拼多多的"新品牌计划"并无二致。

如果说有不同，那就是淘宝系的公关声量更高。

比如，阿里学术委员会主席曾鸣教授提出，C2M是电商的终局模式。又如，2020年9月16日，阿里巴巴旗下沉淀3年的"新制造"样板犀牛工厂正式揭开神秘面纱。该工厂从服装业切入，通过阿里巴巴平台上沉淀的消费行为，为淘宝、天猫商家提供时尚趋势预判，同时对传统服装供应链进行柔性化改造。

一般来说，服装行业的规矩是平均1000件起订、15天交付。而在犀牛工厂内，这一流程改为100件起订、7天交货。因此，其目标客户是中小型企业，核心需求是小单量、多批次。

"与其说犀牛工厂是一家工厂，不如说是一个数字实验室。它基于数字化链路，进行集群化的扩张。大品牌看中的不仅是成本，还有快速交接。随着工厂能力的革新及技术的成熟，新智造未来会开放给更多的合作方、品牌和卖家。我们希望能帮助中国传统制造提升自己的竞争力。"阿里巴巴犀牛智造 CEO 伍学刚在接受《21 世纪经济报道》记者采访时透露，希望未来的服务能覆盖至少 10 万个商家。

犀牛工厂有着明显的新制造风格——订单不大、款式应季、即卖即生产、品牌很杂。在这里，每块面料都有自己的身份 ID，进厂、裁剪、缝制、出厂可全链路跟踪；产前排位、生产排期、吊挂路线，都由 AI 机器来做。

但是，对阿里巴巴的"聚划算 + 智能工厂"的计划，行业内不是没有其他声音的。

有分析者认为，淘宝系的基本模式和 C2M 模式是存在冲突的。如前分析，淘宝系的基本盈利模式是对流量的竞价收费模式，其扶持重点是交易性强的商家，而不是品牌有待建设的商家。或者说，纵使淘宝系希望用 C2M 模式改造平台，也必然造成内部的既得利益集团和 C2M 业务集团的冲突、付费展示优先和销量展示优先的冲突。

另外，淘宝系扶持电商新品牌已非一日，但扶植的前提是该品牌必须重度依赖淘宝系渠道，相当于淘宝系扶植的新品牌是淘宝系创造增量利润的"抽水机"；但拼多多则鼓励这些品牌"有一天能走出拼多多"。虽然我们不能排除这是拼多多的公关话术，但如果从这个角度看，拼多多的立意似乎更高。

犀牛工厂虽然引发了一些关注，但是也有业者认为，这更像是阿里巴巴出色的 PR，他们的看法是："选择一个最容易定制的行业（服装）来展示柔性制造能力，是典型的新瓶装旧酒。这也是因为服装类的供应链最简单，真正复杂的产品，如电子产品或高级消费品的供应链极为复杂，涉及几百个元器件，很难用管理服装厂的'柔性'来驾驭。这种高复杂度的柔性生产至今还是工业互联网的难题。"

"新基建"与大国崛起

疫情暴发不仅改写了诸多行业的命运,也让全国上下开始认识到未来智能的诸多可能。

2020年春天,中国加大了推进"新基建"的决心和投入。

2020年4月20日,中华人民共和国国家发展和改革委员会把"新基建"正式圈定为信息、融合、创新基础设施3个方面,涵盖5G、IoT、工业互联网、卫星互联网、AI、云计算、数据中心、智能计算中心、智能交通基础设施、智慧能源基础设施等领域。

"新基建",顾名思义,先是基建。既然是基建,自然会带动投资规模增长。

中国电子信息产业发展研究院2020年3月发布的《"新基建"发展白皮书》中预计,到2025年,"新基建"直接投资将达10万亿元左右,带动投资累积或超17万亿元,相当于2019年中国GDP总量(99.08万亿元)的10%~17%。

2020年3月27日,《新京报》统计了26个省区市50万亿元的投资版图,发现"新基建"成为各大城市的建设热点。仅广东、北京、河南、江西、上海、江苏六省市,就有444个"新基建"相关项目,占它们公布的投资项目总数的13.7%。其中,上海50个"新基建"项目占其项目总量比重最大,为32.9%;江苏63个"新基建"项目占其项目总量的26.2%。

但"新基建"与之前的历次基建运动不同,多了一个"新"字。这个"新"字,是与2008年的那次与运力相关的基建运动相对应的。简单地说,这次的"新基建"就是围绕算力的基建。

1882年9月4日,爱迪生亲手合上世界第一个商用电力系统的电闸,电流沿电线从珍珠街电站流向曼哈顿金融区,照亮大半个纽约。4年后,西屋电气创始人威斯汀豪斯又建造了美国第一个商用交流电电力系统。

一轮接一轮的电力大基建，使美国人率先开启了电气时代，并为美国经济发展注入了强劲动力。最终，美国成为新的世界中心。

今天，随着数据大爆炸，算力正成为驱动经济的新动力。

在中国，有12.9亿名手机用户、近1亿个个体户和2000多万家企业，每年高达数十万亿元的电商交易要通过云端的算力来处理。不仅如此，算力还支撑着从VR/AR到自动驾驶、从AI到工业互联网等所有我们生活中的新科技、新产业，改造着传统产业的面貌。因为有了更强的算力，智慧工厂、智慧农场、智慧交通、智慧医疗、智慧政务等不断从理想变为现实，并由此带来更高的效率和产出。

从5G、特高压、高铁、充电桩，到AI、大数据中心、工业互联网，"新基建"的七大领域都需要算力进行支撑。因此，全国各地掀起了一场以兴建大数据中心为代表的算力大比拼。

围绕算力之争，一大批集约化的大数据中心正拔地而起。就连昔日偏远的贵州，也凭借华为、苹果、腾讯等公司的落地，实现了GDP"逆袭"。这背后是一场规模空前的"新基建"运动。

投入建设"新基建"，还隐含着如何影响中国的产业链转移，以及国家崛起这一宏大命题。

中国是制造业大国。20世纪50年代的美国与今日的中国有许多相似之处，当时的美国也曾是"世界工厂"，制造业对当时美国经济的重要程度，比起今日的中国有过之而无不及。

随着硅谷的崛起，在过去几十年中，美国一共净转出了1000多万名制造业工人，与此同时，美国从事信息产业的劳动人口在过去几十年间上涨了2.2倍。

实现这两个转化的一个重要原因是，从20世纪70年代到今天，美国引领了半导体、PC、互联网等几乎所有的科技潮流，凭借科技对劳动力进行了大规模的转化。结果是，其信息产业就业人口大幅提升，提高了美国人均生产率的整体水平，重塑了国家竞争力，美国因此成功转型。

反观中国，我国制造业的劳动力占比较高（农业、工业、服务业劳动力占比分别为 38%、27.8%、34.1%）。作为一个制造中心，中国要把劳动力全部都转去服务业，既不容易，又不现实。

那么，在相对长的经济周期中，中国必须努力把制造业留住，持续地吸纳数以亿计的劳动力。然而，纯粹依靠低廉劳动力成本的制造业，容易转移到其他劳动力成本更低的区域。因此，要把中国的制造业留在中国，就需要"新基建"在带动投资、巩卫国家安全的同时进行产业升级，解决核心技术国产化和与其相伴的产业链定价权这两个问题，让中国制造变成中国"智造"。

随着中国人力成本的提高，中国的产业链会往东南亚等地区转移，特别是附加值较低的制造业。峰瑞资本的一篇研究报告指出，"新基建"将通过两种方式影响中国的产业链外迁：一是赋能产业链条，让产业链条的附加值上涨，留住附加值高的产业及上下游产业；二是和"生产要素文件"相互作用，将产业链外迁后腾挪出来的生产要素更多地分配给国内的高附加值产业。

2020 年 4 月 9 日，中国共产党中央委员会、中华人民共和国国务院（国务院）发布了《关于构建更加完善的要素市场化配置体制机制的意见》，提出推进土地要素市场化配置，引导劳动力要素合理畅通有序流动，推进资本要素市场化配置等改革措施。

政府会对土地集约利用情况进行监测统计并公开通报。这套价值评价系统包括工业用地地均生产总值和地均税收等多项指标，以引导和带动区域经济发展、推进产业结构调整。

也就是说，"新基建"的一个重要目的是作用于中国业已形成的产业链条，带动关键技术的发展，提升产业的附加值。打个比方，产业链为"新基建"提供落地的土壤，而"新基建"则为阻止"土壤"流失的防护林。

关于"新基建"的机会解读，坊间有各种版本，本书作者认为，其实无外乎两个维度。一个维度是围绕国家安全层面进行产业建设，进而带动经济发展；另一个维度是通过产业建设延缓制造业外迁，促进内需市场形成，让国家赢得更多的话语权。而能让这两者相辅相成的行业，发展机会自然更多。

其中，新能源汽车行业因为涵盖两个维度且浑然一体而备受关注。

近年来，中国在原油方面所面临的压力与日俱增。2017年，中国超越美国与日本，成为全球第一大原油进口国，而且中国的原油进口量仍然在增长，从2017年的4.2亿吨上升为2019年的5.06亿吨。

汽油是原油炼制的主要产品之一，产出率约为原油的25%。这意味着1吨原油能产出0.25吨汽油。如此测算，将现在进口的原油全都炼制成汽油，也只能生产出1亿多吨的汽油，这几乎等同于或者略微超过我国当下的汽油消费量了。依据中国石油和化学工业联合会的报告，2019年，中国汽油表观消费量（当年产量加上净进口量）约为1.25亿吨。

说到这里，我们也就能理解"特高压"这个看起来和大部分人都不太相关的项目被纳入"新基建"的意义了。特高压输电是指电压等级在交流1000千伏及以上和直流±800千伏及以上的输电技术，具有输送距离远、容量大、损耗低和效率高等优势。

组织建设世界上第一个±800千伏直流输电工程的中国工程院院士李立涅2018年接受《经济参考报》采访时表示："特高压±800千伏直流输电项目的输送容量是±500千伏直流输电工程的2～3倍，经济输送距离提高了2～2.5倍，运行可靠性提高了8倍，单位输送距离损耗降低了45%，单位容量线路走廊占地减少了30%，单位容量造价降低了28%。"

接下来，我们通过两个场景比较一下传统汽油资源调度与特高压输电的效率差别。

传统汽油资源调度路径如下：因为产能不足，我们主要从国外进口原油，再把原油运到不同的港口，就近炼成汽油，然后运到一定范围内的加油站，售卖给汽油车。

如果发展新能源汽车并用特高压来输电，整个过程就大不相同。无论是风力、水力还是太阳能，当它们完成发电且发电的过程被数字化后，就可以用特高压将其输送到各个充电站，效率高、损耗低。

具体到新能源汽车市场，特高压输电改变了能源的形态，让电力的供应与输送更智能化，与此同时，和 IoT、大数据有关的"新基建"使实时掌握不同区域在不同时间段的用电量并及时按需调配成为可能。从长远看，它还能解决能源需求和能源分布不平衡的问题，并推动新能源汽车产业的发展。

随着 5G 基站建设的进一步提速，储能电池行业也迎来了发展契机。

依据中华人民共和国工业和信息化部的数据，截至 2020 年 3 月底，全国已建成 5G 基站 19.8 万个。在"新基建"浪潮的推动下，2021 年 2 月的数据显示，仅 2020 年，三大运营商建设的基站数量就超过了 60 万个，5G 终端连接数更是突破了 2 亿个。

为了保证 5G 通信设备能够稳定使用，宏基站通常会储备 3～4 小时的储能电量。根据《中国能源报》的报道："与 4G 基站相比，5G 基站能耗翻倍增长，且呈现小型化、轻型化趋势，需要能量密度更高的储能系统，对电源系统也提出了扩容升级要求。"

未来，基站建设对储能电池的需求可能比新能源汽车对动力电池的需求还大。根据高工产研锂电研究所（GGII）的数据，截至 2019 年年底，中国动力电池出货量为 71GWh，同比增长 9.4%，储能锂电池出货量为 3.8GWh，同比增长 26.7%。东方证券分析，5G 基站对储能电池总需求高达 161GWh，其中 2020 年新增了 14.4GWh。

在能源结构面临挑战的同时，中国的汽车消费市场却有很大的提升空间。2019 年，中国的汽车保有量超过 2.6 亿辆，千人汽车拥有量为 173 辆。如果在未来几年中，中国的千人汽车拥有量翻两番，发展到接近日本的水平（千人汽车拥有量为 591 辆），那么空间还是巨大的。

中国的新能源汽车产业链本身也有自己的竞争优势。2020 年 9 月，中国新能源汽车销量创下月度历史纪录，同比增长67.7%；宁德时代计划将海外市场份额从2019年的2%提升至2025年的14%。

随着中国电动汽车供应链优势的加速聚集，中国有望成为全球电动汽车行业领导者。根据行业协会Securing America's Future Energy（SAFE）的报告，全球在建的142个锂离子电池超级工厂中，中国有107家，美国有9家；预计未来5～10年，全球汽车制造商将在电动汽车的研发生产上投入3000亿美元，其中近一半的投资发生在中国。

这也可以解释为什么新能源汽车的落地与推广会得到鼓励，以及各级地方政府为什么都积极参与新能源汽车头部公司的发展。比如，合肥对蔚来的投资，以及上海有史以来最大的外资制造业项目特斯拉超级工厂。

在包括全球科技创新产业专家王煜全在内的诸多观察者看来，其实是中国拯救了特斯拉。上海的特斯拉超级工厂是特斯拉首个设在海外的工厂，也是中国首个完全由外资拥有的汽车工厂。特斯拉超级工厂制造总监宋钢在2020年年初曾表示，当时的国产Model 3零部件国产化率为30%，预计年中将达到70%，而到2020年年底将实现100%零部件国产化，即整车实现国产化。

我们可以来看看特斯拉的Model 3如果国产化率达到100%，将为中国带来多大的经济效应。

根据国联证券发布的研报，Model 3的国产化供应商主要集中在车身、底盘、内外饰领域，这部分大约占总成本的20%，而三电（电池、电驱、电控）、汽车电子的成本占比分别为50%、30%。

Model 3的3款车型平均售价约为34.5万元。特斯拉2020年第一季度汽车销售业务的毛利率为25.5%，粗略地估计，Model 3的年生产成本大约为447亿元。

假如Model 3完全国产化，那意味着占成本大头的AI芯片、电机、电机控制器、电池管理系统等核心零部件也都会在中国完成生产。这等同于中国所产的零部件在总成本中的占比从大约20%提高到

100%。结论是，Model 3 一年大约将会为中国带来 357.6 亿元的经济效应（447 亿元乘增加的 80% 成本占比）。

300 多亿元只是特斯拉 Model 3 这一条生产线可能为中国带来的经济效应。

汽车产业本身也有很强的带动作用，美国汽车产业支持了 1000 万名就业人口，为美国贡献了 3.5% 的 GDP；中华人民共和国商务部 2018 年的官方统计显示，汽车产业直接或间接支持了六分之一的零售业就业人口，销售额占整个零售总额的 10%。

特斯拉这样的企业和华为一样，它所承载的一部分是高附加值的消费品，而另一部分则是高附加值的服务。具体而言，就是包括智能驾驶在内的软件服务。

大概在 2015 年，自动驾驶还是受 VC 机构热捧的领域之一。如今大家意识到，技术重要，但更重要的是技术必须要在大量日常行驶的车辆上落地应用。

也就是说，仅仅是实验室的结果好没有用，必须和汽车制造厂商联合开发，使用户愿意买，买完之后愿意开，然后在驾驶过程中不断反馈。依据用户需求和数据，汽车制造厂商要不断迭代自动驾驶技术，在实用领域持续地历练。

所以，简单来看，自动驾驶要行得通，要具备 3 个条件：足够多做车的人；足够多坐车的人；基于前两者，技术的持续迭代更新。

放眼全球，中国拥有最完备的汽车制造能力，也拥有全球最庞大的购车群体。以新能源汽车为例，自 2015 年以来，中国新能源汽车产销量已经连续 4 年居全球第一，每年新能源汽车的产销量与保有量均占据全球市场的 50% 以上。

最完善的供应链和最大的市场在同一地域，也会使市场反馈和技术迭代的周期更短。这正是在 2015—2020 年这个创新周期里，新能源汽车能在中国异军突起的一大原因。

另一个能与新能源汽车热度比肩的产业是芯片。

中国生产了全球 70% 的消费电子产品，其中 90% 含有芯片的消费电子产品产自中国。不过，其中几乎 90% 的芯片是进口的。

2018 年，中国电子信息产业集团董事长芮晓武在一次采访中介绍，我国目前进口额最大的产品不是原油，而是芯片，仅芯片一项，2018 年就花费了 2400 亿美元，而且还在增加，2019 年为 3055 亿美元，约 2 万亿元人民币。

据统计，10 年间，中国半导体进口额增长了 2.4 倍，原油进口额增长了 1.8 倍。根据国信证券测算，如果半导体进口全部国产化，能使中国 GDP 总额增加 3.2%。

芯片能够带动的上下游行业倍数效应较高。根据国际货币基金组织（IMF）测算，每 1 美元半导体芯片的产值可带动相关电子信息产业 10 美元 GDP（我们一直依赖的房地产的倍数效应是 1∶8.3 到 1∶9）。这意味着，2 万亿元的芯片市场能拉动大概 20 万亿元 GDP。在中国，这是 2 亿制造业人口所能创造的价值的两倍。也就是说，芯片产业是一个事关 2 亿人和 20 万亿元的事情。

还有一个问题是，虽然我国的市场需求大，但在我国缺乏核心的、毛利高的部件定价自主权的情况下，芯片产业很容易流向其他人力成本更低的地区。这种情况一旦发生，直接后果是结构性失业。

中国发展芯片产业正好处于全球半导体产业开始第三次产业转移的前夜。

目前，每个国家与地区都有自己擅长的部分，如美国垄断 IC（集成电路）设计，涌现出高通、博通等优质企业；韩国深耕存储芯片领域，不断创新 DRAM（动态随机存取存储器）、Flash 存储技术；日本强于半导体材料；中国台湾地区则擅长晶圆制造，持续提升芯片制程等级。全球前三大半导体企业分别是美国 IDM 企业英特尔、韩国存储芯片厂商三星、中国台湾地区的晶圆代工厂商台积电。

在形成这样的格局之前，半导体产业经历了两次全球产业转移。第一次是从美国向日本转移，日本将技术创新和蓬勃发展的家电产业相结合，吸收了很多美国的技术，并抓住了20世纪80年代PC兴起的机遇，快速实现了DRAM量产，成为全球DRAM龙头。

第二次是从日本向韩国、中国台湾地区转移，因为20世纪90年代日本经济泡沫破裂，难以继续支持DRAM技术升级和晶圆厂建设，再加上日美半导体贸易战的影响，韩国开始崛起，逐渐确立了PC芯片领域的龙头地位。而中国台湾地区则是利用纯晶圆代工的优势，探索了新的商业模式。这一阶段的转移主要是制造环节的转移，半导体的生产模式从原先的IDM转换为Fabless（没有制造业务、只专注于设计的集成电路设计的一种运作模式）、Foundry（晶圆代工）和OSAT（封装和测试的外包），全球分工愈加细化。

正如《经纬研报》指出的，中国走到了一个重要关口——正在承接第三次全球半导体产业转移，凭借低廉的劳动力成本，获取相对低端的封测、制造等业务，完成最原始的积累。

从历史规律来看，前两次转移具有三个相似的特点。一是新的技术趋势，如第一次转移中日本的家电，第二次转移中韩国和中国台湾地区的PC、手机等；二是下游客户的需求增加；三是强大的资源投入，包括政府产业政策及各种来源的资金投入，如日本当年也是大力发展半导体产业。

现阶段，中国恰好处于技术更替的时间节点。经纬中国的合伙人王华东表示，智能手机市场逐渐饱和，以5G为首的AI、IoT、智能汽车等新兴技术将是半导体产业发展的新动力。而华为的5G技术已经在全球处于领先地位，新兴技术会催生新的市场需求，成为新动力。

半导体投资的资深业者、湖杉创始合伙人苏仁宏表示，在"国产替代"的大逻辑下，越是国产化率低的短板环节，反而越具备投资价值。

这种策略的底气来源于两点。一是中国市场足够广阔，在半导体的应用市场中，全球超过三分之一的消费量在中国；二是中国在封装测试和中低端芯片设计方面，已经具备了参与全球竞争的能力。

在设备和材料领域，由于细分环节众多，存在很多产品市场规模不小、产业发展必需且没有重要国内供应商的领域,而这些领域有着很好的投资机会。

中国民营航天梦

2020年最热的词当数"5G",很大一部分的"新基建"项目也是围绕5G进行投入和建设的,但2020年也是卫星互联网等6G互联网先行者的重要一年。

中国民营的卫星互联网产业是在SpaceX的刺激下发展起来的。

第一家走入大众视野的民营航天公司是深圳翎客航天,创始人是人称"火箭小子"的胡振宇。胡振宇是火箭爱好者,创立过民间火箭爱好者团队"科创航天局",2013年在内蒙古成功主持发射自研探空火箭(YT-4)。2014年,这个"90后"决定创立一家商业公司,从探空火箭做起,自行研发小推力固体火箭发动机。

2015年7月,一篇名为《中国"SpaceX":"90后"创办的航空公司》的文章在朋友圈刷屏。他在其中对翎客航天估值1亿元的说法,引发不少业界资深工程师的关注——既然胡振宇这样的大学生和爱好者都能成立公司,还能估值1亿元,那更加专业的团队应当更有机会。

就这样,从翎客航天开始,一场民营火箭竞逐赛拉开了序幕。

蓝箭航天是民营火箭赛道里成立较早的公司之一,创始人张昌武毕业于清华大学,曾就职于汇丰银行和西班牙桑坦德银行;另一位创始人是原中国卫星发射测控系统部航天系统工程高级工程师王建蒙。公开资料称,王建蒙是西昌卫星发射中心的第一代建设者,曾担任西昌卫星发射中心的0号指挥员,资历极深且人脉极广。在王建蒙的影响下,张昌武开始接触并了解商业航天领域。2013年,张昌武着手筹备一家民营商业火箭公司，2014年11月，国务院先后发布了《关于创新重点领域投融资机制鼓励社会投资的指导意见》等文件，鼓励民间资本参与商业航天事业。2015年6月，北京蓝箭空间科技有限公司在北京成立，王建蒙担任董事长，张昌武担任CEO。

紧随其后的是零壹空间。零壹空间的创始人舒畅，本科在北京航空航天大学学习飞行器设计，毕业后攻读北京大学经济学硕士，27岁时曾在航天科技集团的航天产业基金投资部工作，3年后进入联想控股，并成为联想控股最年轻的投资副总裁。与其他投资人相比，舒畅对航天领域的感情更深厚，他想投出一家中国的SpaceX，但找来找去，一直没有发现这样的公司。舒畅曾在蓝箭航天刚成立的时候加入过两个月，但很快，他与张昌武在公司运营方面产生了分歧，张昌武希望公司早期低调行事，舒畅则希望做出马斯克那样的宣传。于是，他在2015年8月自立门户，拿着千万元天使轮融资成立了零壹空间，专注于小型商业固体火箭的研制。

蓝箭航天和零壹空间是国内民营火箭事业前期发展较快的两家公司，或多或少地对其他公司产生了一些影响，其他几家民营航天公司的成立与这两家公司都颇有关联。

神州五行于2017年2月成立，总部在大连，在北京亦庄设有分支机构，创始人是陈小军。陈小军是哈尔滨工业大学的本科学士，清华大学的硕士，北京航空航天大学计算机专业的博士，曾在中国运载火箭技术研究院总体设计部工作，研究内容涵盖火箭的单机、分系统到总体的各项设计工作。

霍亮是北京科技大学的本科学士，清华大学机械工程学院的博士，其导师是铸造及材料专家柳百成院士。毕业后，霍亮进入航天科工集团总体设计部，负责装备的整体设计。2016年11月，北京深蓝航天科技有限公司注册成立，随后落户北京亦庄。

另一家同在亦庄的公司星途探索，网传创始人梁建军早年也在零壹空间工作过一段时间。梁建军是中国人民解放军火箭军工程大学机电工程专业硕士，在多型重点装备研制中任型号总师助理，并获得多项军队科技进步奖和国防专利。星途探索于2015年6月注册，2017年开始正式运营，与蓝箭航天、零壹空间相比已经晚了不少时间。

同样来自中国运载火箭技术研究院的还有凌空天行的创始人王毓栋。王毓栋毕业于清华大学，先后担任过主管设计、副主任设计师、主任设计师、室主任、副总师等，从事国家重大型号研制与科研生产组织工作，具备丰富的研制经验，曾获国防科技进步奖等奖项。2017年加入零壹空间担任CTO，2018年8月成立凌空天行，兼任CEO和CTO。

天兵科技的创始人康永来此前曾担任蓝箭航天的CTO，他于2019年1月成立天兵科技。康永来曾任中国运载火箭技术研究院运载火箭总体研究室主任、型号副总师、总工。作为研究院历史上最年轻的研究室主任和总体副总师，康永来曾主持过东风-17高超音速导弹及长征十一号运载火箭的总体论证设计工作。

由彭小波创办的星际荣耀与前述几家公司的成立过程略有不同。据公开资料所载，彭小波是航天技术专家，1994年从北京航空航天大学毕业后，即进入中国运载火箭技术研究院工作，曾担任研究院研究发展中心主任，主持和参与了多个重大航天项目。2018年时接受中信科信委派，担任星际荣耀总经理。星际荣耀的背景强大，因为中信科信的大股东是中科信工程咨询（北京）有限公司，而该公司的大股东是国家国防科技工业局军工项目审核中心。

另外两家民营航天公司的创始人均有中国运载火箭技术研究院的背景。一个是2018年2月成立星河动力的刘百奇，毕业于北京航空航天大学，拥有十余年航空航天领域从业经验，曾先后在北京航空航天大学、中国运载火箭技术研究院、中央军委科技委创新特区作为火箭技术高级专家和项目负责人，组织完成了多个重大型号的论证、设计，以及多项航天领域发展战略研究。另一个是九州云箭的季凤来。从公开发表的论文上来看，季凤来曾在中国运载火箭技术研究院研究发展中心工作，硕士毕业于北京航天动力研究所航空宇航推进理论与工程专业，先后从事我国长三甲系列运载火箭、新一代运载火箭发动机研制工作，以及航天预研项目的质量管理工作，曾担任质量技术处项目质量组副组长。

中国的民营航天公司之间不仅有着千丝万缕的联系，它们基本上扎堆在北京亦庄附近，这里正是中国运载火箭研究院所在之地。

但是，这些公司要复制 SpaceX 的路线，遇到了千难万险。

最大的困难在于我国航天产业的体制。1986 年，美国"挑战者号"爆炸解体，7 名机组人员全部遇难，之后美国政府宣布航天飞机暂时退出商业发射市场，政府开始购买商业运输服务。因此，2002 年创立的 SpaceX 能够源源不断地获得美国国家航空航天局（NASA）的发射订单，甚至是 NASA 的人才和技术。

而中国国家航天局（CNSA）是政府管理机构，而非科研机构，承担研发任务的航天科技集团和航天科工集团都是国有企业，民营航天公司几乎不可能从政府或者军方处得到订单，它们只能将目光投向科研机构和私人公司。在这个市场上，国家力量和民间力量在同台竞争。

最开始的蓝箭航天并没有急于自研液体火箭发动机，而是打算先从航天科技集团购买固体火箭发动机，快速发射中国第一枚民营商业火箭。但在 2016 年，航天科技集团的一纸公文打破了蓝箭航天购买固体火箭发动机的希望。于是 2016 年年中之后，蓝箭航天着手从北京航天动力研究所和西安航天动力研究所招揽液体火箭发动机人才。

蓝箭航天转向的时候，零壹空间仍在坚持固体火箭的研发。液体火箭与固体火箭二者之间的区别：固体火箭燃料体积小、易贮藏、安全性好，因此发动机结构相对简单；但是固体火箭发动机的燃烧比冲较小、燃烧延续时间较短、整体燃烧质量很大，又受到固体燃料燃烧性质的影响，所以应用受到了限制。

从研发难度来讲，固体火箭是一条近路，但这条路目前看来并非国际主流路线。到了2018年年中，零壹空间才从固体火箭转到了液体火箭的研发道路上，此时，蓝箭航天拥有200多项技术专利的10吨级液氧甲烷火箭发动机推力室已经试车成功。2018年5月31日，星际荣耀15吨级液氧甲烷火箭发动机配套的燃气发生器装置在北京完成点火试验。到了7月，九州云箭的"凌云"液体火箭10吨级液氧甲烷发动机副系统也完成了200秒长程试车考核。九州云箭的创新点在于，它开发的发动机控制系统将传统的单一火箭控制系统进行了分离，靠单独的控制器给发动机发布指令，相当于为火箭发动机装上了一个"大脑"。

即使是液体火箭发动机，燃料种类也有不同的选择。长征四号乙运载火箭使用的燃料仍然是偏二甲肼，氧化剂是四氧化二氮，剧毒且有腐蚀性；液氧煤油性价比最高，但是容易积碳结焦，不利于火箭多次回收使用，SpaceX猎鹰9号的梅林发动机用的就是液氧煤油；液氧液氢比冲最高，但是液氢制备价格昂贵、体积大，二者保存温度差也大，对发动机结构要求高；液氧甲烷是介于液氧煤油和液氧液氢之间的最佳选择，SpaceX在告别梅林发动机之后，全力研发液氧甲烷燃料的猛禽发动机。

深蓝航天和星途探索选择了液氧煤油发动机。以深蓝航天的"雷霆-5"液体火箭发动机为例，其整机研制自2019年4月开始方案设计，到2019年8月各零部组件投产，再到2020年1月整机试车，共历时9个月，是目前国内研发速度最快的液体火箭发动机。星途探索以亚轨道运载火箭为先导，以小型固体火箭为牵引，优先突破多级火箭总体设计技术、电气综合集成技术和飞控优化技术，逐步掌握液体火箭发动机设计技术，降低了自主研制运载火箭的技术风险。

天兵科技自主研制了常温HCP液体燃料，不仅不需要超低温储存，而且无毒、能量密度高，2020年已完成"天火三号"发动机的全系统热试车。不过，听起来优点众多的HCP液体燃料并非国际市场的常见燃料，实用性仍需检验。

燃料的选择对火箭发动机的结构设计和动力研发至关重要。在小型运载火箭范畴，固体火箭不可或缺，它在完成快速发射、高频率发射和专项发射等任务时具有天然的优势，但是没有回收价值。发动机回收能大幅降低单次发射成本，为实现商业化，研发液体火箭发动机是航天公司的必然选择。

　　2018年10月27日16时，蓝箭航天研制的"朱雀一号"三级固体运载火箭在酒泉卫星发射中心发射，如果成功，这将成为中国民营航天首枚入轨火箭。然而，火箭一二级、二三级分离成功，整流罩分离成功后，三级出现异常，其搭载的定制微小卫星"未来号"未能入轨。

　　2018年10月31日，蓝箭航天在其微信公众号上对"朱雀一号"发射异常的原因做出声明，初步怀疑末修姿控动力系统某推力室输送管损坏，导致控制力下降、推进剂泄漏、姿态控制力异常、推进剂提前耗尽。

　　紧随其后的是零壹空间。2019年3月27日，零壹空间OS-M运载火箭点火发射，火箭一级飞行正常，一二级分离正常。但之后火箭姿态失稳，发射失利，未能完成发射任务。

　　2019年3月27日晚7点，蓝箭航天创始人张昌武在清华大学航空航天学院做演讲，题目是《中国民营火箭的商业化》。然而，中国的民营火箭资金主要来源于民间资本，接连而至的两场失败给整个行业泼了一盆冷水，VC机构望风而逃，上半年民营火箭融资遇冷，商业化依然长路漫漫。

　　充满转机的第一场胜利是2019年7月25日，星际荣耀团队独立研制开发的双曲线一号小型固体火箭于酒泉卫星发射中心成功完成首型首飞任务，实现高精度入轨，是国内民营商业火箭的首次成功入轨发射。

　　失败并不算什么，如果把中国民营航天事业作为一个整体和SpaceX相对比的话，猎鹰1号在经历了三次失败之后才终于发射成功。这些民营航天公司的生存环境比不上SpaceX的环境优渥，也比不上马斯克本人财力雄厚，中国这些创业公司非常依赖资本，没有这么多试错机会。

在工程进展上比较靠前的公司是蓝箭航天和星际荣耀，两者都有2021年继续发射的计划。2020年5月27日，星际荣耀的"焦点一号"成功完成二次启动长程500秒试车，二次启动能力意味着重复使用的可能。7月14日，蓝箭航天的液氧甲烷运载火箭"朱雀二号"完成了控制系统与二级游机发动机匹配性验证，其二级游机"天鹊"10吨级液氧甲烷发动机完成了单次时长达3000秒的热试车考核。

中国民营航天公司的外部环境不如美国，一方面，无法获得政府和军工订单；另一方面，SpaceX早期得到了NASA在人才、技术、订单上的多重输血，而在中国，航天人才和技术都容易触及敏感区域。

西安航天动力研究所和北京航天动力研究所是体制内液体火箭发动机研究集中的两个地方，国内民营航天公司挖液体火箭发动机的人才，也多是从这两个地方入手。

美国没有"国家队"，而中国的"国家队"除了长年积累下来的技术成熟度，其发射市场价格、响应周期、制造成本等各方面都有体系化而非单一的优势。

中国航天的"国家队"企业是中国航天科技集团和中国航天科工集团。两大集团手握最核心的技术和大批人才，以及多年积累形成的地面发动机试车台、大型振动试验台、风洞等基础设施。而国内民营企业普遍缺乏试验场地，需要租借国家资源。但是，国家资源首先要满足国家任务需求，有时候甚至会推延民营航天公司的预约需求。SpaceX、蓝色起源（Blue Origin）均拥有自己的试车台，这些基础设施投入巨大；我国蓝箭航天是目前唯一自建试车台和航天工业制造基地的民营航天公司。

近年来，两大集团分别推出的快舟、捷龙系列小型固体运载火箭，直接瞄准商业航天发射市场。有报道记载，"快舟1A"运载火箭的每千克报价不到2万美元，"快舟11号"运载火箭每千克报价甚至不足

1万美元。与国际商业发射小型运载火箭每千克2.5万～4万美元的报价相比，快舟系列的价格更具竞争力，给初创企业带来很大压力。

客户不在乎是液体火箭还是固体火箭，在乎的是时间、成本和可靠性。民营航天公司首先在发射时间上不占优势；相比美国10多个发射场地，中国的发射场地资源有限，只有酒泉、西昌、太原、文昌四大发射场地，接受的国家任务重，对民营航天公司的发射需求并不重视；在安全性上，至少"国家队"的多个型号的火箭已经多次成功发射和入轨，处于早期阶段的民营航天公司则无法保证安全。

尽管困难重重，中国民营航天公司仍在蓬勃发展。它们中的大部分将目标投向了低轨卫星发射，而在这个领域，初创企业也在渐次崛起。其中，势能最大、影响力最强的是徐鸣和他的银河航天。

在35岁以前，徐鸣和航天唯一说得上的关系可能是他是哈工大的机电工程硕士。这是一所以航天为传统优势学科的大学，大部分理工学院的学生都会接触到相关知识，进而对航天事业产生兴趣，不过徐鸣是个例外。

徐鸣来自安徽农村，读大学的时候，他第一次看到了外面的世界。4年大学对他的人生观产生了深刻的影响，"规格严格、功夫到家"的校训也一直是徐鸣对自己的规劝。大学期间，他把更多的时间放在了计算机和编程上，为此自学了汇编语言。他后来更是舍弃了博士学位，来到北京，加入了互联网企业3721。

蜂拥而来的民营航天公司的创始人先前大多为航天工程师或金融从业者，与他们不同的是，徐鸣和马斯克、贝索斯一样，在进入航天产业之前，他已经是一名成功的创业者。2010年，他和傅盛一起创立了猎豹移动，为了排遣创业压力，徐鸣培养了观察星空的爱好。2014年5月8日，猎豹移动在纳斯达克上市，徐鸣终于有时间、有精力进一步挖掘这个爱好了。

于是，徐鸣开始关注美国的商业航天产业。一网（OneWeb）和SpaceX给他的最大感受是，美国人似乎并不按照做卫星的方式做卫星，中国做卫星的这套方式在美国行不通。如果卫星只是一个专用设备，那徐鸣并不感兴趣，但是如果能把卫星从专用设备中解放出来，这个产业似乎就真有未来了。

张世杰，哈工大航天学院的教授，也是微小卫星设计与控制方向的知名专家，同时也是哈工大的校友。因为卫星这件事，徐鸣在2015年7月找到张世杰，两个人聊了一会儿后发现，原来在2000年前后，他们俩就是网友了。那时候，哈工大有一个校内BBS平台叫紫丁香，两个人都是紫丁香的忠实用户。

张世杰出身航天工程系，坚守在哈工大20年不动摇。但在这么多年的研究生涯中，张世杰心里一直都有一个心结，那就是中国的航天项目大多数仍是工程型项目，无论是火箭、卫星还是载人飞船，工程任务是实现了，但离应用目标还很远。中国有那么多遥感卫星，但是还要从国外采购大量的卫星照片。他对此很不服气，一直在思考如何把卫星应用到人们的日常生活中。

第一次见面，徐鸣跟张世杰说，他想以卫星为依托，把应用放到天上去。徐鸣曾先后在3721、奇虎360和猎豹移动工作，将互联网思维移植到卫星上去，正好是他的强项。徐鸣不跟航天人讲情怀，就老老实实地讲逻辑和判断，讲自己想把卫星做成生意。这段话正合张世杰的心意，两人一拍即合。

于是，徐鸣组建了一个讨论航天活动的银河航天技术俱乐部，找来了各行各业的专家一起天马行空地讨论。微信群里有十来个人，有的是来自体制内中国航天科技集团五院的航天人，有的是来自通信企业的技术人员，有的是大学教授。他们每天都天马行空地想要通过卫星做什么，针对卫星通信、导航、遥感3个主要应用方向去论证。这个俱乐部每周有一次周会，大家时不时聚会，看看进展。

一个公认的事实是，只有引入了竞争，中国航天才会进入商业化的环境，才会有更好的服务和产品。国内卫星行业的变革从2000年开始，到了2015年，卫星技术不再是一项纯粹的战略化技术储备，民间资本才得以进入。徐鸣给俱乐部投资了几百万元，俱乐部还找了一个天文台的专家。徐鸣请教他：做一个天文望远镜可以干什么？专家说，可以提前几分钟观测到超新星爆发。后来，这群人真的把天文望远镜的方案做出来了。

做商业公司，仅仅凭着兴趣是不行的，虽然天文望远镜这个主意很不错，但是想要依此做成一个公司还是有困难的。有一次，徐鸣、张世杰和李会保几个人一起在咖啡馆泡了一整天，徐鸣当时提出，既然汽车可以被当作带轮子的计算机，那么能不能把卫星看作一台在天空中运行的计算机？如果能够以计算机的体系架构来做卫星，第一步应该做什么？

徐鸣确定，只有能长期不断迭代的产业，才有新力量杀入的空间。在芯片领域，这种不断产生颠覆性变革的准则叫作摩尔定律。摩尔定律生效，卫星的性价比才会飞速提升，商业航天才有机会从政府主导的航天体系中分一杯羹。不过对于商业航天来说，现在这个时间点实在是太早了。

现在的行业环境就像是1995年左右的中国互联网环境，技术环境封闭、人才不流动、基础设施不到位、政策规则不明确、供应链体系不完善。先到者可能是"早起的鸟儿有虫吃"，但更有可能是"出头鸟"，就像是20世纪90年代的铱星计划一样，"创业未半而中道崩殂"。本来创业就像爬山，而徐鸣在爬山之前还要进行铁人三项比赛，做航天真的是一件要长期规划的事情。

徐鸣在2018年3月正式从猎豹移动离开，启动银河航天项目。最开始他不知道该做什么，幸亏团队里有肖洁这样的AI专家，把OneWeb的公司架构模式总结了出来。大家一起研究一个航天企业应该有什么样的人才，然后再一个一个去挖人。

一开始的整整3个月，他们一个人都没有招进来。招不到人的原因很简单——体制内的工作就算有种种问题，肯定是稳定的。而且，就像是1995年的互联网行业，要是这家公司创业失败了，跳槽出来的人都不知道还能去哪一家民营航天公司。

最惨的一次是在上海，徐鸣带着团队的5个人一起去招聘，6个人分头找人面试，找了5个候选人，1个都没成功。徐鸣大学时期的同学高千峰（也是后来在猎豹移动工作时的同事）说，之前在航天单位有一个朋友张瑞丰，也许可以聊聊。6个人一听，全都杀了过去，一起和张瑞丰吃饭，好说歹说，总算把他劝了进来。有了张瑞丰，后来关于人才的事情就简单多了。

张世杰听说了西安空间无线电技术研究所的所长朱正贤，想请他出山，去找了两次，朱正贤都没有动心。后来徐鸣又去西安找朱正贤，谈了四五次。最后，徐鸣用银河航天的商业应用模式把朱正贤说服了。

其实，国内的通信卫星星座工程还有航天科技集团的鸿雁星座及航天科工集团的虹云星座。但是，朱正贤意识到，要做成一个真正在国际上有市场竞争力的应用体系，民间资本才是最有活力的。两个人的认知统一后，朱正贤随即辞去体制内的工作，来到了银河航天担任CTO。

2020年1月16日，银河航天首发星发射成功，这是中国首颗通信能力达16Gbps的低轨宽带民营通信卫星，采用Q/V和Ka等通信频段，具备10Gbps速率的透明转发通信能力，单星可覆盖30万平方千米，通过卫星终端为用户提供宽带通信服务。

这家曾获得包括顺为资本、晨兴资本、IDG、源码资本等多家主流资本青睐的公司，已经成为中国卫星互联网行业及商业航天领域的首只"独角兽"。

徐鸣认为尽管5G时代已经来临，但是全球仍有近40亿人尚未接入互联网，这是巨大的市场需求。与之相对应的是，银河卫星互联网面对的是超越国界的竞争。SpaceX在2016年10月6日发射了60颗第13批星链卫星，领先了所有竞争对手不止一个身段。为了提速并参与竞争，银河航天将在南通建设日均生产能力超过一颗的卫星超级工厂。

谜一般的大疆和互联网企业的人才群聚效应

汪滔和他的梦

在一个暴风雨将至未至的仲夏午后，本书作者在深圳南山科技园大疆公司总部见到了其创始人和首席执行官汪滔。

汪滔穿着一件白色的 Tommy Hilfiger 短袖衬衣，扣子一直扣到最上面一颗，胡子刮得干干净净，说话轻声细语，素净得像个大学生。

这是一次以大疆新价值观、使命愿景为主题的访谈。在两个多小时的采访中，汪滔从梦想开讲，但话题时不时回到人才和组织建设上。

20 世纪 90 年代初，跟随父母去深圳生活的汪滔有一处乐土，那是深圳荔枝公园的一家航模店，里面摆着一架汪滔梦寐以求的遥控直升机。几千元的价格在那个年代并不是小数目，上中学的汪滔常常下课后坐公交车过去，在橱窗外看上半个小时，再坐公交车回家。买不起模型，汪滔就看《航空模型分册》里的模型结构分解图，想象自己得到了这台模型。

谁能想到，25 年后，汪滔亲自设计绘制了大疆多款无人机的分解图，制作成展示框，陈列在大疆的旗舰店与展厅中。

但在当时，汪滔最烦恼的是常常在梦中得到了一台遥控直升机，梦醒了发现是假的。他说："后来，梦见得到了直升机，我就知道自己是在做梦了。"

1996 年，在一次考试中取得高分后，汪滔终于圆了梦，把那架遥控直升机捧回了家。那是一架昂贵但不完美的老式模型飞机，配件也难以寻找，燃油是由甲醇加蓖麻油配置而成的。精制蓖麻油是航空和高速机械理想的润滑油，但是汪滔无从获取，只能以医用蓖麻油代替。勉强配好了燃料，又发现发动机无法正常工作，好不容易找机会买到了一台二手发动机……整整一年，在累计差不多花掉 1 万元以后，这架飞机才勉强飞上天空，然后迅速掉了下来。旋转的桨叶在汪滔的手臂上打出了一道伤痕。讲这个故事的时候,汪滔抬起右手肘部,展示那道若隐若现的痕迹。

造一台好飞的航模飞机,成了汪滔第一个相对具体的梦想。

但汪滔并不知道,走一条什么样的路才能造出航模飞机。他在中学时代认为,自己应该进顶级的学校,然后进顶级的研究机构,也许能当一名科研工作者。因此,汪滔觉得自己应该争取去世界一流的名校留学。

汪滔的成绩并不算拔尖,大学时期他觉得自己申请世界一流名校的奖学金可能有些困难,但自费还是考得上的。这时他的母亲给了他很大的支持,表示只要他想读书,学费家里还是能够负担的,这让汪滔一直保持着乐观的心态。

大学期间,汪滔又购买了自己的第二架遥控直升机,并开始尝试在上面开发飞行控制系统。后来,汪滔转到香港科技大学学习,但临近毕业时家庭经济情况出现了一些问题,自费留学可能会有压力。汪滔一时有些茫然,一方面他没有放弃留学申请,另一方面他也开始参加一些招聘宣讲会,跌跌撞撞地思考未来。这时,香港科技大学的李泽湘教授接收了成绩平平的汪滔,成为他的研究生导师。汪滔说,这给了他一个缓冲,让自己可以做两年梦,再去面对现实。

李泽湘早年留学美国加州大学伯克利分校,他一直倡导产学研结合,注重培养学生的动手能力。他之所以接收汪滔,是因为汪滔在香港科技大学本科在读期间,参加了两次机器人大赛,曾获得香港冠军、亚太区并列第三。可以说,如果没有在机器人大赛里拿到名次,也就没有汪滔的后来。这也足以理解为什么汪滔本人对举办机器人大赛有着超出常人的浓厚兴趣。

红杉资本合伙人孙谦曾和本书作者讲述过当年红杉资本投资大疆的故事。发现大疆的是红杉资本创始合伙人、乔布斯的密友、前硅谷著名记者莫里茨。莫里茨飞到深圳,与汪滔在大疆的办公室里聊天时,主动问起汪滔,有什么是红杉资本可以帮忙的?熟悉 VC 圈子的人都知道,这是一句极度释放善意、希望促成合作的问询。在旁陪同的孙谦认为,汪滔大概率会请求莫里茨帮助大疆解决美国市场或知识产权方面的业务难题,然后顺势提出让红杉资本参与投资。但是,汪滔迟疑片刻后,出乎意料地提出,莫里茨能否帮忙举办一场全球机器人大赛。这让当时在场的红杉资本团队一时不知如何回答,某位成员甚至认为,这是汪滔在婉拒红杉资本。但在购买老股及参观李泽湘在松山湖的创业基地,成为大疆的新晋股东后,孙谦等人才明白,汪滔当时已经同意接受红杉资本对大疆的投资,而提出机器人大赛是因为汪滔当时正在积极筹备此事。

在汪滔与本书作者的交流中,机器人大赛也是常常出现的词语。

汪滔认为,大疆内部的过度结果导向、锦标主义,使员工始终聚焦于结果。但在追求结果的过程中,团队缺乏精神滋养和价值驱动。谈到这里时,汪滔表示,2020年因疫情原因没有举办全国大学生机器人大赛,原本如果举办,他希望更改规则,最后不仅要给冠军颁奖,还有一些额外的奖励。

汪滔为人低调,身为大疆创始人及CEO,他极少参与外部活动,哪怕是大疆自己的活动。曾有新闻说汪滔未出席大疆某款产品的发布会是因为他觉得这款产品不够完美。但事实是,除了大疆举办的大学生机器人大赛,汪滔没有出席过任何一次大疆的产品或业务活动。

汪滔不仅极少出席公众活动,也几乎拒绝了所有媒体采访,甚至要求大疆的公司和产品新闻中不要出现他的照片。但在2018年,汪滔很认真地拍了一张形象照,因为他与他的导师李泽湘被评选为"2019 IEEE 机器人与自动化奖"的获得者,他是中国内地首位荣获该奖项的学者、企业家。虽然汪滔认真拍了一张照片提交给IEEE,但是这张照片并未见诸媒体。这件事成为大疆历史上唯一一次以官方通稿形式发布的CEO新闻。

在汪滔的内心,机器人比赛的举办、IEEE 机器人与自动化奖的获得,能增强大疆对这个领域优秀年轻人才的吸引力。聚集足够多优秀、聪明、上进的年轻人，是大疆长青的基石。

为了更好地招揽人才，大疆与很多高校深入合作。在很多香港高等学府的自动化专业，大疆招募研究生的一个重要筹码就是研究生毕业后只要想去大疆就有绿色通道。

聚集足够多的机械化和自动化领域的优秀人才，形成人才密度，推出创新产品，是大疆的立身之本。这与大疆的一段过往有关。

汪滔把自己本科开始研究的直升机悬停项目作为研究生课题，但毕业时，直升机并没有成功地飞起来，结果他只得到一个C的成绩。之后，汪滔成立了大疆，继续把直升机悬停作为创业方向。

但在最开始创业的时候，一切都不顺利。因为技术一直没有取得突破，最早与汪滔一起合伙创业的3位小伙伴先后离开。此后，大疆在哈工大青年教师朱晓蕊和她实验室里的多名博士生、硕士生的支持帮助下，解决了直升机悬停的问题，并开发了配套的云台和图传技术，之后发展多旋翼飞行平台，并大幅度提升飞行影像素质，用一个难以想象的价格提供了世界上首个到手即飞的一体化航拍飞行器，此后在这个全新的行业里抵御了几乎所有竞争者的挑战。

大疆今天也在让外界逐步认可自己不仅是一家无人机公司，也是一家机器人公司——官方用语是"空间智能"公司。"空间智能"一词更清晰地描述了大疆要做什么，但从字面理解这个词并不容易。汪滔的解释是："我们想让所有的机器人都心明眼亮有智慧。"

汪滔对本书作者表示，机器人已经发明很久了，但在很大程度上，机器人都是"半瞎子"。他表示："无论是地面走的还是天上飞的机器人，其实都很不可靠，因为它对外界的感知是迟钝的。比如，工业上用的机械臂，其实它只能完成一个动作，周而复始，这种智能太初级了。"

然后，汪滔突然用激动的语气说："你见过鸟儿在雨林里穿梭吗？那么灵巧，飞翔得那么优美，它掠过一根根树枝，但绝对不会碰到一枝一节。这就是自然之美，是大自然的造化神奇。而我说的'空间智能'，就是要让我们的机器人能够像鸟儿一样优美、自如、安然地飞翔。这就是空间智能和科技之美，它就在我们面前，等着我们去实现。当然，这不仅仅是指无人机。"

汪滔认为，随着半导体制程的进步，以前功耗很大的传感器，现在用很轻巧的部件就可以实现，而且价格越来越便宜。而大疆投资激光雷达，也是为了拥有更好的机器视觉。他说："将来，一个小机器上就可以装上十几个视觉传感器，加上激光雷达和其他一些态势感知技术，未来的每个机器人都会拥有异常发达的视觉系统，以及支持这些系统的智能算法。'半瞎子'的时代会过去，机器人将真真正正地拥有和外部环境精细互动的能力。"

今天，大疆已经是一家员工达上千人的创新公司，汪滔知道，自己已经不能完全凭兴趣只是当一个设计师或者研究员了，他首先要做好大疆这个组织的CEO："以前，我的感觉是桌子上摆了一个个零件，我把零件组合起来，拼成一个精巧的机械，我的世界更多的是解决问题。但现在，我的面前摆着一个个人才、一个个组织，我要了解人才和组织的特点，把它们组合起来发挥更大的作用。这个过程需要文化价值观，需要精神内涵去黏合或者润滑，有时候物理方式还不行，需要催化剂去产生化学反应。"

百度的人才史就是中国的互联网史

上文已经提到，大疆在机器人领域形成了人才密度，这奠定了它的成功。

在中国互联网公司中，第一个形成人才群聚效应的大公司是百度。

清华科创协会的发起人、清华大学计算机系1991年本科入学的慕岩，曾经与本书作者讲述过他的老同学、同寝室友，也是清华科创协会第二任会长田范江错失百度的故事。有一天，田范江与慕岩讲起有人想做搜索引擎，问自己有没有兴趣一起加入。田范江在大学期间曾经自己尝试做过中文搜索引擎产品，但失败了，因此对中文搜索引擎产品有抵触情绪，就礼貌地拒绝了。事后才知道，找他的这个外表俊朗、白净儒雅的年轻人名叫李彦宏，2000年李彦宏和徐勇一起从硅谷回到中关村，在北大资源楼开始了自己的百度之旅。

在与田范江擦肩而过后，李彦宏找到了天网的重要参与者、北大青年教师刘建国出任百度CTO。刘建国当时带着雷鸣等诸多北大天网实验室的成员，一并加入百度，为百度写下了第一行代码，设计了最早的搜索引擎。

有意思的是，刘建国在北大天网实验室工作期间，实验室的负责人正是刚从哈工大转到北京大学的李晓明，他后来成为百度又一位CTO。王海峰则是李生书记和高文院士的得意门生，李生是哈工大计算机系20世纪90年代的系主任。同期哈工大"青年教授F4"里，李晓明和高文双双在列，另外两人是方滨兴和王晓龙，前者后来做了北京邮电大学的校长，后者是微软拼音输入法的重要贡献者。

在百度成立的前夜，由陈一舟、周云帆、杨宁3名斯坦福学生共同创办的ChinaRen把公司总部设立在清华南门的三才堂里，并由此网罗了一大半的清华大学计算机系在读学生。当时这家公司中最重要的也是最突出的两个年轻人是清华计算机系1996年入学的王小川和周枫，这两个人一个负责写门户，另一个负责写邮箱。两个人后来一个写出搜狗，一个写出有道，搜狗几经折腾卖给腾讯，有道则成为一家在线教育公司，但搜狗和有道都曾经在很长时间里聚集了足够多的清华计算机系的英才。2006年后，双方甚至因为抢夺计算机系的应届毕业生上演过抢人大战。当时王小川常年赞助高校计算机比赛，同时说服了清华大学计算机系的辅导员，这让搜狗占据先手；但有道派出了周枫的夫人、同为清华计算机系"学霸"的庄莉，给计算机系当客座老师。双方打了个平手。

可以想见，如果当时不仅仅是北大天网实验室的人，清华计算机系的学生们也能加入百度，那么百度的人才密度和厚度都会达到一个更高的水平。2010 年后，宿华、楼天城等清华计算机系翘楚都加入了百度，那是后话。

中国互联网真正形成人才聚集氛围的一个重要年份是 2006 年。

这一年，Facebook 接过 MySpace 的"枪"，登上舞台，引领 SNS（社交网络服务）大潮。在中国，校内网的王兴、人人网的陈一舟，以及刚从微软进入腾讯、打理 Qzone 的郑志昊，都不约而同地成为 Facebook 的中国门徒，并在这一年开启了中国互联网与全球互联网的共振。有意思的是，这 3 个人后来分别成为团购大战三强——美团、糯米和大众点评的主将。

例如，豆瓣的阿北、亿友的小马云、博客中国的方兴东、世纪佳缘的田范江和慕岩，还有王兴、王慧文、穆荣均这清华大学电子工程系的哥仨。中国互联网的第一代毕业生（1993—1999 年在大学就读）从最早的使用者和建设者，到 2006 年正式以创新者的整体群像，登上历史舞台。

这一年，刚被腾讯收购的 Foxmail 的张小龙，在腾讯年会上喊出要把 QQ 邮箱做成七星产品的豪言。张小龙说到做到，这一年 QQ 邮箱果成七星，但这位超级产品经理的封神之作是 4 年之后的微信。

这一年，作为超级产品经理封神的是俞军。12 月，俞军成为百度产品副总裁（当时百度的 VP 屈指可数），俞军主导的百度贴吧、百度知道、百度 MP3 搜索等一系列神来之笔，让百度在与谷歌的中文搜索战争中占据上风。在俞军的领导下，百度也由此形成了以边江、李明远、焦可、李健、赫畅、白鸦为代表的明星产品经理团队。这应该是中国 PM（项目经理）的第一强阵。

另一位超级产品经理周鸿祎，2006 年对雅虎中国的反戈一击及对流氓软件的查杀，堪称对百度的神助攻。周鸿祎还投资了一大票的产品经理和他们的公司，如邹胜龙和程浩创办的迅雷、王欣创办的快播、谢振宇创办的酷狗及鲁大师等。

2006 年崭露头角的，还有张一鸣。23 岁的张一鸣在这一年加入酷讯，成为除两位创始人陈华和吴世春外的第三位员工。按照酷讯创始人陈华的表述，在张一鸣加入的第三天，他就把所有代码移交给了张一鸣，很快，张一鸣就主导了2007年春节火车票推荐这一划时代的产品。2006年是中国最有声望的超级产品经理"F4"登场亮相的一年。

如果说2006—2010年百度与谷歌的中文搜索之战中取得的成功让中国互联网开始重视产品和流量，产品经理变成中国互联网的重要工种是中国互联网创新人才群聚行为带来的自然反应，那么从2012年起，百度开始建立深度学习研究院的做法，同样是名留青史的一笔。

在百度前杰出科学家、异构芯片的创始人吴韧看来，中国高科技企业建立研究院的并不多见，而以一个学术方向来冠名一个研究院并广纳海外顶级科学家的做法，更是以前没有过的。不过，因为与谷歌、微软竞购深度学习之父杰弗里·辛顿（Geoffrey Hinton）失败，百度深度学习研究院首任负责人余凯转挖当时谷歌的华人科学家吴恩达出任百度深度学习研究院的首席科学家和硅谷学术带头人，这在后来被证明是一个毁誉参半的决定。吴恩达的到来虽然在公关上起到了一定作用，但吴恩达本人缺乏管理经验，也缺乏工程能力，学术上有很强的门户之见，导致整个百度深度学习研究院后半段开始走下坡路。从结果来说，是"起了个大早，赶了个晚集"。

尽管百度在硅谷设立研究院这种做法最终以失败告终，但对整个中国互联网行业来说，却是一件恩泽深远的事情。

阿里巴巴和字节跳动都因此受益。阿里巴巴在2015年后开始大规模从硅谷引进系统级别的专才回归国内，帮着淘宝和天猫搭建体系和框架。而字节跳动则是在国内、国际两个战场都从百度人才体系获益，在国内相继请来了杨震原、洪小坤、范雨强等中坚力量；在国际上，字节跳动也在硅谷建立了分支机构，并请来360老将刘小兵担任首席科学家，在具体做法上也借鉴当年百度的经验。

整个中国智能驾驶行业也因为百度而受益，智能驾驶的创新者有一多半和百度有关，或者说，都与当年的百度高级副总裁、智能驾驶事业部总经理，今天的中智行 CEO 王劲有着千丝万缕的联系。

如果站在 2020 年往回看，在中国互联网公司里，走出最多 CTO 的可能是百度。

AI 崛起，能打的百度又回来了吗

2020 年，百度的股价从低点一路飙升，涨幅高达 220%。包括高盛、瑞信在内的国际知名投资银行和投资机构纷纷看好百度的发展前景，素有"女版巴菲特"之称的凯瑟琳·伍德旗下三大基金更是重仓百度股票。种种迹象都表明，百度正在往好的方向发展。

究竟是短期的市场刺激，还是百度打开了长期增长的新通道？

无论如何，对于百度人来说，这是一个比较愉快的消息，因为在此前，百度已经忍受了太久的横盘。

在那段时间里，百度什么都要忍耐，因为股价就像一个失灵的温度计，怎么加温就是不见水银柱上涨。

落子 AI、进入 AI 国家队……在这种概念加持下，如果换成一家新巨头可能股价早就暴涨了，但百度的股价不涨。

小度音箱大卖、成为全球智能音箱三强，百度 App 月活过 5 亿人，百度成为全球公认的 AI 领导企业之一，这种硬业绩拿出来，百度的股价也不怎么涨。

但是，这一切终于在 2020 年变成了过去。

从资本市场来看，主要是百度长期估值过低的问题引起了投资机构的强烈兴趣。

1 月 27 日，全球知名财经与投资研究平台 Seeking Alpha 发文称，随着疫情平缓及经济的恢复，中国已经日渐成为最大的海外投资地之一，国外投资机构纷纷看好中概股。其中，百度成为各大机构的首选。

在PGJ的投资名单中，百度以11.8%的持股权重占据TOP10榜单第一名。

对于中国AI产业来说，2020年并不是一个大顺之年，无论是行业头部企业，还是初创企业，都意识到资本对于这一领域的态度越来越持重谨慎。

"大量的AI企业在商业化落地方面存在问题，很多企业单点突破，有亮眼的技术，但缺乏能够证实可以持续获得商业收入的实绩，市场规模有增长但还比较脆弱，AI企业需要证明自己。"一位资深的分析师说。

但对于百度来说，其AI业务的模式已经比较清晰，分别是通过其移动生态的成熟业务，如语音、搜索、地图等进行AI能力分发；通过小度科技的独立融资，希望进一步完善软硬件结合的AIoT链路；通过飞桨等平台继续扩展开发生态；通过"百度大脑+百度智能云"建立成熟的赋能方式，面向千行百业。

需要指出的是，智能云也被认为是最有潜力的业务之一。IDC发布的《中国AI云服务市场研究报告（2020H1）》显示，在中国AI公有云服务市场，百度智能云市场份额排名中国第一，这是它连续三年在AI云市场排名第一。其中，百度智能云在人体识别、图像视频、自然语言处理等领域的市场份额为第一，整体行业用户认知度最高。在市场份额保持领先的同时，智能云业务商业化开始提速。

另外，对百度股价上涨有积极推动因素的是百度在智能驾驶生态上的成绩，百度将要"造车"的消息已被证实。

对于百度来说，发力自动驾驶乃至智能交通是必然的。技术赋能式的生态打法是一种选择，直接造车也是一种选择。

在自动驾驶方面，《北京市自动驾驶车辆道路测试报告2020》显示，仅这一年百度测试里程以112.53万千米稳居榜首，比其他玩家加起来的测试里程还要多，总测试里程更是超过700万千米。北京的道路测试难度分为4个等级（R1~R4）。目前进行R4级测试的仅百度一家企业。

可以说，AI 是百度的背水一战，AI 成则百度复兴有望，AI 败则百度会被拉得更远。

关于百度，有两句大实话。第一句是"搜索是最大的云计算应用"，没有云根本谈不上做搜索，"百度是在云里出生的"。

第二句是，"搜索就是最大的 AI 项目"，粗略地说，搜索就是一个通过不断地让机器来理解人，然后又不断用人的反馈来训练机器，最终让人的体验和机器的"智商"都双向提升的闭环。

现在的共识是，"AI+大数据+云计算"将实现历史性的汇合，所以上面的两句大实话又催生出了第三句大实话——"做 AI 就是百度的命，没得选"。

除了血脉相连、模式相通，百度必然走向 AI 还有第三个解释，那就是 AI 人才的扎堆效应。

AI 在 2015 年井喷之前，圈子不是很大，彼此间盘丝挂藤，很容易聚到一起。

百度在人才这个方面做得非常好的就是，AI 业务启动期的决策层（李彦宏）、核心层和实操层（百度首席技术官王海峰）都是性格随和、心胸开阔之辈，他们的性格特征在延揽人才上起到了很大的作用。虽然后来也经过变动和对手挖角，但百度始终保持着行业最高水平的 AI 人才储备，这是百度过去、现在、将来能够在 AI 领域领先的原因。能够吸引这些人才，和百度是一个搜索公司终究密不可分，因为这些人才都非常清楚，搜索引擎公司可能是业界能找到的最好的研究 AI 的地方。

至此，百度的 AI 部署已经非常明确：百度大脑是顶层设计，深度学习是主要路径，开源框架是生态基础，无人驾驶、语音助手等是主要赋能方式，至于 to B 和 to G 的业务，现在也找到了落脚点。

其实，按百度自己的提法，百度的未来设定是"全栈式 AI 一体化平台"，此后，这一表述升级为"AI 生态型企业"。

百度 AI 现在的大体局面如下：百度 AI 开放平台已开放 270 多项

核心 AI 技术能力，超过 265 万名开发者通过百度智能云对外应用于互联网、工业、农业、金融、城市、医疗、能源、教育等诸多行业。到本书截稿，百度已与拥有 4 万家分支机构的中国邮政储蓄银行合作，提供 AI PaaS 服务；百度与贵阳经济技术开发区合作，打造 AI PaaS 平台，为开发区内的 400 多家公司提供大数据和 AI 能力。

百度飞桨累计 commit16 万次，开源贡献者超过 5000 位，发展飞桨开发者技术专家（PPDE）97 位，基于飞桨训练 34 万个模型，服务于 10 万家企业，在城市、工业、电力、通信等很多关乎国计民生的领域都在发挥价值。

在芯片层面，百度自主研发的百度昆仑芯片是我国首款云端全功能 AI 芯片。昆仑和飞桨融合，"芯片+操作系统"的组合，可以构建强大的软件生态"护城河"，同时实现了自主可控，大幅降低了在 AI 这一领域遭遇"卡脖子"的风险。目前，百度"昆仑 1"已经量产超过 2 万片，广泛部署于百度搜索引擎和智能云生态等场景。

百度在 AI 上花了多少钱，大致是可以算出来的。

李彦宏在 2017 年的一次演讲中提出："过去两年，我们在研发上的投入就高达两百亿元。在中国五百强企业当中，我们论收入肯定不是排在第一的，但是论研发占收入的比例，那绝对是第一的。而这个研发的投入，应该说绝大多数投入到 AI 上了"。

如果从 2015 年到 2017 年投入 300 亿元，而此后从 2018 年到 2019 年，研发投入占比分别为 14% 和 16%。到了 2020 年，研发投入占比则从预估的 16% 暴涨到 21.4%。那么按照年收入 1000 亿元来粗估，过去 10 年，百度的研发投入就超过了 1000 亿元。

为了把明天变成今天，为了加速智能经济落地的到来，李彦宏进入了东奔西走的状态。

2020 年，他先后写了 13 份有关 AI 的提案，从 2015 年首次提出"建议设立'中国大脑'计划"到 2020 年提出"关于构建 AI 新型基础设施，勾画智能经济发展蓝图"。

他8次出入人民大会堂参加政协会议，在最高平台上为AI呼吁，年复一年。

曾经对写作颇有兴趣但搁笔20年的他，亲自带头撰写了《智能革命》一书。这本书既是一本"深科普"读物，又是对全球AI发展的独家观察，也是中国对于AI未来发展的思考。而后，李彦宏又出版了《智能经济》，以30万字的篇幅剖析了AI、新基建与智能经济的关系，展现了百度的AI战略和布局。

全球的科学界对于AI也从疏离到关注，从关注到聚焦。世界级的权威媒体多次评选全球AI的领军企业，百度始终名列前茅。2019年，《哈佛商业评论》将谷歌、苹果、微软和百度评选为全球AI四强。

但客观地说，这些荣誉、社会活动、奔走呼吁，并不能在当下生效。而百度的难正是在于，AI研发需要的资金和资源是天量的，而真正能带来希望的AI业务离商业变现始终还有"一天"的距离。

时间已经到了2020年。

我们是否可以提出一个命题，百度的时代又到来了？

其实，还是那句话，没有百度的时代，只有时代的百度。

如果回望这段历史，就会发现现今成果的取得，不是因为一个决定，而是因为一系列决定；不是一个人在坚持，而是一群人在坚持。如果简单分析一下，这段历史可以分为三个阶段。

第一个阶段是百度决定发力AI的第一个三年，标志是深度学习研究院成立、美研建立、全球招募AI科学家和专家。在这个阶段，整个互联网行业对于AI的认识几乎为零，甚至百度内部也不能说完全理解，但是由于决策层的远见，百度确定了AI这个大方向，进行了许多长期投资和研发投入，在现在看来，这是至关重要的。如果没有这段时间，百度就无法在现在的AI格局中远远超过竞争对手。

第二个阶段是2016—2019年。在这个阶段，AI历经两个"寒冬"后连续迎来两个"春天"，AI行业骤然成为风口，上万家和AI有关的创业公司出现。但是，其中绝大多数创新是单点式创新，甚至是

PPT创新，即使有一些企业确有创新，但也没有很好的商业路径。在这个阶段，百度遇到的困难其实是一样的，也就是人们对AI有了期望，但AI的价值无法评估，这也是前文我们分析的，百度AI四面开花，但股价不涨。我们可以看到，百度的做法是在战略上继续保持大力度投入，另外想方设法提升AI的渗透率，借助移动生态、语音助手、智能音箱、无人驾驶等方式继续普及AI，同时开始认识到AI商业化的长期性和复杂性，在B端、G端开始想方设法地争取落地，展示和证实AI的价值，这项工作更加考验百度的战略定力。

第三个阶段是2020—2021年。魔幻般的2020年开启了抗疫、"新基建"、内循环，也开启了线上经济的又一次上升期，只不过这次上升已经不再是商业模式的创新，而是基于新基建的技术创新。这时候人们再去回看百度的努力，才发现每一分努力都自有其回报。而随着中国共产党第十九届中央委员会第五次全体会议提出，创新是我国现代化建设全局中的核心，科技要自立自强。百度这样深耕技术，并在前沿技术领域居于全球领导地位的企业会更受重视。

微软亚研，"独角兽"军校

百度之外，另一个对中国互联网创新人才群聚效应起到不可替代作用的是微软亚洲研究院（微软亚研）。

据统计，中国排名前20的AI"独角兽"企业中，超过80%的企业创始人或联合创始人为微软亚研的院友。

微软亚研的两个重要时刻也与中国互联网的两个尖峰时刻暗合。一个是1999年，微软亚研的前身微软中国研究院艰难起步；另一个是2006年，Web 2.0运动崛起，微软亚研也达到其创立以来的最高峰，在上海分拆出工程院，网罗了大批优秀IT精英。

这两个尖峰时刻也是李开复的尖峰时刻。1999年，因为在微软中国研究院的出色工作，李开复升迁回微软总部工作。2006年，重新回到中国的李开复担任谷歌大中华区的总裁，与百度展开了中国互联网历史上最重要的一场战争——中文搜索引擎战争。抛开这场战争的成败得失，对中国互联网来说，特别是本书作者所在的历史宽度里，谷歌中国这群人的贡献成为其中不可或缺的宏伟篇章。

在谷歌系创业者中，首先是李开复、汪华和他们共同创办的创新工场。2020年春天，在中关村汉鼎大厦创新工场的办公室里，李开复和本书作者回忆起创新工场创立以来的点点滴滴。在李开复看来，无论是移动互联网还是之后的AI及企业服务等诸多浪潮，这10年来，创新工场和他本人起到的作用更多的是行业布道和前期启蒙。李开复讲述他发起的AI训练营，以及他与前同事王永刚一起创立的AI研究院。在李开复看来，这些远比有多少个公司上市更有意义，"老师"李开复比"投资人"李开复要有价值得多。

有意思的是，到了2020年，李开复和他在微软亚研的老同事们纷纷走上了人才培养的康庄大道。

2020年6月21日，6位图灵奖得主与100多位AI领域专家齐聚由北京智源AI研究院（智源）举办的北京智源大会，探讨AI的下一个10年。

智源理事长、微软亚洲工程院创始院长张宏江直言，智源扮演着一个难以用任何已有模式界定的复合角色。在张宏江看来，智源像霍华德·休斯医学研究所一样慷慨，希望找到并培养AI领域的一流人才，在未来3~5年里做出一流的研究成果，为此不计任何短期经济回报地进行长期资助。同时，智源也在通过组织举办各种学术讨论活动，促进开源社区建设和数据共享，推动建立AI的"智源生态"，并探索如何更好地转化、培育新技术。

在张宏江眼中，最终能够定义智源成功的是，10年后那些他们曾以各种形式支持的北京AI学者的确成为各自领域的领袖人才。目前，像智源这样的新型研发机构主要依赖北京市的科技财政经费支持，享受着创新的"负面清单"管理制度，即只要不用于捐赠、投资、赞助、罚款、支持在职人员学历教育等方面，经费如何使用由领衔的科学家说了算。

无论是在美国还是在中国的主流科研体制内，写经费申请都是科研人员本职工作外必不可少的一项耗时耗力的重要事务，甚至连诺贝尔奖得主也不能例外。而类似的痛点，正是智源着力解决的。一方面，一些青年人才刚刚归国，需要适应新的学术环境，安家置业，既不熟悉写经费申请，又没有时间和根基去申请国家经费；另一方面，基金申请往往要求科研工作者持续不断地做以前做过的事情，每申请一个新方向都需要有数据和文章，已经拿到的经费也不能因为研究兴趣的改变而变更用途，这就导致大量青年学者在学术生涯初期便在一定程度上被"锁定方向"。不需要申请项目就可以获得长期（5～6年）稳定支持的模式被带到了智源，即鼓励科研人员"放长线，钓大鱼"，容许研究方向发生重大改变，不设置短期、硬性、定量的考核。

究竟什么样的人才可以享受这些顶配新型研发机构优厚的待遇？用什么样的机制避免过去"人才帽子满天飞"的乱象？对于这个问题，智源的答案是"国际化评估"。智源的背后有包括图灵奖得主、诺贝尔奖提名委员在内的国际顶尖学者组成的委员会，他们对拟资助对象进行遴选，并进行入选后5～6年是否转为长聘制的审核。在张宏江看来，有这样的专家阵容坐镇，以单纯的学术标准去遴选，而不考虑同事关系、社会活动、导师隶属、既往研究经费等其他因素找到最聪明、最有潜力的学者，其实是一件很容易的事情。

北京市政府关于AI民营研究院的尝试，不只智源一例。2020年10月，朱松纯教授以国家战略科学家的身份回国，受北京市政府、北京市科学技术委员会邀请，筹建新型科研机构（民办非营利）北京通用人工智能研究院（BIGAI），并出任院长一职。

朱松纯教授1991年毕业于中国科学技术大学，1992年赴美国哈佛大学学习，师从国际数学大师大卫·孟弗德教授（菲尔兹奖得主，美国科学院院士），1996年博士毕业于哈佛大学。他在国际顶级期刊和会议上发表论文 300 余篇，获得多个国际学术奖项，3 次问鼎计算机视觉领域的马尔奖，获得国际认知科学学会颁发的认知建模奖等。

朱松纯教授在 20 世纪 90 年代率先将概率统计建模与随机计算方法引入计算机视觉研究，提出了一系列图像与视频的结构化解译的框架、数理模型和统计算法，发展了广义模式理论（General Pattern Theory），在认知科学领域，如视觉常识推理、场景理解等方面做出了重要贡献。自 2010 年以来，朱松纯两次担任美国视觉、认知科学、AI 领域跨学科合作项目 MURI（多学科大学研究计划）负责人。朱松纯教授在科研方面具有很强的前瞻性，选题和方法独树一帜，长期致力于构建计算机视觉、认知科学乃至 AI 科学的统一数理框架。

朱松纯教授曾提及，30 年前就读于中国科学技术大学时，他就有追求 AI 大一统理论的梦想，赴美求学正是为了实现这一梦想。30 年后，朱松纯教授选择回国也是基于同一梦想——回归初心，将 AI 大一统理论框架在中国"圆梦"。

据介绍，作为北京 AI 科学发展的重大战略部署，BIGAI 将聚焦 AI 前沿技术，以全球创新的"小数据、大任务"为研究范式，以多学科高度融合、国际学术交流、培养中国新一代 AI 青年科学家为宗旨，汇聚超千名 AI 专业领域的研究员、学者、专家，致力于将 AI 大一统理论框架落地，共同推动中国原创 AI 的发展与创新，打造新一代通用 AI 平台。

承前启后，朱松纯教授将以国家战略科学家、北京通用人工智能研究院院长的新身份，继续为中国新一代 AI 的发展做出贡献。

十余年前，朱松纯教授曾倡导并创建了中国第一个科民非机构——莲花山计算机视觉和信息科学研究院，开启了大数据标注的先河。它汇集国内外计算机视觉领域的人才，共同研究前沿科技问题，并为国内外培养了大量 AI 领域的人才。目前，曾参与莲花山计算机视觉和信息科学研究院的多数成员已成为 AI 领域的翘楚。

此前有消息称，朱松纯教授这次回国同时将担任清华大学的教授，但最终他还是"花落"北京大学,此举被戏称为"北京大学在AI研究上终于扳回一城"。

莲花山计算机视觉与信息科学研究院的另一位重要发起人是微软高级副总裁、曾任微软亚研院长的沈向洋博士。2020年3月,沈向洋宣布了自己加入清华大学担任双聘教授的消息。

沈向洋与清华大学结缘于2005年。这一年,沈向洋开始与清华大学联合培养博士,到2020年3月,沈向洋已经与清华大学联合培养了18名博士。2015年,清华大学在西雅图创建的全球创新学院也与沈向洋关系颇大。

从微软退休后的沈向洋活跃在工业界,他一手推动了小冰的单飞,同时投资了郑朝晖创办的News Break并担任董事长一职。

有着从学术界出发,服务于工业界想法的,不仅有沈向洋这位微软亚研的前院长,微软亚研的创立者张亚勤也同样这么想,且迈出了更大的步伐。他拉着自己在微软亚研的两位老同事马维英、赵峰一起,与清华大学联手成立了清华智能产业研究院(AIR)。

张亚勤是李开复之后微软亚研的继任院长,也是在他任院长时,微软中国研究院升级为微软亚研。更早之前,张亚勤曾在桑纳福研究院(如今的SRI研究院)工作。微软亚研定位十分清晰,就是应用研究,主要客户是微软的产品部门,所以也就存在最后的技术受到产品化和公司战略限制的问题。

SRI研究院则是社会化的研究院,诞生了很多拥有前沿优秀技术的公司,包括后来被苹果收购的SIRI母公司。但SRI研究院的问题是没有与学校深度绑定,所以稳定性和连续性不够。

AIR堪称总结和综合了SRI和微软亚研的经验,既有高校绑定的深度,又有面向整个产业的灵活度。

张亚勤从百度退休的消息一发布,清华大学车辆与运载学院院长杨殿阁第一时间就给张亚勤发了很长的微信消息。随后,清华大学的邱勇校长也联系了张亚勤。两周后,邱校长就和副校长及教务长杨斌一起约张亚勤见面。

双方很快达成了在清华大学成立一个智能产业研究院的共同想法——不做基础研究（这是清华大学的事情），而是以科研为主，与产业合作，通过有效机制培养领军人才，特别是CTO、首席架构师这类人才。

张亚勤请来自己在微软亚研的老同事马维英（曾经在字节跳动担任首席科学家）、赵峰（曾经担任海尔的CTO），二者和张亚勤一样，都属于双栖人才，既有很深的学术造诣，又有很强的产业背景。

张亚勤选择了3个方向，一个是智能驾驶，另外两个是AI和医疗教育的结合，以及AI和物联网。每个方向都由首席科学家带队，组建了自己的团队。每个团队都有研究人员，主要是博士生，还有博士后及做产业转化的人。但每个团队人并不多，都在50人左右。

AIR的愿景是给第四次工业革命提供技术原动力，因此重视成果的转化。成果问世后可以授权给其他公司，授权技术可以通过合作公司变成产品，进入市场；也可以把核心技术变成初创公司的一部分股权，对应的参与人员占一部分股份。

张亚勤也给AIR提了5年之期，希望5年后能为三大领域提供原创的技术创新，如中间的、横向的AI技术、平台、模块和算法。

在北京亮马桥的外交办公大楼二楼的韩国餐厅，峰瑞资本创始合伙人李丰又一次讲起中国最明星的化工企业药明康德的崛起。

李丰是学化工的，在他看来，药明康德这样的企业发展起来是因为抓住了化工领域工程师的人口红利。其基本逻辑是中国每年化学化工相关专业毕业生约37万人，而美国每年化学化工相关专业毕业生约3.1万人（包含移民）。粗略计算，我们的人力成本比美国同等学历的人力成本低得多，既有量，又有性价比。

按照这个逻辑，大疆的崛起是因为抓住了机械自动化领域工程师的崛起，而今日头条、阿里巴巴的崛起是因为抓住了AI领域工程师的崛起。

结合李丰和唐彬森的看法，本书作者认为，只要是符合以下 3 点的行业，都有诞生新生巨头的机会。

1. 有庞大的内需市场做支撑，且随着中国内需市场的兴旺，对应的供应链也上下齐备，并有引领全球的机会。
2. 这个市场从国有逐步开放给民营，这个领域的民营龙头甚至承担起整个行业的基建工作。
3. 有创新人才群聚效应带来的成本优势。

比如，通信行业的华为、化工行业的药明康德、医疗领域的迈瑞和华大基因、机器人领域的大疆，当然，还有今天从行业巨头创立的竞争丛林中杀出来的字节跳动、美团、拼多多等。

未来是属于我们的，也是属于你们的，最终是属于依托工程师红利、根植中国、面向全球做品牌的年轻人的！